Anknüpfungen im internationalen Urheberrecht
unter Berücksichtigung der neuen Informationstechnologien

Studien zum vergleichenden und internationalen Recht -
Comparative and International Law Studies

Herausgeber: Bernd von Hoffmann, Erik Jayme
und Heinz-Peter Mansel

Band 108

PETER LANG
Frankfurt am Main · Berlin · Bern · Bruxelles · New York · Oxford · Wien

Katrin Stieß

Anknüpfungen im internationalen Urheberrecht unter Berücksichtigung der neuen Informationstechnologien

PETER LANG
Europäischer Verlag der Wissenschaften

Bibliografische Information Der Deutschen Bibliothek
Die Deutsche Bibliothek verzeichnet diese Publikation in der Deutschen Nationalbibliografie; detaillierte bibliografische Daten sind im Internet über <http://dnb.ddb.de> abrufbar.

Zugl.: Köln, Univ., Diss., 2004

D 38
ISSN 0930-4746
ISBN 3-631-53075-7

www.peterlang.de

Meinen Eltern

Vorwort

Die vorliegende Arbeit hat der Fakultät für Rechtswissenschaft der Universität zu Köln im Wintersemester 2003/2004 unter dem Titel „Anknüpfungen im internationalen Urheberrecht unter Berücksichtigung der neuen Informationstechnologien“ als Dissertation vorgelegen. Das Manuskript habe ich im Februar 2003 abgeschlossen.

Mein herzlicher Dank gilt Herrn Prof. Dr. Heinz-Peter Mansel, der die Arbeit als Doktorvater betreut hat. Mit seinen wertvollen Anregungen sowie seiner Bereitschaft, bei Bedarf stets zu einem Austausch Zeit zu finden, fehlte es nie an dem nötigen Ansporn. Bedanken möchte ich mich außerdem bei Herrn Prof. Klaus Peter Berger, der die Mühe auf sich genommen hat, die Arbeit als Zweitgutachter zu bewerten.

Ebenso gilt mein besonderer Dank Diertje Horn und Wolfgang Otten, die die Arbeit unermüdlich Korrektur gelesen haben. Nicht zu vergessen Nicole Clemens, Christiane Conrads und Tobias Oelsner, die mir bei der Fertigstellung zur Seite standen.

Die Veröffentlichung wurde von der Johanna und Fritz Buch Gedächtnis-Stiftung, Hamburg gefördert.

Köln, Dezember 2004 Katrin Stieß

INHALTSVERZEICHNIS

Einleitung

§ 1 Problemstellung und Zielsetzung

A. Problemstellung

Die Geschichte des Urheberrechts ist immer auch ein Prozeß rechtlicher Reaktionen auf die Herausforderungen der Technik gewesen.[1] Der Grund hierfür ist darin zu sehen, daß in bestimmten historischen Entwicklungsstufen die Frage gestellt werden muß, ob das gegenwärtige Recht den technischen Neuerungen, die Informations- und Kommunikationsprozesse verändern, gewachsen ist oder ob das Aufeinandertreffen von altem Recht und neuer Technik einen rechtsfreien Raum entstehen läßt.[2] So wurden anläßlich der Erfindung der Druckerpresse – die es erstmals möglich machte, Ergebnisse literarischen Schaffens in einer größeren Masse zu verbreiten – im 15. Jahrhundert den Druckergilden Privilegien gewährt.[3] Anfang des 20. Jahrhunderts erlaubten dann die Fertigung von Schallplatten und die Etablierung des Rundfunks eine Reproduktion von kompositorischen Leistungen in großer Zahl. In neuerer Zeit führten dann beispielsweise die Filmkunst und der Fortschritt in der Computertechnik zu einer Weiterentwicklung des Urheberrechts auf nationaler und internationaler Ebene.[4]
Nunmehr bedingen Phänomene der sog. neuen Informationstechnologien[5], wie insbesondere die Digitalisierung[6] und multimediale Gestaltung[7], vielfältige rechtliche Diskussionen. Gerade im Hinblick auf die Werkvermittlung und –präsentation und damit auf die Verwertung urheberrechtlich geschützter Werke bedurfte und bedarf es der Erörterung neuer Rechtsfragen. Diese Fragen wurden und werden entscheidend durch die Grundproblematik bestimmt, daß technische Innovationen zwar einerseits eine breite, intensive und flexible Nutzung schöpferischer Arbeit ermöglichen und so den Bedürfnissen von Urhebern, Werkvermittlern und Rezipienten in ständig steigendem Maße nachkommen, andererseits aber der Schutz des geistigen Eigentums erschwert wird.[8]

---

[1] *Vogel*, in: Schricker, UrhR-K, Einl. Rn. 1; *Gottschalk*, GRUR Int. 2002, 95 [95]; Enquete Kommission „Zukunft der Medien in Wirtschaft und Gesellschaft, Deutschlands Weg in die Informationsgesellschaft“, Deutscher Bundestag, Neue Medien und Urheberrecht, S. 19.

[2] *Wandtke*, GRUR 2002, 1 [1].

[3] *Dreier*, in: Brunnstein/Sint, Intellectual Property, S. 31 [42]; *Rehbinder*, UrhR, Rn. 15; *Schack*, Urh-/UrhVR, Rn. 95.

[4] *Vogel*, in: Schricker, UrhR-K, Einl. Rn. 77, vor §§ 73 ff. Rn. 3, § 85 Rn. 2 f.

[5] Zum Begriff der neuen Informationstechnologien siehe Kap. I. § 2 A.

[6] Näher zu dem Aspekt der Digitalisierung siehe Kap. II. § 1 A.

[7] Zum Begriff des Multimediawerkes siehe Kap. II. § 1 I. 1.

[8] *Katzenberger*, GRUR Int. 1983, 895 [895]; *Krüger-Nieland*, GRUR 1957, 535 [535].

Was den Schutz des Urhebers betrifft, so rückte nicht nur aus wirtschaftlichen Gesichtspunkten, sondern auch aufgrund rechtspolitischer Aktualität das Internet als wohl bahnbrechendstes und populärstes neues Informationsmedium in den Mittelpunkt des rechtlichen Diskurses. Der Umstand, der hierbei zu den vermutlich komplexesten Überlegungen veranlaßt, ist der Charakter des Internet als globale Informationsquelle. Da die Nutzerschaft dieses Mediums sich geographisch nicht abgrenzen läßt, sondern vielmehr eine Datenübertragung häufig grenzüberschreitend stattfindet, wirft das Internet unweigerlich kollisionsrechtliche Fragen auf. Obwohl somit ein enormes zusätzliches Anwendungspotential für das Urheberkollisionsrecht entstanden ist,[9] fand eine wissenschaftliche Auseinandersetzung hiermit anfangs nur wenig statt. Dieser Umstand ist jedoch nicht allein auf die Neuheit, sondern gerade auch auf die bereits erwähnte Komplexität der Materie zurückzuführen.

Die Hauptkonflikte resultieren zum einen aus dem Spannungsfeld zwischen dem Internationalen Privatrecht (IPR) und den neuen Informationstechnologien und zum anderen aus dem Spannungsfeld, in welchem sich die neuen Informationstechnologien zum Urheberrecht befinden. Während bereits die Zuordnung der technischen Phänomene der Digitalisierung und Interaktivität zu den Werkarten, die den bestehenden nationalen Urheberrechtsordnungen bekannt sind, wie erwähnt auf zahlreiche Schwierigkeiten stößt[10], potenzieren sich die Probleme, sobald die Frage der internationalprivatrechtlichen Behandlung entsprechender Sachverhalte im Bereich eines globalen Informationsflusses hinzutritt.[11]

Denn gerade der für die „Global Information Infrastructure“[12] signifikanteste Vorteil, daß urheberrechtlich relevante Daten nicht nur in Sekundenschnelle, sondern auch weltweit abrufbar sind, läßt das internationale Urheberrecht, dem das aus dem 16. Jahrhundert stammende sog. Territorialitätsprinzip[13] zugrunde liegt, an seine Grenzen stoßen.

Zu dieser Problematik tritt außerdem die Tatsache hinzu, daß die nationalen Urheberrechtsordnungen weltweit wenigstens punktuell immer noch in erheblichem Maße voneinander abweichen.[14] Aus diesem Grund kommt der Frage, nach welchem Recht der Urheber um Schutz für seine Werke ersuchen kann, nach wie vor gerade auch im Bereich der neuen Informationstechnologien eine wichtige Rolle zu.

---

[9] *Lehmann*, in: Lehmann, Cyberlaw, S. 25 [28].

[10] Für Dtl.: *Schwarz*, in: Becker/Dreier, UrhR u. dig. Techn., UFITA 121 (1994), S. 105 [107]; *Schricker*, in: Schricker, Informationsgesellschaft, S. 27.

[11] *Hoeren*, in: Hoeren/Sieber, HdbMMR, 7.10 Rn. 1.

[12] *Hoeren*, in: Hoeren/Sieber, HdbMMR, 7.10 Rn. 1.

[13] Hierzu ausführlich Kap. IV. § 2 A.

[14] Siehe hierzu die Untersuchung in Kap. III. § 1 und § 3.

B. Ziel der Arbeit

Zentraler Gegenstand der folgenden Untersuchung ist die Frage, auf welche Weise das auf eine grenzüberschreitende urheberrechtlich relevante Nutzungshandlung im Bereich neuer Informationstechnologien zur Anwendung gelangende Recht zu ermitteln ist.

Um hierauf eine Antwort zu finden, wird zunächst geprüft werden, inwieweit die einschlägigen internationalen Verträge und supranationalen bzw. gemeinschaftsrechtlichen Normen kollisionsrechtliche Vorgaben enthalten und damit Aussagen zum anwendbaren Recht bereits auf internationaler Ebene getroffen werden. Im Rahmen dieser Auseinandersetzung wird zudem besonderes Augenmerk auf die jüngeren Regelwerke im Geltungsbereich der EU gelegt werden. Dies nicht allein deshalb, um im Anschluß hierauf aufbauend die im internationalen Urheberrecht vorzufindenden Anknüpfungen auf ihre Geeignetheit hinsichtlich der neuen technischen Gegebenheiten zu überprüfen, sondern gleichfalls mit dem Ziel, zu ermitteln, ob die dem Urheberkollisionsrecht bisher bekannten Prinzipien im digitalen Kontext nunmehr zumindest auf europäischer Ebene durch etwaige neue Prinzipien verdrängt oder wenigstens aufgeweicht werden.

Dieser Analyse wird eine Darstellung des internationalen urheberrechtlichen Schutzes vorangestellt, welche den aktuellen Stand der Angleichung der unterschiedlichen nationalen Urheberrechtsordnungen im Hinblick auf die sich aus einer Informationsgesellschaft ergebenden Erfordernisse umfaßt. Hierdurch soll zum einen die Dimension der Problematik aufgezeigt werden, der sich der Urheber vor dem Hintergrund neuer Informationstechnologien und einer damit einhergehenden grenzüberschreitenden Verwertung seiner Werke gegenüber sieht. Zum anderen soll ein grober Abriß der bislang umgesetzten Harmonisierungsbestrebungen nicht allein deshalb erfolgen, um den aktuellen Stellenwert des IPR im Zusammenhang mit der vorliegenden Problematik beurteilen zu können, sondern auch, um als Grundlage für eine Auseinandersetzung mit den grundlegenden Prinzipien des Urheberkollisionsrechts zu dienen. Diesbezüglich soll einerseits eine Antwort darauf gefunden werden, ob die insbesondere für das traditionelle internationale Urheberrechtssystem charakteristische enge Verbindung von Sachrecht und Kollisionsrecht zu unlösbaren Schwierigkeiten in einem digitalen Umfeld führt. Andererseits soll eine Untersuchung der Angleichung der Urheberrechtsordnungen in ihrem Verlauf aufzeigen, inwieweit alternativen Anknüpfungsregeln, die auf (idealerweise) weltweit einheitlichen materiellrechtlichen Vorschriften aufbauen, überhaupt eine Chance zukommt, Maximen des klassischen internationalen Urheberrechts ablösen zu können.

§ 2 Gang der Untersuchung

Ausgangspunkt der Diskussion geeigneter Anknüpfungspunkte im internationalen Urheberrecht unter Berücksichtigung neuer Informationstechnologien wird ein Überblick über die Probleme und Besonderheiten sein, die sich aus einem Aufeinandertreffen des IPR, des Urheberrechts und der neuen Informationstechnologien ergeben.

Sodann folgt eine Darstellung des rechtlichen Schutzes des Urhebers im digitalen Kontext im Hinblick auf die materiell-rechtliche Qualifikation der im Internet vorherrschenden Kommunikationsformen. Da eine Datenübermittlung im Online-Bereich fast regelmäßig grenzüberschreitend stattfindet, sich folglich Verwertungshandlungen nicht mehr nationalisieren lassen, spielt im Hinblick auf Frage nach den Rahmenbedingungen des Urheberrechtsschutzes gerade das internationale Recht in Gestalt von multilateralen Abkommen und sekundärem Gemeinschaftsrecht eine entscheidende Rolle. In diesem Zusammenhang wird insbesondere untersucht werden, welche rechtliche Würdigung die wichtigsten Nutzungshandlungen im Bereich des Internet durch diese Regelwerke erfahren haben.

Schließlich nimmt die Bearbeitung der eigentlichen kollisionsrechtlichen Problematik ihren Ausgangspunkt in der Darlegung der wesentlichen Aspekte des aus dem Territorialitätsprinzip hervorgehenden Schutzlandprinzips als der tradierten Anknüpfungsregel im internationalen Urheberrecht. Dieser Anknüpfung gegenübergestellt wird die dem Universalitätsprinzip Rechnung tragende Anknüpfung an das Ursprungsland. Im weiteren werden die in den maßgeblichen internationalen Verträgen, im Gemeinschaftsrecht und in autonomem Kollisionsrecht – hierzu wird exemplarisch die deutsche Rechtslage betrachtet werden – enthaltenen Vorgaben auf ihre kollisionsrechtliche Aussagekraft hin analysiert werden.

Im Anschluß hieran sollen die Vor- und Nachteile der gefundenen Ansätze aufgezeigt und einer kritischen Abwägung unter Berücksichtigung der Gegebenheiten neuer Informationstechnologien unterzogen werden. Letztere mündet in die Skizzierung eines zu favorisierenden weiteren Vorgehens.

Die Arbeit schließt mit einer Zusammenfassung der ermittelten Ergebnisse und einem Ausblick auf einzelne in Zukunft zu berücksichtigende weitere Aspekte.

Erstes Kapitel: IPR und neue Informationstechnologien

Die neuen Informationstechnologien als weitreichende bis weltumspannende Medien entziehen sich ihrem Wesen nach einer räumlichen Zuordnung und nationalstaatlichen Regelungsansprüchen.[15] Dem steht die gegenläufige Konzeption des IPR gegenüber, wodurch die Bewältigung der Aufgabe, möglichst international konsensfähige Kollisionsregeln für das anwendbare Recht im Bereich transnationaler Medien zu finden, sich als schwierig und problematisch erweist.

§ 1 Funktion und territoriale Konzeption des IPR

Die Regeln des IPR bestimmen bei privatrechtlichen Sachverhalten mit einer Verbindung zum Recht eines ausländischen Staates, welche Rechtsordnung anzuwenden ist.[16] Dabei werden Lebenssachverhalte an eine nationale Rechtsordnung geknüpft.[17] Zwar ist dabei das Kollisionsrecht dem von ihm berufenen materiellen Recht vorgelagert. Dennoch kann es nicht als internationales Recht angesehen werden, das einheitlich für eine Vielzahl von Staaten Geltung beanspruchen und nationalen Gesetzen vorgehen würde. Trotz der insoweit irreführenden Bezeichnung „internationales" Privatrecht ist das IPR seinem Wesen nach vielmehr zum nationalen Recht eines Staates zu zählen.[18] Lediglich die zu behandelnden Sachverhalte besitzen internationalen Charakter, indem sie eine Auslandsberührung aufweisen. Auch der Umstand, daß das Kollisionsrecht in Teilbereichen durch Staatsverträge international vereinheitlicht ist, ändert nichts an seiner Zuordnung zum nationalen Recht und seiner Unterschiedlichkeit von Staat zu Staat.[19]

Im Rahmen des IPR werden keine *lex mercatoria*[20] oder allgemeine Rechtsprinzipien berufen, sondern immer das „Recht des Staates", auf den die maßgeblichen Anknüpfungspunkte verweisen.[21] Diese Konzeption des Staatenbezugs geht auf die von *von Savigny* im 19. Jht. entwickelte Vorstellung zurück, derzufolge jedem Rechtsverhältnis ein räumlicher Schwerpunkt und damit ein „Sitz" in einem Territorium zuzuordnen ist.[22] Hintergrund dieser Vorstellung war die Entstehung der Nationalstaaten in der frühen Neuzeit, die eine territoriale Abgrenzung mit sich brachte.[23] Die Territorialität des IPR wird neben dem Bezug auf das Recht eines Staates – wie dies beispielsweise im deutschen Kollisions-

---

[15] *Schack*, JZ 1998, 753 [761].

[16] Für Dtl.: Art. 3 Abs. 1 S. 1 EGBGB.

[17] Zum Begriff der Anknüpfung siehe Kap. IV. § 1.

[18] *Kropholler*, IPR, § 1 I.; *Lüderitz*, IPR, Rn. 9.

[19] *Schack*, MMR 2000, 59 [59].

[20] Hierzu näher Kap. I. § 3.

[21] *Schack*, MMR 2000, 59 [59]. Zu der Begrifflichkeit von Anknüpfungspunkt und Anknüpfungsgegenstand siehe Kap. IV. § 1.

[22] *V. Savigny*, System des heutigen römischen Rechts, Bd. 8, S. 107.

[23] *Geller*, GRUR Int. 2000, 659 [659].

recht Art. 27 Abs. 3 EGBGB sogar für das von den Parteien ausgewählte Vertragsstatut klarstellt – außerdem dadurch offenkundig, daß die meisten Anknüpfungspunkte räumliche Merkmale darstellen.[24]
Gilt es nun einen Sachverhalt, der eine Verbindung zum Recht eines ausländischen Staates aufweist, kollisionsrechtlich zu beurteilen, geht das deutsche IPR davon aus, daß die Rechtsordnungen, die anwendbar sein könnten, zunächst gleichwertig nebeneinander stehen.[25] Die Rechtsordnung, die über das konkrete Rechtsverhältnis letztendlich zu entscheiden hat, wird sodann mit Hilfe einer Kollisionsnorm berufen.[26] Sofern eine sog. Gesamtverweisung ausgesprochen wird, finden die Sachnormen der Rechtsordnung, auf die verwiesen wurde, nur dann Anwendung, wenn deren IPR keine Rück- oder Weiterverweisung anordnet.[27] Hieraus wird ersichtlich, daß kollisionsrechtliche Regelungen selbst weder den Inhalt noch die Rechtsfolgen eines zu beurteilenden Rechtsverhältnisses festlegen bzw. bewerten. Ebensowenig werden die materiell-rechtlich günstigsten Normen aus Sicht der betroffenen Parteien ermittelt. Vielmehr kommt dem IPR die Funktion zu, anhand seiner zunächst räumlich geeigneten Bestimmungen, einen Konflikt zwischen möglichen anwendbaren Rechtsordnungen zu entscheiden und zwar ungeachtet der endgültigen rechtlichen Lösung.[28] In Fällen, in denen das Ergebnis einer Anwendung einzelner ausländischer Normen im konkreten Fall den wesentlichen Grundsätzen des inländischen Rechts offensichtlich widerspricht, bietet dabei lediglich das Rechtsinstitut des „ordre public“ eine Möglichkeit der Korrektur.[29]

---

[24] Für Dtl.: Siehe Art. 28 Abs. 2 EGBGB für das Vertragsrecht (gewöhnlicher Aufenthalt od. Niederlassung der Partei, die die für den Vertrag charakteristische Leistung erbringt), Art. 40 Abs. 1 EGBGB für das Deliktsrecht (Handlung- und Erfolgssort) oder für das Sachenrecht Art. 43 Abs. 1 EGBGB (Belegenheitsort).
[25] *Kropholler*, IPR, § 2 III.
[26] *V. Hoffmann*, IPR, § 1 Rn. 31.
[27] Für Dtl.: Art. 4 Abs. 1 EGBGB.
[28] *Sonnenberger*, in: MüKo, EGBGB, Einl. Rn. 30; *Kegel/Schurig*, IPR, § 2 I.
[29] Für Dtl.: Art. 6 EGBGB.

§ 2 Neue Informationstechnologien

Ein Kernbegriff dieser Arbeit ist der der neuen Informationstechnologien. Es soll daher im weiteren eine Konkretisierung dieses Schlagworts sowohl inhaltlich als auch in technischer Hinsicht erfolgen.

A. Zum Begriff der neuen Informationstechnologien

Sowohl die Verwendung des Begriffs der neuen Informationstechnologien als auch des Begriffs der Information als solcher ist geläufig und scheint daher keine inhaltlichen Schwierigkeiten mit sich zu bringen. Bei näherer Betrachtung stellt sich allerdings heraus, daß eine konkrete Benennung, was Information eigentlich meint, nicht gefunden werden kann.[30] Allgemeinen Definitionen,[31] die meist nur bestimmte Charakteristika[32] von Information aufzählen, stehen bestimmte Informationsbegriffe in einzelnen Fachdisziplinen gegenüber. Auf einen kleinsten gemeinsamen Nenner gebracht läßt sich jedoch wohl sagen, daß der Begriff der Information jede Kenntnisbeziehung zu jedem realen und irrealen Gegenstand meint.[33]

Um dieser uferlosen Begriffsannäherung im Hinblick auf Information Konturen zu verleihen, bietet es sich an, auf die zentralen Fragen dieser Arbeit abzustellen. Dabei ist zum einen auf die technischen Aspekte[34] einzugehen und zum anderen zu beachten, daß vielen Informationen ein wirtschaftlicher Wert[35] beizumessen ist, der unweigerlich zu der Notwendigkeit führt, Informationen einzelnen Personen zuzuordnen. So hat der Umstand, daß die Verwertung von Information auf wirtschaftlichen Nutzen und Unterhaltung gerichtet ist, die bloße materielle Produktion als lange Zeit entscheidendes Strukturelement gesellschaftlicher Gegebenheiten partiell verdrängt.[36] Der „Gegenstand" Information hat damit nicht lediglich aus Sicht der Technik Bedeutung erlangt, sondern nimmt in sämtlichen Bereichen einen hohen Stellenwert ein. Dieser Entwicklung versucht gerade das Immaterialgüter- bzw. im besonderen das Urheberrecht Rechnung zu tragen.

Bezogen auf den Begriff der neuen Informationstechnologien läßt sich jedenfalls sagen, daß neuen Informationstechnologien all jene Technologien zuzuordnen sind, die durch Standards und Techniken digitaler Kompression großer Datenmengen zu Zwecken der Speicherung als auch der Übertragung (Digitalisierung) gekennzeichnet sind.[37]

---

[30] Siehe *Steinmüller*, IT u. Gesellschaft, S. 189.
[31] Siehe hierzu *Mansel*, in: FS für Schütze, S. 485 [488 f.].
[32] Siehe hierzu C.
[33] *Hoeren*, Internetrecht, S. 1.
[34] Siehe hierzu B. und Kap. II. § 1.
[35] Siehe hierzu Kap. II. § 2.
[36] *Mansel*, in: FS für Schütze, S. 485 [485].
[37] *Kreile/Becker*, GRUR Int. 1996, 677 [677].

B. Der technische Hintergrund

Die Entwicklung im Bereich neuer Informationstechnologien bzw. allgemein im Bereich multimedialer Gestaltung wird von der damit befaßten Industrie in drei aufeinanderfolgenden Phasen gesehen: Ausgehend von einer Dominanz des Multimediabereichs durch Offline-Angebote,[38] folgte die Ausbreitung des Online-Marktes,[39] der schließlich um die interaktive Kommunikation als dritte Phase erweitert wurde[40] und immer noch im Ausbau begriffen ist.

Die Problematik der Anknüpfungen im internationalen Urheberrecht insbesondere unter Berücksichtigung neuer Informationstechnologien soll sich im Rahmen dieser Arbeit exemplarisch auf die im folgenden näher beschriebene unkörperliche Übertragung von urheberrechtlich geschützten Werken im Internet beschränken. Dies zum einen deshalb, weil das Internet als bekanntestes internationales Online-Netzwerk die technische Neuentwicklung ist, die Literatur und Rechtsprechung nicht nur auf dem Gebiet des Urheberrechts vor „ungleich“[41] größere Schwierigkeiten stellte und immer noch stellt als dies andere Technolo-

---

[38] Die körperliche Übertragung (Offline-Übertragung) erfolgt auf digitalen Ton- bzw. Bildtonträgern (sog. Offline-Produkte). Die Wiedergabe der auf einem materiellen Träger fixierten künstlerischen Leistung wurde immer weiter verbessert. So hatte Ende der 80er Jahre die Elektroindustrie eine neue Generation von Produkten eingeführt, von denen das Digital Audio Tape (DAT) als digitale Kopie einer Audioaufnahme es erstmals ermöglichte, den Klang einer CD ohne Qualitätsverlust zu kopieren. Zu nennen sind hier weiterhin die reine Musikträger-CD mit 0,78 Gigabyte Speicherplatz, die Digital Compact Cassette (DCC) sowie die Mini-Disc (MD), die seit 1992 auf dem Markt ist, des weiteren die CD-R (Recordable), eine wiederbespielbare CD, die eine einmalige Aufnahme oder Kopie gestattet, sowie die CD-E (Erasable), die bis zu einhundertmal überspielbar sein soll. Ebenso bedeutsam sind die Super Density Disc (SD), die beidseitig bespielbar ist und 9 Gigabyte Speicherplatz pro Seite enthält, die Multimedia-CD (MM-CD), die einseitig bespielbar ist und 7,4 Gigabyte Speicherplatz für einen ca. vierstündigen Spielfilm enthält, sowie die Multimedia-Card (MM-Card), ein Festkörperspeicher für einen PC in Scheckkartengröße, *Kreile/Becker*, GRUR Int. 1996, 677 [679]; Enquete Kommission „Zukunft der Medien in Wirtschaft und Gesellschaft, Deutschlands Weg in die Informationsgesellschaft“, Deutscher Bundestag, Neue Medien und Urheberrecht, S. 15.

[39] Bspw. erfolgt seit 1994 der Datenaustausch in digitaler Form durch Internetnutzer über Electronic Mail (E-Mail), elektronische Bulletin Board Systems (BBS) und Internet Relay Chat-Räume (IRC). Die Verwendung des Begriffs „Online“ als Gegenpart zu „Offline“ darf dabei jedoch nicht dahingehend mißverstanden werden, daß „Online-Medien“ nicht auch die drahtlose Übermittlung umfassen würden. Vielmehr werden digital gespeicherte Werke sowohl über Kabel- als auch über Satellitennetze ausgesendet , *Dreier*, in: Schricker, Informationsgesellschaft, S. 116; Enquete Kommission „Zukunft der Medien in Wirtschaft und Gesellschaft, Deutschlands Weg in die Informationsgesellschaft“, Deutscher Bundestag, Neue Medien und Urheberrecht, S. 15.

[40] *Kreile/Becker*, GRUR Int. 1996, 677 [679].

[41] *Regelin*, KollR der IGR, S. 264.

gien vermochten. Zum anderen muß das Internet als wichtigstes technisches Hilfsmittel zum Informationsaustausch angesehen werden, das nicht lediglich ein neues Medium unter vielen darstellt, sondern als bedeutendes gesellschaftliches, wissenschaftliches und wirtschaftliches Phänomen Geltung beansprucht. Zur besseren Verortung der zu behandelnden internationalprivatrechtlichen Problematik sollen dabei vorab Entstehung und Funktionsweise des Internet und die dort vorherrschenden Arten der Kommunikation kurz umrissen werden.

I. Entstehung und Funktionsweise des Internet

Das Internet stellt einen umfassenden Verbund unterschiedlicher durch verschiede Organisationen betreute Teilnetze dar. Sein Ursprung reicht zurück bis in die Zeit des Kalten Krieges in den späten sechziger Jahren.[42] Zu dieser Zeit – im Jahr 1969 – gab das US-amerikanische Verteidigungsministerium ein Forschungsvorhaben bei der Advanced Research Projects Agency (ARPA) in Auftrag.[43] Ziel dieses Projekts war die Entwicklung eines Informations- und Datennetzes für militärische Zwecke, das die Eigenschaft haben sollte, den Datentransfer auch im Falle einer partiellen Zerstörung aufgrund eines nuklearen Angriffs aufrecht zu erhalten. Dieses sog. ARPANET (Advanced Research Projects Agency experimental pocket-swichet network) bediente sich erstmals des Kommunikationsprotokolls TCP/IP (Transmission control protocol/Internet protocol).[44] Außerdem wurden die Nachrichten mit Hilfe von speziell entwikkelten Computern (Interface Message Processors) übertragen, die diese Nachrichten, gleich von welchem Rechner sie stammten, in ein maschinenunabhängiges Format brachten, so daß bei Ausfall eines Übertragungsweges die Übermittlung über einen anderen Interface Message Processor erfolgen konnte. Diese Datenübertragungsart war Grundlage für ein internationales Datennetz, das 1971 noch aus 23 Militärcomputern bestand, an dem sich sodann zunächst Universitäten und Forschungsinstitute beteiligten und das schließlich bis zum Internet in seiner heute bekannten und auch von der Wirtschaft und Privathaushalten genutzten Form ausgebaut wurde.[45] Insbesondere kommerzielle Anbieter[46] trieben

---

[42] *Maier/Wildberger*, Kommunikation im Internet, 2.1.

[43] *Hoeren*, Internetrecht, S. 9.

[44] Als Protokoll wird die Art der Datenübertragung zwischen Computern bezeichnet, wobei im Rahmen des TCP/IP die Ausgangszeichenkontrolle in mehrere Datenpakete unterteilt wird, die durchnumeriert werden und die die gesamten Übertragungsinformationen (Sendeadresse, Empfangsadresse und Sequenznummer) enthalten. Anhand der Sequenznummern können die Daten dann nach dem Sendevorgang wieder zusammengesetzt werden, *Maier/Wildberger*, Kommunikation im Internet, 2.1.3.

[45] So nutzen bspw. von insgesamt 15,9 Mio. Internet-Usern in Deutschland 8,4 Mio. das Internet in einem Privathaushalt, siehe Nachweise bei *Michel*, ZUM 2000, 425 [425].

[46] In Deutschland sind dies bspw. die Deutsche Telekom, das Wissenschaftsnetz (DFN), UU-Net und AOL.

den Ausbau in jüngerer Zeit voran, wohingegen das nicht-kommerzielle FidoNet[47] seinen Stellenwert mit zunehmender Verbreitung des Internet einbüßte. Trotz dieser explosionsartigen Ausbreitung des Internet wurde die besondere Art und Weise der Datenübertragung beibehalten. So ist der Kommunikationsweg von abgerufenen Informationen wie folgt nachzuzeichnen: Jedes Datenbündel erhält von dem Internet-Protocol einen individuellen Sendecode. Anschließend suchen sich die Datenbündel selbständig ohne jegliche Einflußmöglichkeit und Vorhersehbarkeit den Weg zum Empfänger (sog. „Routing"). Es ist dabei nicht bekannt, über wie viele Zwischenrechner innerhalb des Datennetzes, deren Konstellation im übrigen ständig variiert, die Informationen gesandt werden und wo diese Rechner stehen.[48]
Eine Verbindung, um überhaupt die Daten übertragen zu können, bestand des weiteren anfangs nur zwischen den Großrechnern, die das Verbindungsmanagement sicherstellen (sog. Hosts), wobei dies mittels Standleitungen geschah. Heute ermöglichen die Glasfasertechnik und die Integration von Satelliten eine schnelle und qualitativ bessere Übertragung per Telefonleitung, indem mit Hilfe eines Modems die Kapazität der Leitungen vorübergehend erweitert wird. Die Einwahl erfolgt hierbei über einen Einwahlknotenpunkt, der von kommerziellen Anbietern, den sog. Service- oder Internet-Providern betrieben wird.[49]

II. Arten der Kommunikation im Internet

Innerhalb des Internet erfolgt die Kommunikation auf verschiedene Arten bzw. mittels verschiedener Dienste. Neben den weit verbreiteten E-Mail-Diensten sind Diskussionsgruppen in unterschiedlichen Ausprägungen, Möglichkeiten zum Datentransfer (FTP, Telnet), das World Wide Web (WWW) sowie Homepages zu nennen. In diesem Zusammenhang wird außerdem die wohl wichtigste Besonderheit hinsichtlich der Kommunikation im Internet deutlich, nämlich die der Interaktivität, die einen Austausch zwischen dem Nutzer und dem Anbieter von Informationen ermöglicht.

1. „E-Mail"

Der am häufigsten genutzte Dienst im Internet ist die Electronic Mail (E-Mail).[50] Mit Hilfe dieses Dienstes können umfangreiche Texte („elektronische Briefe") binnen Sekunden rund um den Erdball versandt und vom empfangenden Rechner sofort digital weiterverarbeitet werden. Hierzu wird lediglich eine entspre-

---

[47] Das Fidonet ging aus einem weltweiten Zusammenschluß privat betriebener Rechner hervor, die nach dem Store-and-Forward-Prinzip über Direktverbindungen Nachrichten austauschen und Schnittstellen zum Internet besitzen, *Hoeren*, Internetrecht, S. 10.

[48] *Bechtold*, ZUM 1997, 427 [436].

[49] Als wichtige Anbieter sind Compuserve, AOL, T-Online (Deutsche Telekom) und MSN (Microsoft Network) zu nennen.

[50] Hierzu ausführlich: *Heermann*, MMR 1999, 3 [6].

chende Adresse benötigt, die sich aus der Benutzerkennung und dem Namen des benutzten Internet-Rechners mit einer Nationalitätskennung (sog. Top-Level-Domain)[51] zusammensetzt, beides verbunden durch das Zeichen „@".[52]

2. Mailinglisten, Newsgroups, BBS und Chatgroups

Neben dem E-Mail-Dienst haben sich elektronische Ablageplätze für Daten gebildet, auf die deren Betreiber maßgeblichen Einfluß haben. Bei den sog. Mailinglisten kann eine Teilnahme nicht ohne vorherige Anmeldung erfolgen, wohingegen die Newsgroups, BBS und Chatgroups in der Regel öffentliche Diskussionsforen darstellen.

Das System von Mailinglisten beinhaltet, daß Beiträge an zentrale Adressen geschickt und von dort automatisch an alle Beteiligten, die sich zuvor beim verwaltenden Rechner per E-Mail angemeldet haben, versandt werden.

Ebenso wie die Mailinglisten bieten auch die Newsgroups (früher „Usenet") die Möglichkeit, sich über die verschiedensten Themen auszutauschen und Informationen abzurufen. Hierbei werden aber grundsätzlich alle Beiträge dieser Foren ohne eine vorherige Anmeldung von dem jeweiligen Provider bereitgestellt. Damit stellen Newsgroups eine Art ständige Konferenzschaltung von verschiedenen Rechnern dar, in die auch eine Einwahl erfolgen kann.[53]

Als den Newsgroups verwandte Einrichtungen sind die Bulletin Board Systems (BBS) zu nennen. Ihre Funktion kann als elektronische Pinnwand beschrieben werden, da überwiegend themenbezogene Informationen hinterlegt und von weiteren Nutzern wieder abgerufen werden können.[54]

3. FTP, Telnet

Ein weiterer Internet-Dienst, das sog. File Transfer Protocol (FTP), ermöglicht dem Benutzer von seinem Internet-Rechner aus auf den Dateienbestand eines anderen Rechners zuzugreifen. „Anonyme" Rechner erlauben jedem ohne ein bestimmtes Paßwort oder eine bestimmte Kennung den Zugriff. Es genügt eine Einwahl mit dem Namen „anonymous" oder der Kennung „ftp" und der Verwendung der eigenen E-Mail-Adresse (üblicherweise) als Paßwort, um sich nach der Verbindung mit einem FTP-Server Dateien ansehen und auf seinen Rechner übertragen lassen zu können. FTP ist vor allem für die Lieferung von Shareware und Software-Upgrades oder -Treibern wichtig.

---

[51] So z. B.: „de" (Deutschland), „uk" (Großbritannien), „com" (kommerzielle Anbieter) und „org" (Institutionen, Organisationen), wobei die Domain mehrere Hosts unter einem gemeinsamen Namen zusammenfaßt, *Kröger/Kuner*, Internet, S. 350.

[52] *Hoeren*, Internetrecht, S. 15.

[53] *Mayer*, NJW 1996, 1782 [1784].

[54] *Mayer*, NJW 1996, 1782 [1784].

Durch die zunehmende Bedeutung des WWW bieten die meisten FTP-Anbieter den Einstieg inzwischen über WWW-Seiten mittels eines direkten „Downloads" oder einer Umstellung des „Browsers" auf FTP an.[55]
Bei Telnet dagegen ist eine direkte Dateiübertragung nicht möglich. Statt dessen kann der Telnet-Nutzer den fremden Rechner als eigenen an einem Terminal nutzen.

4. Gopher

Gopher bezeichnet ein besonderes Basisprogramm des Internet-Systems. Mittels Querverweisen und verschachtelten Menüs erlaubt dieses Programm dem Nutzer, sich von einem Gopher-Rechner zu einem anderen zu „wühlen"[56], wodurch ein eigenes Netz entsteht (sog. Gopherspace).
Allerdings geht das Gopher-Angebot ständig weiter zurück und wird durch WWW-Angebote ersetzt.

5. Das „WWW"

Das World Wide Web (WWW) darf nicht als Synonym für das Internet betrachtet werden, sondern stellt vielmehr einen Unterdienst desselben dar. Es wurde im Jahr 1989 als interaktives Kommunikationssystem entwickelt,[57] wobei bereits existierende Techniken miteinander verbunden wurden und ein Programm geschrieben wurde, das die Bedienung erleichterte. Förderlich war zunächst der Umstand, daß Ende der 80er Jahre das aus militärischen Gründen entwickelte Internet von der Wissenschaft entdeckt und usurpiert wurde. Hinzu kam, daß bereits in den 50er Jahren ein „Hypertext-System" entwickelt worden war, das sich der Form ergänzender Querverweise bediente und daher Fußnoten und Literaturhinweisen in gedruckten Texten vergleichbar war. Dieses System der Verweisung wurde dazu genutzt, Texte elektronisch miteinander zu verknüpfen und online zur Verfügung zu stellen.
Die gesamte Entwicklung wurde außerdem dadurch vorangetrieben, daß Computer immer leistungsstärker wurden und mehr Speicherplatz boten, so daß sie für die Erzeugung und Speicherung von Informationen immer attraktiver wurden. Ebenfalls begünstigend wirkte sich die Tatsache aus, daß aufgrund immer kleinerer und preiswerterer Computer abzeichnete, daß bald eine breitere Masse Zugang zu einem Computerterminal haben würde. Im Laufe der Zeit wurde dann das WWW, als Online-Pendant zur Offline-Präsentation via CD-ROM und

---

[55] Näher zu den Begriffen des „Downloading" und des „Browsing" siehe Kap. III. § 2 B. I. und II.

[56] Gopher bezeichnet ursprünglich ein grabendes, wühlendes Säugetier der Familie der Taschenratten [Geomyidae], *Hoeren*, Internetrecht, S. 19.

[57] Die Entwicklung des WWW wird dem Physiker Tim Berners-Lee vom Kernforschungszentrum CERN, Genf, zugeschrieben, *Hoeren*, Internetrecht, S. 20.

CD-I, zunehmend dazu benutzt, Bilder, Texte und Musik miteinander zu verknüpfen. Des weiteren integrierte das WWW die bereits beschriebenen Internet-Dienste E-Mail, NetNews, FTP, Telnet und Gopher, um einen Zugriff unter einer einheitlichen Oberfläche zu ermöglichen. Entscheidende Vorteile des WWW sind in der Einfachheit der Benutzung, den umfassenden Zugriffsmöglichkeiten auf Informationen, der Möglichkeit der Interaktion und Interoperabilität und der Hypertext- und Multimedia-Fähigkeit zu sehen, insbesondere aufgrund der sog. „Hyperlinks"[58].[59] Auf diese Weise erlebte das WWW innerhalb des Internet-Systems einen enormen Boom, den heute über eine Million Server, auf denen Informationen zum Abruf bereitgehalten werden, und über 100 Millionen Benutzer belegen.[60]

C. Immaterialität, Ubiquität und Globalität von Information

Leitfrage im Zusammenhang mit Information ist unter rechtlichen Aspekten diejenige, ob Information u. a. aufgrund ihres wirtschaftlichen Wertes einer Person ausschließlich zuzuordnen ist, d. h. ob es Ausschließlichkeitsrechte an Information gibt.[61] Hierbei stößt man schnell auf die besonderen Eigenschaften von Information, die sich dadurch auszeichnet, daß sie nicht gegenständlich, nicht greifbar, sondern losgelöst von einem Informationsträger auf Verbreitung angelegt ist. Ist die Information Gegenstand urheberrechtlichen Schutzes, so ist auch in diesem Kontext den genannten Besonderheiten Rechnung zu tragen. Zwar ist „geistiges Eigentum" oftmals mit einem körperlichen Gegenstand, etwa einem Manuskript oder einem Gemälde, verbunden, dennoch stellt anders als beim Sacheigentum nicht das Werk als Sache das Schutzgut dar, sondern die geistige Schöpfung als immaterielles Gut.[62]

Insbesondere vor kollisionsrechtlichem Hintergrund wird schließlich offenkundig, daß die Immaterialität zur Folge hat, daß die unkörperlichen Schutzgegenstände nirgends belegen, sondern von Ort und Zeit unabhängig sind.[63] Diese Besonderheit wird auch als Ubiquität, d. h. als örtliche Allgegenwart der Immateri-

---

[58] Über die „Hyperlinks" werden mittels „hypertext transfer protocol" Querverbindungen zu anderen Datenbanken hergestellt, die durch das Anklicken von unterstrichenen oder auf andere Weise unterlegten Begriffen bzw. Symbolen, dem sog. Hypertext, ausgelöst werden, *Maier/Wildberger*, Kommunikation im Internet, 7.1.

[59] *Hilty*, in: Hilty, Information Highway, S. 21 [28].

[60] *Hoeren*, Internetrecht, S. 22.

[61] *Hoeren*, Internetrecht, S. 2.

[62] *Schack*, Anknüpfung des UrhR, Nr. 45; zu den ideengeschichtlichen Wurzeln der Differenzierung von geistigem Werk und dessen gegenständlicher Verkörperung siehe *Mansel*, in: FS für Schütze, S. 485 [490 f.].

[63] Insbesondere zur Problematik der Haftung für fehlerhafte Information, *Mansel*, in: FS für Schütze, S. 485 [491 f.].

algüter, bezeichnet[64] und bedingt, daß beispielsweise eine Anknüpfung an die Belegenheit eines Werkstückes (*lex rei sitae*) fehlgeht.[65]
Einen weiteren entscheidenden Faktor beim Aufeinandertreffen von Kollisionsrecht und neuer Informationstechnologien stellt neben der Immaterialität und der Ubiquität von Information deren grundsätzlich freie Verfügbarkeit dar. Damit ist Information bereits ihrer Natur nach auf Verbreitung angelegt. Via Internet als einem weltumspannenden, transnationalen Medium, das sich einer räumlichen Zuordnung und nationalstaatlichen Regelungsansprüchen entzieht,[66] erfolgt diese Verbreitung global. Jeder Nutzer kann weltweit auf online verfügbare Daten zugreifen, unabhängig davon, von welchem Ort der Zugriff erfolgt und wo sich der Server befindet, auf dem die Informationen gespeichert wurden.[67]
Zusammenfassend wird mit der Charakterisierung von Information als immaterial, ubiquitär und global das Phänomen beschrieben, daß nationale Grenzen den Informationsfluß in internationalen Datennetzen nicht beschränken können. In diesem Zusammenhang stößt man deshalb auch häufig auf die Bezeichnung der Welt als „global village"[68] oder auf Formulierungen wie „cyberspace knows no national borders"[69].

---

[64] *Regelin*, KollR der IGR, S. 284; *Troller*, IGR I, § 5 III. 1; *Rehbinder*, UrhR, Rn. 3, 472; *Schack*, MMR 2000, 59 [59].
[65] *Schack*, Anknüpfung des UrhR, Nr. 44.
[66] *Schack*, JZ 1998, 753 [761].
[67] *Kreile/Becker*, GRUR Int. 1996, 677 [684].
[68] *Nordemann/Goddar/Tönhardt/Czychowski*, CR 1996, 645 [656]; *Flechsig*, AfP 1996, 333 [333].
[69] *Ginsburg*, in: Hugenholtz, Copyright, S. 189 [190]; *Mayer*, NJW 1996, 1782 [1783].

§ 3 Zur fortbestehenden Bedeutung des IPR im Bereich neuer Informationstechnologien

Es wurde vor allem in der Vergangenheit des öfteren die Frage gestellt, ob das Internet ein eigenständiger und mithin rechtsfreier Raum sei.[70] Diese Frage zielt zum einen darauf ab, zu erfahren, welches nationale materielle Recht auf Vorgänge im Internet anzuwenden ist, und drückt zum anderen die Vermutung aus, daß es vielleicht überhaupt kein anwendbares Recht im Internet gebe.

Ein Verständnis des Internet in letzterem Sinne legt zunächst seine Entstehungsgeschichte nahe. Das Internet wurde nicht, wie bereits dargelegt, wie ein gewöhnliches Computernetz konzipiert, sondern sollte den besonderen Bedürfnissen des Verteidigungsministeriums der USA entsprechen, indem es nicht von einem einzigen zentralen Computer abhängig, sondern so angelegt war, daß die einzelnen Teile unabhängig voneinander operieren konnten.[71] Dies ist primär der Grund, weswegen das Internet dezentral aufgebaut ist und keinem Staat oder einer Behörde untersteht. Seiner Natur nach kann daher das Internet als anarchischer Raum angesehen werden, ein Umstand, der auf eine gewisse „Rechtsfreiheit" wenigstens in Teilbereichen schließen läßt.

Dennoch bedeutet dies nicht, daß Handlungen im Internet keine rechtlichen Konsequenzen hätten. So gab es bereits vor einiger Zeit Versuche, das Internet von staatlicher Seite zu regulieren und zu reglementieren.[72] Des weiteren fallen im Rahmen eines die internationalen Datennetze betreffenden Diskurses häufig Begriffe wie „Cyberlaw", „Lex Internet" oder „Netlaw".[73] Der Gebrauch solcher Schlagwörter könnte zu der Annahme verleiten, die rechtliche Beurteilung von Internet-Sachverhalten sei insgesamt als völlig neues Rechtsgebiet zu betrachten. Da das Internet in vielen Rechtsbereichen aber lediglich ein neues Medium darstellt, das die bereits bestehenden rechtlichen Probleme erheblich verschärft, im großen und ganzen jedoch keine völlig neuen Konflikte schafft, wäre eine entsprechende Annahme weitestgehend unzutreffend. Vielmehr harren die konkret aufgeworfenen rechtlichen Fragen in vielen Fällen keiner gänzlich neuen Anworten, sondern es werden Lösungen anhand bereits bestehender Rechtsgrundsätze unter Berücksichtigung der Eigenarten des Internet gefunden.[74] Im Hinblick auf das Urheberrecht findet sich beispielsweise die Einschätzung, daß neue Technologien urheberrechtliche Grundbegriffe und Grundsätze nicht we-

---

[70] *Bechtold*, GRUR 1998, 18 [23]; *Mayer*, NJW 1996, 1782 [1790].

[71] Siehe Kap. I. § 2 B. I.

[72] Für Dtl.: Informations- und Kommunikationsdienstegesetz – IuKDG vom 22. Juli 1997, BGBl. I S. 1870.

[73] *Burnstein*, in: Boele-Woelki/Kessedjian, Internet, S. 23 [28].

[74] *Ernst*, BB 1997, 1057 [1057]; *Ginsburg*, GRUR Int. 2000, 97 [102]; *Koch*, GRUR 1997, 417 [417]; *Mankowski*, RabelsZ 63 (1999), 203 [293].

sentlich berühren, sondern eher zu einer veränderten Auslegung und einzelnen neuen Ausformungen führen.[75]
Im internationalprivatrechtlichen Kontext hingegen wurde eine Diskussion angefacht, in deren Zusammenhang gefragt wurde, ob eine *lex mercatoria* oder *lex mediatica* bzw. *informatica*[76] als Rechtsquelle für den internationalen Wirtschaftsverkehr staatliches Recht nicht zu ersetzen vermag und so insbesondere die kollisionsrechtliche Frage nach dem anwendbaren Recht obsolet werden lassen könnte.[77] Ein eigens für den internationalen Wirtschaftsverkehr geschaffenes Recht scheint vor dem Hintergrund des Internet als seinem Wesen nach internationales bzw. transnationales Medium praktikablere Lösungen bieten zu können als das IPR, welches als schwierige Disziplin mit traditionell territorialem Ansatz gilt. Gerade auch mit Blick auf das Kollisionsrecht wird dem Internet eine „anarchische Tendenz zur De-Konstruktion nationaler Souveränität" zugesprochen.[78]
Fraglich ist jedoch, ob tatsächlich sinnvolle Alternativen zu den traditionellen Regeln ersichtlich sind. Bereits bei allgemeiner Betrachtung wird es als problematisch angesehen, ob nicht-staatlich gesetztes Recht überhaupt als Rechtsquelle anzuerkennen ist. Im besonderen tritt die Schwierigkeit hinzu, daß die geltenden IPR-Vorschriften auf ein nicht-staatliches Recht verweisen müßten.[79] Eine ausführliche Erörterung dieser Aspekte würde den Rahmen dieser Arbeit sprengen. Zusammenfassend läßt sich jedoch sagen, daß sich eine *lex mercatoria* als meist von Schiedsgerichten geschaffene Konstruktion und damit als private Ordnungsmaßnahme im wesentlichen auf das Vertragsrecht beschränkt bleiben muß.[80] Der „Cyberspace" selbst kann nämlich nicht als unabhängiger mit einer Rechtssetzungsbefugnis ausgestatteter Souverän betrachtet werden. Vielmehr sind auch internetspezifische Aktivitäten den herkömmlichen Regeln der Territorial- und Personalhoheit unterworfen.[81] Insbesondere unter dem Aspekt der Rechtsdurchsetzung ist auf das Bedürfnis staatlicher legitimierter Vollstreckungshandlungen hinzuweisen, wobei deutlich wird, daß die Autorität der Gerichte entscheidend auf territorialer Souveränität beruht. Auch der Vorschlag einer Selbstregulierung[82] des sog. virtuellen Marktes übersieht die Not-

---

[75] Grünbuch Urheberrecht und verwandte Schutzrechte in der Informationsgesellschaft, KOM (95) 382 endg. v. 19.7.1995.
[76] *Lucas*, Private International Law Aspects, S. 7.
[77] Hierzu im dt. Schrifttum ausführlich: *Berger*, Lex mercatoria, S. 29 ff.; *Mertens*, in: FS für Odersky, S. 857 ff.; *Spickhoff*, RabelsZ 56 (1992), 116 ff.
[78] *Hoeren*, WM 1996, 2006 [2006].
[79] *Mankowski*, AfP 1999, 138 [138].
[80] So auch *Ginsburg*, GRUR Int. 2000, 97 [102] m. w. N.
[81] *Ginsburg*, GRUR Int. 2000, 97 [103]; *Engel*, AfP 1996, 220 [225]; *Mankowski*, AfP 1999, 138 [139].
[82] Siehe *Bock/Wöbke*, K&R 1997, 11 [16]; *Ernst*, JuS 1997, 776 [782].

wendigkeit einer Regulierung durch eine übergeordnete Stelle, wenn gegenläufige, oft wirtschaftliche Interessen eine Rolle spielen und deshalb oft ein Rückgriff auf Zwangsmaßnahmen nicht umgangen werden kann.
Die Vermeidung kollisionsrechtlicher Fragen wird jedoch nicht nur mit der Forderung nach einer *lex mercatoria* verfolgt, sondern ist auch Motiv einer geforderten Rechtsvereinheitlichung in Gestalt einer internationalen „Lex Internet“.[83] Inwieweit Einheitsrecht das IPR zu ersetzen vermag, wurde schon einmal diskutiert[84] mit dem Ergebnis, daß Einheitsrecht sowohl hinsichtlich des räumlichen als auch des sachlichen Anwendungsbereichs an seine Grenzen stößt. Zum einen beansprucht auch Einheitsrecht lediglich Geltung innerhalb der Staatsgebiete, für die es angenommen oder für die auf andere Weise eine Bindungswirkung erzielt wurde, was wiederum unter dem Aspekt der Rechtsdurchsetzung[85] besonders problematisch erscheint. Zum anderen bleiben wohl immer wenigstens Randbereiche bestehen, für die auch das umfassendste Regelwerk keine Aussagen trifft,[86] sondern auf nationales Sach- und damit schließlich auch auf nationales Kollisionsrecht zurückgegriffen werden muß. Überdies ist nicht denkbar, wie Einheitsrecht anders zur Entscheidung eines Lebenssachverhaltes gelangen soll als über seine Berufung, die ihrerseits aber eine kollisionsrechtliche Entscheidung darstellt.[87]
Zuletzt tritt zu dem Gesagten noch der Aspekt einer fehlenden Geschlossenheit des Informations- oder Internet-Rechts hinzu.[88] So stellen das Internet und andere neue Informationstechnologien technische Hilfsmittel dar, deren Einsatz sämtliche erdenkliche Rechtsgebiete tangiert. Eine Rechtsvereinheitlichung, die das IPR ersetzen könnte, würde deshalb allein schon an dem Umfang scheitern, den sie umfassen müßte.

Im Ergebnis bleibt es daher auch in einem digitalen Umfeld nicht nur bei der Anwendung nationalen Rechts auf Sachverhalte mit Berührung zu einer oder mehreren ausländischen Rechtsordnung(en). Vielmehr gewinnt die kollisionsrechtliche Frage nach dem anwendbaren Recht angesichts der Ausweitung einer

---

[83] *Burnstein*, in: Boele-Woelki/Kessedjian, Internet, S. 23 [28].
[84] *Zweigert/Drobnig*, RabelsZ 29 (1965), 146 [148]; *v. Caemmerer*, in: FS für Hallstein, S. 63 [66].
[85] Siehe *Ertl*, CR 1998, 179 [180].
[86] Bspw. bedarf es auch im Rahmen des UN-Kaufrechts, einem wohl grundsätzlich erfolgreichen Einheitsrecht, für bestimmte Fragen eines Rückgriffs auf nationales Recht, *Piltz*, EuZW 1995, 32 [32]; *Stoll*, in: FS für Ferid, S. 495 [507].
[87] *V. Bar*, IPR, Bd. 1, Rn. 83.
[88] Zu der Unbestimmtheit des Begriffs der Information bzw. der Informationstechnologien siehe Kap. I § 2 A.

Datenübermittlung über staatliche Grenzen hinweg zunehmend an Bedeutung.[89] Hierbei kann das Merkmal der Internationalität, das sowohl dem Kollisionsrecht als auch den grenzüberschreitenden Medien innewohnt, sogar als Bindeglied zwischen beiden Bereichen verstanden werden. Unter diesem Aspekt wird das IPR sogar als „archimedischer Punkt des Internet-Rechts" bezeichnet.[90]

[89] So auch *Hoeren*, WRP 1997, 993 [998]; *Osthaus*, AfP 2001, 13 [13 f.]. Siehe außerdem Kap. II. § 2 B. II.

[90] *Junker*, RIW 1999, 809 [809] m. w. N.

Zweites Kapitel: Urheberrecht und neue Informationstechnologien

Im Rahmen neuerer Betrachtungen des Urheberrechts und seiner aktuellen Rolle ist häufig von der sog. „Informationsgesellschaft" die Rede.[91] Die Verwendung dieses Begriffs in Politik und Wirtschaft als Bezeichnung für die während der letzten Jahrzehnte entstandenen post-industriellen Gesellschaft[92] wird sogar mitunter als „neue Zauberformel"[93] bezeichnet.

Der Ursprung der Informationsgesellschaft als eine Wirtschafts- und Gesellschaftsform, in deren Zentrum die Gewinnung, Speicherung, Verarbeitung, Vermittlung, Verbreitung und Nutzung von Information und Wissen steht,[94] wird in der noch nicht zum Abschluß gekommenen, immer weiter fortschreitenden Entwicklung der neuen Informationstechnologien gesehen.[95] Diese sind, wie zuvor schon erwähnt, durch Standards und Techniken digitaler Kompression großer Datenmengen zu Zwecken der Speicherung als auch der Übertragung (Digitalisierung) gekennzeichnet,[96] wobei gerade diese Eigenschaften breite Umwälzungen im Zusammenhang mit Fragen des geistigen Eigentums bewirken. Als Beispiel hierfür sei als jüngster und prominentester Auslöser für eine große Debatte über die Reichweite und den Schutz von Urheberrechten im Internet die Streitigkeit um Napster Inc. seit seiner Gründung 1999 zu nennen.[97]

Werden Begriffe wie die der Informationsgesellschaft oder aber auch der Wissens- und Dienstleistungsgesellschaft verwendet, so ist damit immer auch der Hinweis auf Inhalte verbunden, die eine neue Sichtweise auf die Gestaltung der gesellschaftlichen Verhältnisse bedingen können.[98] So ist der Übergang von einem wissenschaftlich-technisch geprägten Zeitalter zum technologischen Zeit-

---

[91] Wobei auf den Zusammenhang zwischen Urheberrecht und der „Informationsgesellschaft" Rehbinder bspw. schon 1986 hingewiesen und die Erwartung ausgedrückt hat, daß die nationalen Rechtsordnungen durch die einzelnen Länder zügig angepaßt werden würden, *Rehbinder*, in: FS für Uchtenhagen, S. 9 [9].

[92] *Mansel*, in: FS für Schütze, S. 485 [485].

[93] *Klett*, UrhR im Internet, UFITA 149 (1998), S. 18; *Waltl*, in: Lehmann, Cyberlaw, S. 185 [186].

[94] Der Begriff der Informationsgesellschaft wurde bereits 1971 in Japan geprägt und vor allem durch den amerikanischen Soziologen D. Bell bekannt, *Bell*, Die nachindustrielle Gesellschaft, S. 10 ff.

[95] So sieht bspw. die Europäische Kommission ebenso wie die Regierungen der EU-Mitgliedstaaten und der USA in der Informationsgesellschaft das Kernstück eines Entwicklungsmodells für das 21. Jahrhundert, mit der die wirtschaftliche Entwicklung steht und fällt, siehe *Dreier*, CR 2000, 45 [49].

[96] *Kreile/Becker*, GRUR Int. 1996, 677 [677].

[97] Siehe hierzu *Frey*, ZUM 2001, 466 [467]; inzwischen erfolgte die Schließung des Portals als kostenlose Musiktauschbörse, *Kreutzer*, GRUR 2001, 193 [194]. Zur MP3-Problematik siehe Kap. II. § 1 A.

[98] *Wandtke*, GRUR 2002, 1 [1].

alter insbesondere von der Entstehung des sog. virtuellen Marktes neben dem traditionellen Markt geprägt, in dem die materiellen Rohstoffe und Energien vielerorts durch Information und Wissen ersetzt werden.[99] Anhand eben dieser Entwicklung läßt sich die Ambivalenz technologischer Neuerungen gerade auch im Hinblick auf das Urheberrecht aufzeigen.
Deshalb bietet es sich zur näheren Beleuchtung des Spannungsfeldes zwischen Urheberrecht und neuen Informationstechnologien an, zunächst den Umstand der Digitalisierung von Informationen zu untersuchen und zu fragen, inwieweit die Art der heutigen Nutzung von Werken hierdurch geprägt wird. Sodann soll überlegt werden, welche Bedeutung dem Urheberrecht vor dem Hintergrund der Entwicklung neuer Informationstechnologien zukommt und inwiefern ein Wandel festzustellen ist.

§ 1 Digitalisierung als Voraussetzung der Nutzung von Werken

Als Voraussetzung des urheberrechtlichen Schutzes im Rahmen technologischer Neuerungen wird in erster Linie neben dem Phänomen der multimedialen Gestaltungen das der Digitalisierung diskutiert.[100]

A. Digitalisierung

Die Grundtechnik bzw. der Kern all dessen, was unter dem eingangs erwähnten Schlagwort der Informationsgesellschaft an neuen Entwicklungen realisiert wird oder sich für die Zukunft abzeichnet, ist die Digitalisierung.[101] Diese bezeichnet den Vorgang, daß Werke, also analoge Bilder, Texte, Töne oder allgemein Information, in einen binären Code umgewandelt werden und dadurch die Information in Zahlenreihen, die sich aus den digits 0 und 1 zusammensetzen, entweder körperlich fixiert oder aber unkörperlich wiedergegeben werden können.[102]
Auf diese Weise wird eine Vereinheitlichung des Datenformats erreicht, wodurch eine einfache Kombinierbarkeit verschiedener Werke, eine schnelle Speicherung und Übertragung von Daten ohne Qualitätsverlust und damit eine beliebig häufige Vervielfältigung aber auch eine leichte Manipulierbarkeit von Werken ermöglicht werden.[103]
Es ist gerade dieses Merkmal der Digitalisierung, das im urheberrechtlichen Kontext die Schwierigkeiten forciert, da urheberrechtlich geschützte digitalisierte Werke Vervielfältigungshandlungen nicht berechtigter Verwerter viel

---

[99] *Mansel*, in: FS für Schütze, S. 485 [485].
[100] *Schricker*, in: Schricker, Informationsgesellschaft, S. 19.
[101] *Wittweiler*, in: Hilty, Information Highway, S. 281 [287]; *Dreier*, in: Becker/Dreier, UrhR u. dig. Techn., UFITA 121 (1994), S. 123 [124]; *Wandtke*, GRUR 2002, 1 [9].
[102] *Dreier*, in: Becker/Dreier, UrhR u. dig. Techn., UFITA 121 (1994), S. 123 [124]; *Lehmann*, in: Lehmann, Cyberlaw, S. 25 [26].
[103] *Schricker*, in: Schricker, Informationsgesellschaft, S. 19.

stärker ausgesetzt sind, als dies bei Werken in analoger Form der Fall ist.[104] Denn erst mit der Möglichkeit einer massenhaften Verwertung künstlerischer Leistungen – insbesondere mittels des anonymen und dezentral aufgebauten Mediums Internet auch schnell und kostengünstig – wird das urheberrechtliche Werk aus ökonomischer Sicht zum „Objekt der Begierde“.[105] So wird beispielsweise im sog. „Bangemann-Bericht“[106], dem ersten Bericht mit konkreten Handlungsempfehlungen zu den Problemen der Informationsgesellschaft auf europäischer Ebene, gefragt, ob bestehende Regelungen angesichts der Leichtigkeit, digitalisierte Informationen zu übermitteln und zu manipulieren, den Schutz der Rechtsinhaber an Informationsinhalten noch adäquat gewährleisten können. Als Empfehlung wird sodann ausgesprochen, daß der Schutz der geistigen Eigentumsrechte auf europäischer und internationaler Ebene weiterhin hohe Priorität genießen muß.[107]

In jüngster Zeit ist als Multiplikator der Digitalisierungsproblematik zu der allgemeinen Nutzung des Internet durch eine breite Masse die Verwendung der sog. MP3-Technik[108] hinzugetreten. Diese hat die Verbreitung von Musik regelrecht revolutioniert.[109] Mit Hilfe des MP3-Verfahrens gelingt es nämlich, ein Musikstück, das im WAV- oder AIF-Format[110] eine Speicherkapazität von 26-40 MB[111] benötigt, auf bis zu 1/12 des ursprünglichen Datenvolumens zu komprimieren. Auf diese Weise können insbesondere die neuesten Popsongs über ein 56 kbps-Modem in nur kurzer Zeit über das Internet verbreitet werden.[112]

---

104 *Becker*, ZUM 1995, 231 [240]; *Leupold*, CR 1998, 234 [235]; *Schack*, JZ 1998, 753 [754].

105 *Wandtke*, GRUR 2002, 1 [3].

106 Ein unter dem Vorsitz des Kommissionsmitglieds Bangemann für das Gipfeltreffen in Korfu am 24. und 25. Juni 1994 erstellte Bericht „Europa und die globale Informationsgesellschaft – Empfehlungen für den Europäischen Rat vom 26. Mai 1994“, EG-Bulletin, 2/1994.

107 „Bangemann-Bericht“, S. 33.

108 Dieses zur digitalen Komprimierung von Musik genutzte Verfahren wurde Ende der 80er Jahre am Fraunhofer Institut für integrierte Schaltungen in Erlangen entwickelt, *Malpricht*, NJW-CoR 2000, 233 [233].

109 Siehe hierzu: *Mönkemöller*, GRUR 2000, 663 [665].

110 WAV bezeichnet ein von Microsoft Windows 95 erkennbares Format, AIF (Audio Interchange File) das entsprechende von Apple erkennbare Format, *Mönkemöller*, GRUR 2000, 663 [665].

111 1 Megabyte (MB) entspricht 1.048.576 Bytes, wobei Textdateien und digitale Bilder eine Speicherkapazität von 1 - 500 Kilobyte(s) (KB) benötigen und 1 KB 1.024 Bytes entspricht, *Mönkemöller*, GRUR 2000, 663 [665].

112 Im Vergleich nahm die Übertragung einer fünfminütigen WAV-Datei über ein 33.6 kbps (kilobits per second)-Modem mehrere Stunden in Anspruch, *Mönkemöller*, GRUR 2000, 663 [665].

B. Gesetzgebung und technologischer Wandel

Die geschilderten technischen Phänomene – die Digitaltechnik einerseits und die multimediale Gestaltung andererseits – führen unweigerlich zu der Frage, inwieweit die für das analoge Umfeld entwickelten rechtlichen Grundsätze unverändert auf den Umgang mit neuen Informationstechnologien übertragen werden können bzw. ob die neue Speichertechnik gerade im Hinblick auf das Urheberrecht nach neuen gesetzgeberischen Maßnahmen verlangt.[113] Insbesondere der Übergang von analoger zu digitaler Informationsverteilung im Bereich neuer Medien trägt, wie dargestellt, zu einem tiefgreifenden Wandel bei. Dabei ist hervorzuheben, daß nicht lediglich die Verwertung geschützter Werke, wie beispielsweise die Verbreitung materieller Informationsträger, sondern teilweise auch deren Herstellung über das globalen Kommunikationsnetz Internet erfolgt. Angesichts der Schnelligkeit der Entwicklung der Speichertechnik in den letzten 20 Jahren können dabei heute kaum noch Prognosen für die Zukunft gewagt werden.[114] So hat sich die Speicherkapazität in der Vergangenheit alle drei Jahre vervierfacht und die Rechenleistung der Standardprozessoren alle zwei Jahre verdoppelt, was im Bereich der Informationstechnik zu tiefgreifenden Veränderungen geführt hat.[115] Nicht nur der geschäftliche Bereich wird von Personalcomputern bestimmt, sondern gerade auch der private, in dem vor allem der Internetzugang über Online-Dienste genutzt wird.

Daß die Geschwindigkeit der Gesetzgebung kaum mit der des technologischen Wandels Schritt hält, stellt dabei ein ernstzunehmendes Problem dar.[116] Dieser Umstand, dessen sich der jeweilige nationale Gesetzgeber meist bewußt ist, soll im folgenden beispielhaft anhand einiger Überlegungen zum deutschen Urheberrechtsgesetz veranschaulicht werden.

I. Entstehung neuer Werkarten

Die technischen Möglichkeiten erweitern nicht nur den Katalog der Verbreitungshandlungen hinsichtlich immaterieller Güter, sondern es entstehen auch neue Werkarten.[117] Grundsätzlich finden sich natürlich auch im Internet Werke, die den traditionellen Werkkategorien des § 2 Abs. 1 UrhG zugeordnet werden können. So reicht das Angebot über Texte, Musikstücke, Bilder und Fotos bis hin zu Darstellungen wissenschaftlicher oder technischer Art. Deren Übertragung an die Nutzer erfolgt jedoch nicht auf herkömmliche Art und Weise, sondern, wie bereits beschrieben, mit Hilfe der Digitaltechnik. An einer Zuordnung zu den „klassischen" Werkarten ändert dies aber nichts, da lediglich die Art der

---

[113] So auch: *Frey*, ZUM 2001, 466 [467].
[114] *Kreile/Becker*, GRUR Int. 1996, 677 [677].
[115] Siehe oben, Kap. I. § 1 A.
[116] *Dreier*, CR 2000, 45 [49]; *Wandtke*, GRUR 2002, 1 [5].
[117] *Hoeren*, in: Lehmann, Cyberlaw, S. 111 [111]; *Wandtke*, GRUR 2002, 1 [3].

Verkörperung oder der unkörperlichen Wiedergabe und nicht ein Ausdrucksmittel betroffen ist, welches den Schluß auf das Vorliegen einer bestimmten Werkkategorie zuließe.[118] Denn auch ein digitalisiertes Sprachwerk bleibt ein Sprachwerk, da aus einem bestehenden Werk kein neues, in freier Benutzung geschaffenes Werk im Sinne des § 24 UrhG entsteht.[119] Folglich genießt die Digitalisierung als solche keinen urheberrechtlichen Schutz dergestalt, daß sie selbst als Werkart zu betrachten wäre. Grund dafür ist die rein mechanische Tätigkeit der Umsetzung in den Binärcode, die keine „persönliche geistige Schöpfung" erfordert.[120] Angedacht wird allenfalls, den Vorgang der Digitalisierung als Nutzungsart zu kategorisieren.[121]
Ungeachtet dessen ist jedoch zu fragen, wie die für die neuen Informationstechnologien charakteristischen sog. Multimediawerke im urheberrechtlichen Kontext zu beurteilen sind.

1. Zum Begriff des Multimediawerks

Die Entwicklung moderner Kommunikationsnetze und der Digitalisierung hat zu einem Zusammenspiel von Computertechnik, Telekommunikation und Medientechnik geführt. Dieses Zusammenspiel, das nicht nur im Urheberrecht, sondern auch in anderen Rechtsgebieten wie dem Medien-, dem Datenschutz- oder dem Wettbewerbsrecht Probleme schafft,[122] wird allgemein mit dem Schlagwort „Multimedia" umschrieben.[123] Was dies genau meint, wird zumeist mit Blick auf die Besonderheiten des jeweiligen Rechtsgebiets beantwortet. An einer einheitlichen Definition des Begriffs des Multimediawerks fehlt es mithin.[124]
Für die urheberrechtliche Behandlung jedenfalls bietet sich an, von den im allgemeinen für Multimediawerke genannten Begriffsmerkmalen auszugehen.[125] Hierzu zählt zunächst, daß mehrere Ausdrucksmittel wie Sprache, Bild und Musik, benutzt und auf einem Trägermedium in digitalisierter Form zu einem neuen Ganzen zusammengefaßt werden.[126] Insoweit ist der Terminus „Multimedia" als

---

[118] *Schricker*, in: Schricker, Informationsgesellschaft, S. 31 und 39; *Schwarz*, in: Bekker/Dreier, UrhR u. dig. Techn., UFITA 121 (1994), S. 105 [108]; zweiter Zwischenbericht der Bundestags-Enquête-Kommission, BT-Drs. 13/8110, S. 12.
[119] *Katzenberger*, AfP 1997, 434 [435]; *Schulze*, ZUM 2000, 432 [433].
[120] *Schricker*, in: Schricker, Informationsgesellschaft, S. 40.
[121] Siehe hierzu *Lehmann*, in: Lehmann, Cyberlaw, S. 57 [61]; *Schack*, JZ 1998, 753 [754]; *Schulze*, ZUM 2000, 432 [439].
[122] *Schricker*, in: Schricker, Informationsgesellschaft, S. 19.
[123] *Kreile/Becker*, GRUR Int. 1996, 677 [677].
[124] *Davies*, GRUR Int. 1996, 888 [890]; *Hoeren*, CR 1994, 390 [392]; *Kreile/Becker*, GRUR 1996, 677 [689]; *Salmony*, in: Lehmann, Cyberlaw, S. 1 [3]; *Wachter*, GRUR Int. 1995, 860 [869].
[125] *Schricker*, in: Schricker, Informationsgesellschaft, S. 20.
[126] *Wandtke*, GRUR 2002, 1 [8]; *Zahrt*, K&R 2001, 65 [67].

solcher sogar mißverständlich, da nicht die Medien der Kommunikation kombiniert werden, sondern Ausdrucksmittel, also neue Formen der Informationsvermittlung bzw. –präsentation.[127] So wurde auch schon bemerkt, daß es angesichts der Vereinheitlichung des Datenformats und des Trägermediums eigentlich näher läge, von „Unomedium" zu sprechen.[128] Typisch für den Begriff des Multimediawerks ist des weiteren die durch die einheitliche Darstellung in digitaler Form ermöglichte enge Verflechtung und Verschmelzung, die es erlaubt, eine einheitliche Individualität des Multimediawerkes festzustellen. Die Elemente wirken zur Erzielung einer bestimmten kommunikativen Aussage zusammen und machen das Multimediaerzeugnis zu einem einheitlichen Werk im urheberrechtlichen Sinne. So kann der durch die einheitliche Individualität geprägte Begriff des „Werks" auch bei Multimediawerken als Anknüpfungspunkt für den Urheberrechtsschutz dienen.

Nicht konstituierend für den Werkbegriff ist allerdings, welche Technik zum Einsatz kommt,[129] da es lediglich um die Nutzung des Werks geht.[130] Ebensowenig, obwohl aus Sicht des Rezipienten oft von zentraler Bedeutung, gilt die Interaktionsfähigkeit als zwingender Bestandteil eines Multimediawerkes.[131]

Im Ergebnis läßt sich also anhand des Schutzbereichs des deutschen Urheberrechtsgesetzes festhalten, daß dieser Multimediawerke aller Art miteinbezieht. Im übrigen ist die Verbindung von Text, Bild und Ton dem Urheberrecht nicht fremd. So wird auch das Filmwerk als eigenständige Werkart anerkannt.

2. Einordnung in die traditionellen Werkarten

Wird nun die Einordnung einzelner im Internet vorkommender Multimediaprodukte, wie insbesondere die der sog. „Webpages"[132] bzw. „Websites"[133], betrachtet, so läßt sich feststellen, daß deren Qualifikation weder als Sammelwerk im Sinne des § 4 UrhG noch als Ausdrucksform der sie generierenden Software einhellig erfolgt.[134] Ebenso ist die Überlegung zu finden, ob sich nicht die aus

---

[127] *Becker*, ZUM 1995, 231 [232]; *Zahrt*, K&R 2001, 65 [67]; *Dreier*, in: Becker/Dreier, UFITA 121 (1994), S. 123 [124].

[128] *Wachter*, GRUR Int. 1995, 860 [865].

[129] A. A.: *Wachter*, GRUR Int. 1995, 860 [860].

[130] *Schricker*, in: Schricker, Informationsgesellschaft, S. 21.

[131] *Zscherpe*, MMR 1998, 404 [405].

[132] Als Webpage wird eine in html geschriebene Seite bezeichnet, auf der ein Anbieter im WWW Informationen zum Abruf bereit hält, *Kröger/Kuner*, Internet, S. 363.

[133] Als Website wird eine Sammlung von Internetseiten bezeichnet, die unter einer gemeinsamen URL – Adresse eines Internet-Rechners bzw. einer bestimmten Information auf dem Rechner – zu erreichen sind, *Kröger/Kuner*, Internet, S. 364.

[134] Ablehnend: OLG Düsseldorf, MMR 1999, 729 [730]; *Loewenheim*, in: Schricker, UrhR-K, § 2 Rn. 76; *Köhler*, ZUM 1999, 548 [550]; *Schack*, MMR 2001, 9 [11]; zustimmend: *Koch*, GRUR 1997, 417 [420]; *Bechtold*, ZUM 1997, 427 [428]; für die Kategorisierung als Filmwerk: *Hoeren*, CR 1994, 390 [392]; *Lehmann/v. Tucher*, CR 1999, 700 [703].

Text, Fotos, Graphiken, Links etc. bestehenden Websites unter den Begriff der technischen Darstellung im Sinne des § 2 Abs. 1 Nr. 7 UrhG subsumieren ließen, jedenfalls sofern die nach § 2 Abs. 2 UrhG erforderliche Gestaltungshöhe erreicht wäre.[135] Da allerdings trotz einer grundsätzlich weiten Auslegung der Begriffe Wissenschaft und Technik in § 2 Abs. 1 Nr. 7 UrhG nur Darstellungen geschützt werden, die in irgendeiner Weise der Unterrichtung oder Belehrung dienen,[136] entfällt für die Mehrzahl der Websites eine entsprechende Einordnung als technische Darstellung. Allerdings ist zu beachten, daß der Katalog des § 2 Abs. 1 UrhG nicht exklusiv zu verstehen ist, sondern gemäß Absatz 2 alle persönlichen geistigen Schöpfungen in den Genuß des urheberrechtlichen Schutzes gelangen.

Damit stellt sich letztlich nur die Frage, ob nicht Gründe der Klarstellung es erforderlich machen, Multimediawerke als neue Werkart im Katalog des § 2 Abs. 1 UrhG ausdrücklich zu nennen. So schlägt beispielsweise *Schricker* in seiner vom Bundesministerium der Justiz in Auftrag gegebenen Untersuchung des Bedarfs zur Anpassung des geltenden deutschen Urheberrechts vor, § 2 Abs. 1 Nr. 6 UrhG zu einer Kategorie „audiovisueller Werke" zu erweitern und hierbei Multimediawerke mitaufzuführen. Auf diese Weise müßte nicht länger darauf vertraut werden, daß die Rechtsprechung Multimediawerke als Innominatwerke anerkennen werde.[137] Zugleich würde auf diese Weise mit Blick auf die Problematik der erforderlichen Gestaltungshöhe eines Werkes der „Diskriminierung" wissenschaftlicher Werke entgegengewirkt werden.[138]

Da sich zwischenzeitlich die Anerkennung des Schutzes von Multimediaprodukten bzw. von Websites im besonderen als eigenständige Werkart abzeichnet – jedenfalls solange sie als persönliche geistige Schöpfung im Sinne des § 2 Abs. 2 UrhG angesehen werden können –[139] scheint die Notwendigkeit einer

---

[135] *Klett*, UrhR im Internet, UFITA 149 (1998), S. 43; *Cichon*, ZUM 1998, 897 [898]; *Koch*, GRUR 1997, 417 [420]; *Schack*, MMR 2001, 9 [10].

[136] *Ulmer*, Urh-/VerlR, § 22 II. 1.; *Bechtold*, ZUM 1997, 427 [428].

[137] *Schricker*, in: Schricker, Informationsgesellschaft, S. 43.

[138] *Schricker*, in: Schricker, Informationsgesellschaft, S. 36.

[139] Siehe OLG Düsseldorf, MMR 1999, 729 [730]; LG Hamburg, MMR 2000, 761 [761]; *Loewenheim*, in: Schricker, UrhR-K, § 2 Rn. 76; *Schack*, Urh-/UrhVR, Rn. 217; a. A.: *Wiebe/Funkat*, MMR 1998, 69 [75]; für Österreich eine Entscheidung des Obersten Gerichtshofs, derzufolge Schutz für eine nur rein handwerkliche/routinemäßige Leistung zu versagen ist, wenn sie sich im Rahmen des Alltäglichen und Üblichen bewegt und sich zum Beispiel auf die Standardlayouts der Erstellungssoftware ohne Einsatz individueller Gestaltungselemente beschränkt, OGH, GRUR Int. 2002, 349 [349]; so auch noch eine Entscheidung des Bundesgerichtshof, in der ein deutliches Überragen der Gestaltungstätigkeit gegenüber dem allgemeinen Durchschnittskönnen gefordert wurde, BGHZ 94, 279 [287]; nunmehr hängt die Schutzfähigkeit von Software nur noch von der eigenen geistigen Schöpfung des Urhebers ab, ohne daß weitere Kriterien hinzutreten müßten, BGHZ 132, 208 [211].

explizitenNennung von Multimediaprodukten in § 2 Abs. 1 UrhG weniger dringlich zu sein. Ebenso ist eine Entwicklung in der Rechtsprechung hinsichtlich der Frage nach den Anforderungen an die Ergebnisse schöpferischen Tätigwerdens dahingehend auszumachen, daß im Zuge des Erlasses verschiedener EU-Richtlinien[140] ein einseitiges Abstellen auf die „klassischen“ Werkarten des Urheberrechts nicht mehr stattfindet.[141]
Zuletzt besteht in Bezug auf das Multimediaprodukt der sog. „Hyperlinks“ die Möglichkeit, den sui-generis-Schutz für den Datenbankersteller nach den seit dem 1. Januar 1998 geltenden §§ 87 a, 87 b UrhG zu erlangen.[142]

II. Das Internet als neue Nutzungsart

Im Rahmen des deutschen Urheberrechts stellt sich vor dem Hintergrund der Entwicklung neuer Informationstechnologien des weiteren die Frage, ob neue, bisher unbekannte Arten der Werknutzung entstanden sind. Wichtigkeit erlangt diese Frage insbesondere im Hinblick auf die Vorschrift des § 31 Abs. 4 UrhG, wonach die Einräumung von Nutzungsrechten für noch nicht bekannte Nutzungsarten und Verpflichtungen hierzu unwirksam ist. Diese zwingende Norm dient dem Schutz des Urhebers und soll ihm, wenn neue Nutzungsarten entwickelt werden, stets die Entscheidung darüber vorbehalten, ob und gegen welches Entgelt er mit der Nutzung seines Werkes auch auf die neu erfundene Art einverstanden ist.[143]
Unter Nutzungsart ist dabei nicht das Verwertungsrecht im Sinne der §§ 15 ff. UrhG[144] zu verstehen, sondern jede technisch und wirtschaftlich eigenständige Form der Auswertung eines Werkes.[145] Diese gilt dann als nicht bekannt, wenn sie zum Zeitpunkt des Vertragsschlusses als noch nicht praktisch durchführbare Nutzungsart[146] und auch nicht aus der Sicht beider Vertragspartner als wirtschaftlich bedeutsam und verwertbar geläufig ist.[147] Auf diese Weise soll verhindert werden, daß sowohl Verpflichtungen als auch Verfügungen des Urhe-

[140] Richtlinie 91/250/EWG des Rates vom 14. Mai 1991 über den Rechtsschutz von Computerprogrammen (sog. Computerprogramm-Richtlinie), ABl. EG Nr. L 122 v. 17.5.1991, S. 42; Richtlinie 93/98/EWG des Rates vom 29. Oktober 1993 zur Harmonisierung der Schutzdauer des Urheberrechts und bestimmter Schutzrechte (sog. Schutzdauer-Richtlinie), ABl. EG Nr. L 290 v. 24.11.1993, S. 9; Richtlinie 96/9/EG des Europäischen Parlaments und des Rates vom 11. März 1996 über den rechtlichen Schutz von Datenbanken (sog. Datenbank-Richtlinie), ABl. EG Nr. L 77 v. 27.3.1996, S. 20.

[141] *Wandtke*, GRUR 2002, 1 [9].

[142] *Leistner/Bettinger*, CR 1999, Beilage zu Heft 12, 1 [2]; *Plaß*, WRP 2000, 599 [601].

[143] Gesetzesbegründung, UFITA 45 (1965), S. 240; BGH, ZUM 1995, 713 [715].

[144] Hierzu ausführlich Kap. III.

[145] BGHZ 95, 274 [283]; 128, 336 [338].

[146] *Hertin*, in: Fromm/Nordemann, UrhG-K, §§ 31, 32 Rn. 18.

[147] BGH, ZUM 1995, 713 [714].

bers wirksam bleiben, durch die ein anderer Nutzungsrechte erlangt, deren wahrer wirtschaftlicher Wert bei Vertragsschluß noch nicht abzuschätzen war.[148] Demgemäß ist die Frage zu stellen, worin eigenständige und auch aus ökonomischer Sicht bedeutsame Nutzungsarten zu sehen sind und ab welchem Zeitpunkt deren Bekanntheit vorausgesetzt werden kann.

Im Bereich der Verbreitung von Texten, Bildern und Tönen wird beispielsweise die CD-ROM, die seit Anfang der neunziger Jahre als bekannt gilt,[149] und die DVD[150] als neue Nutzungsart anerkannt.[151] Wie das Internet als globales Kommunikationsnetz hingegen zu qualifizieren ist, scheint bislang ungeklärt zu sein. So findet sich in diesem Zusammenhang zunächst die Nennung von Online-Datenbanken[152] als neue Nutzungsart, allerdings ohne Angabe eines genauen Zeitpunkts, ab dem diese neue Nutzungsart als bekannt vorausgesetzt werden könnte. Zur Aufnahme digitalisierten Bildmaterials in elektronischen Bildarchiven ist der Nachweis zu finden, daß solches als bis 1987 unbekannte Nutzungsart betrachtet werden muß.[153] Des weiteren wird das Anbieten von Werken im Internet, gleich ob zur bloßen Betrachtung von Bildern, zum Anhören von Musik oder aber auch zur Speicherung, mit anderen Worten also allgemein zum Abruf durch Dritte, als eine konkrete technisch wie wirtschaftlich separate Verwertungsform und mithin als eigene Nutzungsart eingeordnet.[154]

Dabei wird deutlich, daß das technische Hilfsmittel Internet verschiedenen Formen der Online-Nutzung als Grundlage dient. Dementsprechend muß, damit im Einzelfall entschieden werden kann, ob eine konkrete Werknutzung auch eine neue Nutzungsart darstellt, zwischen dem Kommunikationsnetz als solchem und einzelnen urheberrechtlich relevanten Nutzungshandlungen unterschieden werden.[155] Das Internet kann daher nicht in seiner Gesamtheit als neue Nutzungsart qualifiziert werden,[156] sondern es muß darauf abgestellt werden, ob Information zur Speicherung auf verschiedenen Datenträgern, wie der Festplatte oder einer CD-ROM, oder zum Ausdruck auf Papier heruntergeladen wird (sog. „Downloading“) oder aber ob Daten auf dem Bildschirm von den Nutzern betrachtet (sog. „Browsing“) oder von den Anbietern zum Abruf angeboten werden (sog. „Uploading“).

---

148 *Schack*, Urh-/UrhVR, Rn. 550; *Hertin*, in: Fromm/Nordemann, UrhG-K, §§ 31, 32 Rn. 9; *Schricker*, in: Schricker, UrhR-K, §§ 31, 32 Rn. 25.

149 OLG Hamburg, MMR 1999, 225 [225].

150 *Stieper/Frank*, MMR 2000, 810 [813].

151 Zum E-Mail-Versand als neue Nutzungsart siehe *Haupt*, ZUM 2002, 797 [797 f.].

152 *Hoeren*, CR 1995, 710 [710]; *Katzenberger*, ZUM 1992, 332 [334].

153 *Hertin*, in: Fromm/Nordemann, UrhG-K, §§ 31, 32 Rn. 18.

154 *Dreier*, in: Lehmann, Cyberlaw, S. 119 [134]; *Endter*, NJW 1996, 975 [976]; *Lehmann*, in: Lehmann, Cyberlaw, S. 57 [62].

155 *Sasse/Waldhausen*, ZUM 2000, 837 [840]; *Wandtke*, GRUR 2002, 1 [11].

156 A. A.: *Hertin*, in: Fromm/Nordemann, UrhG-K, § 31 Rn. 2.

Diese Trennung ermöglicht zudem eine präzisere Bestimmung des Zeitpunkts, ab dem eine Nutzungsart als bekannt vorausgesetzt werden kann.
So erscheint es als ausgeschlossen, die allgemeine Nutzung von Werken im Internet durch „Uploading", „Browsing" und „Downloading" in Deutschland vor der ersten deutschen Anbindung an das ARPANET im Jahr 1984 als bekannte Nutzungsart betrachten zu können,[157] wohingegen beispielsweise hinsichtlich einer Verbreitung von Musikstücken, die erst mit der Wiederentdeckung und Nutzung des MP3-Verfahrens in den neunziger Jahren wirtschaftliche Bedeutung erlangt hat, frühestens ab diesem Zeitpunkt eine Bekanntheit für den Urheber und die Verwerter angenommen werden kann.[158]

---

[157] *Klett*, UrhR im Internet, UFITA 149 (1998), S. 52.

[158] Bis zu diesem Zeitraum werden mit Blick auf die reale Situation eines durchschnittlichen Urhebers z. T. auch anderer Arten der Werknutzung im Internet als unbekannte Nutzungsarten im Sinne des § 31 Abs. 4 UrhG angesehen, *Hoeren*, Internet-recht, S. 38; *Endter*, NJW 1996, 975 [976]; *Lehmann*, in: Lehmann, Cyberlaw, S. 57 [62].

§ 2 Bedeutung und Entwicklung des Urheberrechts in der Informationsgesellschaft

Die Frage nach der aktuellen Bedeutung des Urheberrechts und seinem Entwicklungspotential an der Schwelle zum 3. Jahrtausend wird vielfach gestellt.[159] Und auch wenn jede Prognose mit einer gewissen Unsicherheit einhergeht, so dürfte es dennoch möglich sein, einige grundsätzliche Aussagen treffen zu können. Beispielsweise nimmt das Urheberrecht entgegen der Voraussage *Negropontes*, dieses Rechtsgebiet werde vom Erdboden verschwinden, noch ehe es die digitale Realität überhaupt zur Kenntnis genommen habe,[160] einen hohen Stellenwert innerhalb der Diskussion über ein „neues Zeitalter" bzw. die sog. Informationsgesellschaft ein.[161]

Des weiteren sind als Entwicklungen, die das Urheberrecht derzeit beeinflussen bzw. in Zukunft beeinflussen werden, neben der Geschwindigkeit des technologischen Wandels, welche im Zusammenhang mit der Digitalisierung bereits angesprochen wurde, die Zunahme einer Massennutzung geschützter Werke und Leistungen ebenso wie die Zunahme einer grenzüberschreitenden Nutzung erkennbar. Hierdurch erscheint zum einen fraglich, inwieweit gesetzgeberischen Maßnahmen überhaupt noch Bedeutung zukommt, und zum anderen, inwiefern eine Massennutzung, gerade auch wenn sie grenzüberschreitend stattfindet, Gesetzgebung determiniert. Insbesondere im Hinblick auf diese Problemkreise sollen im folgenden der aktuelle Stellenwert des Urheberrechts und die Auswirkungen einer sich über nationale Grenzen hinweg ausweitenden massenhaften Werknutzung kurz beleuchtet werden.

A. Zum aktuellen Stellenwert des Urheberrechts

Seit jeher gingen wesentliche Impulse für die Weiterentwicklung von Urheberrechtsordnungen von technischen Neuerungen aus. Aktuell übt die weltweite Verwendung neuer Informationstechnologien einen entscheidenden Einfluß auf Änderungen und Ergänzungen des traditionellen Urheberrechts aus. Wenngleich zahlreiche Probleme sich zumindest ansatzweise schon im klassischen Urheberrecht gestellt haben und deshalb nicht grundlegend neu sind, erhalten sie durch laufend erweiterte Speicher- und Kommunikationsmöglichkeiten, das Mittel der

---

[159] Siehe: *Dreier*, CR 2000, 45 [45], *Regelin*, KollR der IGR, S. 1.

[160] *Negroponte*, Total digital, S. 77.

[161] Siehe statt vieler Mitteilung der Kommission, Europas Weg in die Informationsgesellschaft – Ein Aktionsplan, KOM (94) 347 endg. v. 19.7.1994; Europäischen Kommission, Begründung des Vorschlags für eine Richtlinie des Europäischen Parlaments und des Rates zur Harmonisierung bestimmter Aspekte des Urheberrechts und der verwandten Schutzrechte in der Informationsgesellschaft (sog. Informations-Richtlinie), KOM (97) 628 endg. v. 10.12.1997, S. 2; Enquete Kommission „Zukunft der Medien in Wirtschaft und Gesellschaft, Deutschlands Weg in die Informationsgesellschaft", Deutscher Bundestag, Neue Medien und Urheberrecht, S. 15 ff.

Datenkompression und immer rascher arbeitende Hardware eine bisher ungeahnte Dimension. Obwohl unwahrscheinlich ist, daß die Digitaltechnik die bisherigen Arten der Werknutzung und -verwertung zur Gänze ersetzen werden, sind doch Bereiche denkbar, in welchen die Online-Übertragung in Zukunft die bisherigen Formen der Werkvermittlung zurückdrängen oder gar ablösen könnte. Die durch die digitalen Technologien und das Zurverfügungstehen weltumspannender Datennetze entstandenen und sich rasant weiterentwickelnden Strukturen bedingen, daß das Urheberrecht als „Magna Charta" der Informationsgesellschaft bezeichnet wird.[162]
Wie bereits im Zusammenhang mit dem Stichwort der Informationsgesellschaft der Übergang von einem wissenschaftlich-technisch geprägten Zeitalter zu einem technologischen Zeitalter und damit der wenigstens teilweise Ersatz materieller Rohstoffe und Energien durch Information und Wissen ausgemacht worden ist, ist hier nun festzustellen, daß dem Urheberrecht die Rolle zukommt, „geistiges Eigentum" als immaterielles und ubiquitäres Gut handelbar zu machen.[163] Aus der Verschiebung von herkömmlichen industriellen Produkten zu unkörperlichen Produkten und Dienstleistungen resultiert der besondere Stellenwert des Urheberrechts – das demzufolge mitunter auch als Sachenrecht des 21. Jahrhunderts bezeichnet wird –[164] in der aktuellen Rechts- und Wirtschaftsordnung.[165]
Der Übergang von einer Industrie- zu einer Kulturgesellschaft beeinflußt jedoch nicht nur den Umgang der Verwerter und Nutzer mit Werken, die unter dem Schutz einer Urheberrechtsordnung stehen. Vielmehr besteht eine Wechselwirkung zwischen technologischer Entwicklung und geistiger Produktion dahingehend, daß aufgrund der Anerkennung einer Urheberschaft und einer Garantie der Ausschließlichkeitsrechte des Urhebers auch ein Anreiz dafür geboten wird, weiterhin neue und innovative Werke zu schaffen. Beispielsweise läßt sich das rasante Wachstum des Internet nicht zuletzt darauf zurückführen, daß es aufgrund einer Verknüpfung zahlreicher Datenbanken und der Bereitstellung sog.

---

[162] *Hoeren*, MMR 2000, 3 [3]; *Wandtke*, 2002, 1 [2].
[163] *Dreier*, CR 2000, 45 [45].
[164] *Hoeren*, NJW 1998, 2849 [2849]; *Spindler*, GRUR 2002, 105 [105].
[165] Im Zuge der open-source-Bewegung wurde hingegen auch schon die Extremposition vertreten, daß eine Anerkennung des Urheberrechts einen „Diebstahl am öffentlichen Raum" bedeute, siehe *Gottschalk*, GRUR Int. 2002, 95 [95]. Diese Sichtweise existierte allerdings auch schon vor bzw. bei Entstehung der den Urhebern vorbehaltenen Rechten, bedenkt man, daß die Immaterialgüterrechte rechtsgeschichtlich junge Rechte sind und erstmals im französischen Recht als Gnade vergeben wurden. Allerdings erfährt das Open-Source-Modell aktuell im Zusammenhang mit der Entwicklung von sog. Open-Source-Software dahingehend eine Einschränkung, daß zwar deren Verbreitung kostenfrei erfolgt, die Weitergabe aber dennoch als Nutzungseinräumung im Sinne des Urheberrechts verstanden wird, *Koch*, CR 2000, 273 [280]; *ders.* CR 2000, 333 [333].

Suchmaschinen einen schnellen Zugriff auf die unterschiedlichsten Informationen ermöglicht, wobei die einzelne Information oftmals als „Rohstoff" für eine Reihe von neuen Produkten und Dienstleistungen dient, die von der ersten Generierung bis hin zum Endprodukt eine Vielzahl von Verarbeitungsschritten durchläuft.

B. Entwicklungen und Trends

Der Umstand, daß dem Urheberrecht, wie dargelegt, ein hoher Stellenwert zuzubilligen ist, bedeutet nicht zugleich, daß es vor grundlegenden Wandlungen geschützt wäre.

Vielmehr muß sich dieses Rechtsgebiet, das in seinem Kern auf den Allein- oder Miturheber und dessen individuelle Verpflichtungs- und Verfügungsgeschäfte ausgerichtet ist, den Herausforderungen stellen, die aus der Zunahme einer massenhaften Verwertung urheberrechtlich geschützter Werke mittels neuer Informationstechnologien resultiert. Dabei muß das Datennetz Internet nicht lediglich als eine nichtphysiologische Kommunikationstechnologie, sondern auch als Grundlage für eine Verwertung und Nutzung urheberrechtlich geschützter Werke durch die Masse verstanden werden.[166] Die technologische Entwicklung bedingt sowohl die Vervielfältigung geschützten Materials mit relativ geringem technischen Aufwand als auch dessen Verbreitung. Damit einher geht die Absenkung der Anforderungen an die Schutzhöhe[167] und eine Ausdehnung der Verwertungsbefugnisse.

Konsequenterweise müssen als Reaktion hierauf zur Gewährleistung des Schutzes des Urhebers in einem ersten Schritt die rechtlichen und technischen Rahmenbedingungen derart ausgestaltet werden, daß eine möglichst hohe Nutzung persönlicher geistiger Schöpfungen durch Einräumung von Verwertungsrechten stattfinden kann. Den Schwerpunkt dürfte jedoch neben der Geltendmachung von dem Urheber ausschließlich zustehenden Verwertungsrechten an einem einzelnen Werk das Ziel bilden, für die Nutzung einer Vielzahl von Werken eine angemessene Vergütung zu erhalten.[168] Zwar ändert dies an der grundlegenden Funktion des Ausschließlichkeitsrechts als dem wirksamsten Instrument zur Durchsetzung eines Anspruchs des Urhebers auf ein Entgelt wohl nichts,[169] dennoch bedarf diese grundlegende rechtliche Konstruktion weiterer flankierender Maßnahmen, will man in angemessener Weise auf die massenhafte und über Staatsgrenzen hinweg stattfindende Nutzung urheberrechtlich geschützter Mate-

---

[166] *Becker*, in: Becker/Dreier, Internet und dig. Tech., UFITA 121 (1994), S. 45 [60].

[167] *Dreier*, CR 2000, 45 [45]; *Wandtke*, GRUR 2002, 1 [8].

[168] International erkennbar ist der Aufbau von „Urheberrechtsmanagementsystemen", Vermittlungsstellen und Verwertungsgesellschaften, die dem steigenden Koordinationsbedarf Rechnung tragen, siehe hierzu Kap. II. § 2 B. I.

[169] *Dreier*, CR 2000, 45 [46]; *Spindler*, GRUR Int. 2002, 105 [115].

rialien reagieren. In diesem Zusammenhang sind zum einen organisatorische und technische Maßnahmen beim Umgang mit der Massennutzung geistiger Schöpfungen und zum anderen gesetzgeberische Maßnahmen unter Berücksichtigung der internationalen Dimension zu nennen, welche im weiteren eingehender dargestellt werden.

I. Massencharakter der Nutzungen und marktorientierte Verwertung

Die Ausgestaltung des urheberrechtlichen Schutzes mußte schon immer Entwicklungen Rechnung tragen, die es im technischen Bereich ermöglichen, daß an die Stelle der Produktion von einzelnen Werkstücken eine Massenproduktion tritt und damit auch eine Werknutzung durch die Masse erfolgt. So erlaubte bereits im 15. Jahrhundert die Druckerpresse, daß literarische Erzeugnisse umfassender verbreitet wurden. Anfang des 20. Jahrhunderts war es dann die Erfindung des Rundfunks und der Schallplatte, die die Leistungen von Komponisten und ausübenden Künstlern reproduzierbar machte.[170] Eine neue Dimension der massenhaften Produktion und Verwertung von Werken wurde jedoch nunmehr neben der immer weiter verbesserten technischen Qualität der Wiedergabe von geschützten Werken mit den Nutzungsmöglichkeiten im Online-Bereich erreicht. Einen Schwerpunkt bildet dabei nicht nur der Vertrieb von in Büchern oder auf CD, Video, DVD oder CD-ROM verkörperten Werken, sondern vor allem der Inhalt als solcher. Dies hat zur Folge, daß das „klassische Modell" des Allein- und Miturhebers vor dem Hintergrund neuer technologischer Entwicklungen zwar weiterhin Bestand haben wird, jedoch eine Massenproduktion an die Stelle der Produktion von Einzelstücken tritt.

Einerseits sind hierin für den Urheber Chancen auszumachen,[171] die beispielsweise aufgrund der Möglichkeit eines weltweiten Vertriebs in der Erschließung neuer Absatzmärkte zu sehen sind oder darin, daß eigene Werke mit Hilfe der Digitaltechnik und moderner Kommunikationsnetze selbst verlegt und vertrieben werden können.[172]

Andererseits sehen Rechtsinhaber in der umfangreichen Verbreitung ihrer Werke mit Hilfe der Technik ihre Möglichkeiten schwinden, die Konsequenzen einer Rechtseinräumung abschätzen oder gar kontrollieren zu können. Dieser aus einer Nutzung urheberrechtlich geschützter Werke durch eine breite Masse resultierende Kontrollverlust verdeutlicht, daß rechtliche Befugnisse im Bereich neuer Informationstechnologien nicht allein Gewähr dafür bieten, daß der Urheber die von Gesetzes wegen ihm ausschließlich zuerkannten Rechte ungestört ausüben und insbesondere die ihm zustehende angemessene Vergütung geltend machen kann.

---

[170] *Wandtke*, GRUR 2002, 1 [3].

[171] Ebenfalls Chancen erkennt *Junker*, Anwendbares Recht, S. 21.

[172] *Dreier*, IIC Vol. 26 (1995), 989 [995].

So bedarf das Urheberrecht, will es einen effektiven Schutz der Rechtsinhaber erreichen, letztlich technischer Schutzmechanismen als Grundlage für die Durchsetzung der gesetzlich gewährten Rechte und zur Absicherung des Erhalts einer Vergütung. Im Gegenzug bedürfen diese technischen Schutzmechanismen für einen effektiven Schutz urheberrechtlich relevanter Materialien ihrerseits einer entsprechenden rechtlichen Absicherung, soll vermieden werden, daß durch eine Umgehung der Urheberrechtsschutz ins Leere läuft. Diese Wechselwirkung zwischen Technik und Recht, die auch mit der Redewendung, daß „die Antwort auf die Maschine in der Maschine selbst liegt“[173], umschrieben wird, führt in erster Linie zu der Frage, wie eine Rechteverwertung gegenwärtig und in Zukunft auszusehen hat und inwieweit die Gefahr droht, daß die rechtlich gesetzten Grenzen von der Technik unterlaufen werden.

In diesem Zusammenhang ist festzustellen, daß sich die Interessen der Rechtsinhaber und der Verwerter gerade dort treffen, wo das Ergebnis schöpferischer Arbeit für die Öffentlichkeit nutzbar gemacht wird, wo also einerseits das geistige Schaffen entsprechend vergütet werden soll und andererseits die Kulturindustrie die „geistigen Produkte“ mit Gewinn auf den Markt bringen will.[174] Der Umgang mit neuen Impulsen und Potentialen technischer Möglichkeiten muß daher im Bereich des Urheberrechts immer auch einen Ausgleich dieser Interessen im Auge behalten. Zugleich ist der Schutz der Urheber vor Piraterie und dem Interesse der Gesellschaft an einem hohen Verbreitungsgrad persönlicher geistiger Schöpfungen in ein ausgewogenes Verhältnis zu bringen.[175] Insbesondere der Nutzen des Internet für die Bereiche Bildung und Wissenschaft muß allen Beteiligten zugute kommen, „soll sich die Zielvorstellung des Wandels der Gesellschaft zur Wissensgesellschaft nicht im virtuellen Nichts des Cyberspace auflösen,...“[176].

Die Frage, inwieweit neben gesetzgeberischen Initiativen organisatorische und technische Maßnahmen den Urheberrechtsschutz bzw. den aufgezeigten Interessenausgleich fördern, kann hier nicht in Gänze beantwortet werden. Es sollen jedoch im folgenden die wesentlichen Aspekte herausgegriffen und kurz umrissen werden.

---

[173] „The answer to the machine lies within the machine“, zitiert nach *Dreier*, CR 2000, 45 [47].

[174] *Wandtke*, GRUR 2002, 1 [3].

[175] *Schack*, Urh-/UrhVR, Rn. 9. Dem Bestreben, das Interesse der Urheber mit den Belangen des Rechts- und Wirtschaftsverkehrs in Einklang zu bringen, soll der Erschöpfungsgrundsatz als rechtliches Instrument dienen. Zum Erschöpfungsgrundsatz unter Berücksichtigung der Besonderheiten einer Werknutzung im Internet, *Koehler*, Erschöpfungsgrundsatz, S. 15; *Berger*, GRUR 2002, 198 [199]; *Knies*, GRUR Int. 2002, 314 [314 f.].

[176] *Michel*, ZUM 2000, 425 [425].

1. Verwertungsgesellschaften („collective licensing") und Lizenzverträge („single licensing")

Da die von einer Nutzung und vor allem auch von einer umfangreichen Vermarktung im Internet betroffenen Urheberrechte zahlreich sind und überdies viele Nutzungsvorgänge im Privatbereich des Rezipienten stattfinden,[177] ist der einzelne Rechtsinhaber nicht länger in der Lage, die Konsequenzen seiner Rechtseinräumung zu erkennen oder eine wirksame Kontrolle auszuüben. Als praktikabler Weg zu einer effektiven Geltendmachung gesetzlicher Rechte und Ansprüche erscheint daher auch im Kontext internationaler Datennetze neben der Etablierung von elektronischen Managementsystemen[178] die kollektive und treuhänderische[179] Wahrnehmung der Rechte der Urheber und vor allem die Wahrung ihrer finanziellen Interessen durch Verwertungsgesellschaften.[180]
In Deutschland war als entsprechende zentrale Anlaufstelle im Multimediabereich zunächst die 1997 eingerichtete „Clearingstelle Multimedia für Verwertungsgesellschaften" gedacht.[181] Diese sollte beispielsweise den Content-Providern[182] die Möglichkeit bieten, sowohl Informationen über geschützte Werke, über die Inhaber der Verwertungsrechte und ggf. die Lizenzbedingungen einzuholen, als auch die benötigten Lizenzen selbst erwerben zu können.[183] Mit der hierdurch erreichten gebündelten Vertretung der Interessen der Urheber einerseits und der Vereinfachung des Rechteerwerbs andererseits wurde die Idee verfolgt, nicht nur die Position der Urheber bei der Frage nach der Vergütung zu

---

177 *Reber*, GRUR 2000, 203 [203].

178 Sog. Electronic Copyright Management Systems (ECMS) sollen ein effizientes Lizenzmanagement garantieren, indem nicht nur Informationen über den Inhaber des Urheberrechts bereitgehalten werden, sondern auch die Lizenzierung und die Lieferung digitaler Kopien abgedeckt wird, *Bechtold*, GRUR 1998, 18 [19]; *Flechsig*, CR 1998, 225 [230]. Ausführlich zu der Bedeutung von ECMS bzw. dem Bereich des „Digital Rights Management" – die Begrifflichkeit, die sich in neuerer Zeit durchzusetzen scheint – und der Funktionsweise siehe *Bechtold*, Informationsrecht, S. 4 ff.

179 Der zwischen dem Urheber und der Verwertungsgesellschaft geschlossene Wahrnehmungsvertrag begründet ein fremdnütziges Treuhandverhältnis, durch welches der Treuhänder das ausschließliche Nutzungs- und Verwertungsrecht erhält, LG Köln, ZUM 1998, 168 [169].

180 Erwägungsgrund (17) zu der Richtlinie 2001/29/EG vom 22. Mai 2001 zur Harmonisierung bestimmter Aspekte des Urheberrechts und der verwandten Schutzrechte in der Informationsgesellschaft (Informations-Richtlinie), ABl. EG Nr. L 167 v. 22.6.2001, S. 11; *Vogel*, in: FG für Schricker, S. 117 [129]; *Wittweiler*, in: Hilty, Information Highway, S. 281 [287]; *Leupold/Demisch*, ZUM 2000, 379 [388].

181 *Hoeren*, in: Stern/Prütting, Medien, S. 57 [63]; *Schack*, JZ 1998, 753 [758].

182 Als Content-Provider ist derjenige unter den Anbietern von Internetdienstleistungen zu verstehen, der digitalisierte Materialien im Internet zum Abruf bereithält, *Kröger/Kuner*, Internet, S. 359.

183 *Gerlach*, ZUM 2000, 856 [857]; *Melichar*, in: Lehmann, Cyberlaw, S. 205 [213].

stärken, sondern auch den Multimedia-Produzenten einen Anreiz zu bieten, sich verstärkt um den Erwerb von Lizenzen zu bemühen.[184]
Da sich die verschiedenen Verwertungsgesellschaften jedoch nicht auf einheitliche Standards für die Rechtevergabe einigen konnten und außerdem technische Schwierigkeiten bei der Datenaufbereitung bestanden, wird aktuell das Projekt der CMMV nicht weiterverfolgt.[185]
Überdies ist denkbar, daß die Tätigkeit der Verwertungsgesellschaften im Bereich individueller Transaktionen wieder auf die Rechtsinhaber zurückfällt. Mit Hilfe neuer Technologien wie beispielsweise „Mikropayment" oder „smart agents" könnten die Urheber nämlich dazu übergehen, Lizenzen selbst zu vergeben.[186] Auf diese Weise würde auch das Bedürfnis umgesetzt werden können, im Internet nicht das gesamte Repertoire, sondern nur ausgewählte einzelne Werke zu lizenzieren.
Umgekehrt macht die steigende Zahl der notwendigen Verpflichtungs- und Verfügungsgeschäfte insbesondere aus Gründen der Rentabilität es gerade notwendig, zumindest die Vergütungsfrage für die massenhafte Nutzung individueller Werke durch unzählige Einzelnutzer von hierauf spezialisierten Stellen zu regeln. Da die Verwertungsgesellschaften über entsprechende technische und organisatorische Mittel, die notwendigen Kapazitäten und Informationen verfügen, könnte gerade diesen in Zukunft auch die Abwicklung einer großen Anzahl von individuellen Verträgen und damit die Organisation des individuellen Zahlungsverkehrs übertragen werden. Aus einer derartigen Aufgabenzuweisung könnte sich auf lange Sicht sogar eine Verlagerung der Tätigkeitsschwerpunkte von Verwertungsgesellschaften ergeben. Jedenfalls wird eine entsprechende Entwicklung im Bereich der digitalen Offline-Medien schon seit geraumer Zeit prognostiziert.[187]

2. Technische Schutzmaßnahmen, gesetzliche Schranken und gesetzliche Lizenzen („statutory licensing")

Zwar stößt man in jüngerer Zeit zunehmend auf Äußerungen, denen zufolge die Produktpiraterie insbesondere im Musik- und Filmbereich ein Ausmaß angenommen habe, das auch durch neueste Schutztechniken nicht einzudämmen

[184] *Wittweiler*, in: Hilty, Information Highway, S. 281 [325].
[185] Nur die GEMA und unter Einschränkungen die VG Bild-Kunst können noch im Rahmen ihres jeweiligen Wahrnehmungsvertrages über die CMMV digitale Rechte vergeben, *Hoeren*, Internetrecht, S. 127. Zu den wettbewerbsrechtlichen Aspekten und unter Hinweis darauf, daß das „pauschalisierende Kollektivsystem" von Verwertungsgesellschaften im Bereich der digitalen Nutzungsrechte durch die Verwaltung von Einzelrechten (ECMS) ersetzt werden müsse, siehe *Wünschmann*, ZUM 2000, 572 [573].
[186] *Dreier*, CR 2000, 45 [46]; *Goršćak*, ZUM 2000, 859 [860]; *Hoeren*, MMR 2000, 3 [4].
[187] *Dreier*, CR 2000, 45 [47].

sei.[188] Doch selbst für den Fall, daß diese pessimistische Einschätzung nicht gänzlich geteilt werden sollte, sieht man sich neben dem Problem der Dimension von Urheberrechtsverletzungen im digitalen Kontext der weiteren Schwierigkeit gegenüber, daß technische Schutzmechanismen immer dem Anspruch genügen müssen, den zu ihrer Umgehung entwickelten technischen Mittel überlegen zu sein. Werden nämlich bei der Frage nach Möglichkeiten der Begrenzung von Urheberrechtsverletzungen bzw. Stärkung des Urheberschutzes technische Antworten gesucht, so gelangt man unweigerlich zu dem Ergebnis, daß die Technik bestenfalls vorübergehenden Schutz verspricht, da nicht nur die Verbesserung der technischen Schutzmaßnahmen fortlaufend voranschreitet, sondern auch die Möglichkeiten der Umgehung stetig weiterentwickelt werden. Hierin manifestiert sich die Erkenntnis, daß „nichts von Menschenhand Geschaffenes (...) nicht auch irgendwie von Menschenhand zu umgehen“[189] wäre.[190]

Nachdem die World Intellectual Property Organisation (WIPO)[191] die Entwicklung eines Informationssystems, das ähnlich den bekannten Buch- und Zeitschriftennummern (ISBN/ISSN) auf einem Numerierungssystem basiert, in ihr Arbeitsprogramm aufgenommen hat,[192] wird nunmehr hinsichtlich der Eindämmung von Urheberrechtsverletzungen die Lösung in einer Abgrenzung zwischen gesetzlichen Schranken und unzulässigen Umgehungsmitteln technischer Maßnahmen zum Schutz urheberrechtlich geschützter Inhalte gesucht.[193] So soll der

---

[188] *Bortloff*, GRUR Int. 2000, 665 [665]; *Federrath*, ZUM 2000, 804 [805].

[189] *Hilty*, in: Hilty, Information Highway, S. 437 [468].

[190] Angesichts unbeschränkter Möglichkeiten zur Vervielfältigung von Werken mit Hilfe der Digitaltechnik in Originalqualität haben Verschlüsselungstechnologien besonderes Interesse gefunden, *Gottschalk*, GRUR Int. 2002, 95 [104]. In diesem Zusammenhang nennt die Richtlinie 2001/29/EG vom 22. Mai 2001 zur Harmonisierung bestimmter Aspekte des Urheberrechts und der verwandten Schutzrechte in der Informationsgesellschaft (Informations-Richtlinie), ABl. EG Nr. L 167 v. 22.6.2001, S. 10, in Art. 6 Abs. 3 als technische Maßnahmen Zugangskontrollen, Schutzmechanismen wie Verschlüsselung, Verzerrung oder sonstige Umwandlungen des Werkes oder Mechanismen zur Kontrolle von Vervielfältigungen. Zu Verschlüsselungstechnologien wie digitalen Wasserzeichen, Umschlägen und Fingerabdrücken, die einen Copyrightvermerk, Sicherheitscodes oder Informationen über den Verwertungsstatus enthalten, *Hoeren*, MMR 2000, 515 [520]; *Federrath*, ZUM 2000, 804 [804]; *Kröger*, CR 2001, 316 [322]; *ders.*, Informationsfreiheit, S. 4 f.; *Linnenborn*, K&R 2001, 394 [397].

[191] Näher zur WIPO siehe Kap. III. § 1 A. I. 1. 3. d).

[192] Mit Hilfe dieses Systems soll die Möglichkeit geschaffen werden, Urheber digitalisierter und mit einer unverfälschbaren Nummer versehener Werke, zu ermitteln, sobald das betreffende Werk in einem Rechner gespeichert wird, WIPO, AB/XXIV/2, S. 23.

[193] Vorschlag für eine Richtlinie des Europäischen Parlaments und des Rates zur Harmonisierung bestimmter Aspekte des Urheberrechts und der verwandten Schutzrechte in der Informationsgesellschaft (Informations-Richtlinie), KOM (97) 628 endg. v. 10.12.1997, S. 22. Siehe zum Rechtsschutz technischer Maßnahmen im Rahmen des Regierungsentwurfes ei-

Zugang der Öffentlichkeit zu geschützten Informationen mittels des rechtlichen Instruments der Schrankenregelungen gesichert werden. Anhand von Schranken, also der Einschränkung einzelner oder mehrere dem Urheber ausschließlich zustehender Verwertungsrechte zugunsten einer im Gesetz benannten Gruppe von Privilegierten, die die hierdurch geschützte Werke ohne Zustimmung des Rechtsinhabers nutzen dürfen, sind sodann sowohl die Wirksamkeit als auch die Zulässigkeit technischer Schutzmaßnahmen zu messen.[194]
Eine dahingehende Kompromißlösung erbrachte beispielsweise die langwierige unter Beteiligung zahlreicher Lobbyistenverbände geführte Schrankendiskussion im Vorfeld des Erlasses der Informations-Richtlinie[195], dem jüngsten europäischen Regelwerk auf dem Gebiet des Urheberrechts.[196] Hierbei wurde vor dem Hintergrund von Befürchtungen, nach denen nicht mehr das Urheberrecht, sondern die Technik als maßgebliches Steuerungsinstrument angesehen werden müßte,[197] in Art. 6 Abs. 1 ausdrücklich die Beseitigung technischer Schutzmechanismen als eine zu sanktionierende drohende Rechtsbeeinträchtigung anerkannt.[198] Den Grundkonflikt zwischen einer erlaubten Nutzung eines geschützten Werkes und der unerlaubten Umgehung technischer Schutzmaßnahmen löste der Richtliniengeber zwar theoretisch zu Gunsten einer rechtlichen Absicherung technischer Schutzmaßnahmen.[199] Allerdings wurden die Mitgliedstaaten in Art. 6 Abs. 4 Unterabsatz 2 dazu ermächtigt, Regelungen zu treffen, wonach Privatkopien weiterhin als zulässig zu erachten sind.[200] Im Ergebnis wird damit wohl

---

nes Gesetzes zur Regelung des Urheberrechts in der Informationsgesellschaft vom 31. Juli 2002 in Dtl. *Hilty*, MMR 2002, 577 [577f.].

[194] Schrankenbestimmungen sollen innerhalb einer Urheberrechtsordnung einen Ausgleich der Belange der Urheber einerseits und des Interesses der Allgemeinheit an der Freiheit der Information und des geistigen Schaffens andererseits schaffen, für Dtl.: *Melichar*, in: Schrikker, UrhR-K, vor §§ 45 Rn. 15; *Nicolini*, in: Möhring/Nicolini, UrhG, § 45 Rn. 2. Hierbei ist zu berücksichtigen, daß Schranken einen intensiven Eingriff in die Ausschließlichkeitsrechte des Urhebers darstellen, dessen kulturelle Leistung verfassungsrechtlichen Schutz genießt, für Dtl. als Eigentum im Sinne des Art. 14 Abs. 1 GG und Ausfluß der Persönlichkeit des Urhebers im Sinne der Art. 1 und Abs. 1 GG, BVerfGE 131, 229 [239].

[195] Informations-Richtlinie, a. a. O.

[196] Zu dem allgemeinen Kompromißcharakter der Informations-Richtlinie, *Reinbothe*, GRUR Int. 2001, 733 [733]; *Spindler*, GRUR 2002, 105 [120].

[197] So sucht sich insbesondere die Musikbranche auf technischer Ebene zu schützen, *Mönkemüller*, GRUR 2000, 663 [669].

[198] Zur Qualifikation der Umgehung technischer Schutzmaßnahmen durch Dritte als mittelbare Urheberrechtsverletzung, *Haedicke*, in: FS für Dietz, S. 349 [351].

[199] *Davies*, GRUR Int. 2001, 915 [919]; *ders.*, in: FS für Dietz, S. 307 [314]; *Dreier*, ZUM 2002, 28 [29]; *Marly*, K&R 1999, 106 [108].

[200] Zu den Möglichkeiten der Umsetzung dieser fakultativen Ausnahme zum Vorrang des Schutzes technischer Maßnahmen, *Metzger/Kreutzer*, MMR 2002, 139 [140 f.].

in der Praxis die Privatkopieschranke auch im digitalen Bereich beibehalten werden.[201]

Anhand dieses Beispiels werden die Schwierigkeiten deutlich, denen man begegnet, will man die Interessen aller Beteiligter im Wege der Gesetzgebung in ein ausgewogenes Verhältnis bringen. Dies zumal jede Änderung einer Schrankenbestimmung eine Neuverteilung konkreter Marktchancen in sich birgt.[202]

Verschiedentlich wird daher vorgeschlagen, die Schrankenproblematik parallel zu der „Fair Use"-Regelung, wie sie im US-amerikanischen Recht zu finden ist, zu lösen.[203] Allerdings zeigt sich bei näherer Betrachtung, daß gerade im Bereich neuer Verwertungstechniken auch dieses Konzept nicht ohne dezidierte Regelungen[204] auskommt und damit eine Generalklausel als solche keine hinreichende Rechtssicherheit bieten kann.[205]

Zuletzt wird angesichts der dargestellten Situation, daß Urheberrechtsverstöße im digitalen Kontext kaum zu vermeiden sind, überlegt, welche Bedeutung gesetzlichen Lizenzen[206] oder Zwangslizenzen[207] zur Nutzung urheberrechtlich geschützten Materials zukommen könnte. Die Vorteile lägen darin, daß bei einem entsprechenden Zuschnitt einer gesetzlichen Lizenz insbesondere Verwerter auch bei internationalen Sachverhalten im Online-Bereich wenigstens nicht mehr unverschuldet eine Urheberrechtsverletzung begehen würden. Allerdings ist neben dem Aspekt, daß gesetzliche Lizenzen nicht ohne weiteres mit der Werkherrschaft des Urhebers und dessen Anspruch auf eine angemessene Vergütung vereinbar sind,[208] eine internationale Tendenz festzustellen, gesetzlichen Lizenzen für die Verwertung urheberrechtlich geschützter Werke entgegenzuwirken.[209] So finden sich Regelungen zur Abschaffung von Ermächtigungen zu

---

[201] Bereits in Art. 11 WCT wurde der Schutz technischer Schutzvorrichtungen als für die Unterzeichnerstaaten völkerrechtlich bindend angesehen, jedoch bestand auch hier ein breiter Umsetzungsspielraum.

[202] *Dreier*, in: Schricker, Informationsgesellschaft, S. 142.

[203] Zu den jüngsten Entwicklungen im Urheberrecht aus US-amerikanischer Sicht, *Gottschalk*, GRUR Int. 2002, 95 [95 ff.], gegen eine Übernahme der „Fair Use"-Regelung: *Schack*, ZEuP 2000, 799 [812]; *Spindler*, GRUR 2002, 105 [115].

[204] Siehe §§ 108 - 112 und 119 des U. S. Copyright Act.

[205] *Dreier*, in: Schricker, Informationsgesellschaft, S. 155.

[206] Im Rahmen gesetzlicher Lizenzen verbleibt dem Urheber ein Vergütungsanspruch, der gesetzlich festgelegt ist oder eine angemessene Vergütung vorsieht, *Dreier*, in: Schricker, Informationsgesellschaft, S. 140. Siehe dazu auch *Diemar*, GRUR 2002, 587 [587 f.].

[207] Zwangslizenzen beseitigen zwar nicht das Erfordernis der Erlaubnis durch den Urheber. Diesen trifft aber die Verpflichtung, sie zu angemessenen, nicht diskriminierenden Bedingungen zu erteilen, *Dreier*, in: Schricker, Informationsgesellschaft, S. 139.

[208] *Hoeren*, in: Lehmann, Cyberlaw, S. 95 [109]; *Rehbinder*, UrhR, Rn. 65; *Schack*, Urh-/UrhVR, Rn. 13.

[209] *Dreier*, in: Schricker, Informationsgesellschaft, S. 163; Schwenzer, ZUM 1998, 479 [480]; anders: *Leupold*, CR 1998, 234 [236].

nationalen Zwangslizenzen gerade im digitalen Kontext.[210] Außerdem zeigt sich am Beispiel des § 61 UrhG die geringe praktische Relevanz von Zwangslizenzen, indem im Falle einer Rechtewahrnehmung durch Verwertungsgesellschaften ohnehin eigene Vorschriften gelten, aus denen ein Abschlußzwang des Urhebers gegenüber den Verwertungsgesellschaften resultiert.[211]
Insgesamt bietet daher der Weg über gesetzliche Lizenzen oder Zwangslizenzen keine Alternative zu dem Versuch, Urheberrechtsverletzungen mit Hilfe technischer Maßnahmen, flankiert von umfassend ausgearbeiteten Schrankenregelungen, einzudämmen.

3. Zwischenergebnis

Zu der Frage nach der Relevanz rechtlicher Regelungen hinsichtlich eines effektiven Schutzes der Urheber im Online-Bereich läßt sich zusammenfassend sagen, daß die Antwort sicherlich nicht allein im Gerichtssaal zu finden ist. Jedoch kann auch nicht ohne die Schaffung einer rechtlichen Grundlage für Sanktionen ausgekommen werden. Dies folgt nicht zuletzt daraus, daß „... das Recht seine Berechtigung als Instrument zur Gestaltung unserer Gesellschaft nicht ohne Not freiwillig aufgeben (darf)".[212]
Hinzu tritt die Tatsache, daß einem Wettlauf zwischen Kopierschutz und dessen Umgehung dringend Einhalt geboten werden muß, wobei solches ebenfalls einer rechtlichen Grundlage bedarf. Werden technische Schutzmaßnahmen nicht durch rechtliche Regelungen flankiert, so „kommt dies förmlich einer Einladung (zur Umgehung des technischen Schutzes) gleich"[213].
Andererseits gewinnt die Absicherung des nicht nur ökonomisch, sondern auch gesellschaftlich erwünschten Zugangs zu Information zumindest unter bestimmten Bedingungen eine kaum erahnte Bedeutung. So kann der Umstand, daß mittels technischer Schutzmechanismen auch Nutzergruppen an einem Werkgenuß gehindert werden, deren Privilegierung von entsprechenden Schrankenbestimmungen vorgesehen ist, nicht toleriert werden. Ziel kann nicht die Verabsolutierung des Schutzes des Urhebers sein, indem rechtliche Ausgestal-

---

[210] Siehe Art. 6 Abs. 1 RBÜ: Abschaffung unfreiwilliger Lizenzen gem. Art. 11bis Abs. 2 RBÜ für drahtlos sendende Erstunternehmen, Art. 6 Abs. 2 RBÜ: Abschaffung der Ermächtigung zu gesetzlichen Lizenzen zur Herstellung von Tonträgern nach Art. 13 RBÜ, Art. 2 und 3 Abs. 2 der Richtlinie 93/83/EWG des Rates vom 27. September 1993 zur Koordinierung bestimmter urheber- und leistungsschutzrechtlicher Vorschriften betreffend Satellitenrundfunk und Kabelweiterverbreitung, ABl. EG Nr. L 248 v. 6.10.1993, S. 15 (sog. Satelliten-Richtlinie): Ausschluß, das Erstsenderecht der grenzüberschreitenden Satellitensendung zum Gegenstand gesetzlicher Lizenzen oder Zwangslizenzen zu machen.

[211] Siehe hierzu §§ 11 und 12 WahrnG, dazu *Gerlach*, in: Wandtke/Bullinger, UrhR-K, § 11 WahrnG Rn. 1 ff.

[212] *Dreier*, CR 2000, 45 [49].

[213] *Spindler*, GRUR 2002, 105 [115].

tungen unterwandert werden und damit die erforderliche Abwägung zwischen Eigentums- und Allgemeininteressen, die der Gesetzgeber zuvor hinsichtlich Schutzvoraussetzungen und Schrankenbestimmungen getroffen hat, durch die Technik überlagert wird.[214]

Zuletzt darf auch nicht außer acht gelassen werden, daß trotz der Tendenz, die Herstellung eines Werkes und dessen Verwertung im Netz immer häufiger miteinander zu verknüpfen, die unter dem Stichwort der Informationsgesellschaft zusammengefaßten Entwicklungen nicht auf die sog. „New Economy" reduziert werden können.[215] Vielmehr hat das für das Urheberrecht historisch bedeutsame „klassische Modell" des einzelnen Schaffenden, das den Schriftsteller, Komponisten, Maler oder auch Wissenschaftler in den Mittelpunkt rückt, gerade auch im digitalen Kontext seine Berechtigung nicht verloren. Denn angesichts der Fülle der Informationsträger ist die Information selbst für alle Beteiligten von zentraler Bedeutung, weshalb die schöpferische Tätigkeit Einzelner ungebrochen eines vollumfänglichen Schutzes bedarf.

II. Zunahme einer grenzüberschreitenden Werknutzung

Im Zuge der Digitalisierung von Werken und der damit verbundenen Art und Weise der Nutzung gewinnt der Umstand der Grenzüberschreitung zunehmend an Bedeutung.[216] Der durch die neuen Informationstechnologien geschaffene sog. virtuelle Markt ermöglicht einen Informationsfluß, der vor staatlichen Grenzen keinen Halt macht, sondern vielmehr ein globales „Zusammenrücken" auslöst, weshalb häufig, wie bereits erwähnt, von der Welt als „global village" gesprochen wird.[217]

Ein erleichterter Zugang zu Information hat jedoch nicht nur Vorteile, sondern auch Nachteile, was neue Fragen der rechtlichen Regulierung der gesellschaftlichen Prozesse in ökonomischer wie kultureller Hinsicht aufwirft.[218] Zu nennen

---

[214] So trifft der WIPO-Urheberrechtsvertrag WCT in Art. 11 und Art. 12 Regelungen über die Umgehung technischer Schutzmaßnahmen dahingehend, daß ein Schutz nur gegen solche Mittel gewährt wird, mittels derer technischer Schutzmaßnahmen umgangen werden sollen, die Handlungen unterbinden, die der Urheber auch tatsächlich untersagen kann.

[215] Siehe *Wandtke*, GRUR 2002, 1 [5] m. w. N.

[216] Insbesondere machen große Musikunternehmen (Warner, EMI, Universal, Sony, BMG) das Internet als neuen Vertriebsweg nutzbar. Im übrigen zeichnet sich spätestens seit dem Jahr 2001 eine Entwicklung ab, die den Charakter des Online-Bereichs als kostenloses Informationsmedium mit der Einführung von kostenpflichtigen Abonnement-Diensten (z. B. Real Networks des amerikanischen Fernsehsenders CNN, http://www.cnn.com), Premium-Mail-Diensten (z. B. von Hotmail/Yahoo, http://www.yahoo.com) und Zugangsberechtigungssystemen (z. B. der Verkauf von Texten aus der Printausgabe des Nachrichtenmagazins „Der Spiegel", http://www.spiegel.de) (jeweils Stand: Februar 2002) verändert.

[217] Hierzu auch *Nordemann/Goddar/Tönhardt/Czychowski*, CR 1996, 645 [648].

[218] *Wandtke*, GRUR 2002, 1 [1].

ist hier in erster Linie das Problem der Produktpiraterie,[219] deren Ausmaß die Kulturindustrie bereits in einer Weise beeinträchtigt, daß der Schutz des geistigen Eigentums zur internationalen Handelsangelegenheit geworden ist.[220] Der Globalisierung wirtschaftlicher Entwicklungen folgt bzw. muß eine Globalisierung des Rechts folgen und zwar im Sinne einer Harmonisierung einschlägiger Regelungen. Die Angleichung des Rechtsschutzes ist deshalb von besonderer Notwendigkeit, weil sich rechtliche Unterschiede und Unsicherheiten im Gefolge zunehmender grenzüberschreitender Verwertungen verstärkt auswirken.

1. Internationale Harmonisierungsbestrebungen

Seit Mitte der neunziger Jahre hat die digitale Technologie weltweit und fachübergreifend zu Überlegungen in Bezug auf mögliche Auswirkungen auf bisher von der analogen Technik geprägte Sachverhalte geführt. Das Dilemma, daß die technische Entwicklung schneller verläuft als die notwendigen Gesetzgebungsschritte, ist dabei auch Gegenstand von Fragen hinsichtlich der Harmonisierung entsprechender Rechtsinstrumente.[221]

So wurden von den Regierungen verschiedener wichtiger Industrieländer Berichte über die Bedeutung der neuen Technologien für Gesellschaft, Wirtschaft und Recht im allgemeinen und für das Urheberrecht im besonderen erstellt und in Auftrag gegeben.[222]

Die Reaktion auf internationaler Ebene erfolgte schließlich nach verschiedenen Vorarbeiten im Weg der Einberufung einer Konferenz der WIPO im Dezember 1996 in Genf, aus welcher zwei internationale Vertragsinstrumente, der „WIPO Copyright Treaty“ (WCT) und der „WIPO Performances and Phonograms Treaty“ (WPPT) hervorgegangen sind.[223] Knapp ein Jahr später legte die Europäische Kommission den Vorschlag für eine Richtlinie zur Harmonisierung bestimmter Aspekte des Urheberrechts und der verwandten Schutzrechte in der

---

[219] Hierzu insbesondere *Junker*, Anwendbares Recht, S. 22; *Kreile/Becker*, GRUR Int. 1996, 677 [678].

[220] Näher hierzu Kap. II. § 2 B. III.

[221] *Flechsig*, CR 1998, 225 [225]; *Freytag*, ZUM 1999, 185 [186]; *Geller*, GRUR Int. 2000, 659 [661]; *Plaß*, WRP 2000, 599 [599]; *Schack*, MMR 2000, 59 [59].

[222] So bspw. zum Weißbuch „Intellectual Property and the National Information Infrastructure“ der amerikanischen Regierung von 1995, *v. Lewinski*, GRUR Int. 1995, 858 [858]; zum australischen Bericht „Highways to Change“ von 1994, *Dreier*, GRUR Int. 1995, 837 [837]; zum kanadischen Bericht „Copyright and the Information Highway“ von 1995, *v. Lewinski*, GRUR Int. 1995, 851 [851]; zu diversen japanischen Berichten, *Heath*, GRUR Int. 1995, 843 [843] und zu zwei französischen Berichten, *Dreier*, GRUR Int. 1995, 837 [840]; *Genton*, GRUR Int. 1996, 693 [693]. In Europa wurde die Bedeutung der „digitalen Revolution“ zunächst im Weißbuch der Europäischen Kommission über „Wachstum, Wettbewerbsfähigkeit, Beschäftigung/ Herausforderungen der Gegenwart und Wege ins 21. Jahrhundert“ anerkannt, EG-Bulletin, Beilage 6/93.

[223] Siehe dazu Kap. III. § 1 A. I. 3. d).

Informationsgesellschaft[224] vor.[225] Diese am 22. Mai 2001 in Kraft getretene Richtlinie[226] hat, wie auch die kurz zuvor verabschiedete E-Commerce-Richtlinie[227] das Ziel, einen rechtlichen Rahmen zur Sicherstellung des freien Verkehrs von Diensten der Informationsgesellschaft zwischen den Mitgliedstaaten der Europäischen Gemeinschaft zu schaffen.[228]

Zum einen werden die beiden WIPO-Verträge (WCT[229] und WPPT) und die aktuellen Harmonisierungsgesetzgebungen innerhalb der EU[230] nicht das Ende der Entwicklung darstellen. Zum anderen zeigen die Arbeiten zu diesen Regelwerken, welch lange Zeiträume bei internationaler Beteiligung zu veranschlagen sind und wie schwierig es sich mitunter gestaltet, alte Traditionen und Prinzipien zugunsten einer Rechtsvereinheitlichung aufzugeben, insbesondere wenn die ursprüngliche Zielsetzung verlangt, nicht bloß allgemein gehaltene Rahmenbedingungen zu schaffen, sondern das Recht möglichst weitgehend zu harmonisieren.

Als besonders problematisch hat sich in diesem Zusammenhang das Aufeinandertreffen der unterschiedlichen Modelle des kontinentaleuropäischen Urheberrechts und des anglo-amerikanischen Copyright-Systems erwiesen. So dominiert im Zuge des Welthandels beispielsweise das amerikanische „Produzenten-Copyright", welches im Widerspruch zur europäischen Urheberrechtskonzeption steht.[231]

---

[224] Vorschlag für eine Richtlinie des Europäischen Parlaments und des Rates zur Harmonisierung bestimmter Aspekte des Urheberrechts und der verwandten Schutzrechte in der Informationsgesellschaft (Informations-Richtlinie), KOM (97) 628 endg. v. 10.12.1997, S. 22.

[225] Zur Anpassung des amerikanischen Urheberrechts an die Digitaltechnik im Wege des Digital Millenium Copyright Act siehe *Freytag*, MMR 1999, 207 [207 ff.].

[226] Richtlinie 2001/29/EG vom 22. Mai 2001 zur Harmonisierung bestimmter Aspekte des Urheberrechts und der verwandten Schutzrechte in der Informationsgesellschaft (Informations-Richtlinie), ABl. EG Nr. L 167 v. 22.6.2001, S. 10.

[227] Richtlinie 2000/31/EG des Europäischen Parlaments und des Rates vom 8. Juni 2000 über bestimmte Aspekte der Dienste der Informationsgesellschaft, insbesondere des elektronischen Geschäftsverkehrs, im Binnenmarkt („Richtlinie über den elektronischen Geschäftsverkehr") (sog. E-Commerce-Richtlinie), ABl. EG Nr. L 178 v. 17.7.2000, S. 1.

[228] Erwägungsgrund (15) zur Informations-Richtlinie, ABl. EG Nr. L 178 v. 17.7.2000, S. 3.

[229] Siehe Kap. III. § 1 A. V.

[230] Siehe Kap. III. § 1 B.

[231] Siehe *v. Lewinski*, in: FS für Kreile, S. 394 [394]. Die Frage nach der rechtlichen Behandlung von Filmproduzenten wird insbesondere durch den Umstand akut, daß die zumeist unzulässige Verbreitung von Filmen mittels DIVX-Technik via Internet die Filmbranche vor die gleichen Probleme stellt wie es die MP3-Technik für die Musikindustrie getan hat, *Federrath*, ZUM 2000, 804 [805].

Dennoch wird die Vereinbarkeit beider Systeme wenigstens insoweit für möglich gehalten, als daß der Schwerpunkt von Harmonisierungsbestrebungen auf die wirtschaftlich bedeutsamen Verwertungsrechte gelegt wird.[232]

2. Harmonisierungsbestrebungen und nationale Gesetzgebung

Neben den geschilderten Schwierigkeiten, die eine Harmonisierung mit sich bringt, ergeben sich aus einer Beteiligung an internationalen Verträgen für den nationalen Gesetzgeber noch weitere Probleme. So lassen sich zum einen nationale ordnungspolitische Entscheidungen nicht immer weiter uneingeschränkt durchsetzen. Zum anderen bedingt das Voranschreiten einer Rechtsvereinheitlichung, daß der traditionelle Kern des nationalen Urheberrechts im Wege der Umsetzung internationaler Vorgaben in innerstaatliches Recht mit teils systemfremden Sondervorschriften angereichert wird. Beispielsweise wurde der sui-generis-Schutz für Datenbanken in allen Mitgliedstaaten trotz bestehender Bedenken in die jeweiligen nationalen Urheberrechtsgesetze integriert.[233] Ein Systembruch ist diesbezüglich darin zu sehen, daß hinsichtlich der Rechte des Datenbankherstellers das Erfordernis eines unmittelbaren Bezugs zum geschützten urheberrechtlichen Werk sowie eine gewisse Gestaltungshöhe nicht mehr verlangt wird, sondern lediglich die getätigten Aufwendungen als maßgeblich erachtet werden.

Doch auch wenn aus dogmatischer Sicht sowohl gegen die Erweiterung nationaler Urheberrechtsordnungen durch systemfremde Regelungen als auch gegen die Einengung des Handlungsspielraums eines nationalen Gesetzgebers vielerlei Kritikpunkte anzuführen wären, müssen beide Aspekte als die unvermeidliche Konsequenz jeglicher Harmonisierungsbestrebungen auf internationaler Ebene betrachtet werden, soll sich die Arbeit an internationalen Verträgen nicht in wirkungslosen abstrakten Regelungen verlieren. Nicht zuletzt ist außerdem zu bedenken, daß im Bereich internationaler Datennetze nationale Alleingänge es ohnehin nicht vermögen, die anstehenden Probleme sinnvoll zu lösen.

III. Vom Persönlichkeits- zum Investitionsschutz

Die im digitalen Kontext beschriebenen Entwicklungen bewirken nicht zuletzt eine Akzentverschiebung des Urheberrechts von einem Kultur- zu einem Industrierecht.[234]

Gründe für einen größeren ökonomischen Stellenwert persönlicher geistiger Schöpfungen sind zunächst in dem Umstand zu sehen, daß der einzelne Urheber immer häufiger unter unternehmerisch und technisch organisierten Bedingungen

---

[232] Dies hat bspw. das TRIPs-Übereinkommen gezeigt, siehe Kap. III. § 1 A. IV.

[233] Ebenso erfolgte zuvor die Einordnung der Computerprogramme in das System der gewerblichen Schutzrechte und des Urheberrechts, *Dreier*, CR 2000, 45 [46].

[234] Siehe auch *v. Lewinski*, GRUR Int. 1996, 630 [630 f.].

tätig wird und so die Rolle der Werkvermittler oder der Besteller der geistigen Schöpfungen an Bedeutung gewinnt.[235] Im Gegenzug tritt die individuelle Bindung des Werkes an seinen Schöpfer in den Hintergrund. Hier bestätigt sich die bereits an anderer Stelle getroffene Feststellung, daß die Entwicklung des Urheberrechts nicht lediglich als Reaktion auf technische Neuerungen zu begreifen ist, sondern die persönlichen geistigen Schöpfungen selbst erkennen lassen, unter welchen Bedingungen für Produktion und Verwertung sie entstanden sind. Sowohl die Digitaltechnik als auch die globale Reichweite der Datennetze hat neue Industrien hervorgebracht und die Erschließung neuer Märkte bewirkt.[236]
So existiert nunmehr, nach der Entstehung der Film- und Fernsehindustrie, auf die die Unterhaltungs- und Softwareindustrie folgte, der sog. virtuelle Markt, in dessen Rahmen beispielsweise die Verbreitung geschützter Werke mittels Multimediadiensten wie interaktiven Video- und Audioübertragungen in Echtzeit neue Perspektiven für die Informations- und Kommunikationsindustrie bietet.[237]
Im Zuge einer hierfür erforderlichen Massenproduktion und dadurch bedingten Massenverwertung wird teilweise sogar ein Bestreben weltweit agierender Unternehmen festgestellt, ein „eigentumsähnliches Monopol" an Informationen und urheberrechtlich geschütztem Material zu erlangen.[238]
Neben der Entstehung neuer Industrien und multinationaler Medienkonzerne hat auch eine Annäherung an das anglo-amerikanische Copyright-System bewirkt, den Schutz des Urhebers zunehmend auch als Investitionsschutz zu betrachten. So erfolgt im anglo-amerikanischen Rechtsraum die Zuerkennung von Rechten an geistigen Schöpfungen in erster Linie aufgrund einer getätigten Investition, wohingegen kontinentaleuropäische Urheberrechtsordnungen ihre Prägung durch die idealistische persönlichkeitsrechtliche Philosophie des 18. und 19. Jahrhunderts erfahren haben.[239] Daher stellte die Erweiterung des Kreises urheberrechtlicher Schutzgegenstände um Gegenstände, die eher dem gewerblich-technischen Bereich entstammen, wie Computerprogramme und Datenbanken, eine Neuerung für das kontinentaleuropäische Urheberrecht dar, in dessen Mittelpunkt traditionell der Schutz literarischer, kompositorischer und sonstiger künstlerischer Werke steht.
Nicht zuletzt wird die Verschiebung des Urheberrechts vom Persönlichkeitsschutz- zum Investitionsschutz anhand der Verknüpfung des sog. TRIPs-

---

[235] *Gyertyánfy*, GRUR Int. 2002, 557 [562]; *Wandtke*, GRUR 2002, 1 [2].
[236] Bspw. beteiligen sich sämtliche große Medienkonsortien (Bertelsmann, Vivendi Universal, Time Warner) an Internetdienstleistern (Napster, Yahoo, AOL), *Gottschalk*, GRUR Int. 2002, 95 [105]; *Gyertyánfy*, GRUR Int. 2002, 557 [562]; *Mestmäcker*, ZUM 2001, 185 [192].
[237] *Kreile/Becker*, GRUR Int. 1996, 677 [677].
[238] *Gyertyánfy*, GRUR Int. 2002, 557 [563].
[239] *Dreier*, CR 2000, 45 [46].

Übereinkommens[240] mit dem auf Liberalisierung und Nichtdiskriminierung in den internationalen Handelsbeziehungen abzielenden Allgemeinen Zoll- und Handelsabkommen GATT deutlich.[241] In diesem Zusammenhang wird der Schutz des geistigen Eigentums nämlich nicht als Hindernis für den freien Welthandel, sondern als eine seiner Bedingungen verstanden und damit zur internationalen Handelsangelegenheit erklärt. So heißt es in der Denkschrift der deutschen Bundesregierung zum WTO-Übereinkommen,[242] zu deren Bestandteilen das TRIPs-Übereinkommen gehört, ohne einen angemessenen und auch in der Praxis wirksamen Schutz der Rechte des geistigen Eigentums würden Investitionen fehlgeleitet, Handelsströme verfälscht und unternehmerische Leistungen mißbraucht.

Darüber hinaus wird gerade auch auf europäischer Ebene an die für die legislative Zuständigkeit der Gemeinschaft maßgebliche Binnenmarktrelevanz des Urheberrechts (und der verwandten Schutzrechte) erinnert, die sich gerade im Hinblick auf die Informationsgesellschaft zeigt und sich nicht lediglich aus der kulturellen und sozialen Dimension des Urheberrechts ergibt, sondern gerade auch aus dessen wirtschaftlicher Bedeutung resultiert.[243] Weitergehend wird auch erwähnt, daß bei ausbleibender Harmonisierung urheberrechtsrelevanter Regelungen die bestehenden Unterschiede hinsichtlich des Schutzes von Rechtsinhabern die Erzielung von Größenvorteilen für neue Produkte und Dienstleistungen mit urheberrechtlichem Gehalt einschränken könnten.[244]

Im Ergebnis läßt sich festhalten, daß die Entwicklung des Urheberrechts nicht ausschließlich als Reaktion auf technische Neuerungen zu verstehen ist, sondern auch ein Spiegelbild sämtlicher gesellschaftlicher und rechtlicher Rahmenbedingungen, die in dem jeweiligen historischen Abschnitt vorzufinden sind, darstellt.[245] So werden die Erzeugnisse im Bereich von Literatur, Kunst und Wissenschaft mittlerweile als Kulturprodukte bezeichnet und zählen nach einem Bericht der Weltbank von 1998/1999 sogar zum wichtigsten Produktionsfaktor al-

---

240 Übereinkommen über handelsbezogene Aspekte der Rechte des geistigen Eigentums vom 15. April 1994, BGBl. II S. 295. Dazu ausführlicher Kap. III. § 1 A. I. 3. c).

241 Bspw. wurde aus dem 1994 erneuerten Handelsabkommen GATT das ausgeprägt wirtschaftspolitische Schutzprinzip der Meistbegünstigung in das TRIPs-Überein-kommen aufgenommen.

242 BT-Drs. 12/7655 (neu), S. 335 [344].

243 Grünbuch Urheberrecht und verwandte Schutzrechte in der Informationsgesellschaft, KOM (95) 382 endg. v. 19.7.1995, S. 11.

244 *Bappert/Maunz/Schricker*, VerlR, Einl. Rn. 31; *Dietz*, ZUM 1998, 438 [438]; *Reinbothe*, ZUM 1998, 429 [432].

245 *Wandtke*, GRUR 2002, 1 [2].

ler großen Wirtschaftsnationen.[246] In dieser Hinsicht kann das Urheberrecht auch als ein Teilbereich des Wirtschaftsrechts bezeichnet werden.[247]

---

[246] Knowledge of Development, Bericht der Weltbank 1998/1999, siehe *Wandtke*, GRUR 2002, 1 [2].

[247] *Paulus*, MMR 1999, 443 [445].

Drittes Kapitel: Rechtlicher Schutz des Urhebers im Internet

Kernpunkt des Urheberrechtsschutzes und damit auch des Urheberrechts im allgemeinen sind die Rechte des Urhebers, sein Werk zu verwerten (Verwertungsrechte).[248] Sie sind in der Praxis von besonderer Bedeutung, da sie den Interessen an der Verkehrsfähigkeit eines immateriellen Gutes dienen und die aus dem Urheberrecht fließenden vermögensrechtlichen Befugnisse des Werkschöpfers darstellen.[249] So besteht beispielsweise für den Urheber in Deutschland, wo man davon ausgeht, daß das Urheberrecht aufgrund seiner starken Bindung an die Person des Schöpfers grundsätzlich überhaupt nicht übertragen werden kann,[250] die Möglichkeit, Dritten ein Verwertungsrecht in Form eines einfachen oder ausschließlichen Nutzungsrechts einzuräumen. Mithin erlangt das Urheberrecht für den geistigen Schöpfer im Rechtsverkehr erst dadurch materiellen Wert, daß dieser über seine Rechte aus der Schöpfung getrennt von der Schöpfung als solcher verfügen kann.[251]

Grundsätzlich stellt das Verwertungsrecht ein ausschließliches Recht dar, d. h., daß allein der Inhaber des Rechts seine Zustimmung zur Verwendung des in Frage stehenden geschützten Werkes geben oder dessen ungerechtfertigte Verwendung untersagen kann. Dieses Recht des Urhebers knüpft zur Verwirklichung des Zieles, dem Urheber innerhalb der durch seine schutzwürdigen Interessen bestimmten Schranken die Verwertung seiner Werke vorzubehalten, nicht an den Werkgenuß, sondern an die Werkvermittlung an.

Gerade diese Systematik scheint aber hinsichtlich einer Nutzung geschützter Werke in globalen Kommunikationsnetzen Schwierigkeiten mit sich zu bringen. So sind nämlich bestimmte Arten der Werkvermittlung, der im Regelfall ein nationaler Charakter zukommt,[252] im digitalen Kontext nicht immer leicht einzuordnen. Vielmehr bestehen materiell-rechtliche Qualifikationsprobleme von Nutzungshandlungen im Bereich neuer Informationstechnologien, die eine Anknüpfung im kollisionsrechtlichen Sinn, wie noch zu zeigen sein wird,[253] beeinflussen können.

---

[248] Darauf wird insbesondere auch im Zusammenhang mit der Informations-Richtlinie hingewiesen, *Dreier*, ZUM 2002, 28 [28]; *Reinbothe*, GRUR Int. 2001, 733 [733].

[249] *Rehbinder*, UrhR, Rn. 76; *Ulmer*, Urh-/VerlR, § 83 ff.; näher dazu § 1 C.

[250] Siehe dazu Fn. 251.

[251] So ist im Zusammenhang mit dem Stichwort „Informationsgesellschaft" und dem für diese signifikanten Begriff „Multimedia" die Übertragung von Verwertungsrechten in Form der Lizenzierung von Buch- und Filmrechten und den Rechten an Computerspielen nicht mehr wegzudenken, *Gorščak*, ZUM 2000, 859 [860]; *Hilty/Peukert*, GRUR Int. 2002, 643 ff.

[252] Zwar gab es bspw. auch im Bereich des Fernsehens grenzüberschreitende Werknutzungen. Diese stellten jedoch eine Ausnahme dar. Die Nutzung des Internet als Verbreitungsmedium urheberrechtlich relevanter Güter hingegen hat diese Ausnahme zur Regel erhoben.

[253] Siehe Kap. V. § 1 u. § 2 A.

Ehe die verschiedenen Anknüpfungsmöglichkeiten im internationalen Urheberrecht aufgezeigt und diskutiert werden, soll deshalb eine genauere Darstellung der im Online-Bereich relevanten Verwertungsrechte erfolgen.[254]
Da deren Festlegung lange Zeit als eines der Hauptprobleme des Urheberrechts im Zusammenhang mit der Digitaltechnik und internationalen Datennetzen galt,[255] bildet die Festlegung von Ausschließlichkeitsrechten einen der Schwerpunkte neuerer Regelungswerke auf dem Gebiet des Urheberrechts.[256] Im folgenden werden sich demgemäß die Ausführungen über die dem Urheber ausschließlich zuerkannten Rechte zunächst auf die maßgeblichen Regelungswerke auf internationaler, supranationaler (gemeinschaftsrechtlicher) sowie nationaler Ebene am Beispiel des deutschen Urheberrechtsgesetzes beziehen (§ 1).
Sodann wird eine urheberrechtliche Qualifikation der im Internet vorkommenden Nutzungshandlungen dergestalt erfolgen, daß für den jeweiligen urheberrechtlich relevanten Vorgang aufgezeigt wird, auf welche Weise dieser in den behandelten Regelungswerken seine rechtliche Würdigung erfahren hat (§ 2). Im Ergebnis soll diese Untersuchung einen groben Überblick darüber geben, inwieweit zum einen Maßnahmen auf internationaler Ebene zu einem Ausgleich der Interessen zwischen Urhebern und Nutzern bzw. Verwertern beizutragen vermögen und zum anderen inwieweit nationalen Gesetzgebungen und damit dem Kollisionsrecht daneben Bedeutung zukommt (§ 3).

§ 1 Verwertungsrechte des Urhebers in internationalen Verträgen, im Gemeinschaftsrecht und im deutschen Urheberrecht

A. Internationale Verträge

Das nationale Urheberrecht hatte kaum nach seinem Durchbruch in der zweiten Hälfte des 19. Jahrhunderts das Entstehen des „internationalen Urheberrechts"[257]

---

[254] Eine Darstellung des Urheberpersönlichkeitsrechts soll hier außen vor bleiben, da es im Gegensatz zum vermögensbezogenen Teil des Urheberrechts als höchstpersönliches Recht dem Rechtsverkehr entzogen ist, § 29 S. 2 UrhG (monoistische Betrachtungsweise), anders hingegen im anglo-amerikanischen Rechtskreis, in dem der Urheber sowohl über die persönlichkeits- als auch über die vermögensrechtlichen Komponenten des Urheberrechts verfügen darf (dualistische Betrachtungsweise), *Ulmer*, Urh-/VerlR, § 80 I. 1. Zu den Auswirkungen einer Anknüpfung an die *lex loci protectionis* auf das Urheberpersönlichkeitsrecht siehe aber Kap. V. § 2 B. II. 4.

[255] *Dreier*, in: Schricker, Informationsgesellschaft, S. 101.

[256] *V. Lewinski*, in v. Lewinski/Walter/Blocher/Dreier/Daum/Dillenz, EuUrhR-K, Info-RL, Kap. II. Rn. 10; siehe außerdem WIPO-Verträge.

[257] Der Begriff des „internationalen Urheberrechts" ist in diesem Zusammenhang mißverständlich, da weder ein einheitliches Regelwerk existiert, das den Schutz des Urhebers grenzüberschreitend sicherstellt, noch ein Urheberrecht, das in allen Ländern gleichermaßen anerkannt wird, siehe *Ginsburg*, GRUR Int. 2000, 97 [97]. Im folgenden wird daher der Be-

bzw. internationaler Urheberrechtsnormen zur Folge.[258] Die Notwendigkeit einer solchen Entwicklung hin zu einem internationalen Rechtsschutz ergab sich in erster Linie aus dem Umstand, daß bei urheberrechtlich problematischen Fällen mit Auslandsberührung Lücken hinsichtlich eines Schutzes der Urheber bestanden.

Der inzwischen erreichte und aktuell geltende internationale Schutzstandard im Bereich des Urheberrechts resultiert zum einen aus den älteren Konventionen, der sog. Revidierten Berner Übereinkunft (RBÜ) und dem Welturheberrechtsabkommen (WUA), und zum anderen aus dem neueren Übereinkommen über handelsbezogene Aspekte der Rechte des geistigen Eigentums (TRIPs-Übereinkommen) und dem WIPO-Urheberrechtsvertrag (WCT).

I. Allgemeines

1. Allgemeine Prinzipien internationaler Verträge im Bereich des Urheberrechts

Der von den internationalen Konventionen auf dem Gebiet des Urheberrechts verfolgte Weg zur Erzielung eines weltweit einheitlichen Urheberrechtsschutzes sieht grundsätzlich vor, die Vertragsstaaten in erster Linie zur Befolgung des Prinzips der Inländerbehandlung zu verpflichten und ergänzend durch sog. Mindestrechte ein einheitliches Mindestniveau des Schutzes in den Verbandsländern für ausländische Schutzsuchende zu gewährleisten.[259]

a) Prinzip der Inländerbehandlung

Nach dem Prinzip der Inländerbehandlung,[260] auch Assimilationsprinzip genannt, ist ein Vertragsstaat verpflichtet, Angehörigen eines anderen Vertragsstaates denselben Schutz zu gewähren, den er inländischen Urhebern aufgrund seiner nationalen Gesetzgebung zubilligt.[261] Ausländische Urheber sollen damit in den Genuß der gleichen Rechte gelangen, die auch inländische Urheber in Anspruch nehmen können.

Ein Nachteil dieses Prinzips besteht allerdings darin, daß es keine materielle Gegenseitigkeit, sondern lediglich den Schutz vor einer Ungleichbehandlung ausländischer Urheber innerhalb der Grenzen eines Staates bewirkt. Staaten mit einem hohen Schutzniveau werden dabei gezwungen, Angehörigen eines Vertragsstaates mit niedrigerem Schutzniveau dieselben Rechte zukommen zu las-

---

griff des „internationalen Urheberrechts" ausschließlich im Sinne eines Urheberkollisionsrechts verwendet.

[258] *Holeweg*, GRUR Int. 2001, 141 [141].

[259] *Katzenberger*, in: FG für Schricker, S. 225 [228]; *Nordemann/Vinck/Hertin*, IntUrhR, Einl. Rn. 19.

[260] In Art. 5 RBÜ, Art. II WUA, Art. 3 TRIPs-Übereinkommen und Art. 3 WCT enthalten.

[261] *Katzenberger*, in: Schricker, UrhR-K, vor §§ 120 ff. Rn. 47.

sen, wie sie die eigenen Staatsangehörigen nach dem hohen inländischen Schutzstandard erhalten. Die eigenen Staatsangehörigen sind dagegen ihrerseits in dem anderen Vertragsstaat gegebenenfalls einem niedrigeren Schutz ausgeliefert.[262] Auch wenn hierin einerseits eine Schwäche zu sehen ist, bietet der Inländerbehandlungsgrundsatz andererseits für die einzelnen Staaten einen Anreiz, einer internationalen Konvention beizutreten, da die jeweiligen Urheberrechtsordnungen, die zumeist in bestimmten Traditionen verankert sind, beibehalten werden können.[263]

b) Garantie von Mindestrechten

Als Ergänzung des Inländerbehandlungsgrundsatzes bzw. als Kompensation der mangelnden materiellen Gegenseitigkeit des genannten Grundsatzes soll eine Garantie von konventionseigenen Mindestrechten für ausländische Urheber sicherstellen, daß Angehörigen eines Verbandsstaates in einem anderen Verbandsstaat zumindest ein Grundniveau an Schutz eingeräumt wird (Grundsatz des Mindestschutzes).[264] Da der Grundsatz der Inländergleichbehandlung lediglich vor Ungleichbehandlung schützt und damit nicht gewährleistet ist, daß ein Urheber im Ausland auf ein seinem Heimatstaat vergleichbar hohes Schutzniveau trifft, wird mit einer Garantie von Mindestrechten das Ziel verfolgt, in allen Staaten, die der in Frage stehenden Konvention beigetreten sind, einen einheitlichen Schutz der Rechtsinhaber herzustellen.[265]

Dies bedeutet, daß ungeachtet dessen, ob in dem Verbandsland, in welchem der Schutz beansprucht wird, nach dessen nationaler Gesetzgebung entsprechende Rechte vorgesehen sind oder nicht, dem ausländischen Urheber im Falle der nationalen Geltung des völkerrechtlichen Abkommens die konventionseigenen Mindestrechte zustehen.[266] Die Mindestrechte können folglich unmittelbar – *ex iure conventionis* – selbst dann in Anspruch genommen werden, wenn das Recht des Landes, in dem der Schutz gewährt werden soll, vergleichbare Rechte überhaupt nicht kennt.[267]

Dem Betroffenen steht es außerdem frei, sich auf das Prinzip der Inländerbehandlung oder aber auf die unmittelbar anwendbaren Mindestrechte der Konvention zu berufen. Diese Wahlmöglichkeit zwischen den Vergünstigungen des nationalen Rechts und dem Mindestschutz des internationalen Vertrages kann

---

[262] *Nordemann/Vinck/Hertin*, IntUrhR, Einl. Rn. 19; *Katzenberger*, in: FG für Schricker, S. 225 [234].

[263] *Haedicke*, JURA 1996, 64 [67].

[264] In Art. 4 RBÜ, Art. 1 Abs. 1 S. 2 TRIPs-Übereinkommen und Art. 3 WCT enthalten.

[265] *Nordemann/Vinck/Hertin*, IntUrhR, Einl. Rn. 19.

[266] *Bappert/Wagner*, IntUrhR, Art. 4

[267] Für den Fall, daß nationales Recht in einem für den Urheber eines verbandseigenen Werkes fremden Land Schutzlücken aufweist, kann sich dieser direkt auf die konventionseigenen Mindestrechte berufen, BGHZ 11,135 [138].

mitunter zu einer Besserstellung des ausländischen Rechtsinhabers gegenüber dem inländischen führen. Gerade hierin wird aber auch ein weiterer Vorteil des Mindestschutzes gesehen. Da nämlich in der Regel kein nationaler Gesetzgeber seinen Angehörigen weniger bzw. schwächere Rechte gewähren will als er ausländischen Rechtsinhabern aufgrund internationaler Abkommen einräumen muß,[268] bewirkt die Garantie von Mindestrechten unter Umständen mittelbar eine Anhebung nationaler urheberrechtlicher Schutzstandards.
Ein weiterer Ansatz, materielle Gegenseitigkeit des Urheberrechtsschutzes in den Vertragsstaaten zu erreichen, ist, den gegenüber Angehörigen eines anderen Vertragsstaates zu gewährenden Schutz davon abhängig zu machen, wieviel Schutz den eigenen Rechtsinhabern in diesem Vertragsstaat zukommt (sog. Prinzip der Gegenseitigkeit oder Reziprozität).[269] So sieht zum Beispiel Art. 7 Abs. 8 RBÜ, in Abweichung von dem allgemeinen Prinzip der Inländerbehandlung, einen Vergleich der Schutzfristen als Fall der materiellen Gegenseitigkeit vor.

c) Prinzip der Meistbegünstigung

Zuletzt findet sich in einzelnen internationalen Verträgen[270] im Bereich des Urheberrechts die Regelung, daß Rechtsinhaber innerhalb der Grenzen eines Staates alle Vergünstigungen erhalten sollen, die dieser Staat einem Urheber aus einem anderen Staat gewährt. Dies bedeutet, daß die Gleichstellung eines Urhebers mit dem meistbegünstigten ausländischen Rechtsinhaber erreicht werden soll (Prinzip der Meistbegünstigung).[271]

2. Rechtliche Wirkung internationaler Verträge

Gradmesser für die Wirksamkeit eines rechtlich verankerten Schutzes ist immer auch die Möglichkeit seiner Inanspruchnahme. Auf welchem Wege internationale Verträge einen effektiven Urheberrechtsschutz gewährleisten können, hängt

---

[268] *Katzenberger*, in: FG für Schricker, S. 225 [229].
[269] *Katzenberger*, in: FG für Schricker, S. 225 [235], wobei die Anwendung des Prinzips der Reziprozität gegenüber Angehörigen eines Mitgliedstaates der Europäischen Gemeinschaft spätestens seit der „Phil Collins"-Entscheidung des EuGH nicht mehr zulässig ist, *Walter*, in: v. Lewinski/Walter/Blocher/Dreier/Daum/Dillenz, EuUrhR-K, Allg. Teil, 2. Kap. Rn. 11. Dieser Entscheidung zufolge, die das in Art. 12 Abs. 1 EG-Vertrages (Amsterdamer Fassung) enthaltene Diskriminierungsverbot ausdrücklich für auf das Urheberrecht unmittelbar anwendbar erklärt, stellt die Staatsangehörigkeit kein zulässiges Anknüpfungskriterium für den urheberrechtlichen Schutz dar, EuGH, Rs. C-92/92 u. C-326/92, Slg. 1993, I-5145.
[270] Siehe bspw. Art. 4 TRIPs-Übereinkommen.
[271] *Drexl*, GATT, S. 257.

folglich nicht zuletzt davon ab, inwieweit Konventionsrecht nach nationalen Grundsätzen zur Geltung bzw. unmittelbaren Anwendbarkeit gelangt.[272]
Die Frage, ob im Bereich der internationalen Konventionen die dort enthaltenen Rechte direkt in Anspruch genommen werden können oder ob der vorgesehene Schutz seine Wirkung erst nach Umsetzung der internationalen Vorgaben in nationale Gesetze entfalten kann, erlangt aber auch unter einem weiteren Aspekt Bedeutung. So nimmt jede Erörterung kollisionsrechtlicher Anknüpfungen im Urheberrecht das Konventionsrecht zum Ausgangspunkt. Sofern hierbei internationalen Regelwerken bereits eine Anknüpfungsregel zu entnehmen wäre, müßte in einem weiteren Schritt die Klarstellung erfolgen, ob eine Anknüpfung auf dieser Grundlage gegenüber einer sich aus nationalem Recht ergebenden Anknüpfung vorrangig ist.[273]

a) Allgemein

Als völkerrechtliche Verträge entfalten die internationalen Konventionen ihre Wirkung in den Rechtsbeziehungen zwischen souveränen Staaten und etwaigen internationalen Organisationen. Sie schaffen aber kein einheitliches übergeordnetes internationales Recht.[274]
Vielmehr sind die Vertragsstaaten aufgrund des völkerrechtlichen Bindungsaktes verpflichtet, das Konventionsrecht zu befolgen, indem sie das Recht aus einem internationalen Vertrag in nationales Recht, z. B. durch Transformationsgesetz oder staatlichen Vollzugsakt, umsetzen.[275] Sofern ein Vertragsstaat allerdings dieser Verpflichtung nicht nachgekommen ist, kann der einzelne Angehörige eines Vertragsstaates keine unmittelbaren Rechte aus der Verpflichtung herleiten.[276] Denn auch wenn die Nichterfüllung der Verpflichtung zur Umsetzung des Konventionsrechts als Verletzung des Abkommens anzusehen ist,[277]

---

[272] Bspw. wird in den USA die unmittelbare Anwendbarkeit der RBÜ dahingehend abgelehnt, daß die im Bereich des Urheberrechts entscheidende Kollisionsnorm als Common Law aus bundesstaatlichem Recht entwickelt und nicht über den Inländerbehandlungsgrundsatz begründet wird, U.S. Court of Appeals, 2nd Circuit, Urt. v. 27.8.1998, „Itar-Tass v. Russian Kurier Inc.", GRUR Int. 1999, 639 [643].

[273] *Drexl*, in: FS für Dietz, S. 461 [463].

[274] BGHZ 64, 183 [191]; *Kreuzer*, in: MüKo, EGBGB, nach Art. 38 Anh. II. Rn. 2.

[275] *Nordemann/Vinck/Hertin*, IntUrhR, Einl. 17 bis 20 Rn. 20.

[276] *Nordemann/Vinck/Hertin*, IntUrhR, Einl. 17 bis 20 Rn. 20.

[277] Ist eine Umsetzung des Konventionsrechts nicht erfolgt, so bleibt den Vertragsstaaten – bspw. in Bezug auf das TRIPs-Übereinkommen – nur die Möglichkeit, den Internationalen Gerichtshof anzurufen. Zu der neueren Diskussion über die unmittelbare Anwendbarkeit des TRIPs-Übereinkommens, siehe *Duggal*, IPRax 2002, 101 [104 ff.]; *Groh/Wündisch*, GRUR Int. 2001, 497 [501]; *Novak*, ELR 2001, 19 [24]; *ders.*, 284 [287]. In diesem Zusammenhang überläßt der EuGH das Problem der unmittelbaren Anwendbarkeit mangels sekundärrechtlicher Regelung der Beurteilung nach nationalem Recht, EuGH, EuZW 2001, 117 [120].

kann der einzelne Urheber sich erst nach der Umsetzung des Konventionsrechts in nationales Recht auf das nunmehr national gewordene Konventionsrecht berufen.[278] Dies geschieht in der Weise, daß auf die entsprechenden Staatsverträge als Teil des anwendbaren Rechts zurückgegriffen wird, sofern das anwendbare nationale Recht ein höheres Schutzniveau für Inländer als für Ausländer statuiert (kompensatorisches Fremdenrecht[279]).[280] In dieser Wirkungsweise kommt zum Ausdruck, daß die Konventionen nicht das Verhältnis eines Staates zu seinen Bürgern, sondern das Verhältnis der Angehörigen der anderen Verbandsländer zu diesem Staat regeln wollen.[281]

Im Hinblick auf das Verhältnis von Konventionsrecht zum europäischen Gemeinschaftsrecht richten sich die Ansprüche der Angehörigen eines Verbandslandes, soweit das Konventionsrecht lediglich Inländerbehandlung zusichert, nach dem supranationalen Gemeinschaftsrecht,[282] das in den einzelnen Mitgliedstaaten der Gemeinschaft unmittelbar gilt, da immer auf die Gesamtheit der in einem Verbandstaat geltenden Normen verwiesen wird.[283]
Was Mindestrechte anbelangt, so müssen diese überwiegend zwar in ihrem Grundsatz unberührt bleiben, ihre Ausübung darf jedoch durch Gemeinschafts- oder nationales Recht geregelt werden.
Außerdem ist zu beachten, daß Abkommen im Bereich des Urheberrechts erst nach den römischen Verträgen entstanden sind bzw. danach revidiert wurden,[284] weshalb die Mitgliedstaaten der EU, die an den jeweiligen Abkommen beteiligt waren, diese in Kenntnis und unter Beachtung des Gemeinschaftsrechts unterzeichnet haben. Sie sind folglich von einer Vereinbarkeit des Gemeinschaftsrecht mit den Regelungen der Konventionen ausgegangen.[285] Weiterhin ist Art. 300 Abs. 7 EG[286] zu entnehmen, daß von der Gemeinschaft abgeschlossene Abkommen im Rang unter dem EG-Vertrag stehen und dessen Bestimmungen gemäß Art. 307 Abs. 1 EG gerade auch im Verhältnis der Mitgliedstaaten zueinander nicht abändern können. Insbesondere muß eine Verdrängung des Art. 12 Abs. 1 EG-Vertrag, der das Verbot der Diskriminierung ausländischer Rechtsin-

---

[278] Für Dtl.: BGHZ 11, 135 [138]; 118, 394 [397]; *Verdoss/Simma*, VölkR, § 858, S. 545 [552]; *Waldhausen*, ZUM 1998, 1015 [1016].
[279] Näher dazu Kap. IV. § 1.
[280] *Rehbinder*, UrhR, Rn. 478.
[281] *Bergström*, GRUR Int. 1973, 238 [241].
[282] Siehe für Dtl. Art. 3 Abs. 2 S. 2 EGBGB, demzufolge der EG-Vertrag als überstaatliches Recht anderen internationalen Abkommen vorgeht.
[283] *V. Bar*, IPR, Bd. 1, Rn. 165.
[284] So die RBÜ und das WUA.
[285] *Nordemann/Vinck/Hertin*, IntUrhR, Einl. Rn. 38.
[286] Die Abkürzung „EG" bezeichnet den EG-Vertrag in der Amsterdamer Fassung.

haber normiert, als *lex posterior* durch Abschluß des TRIPs-Übereinkommens abgelehnt werden.[287]

b) Im Kollisionsfall

Für den Fall, daß nationales Recht und Konventionsrecht kollidieren, sind folgende Grundregeln erkennbar:

Widerspricht älteres innerstaatliches Recht jüngerem Konventionsrecht – *lex posterior derogat legi anteriori* – , genießt das Konventionsrecht Vorrang gegenüber dem nationalen Recht, auch wenn man beide Rechtsquellen für gleichrangig hält.[288] Zu beachten ist dabei allerdings, daß dies nur für den Bereich gilt, der auch von dem betreffenden internationalen Vertrag geregelt wird. So bestehen beispielsweise die von der RBÜ gewährten Mindestrechte nur außerhalb des Ursprungslandes und nur zugunsten der Angehörigen der anderen Verbandsländer. Eine Erstreckung auf Angehörige der Verbandsländer selbst müßte das nationale Recht anordnen. Fehlt eine solche Regelung, ist jüngeres Konventionsrecht auch neben älterem nationalen Recht anwendbar.[289] Da allerdings der nationale Gesetzgeber wohl kein Interesse daran hat, ausländische Rechtsinhaber besser zu behandeln als inländische,[290] ist davon auszugehen, daß in Zweifelsfällen jüngeres Konventionsrecht älteres nationales Recht verdrängen wird.[291]

Weicht – so ein weiterer Fall einer Kollision von nationalem Recht und dem Recht eines internationalen Vertrages – jüngeres nationales Recht von älterem Konventionsrecht ab, bietet sich folgende Lösung an: Nach dem allgemein anerkannten Prinzip der völkerrechtsfreundlichen Auslegung[292] ist das jüngere nationale Recht im Sinne des Konventionsrechts auszulegen, da nicht davon ausgegangen werden kann, daß der Gesetzgeber einen bindenden völkerrechtlichen Vertrag bewußt hat verletzen wollen.[293]

Läßt sich aber angesichts des Wortlauts und der Entstehungsgeschichte des jüngeren nationalen Rechts eine solche Auslegung nicht vornehmen, so gilt für Inländer die nationale Neuregelung und für Angehörige der übrigen Verbandsländer das Konventionsrecht.[294] Diese Möglichkeit, die als Konsequenz eine Bes-

---

[287] *Drexl*, in: FS für Dietz, S. 461 [474]; a. A.: *Schack*, Urh-/UrhVR, Rn. 883.

[288] BGHZ 11, 135 [138].

[289] BGHB, GRUR Int. 1972, 428 [429].

[290] *Ulmer/Reimer*, GRUR Int. 1967, 413 [435]. Siehe auch Kap. III. § 1 A. I. 1. a).

[291] *Hoffmann*, GRUR 1928, 897 [898]

[292] *Nordemann/Vinck/Hertin*, IntUrhR, Einl. 35 Rn. 33; *Baum*, GRUR 1950, 437 [443].

[293] *Katzenberger*, in: Schricker, UrhR-K, §§ 120 ff. Rn. 118.

[294] Unzulässig dagegen wäre eine Auslegung des Konventionsrechts im Lichte der nationalen Regelungen, so zum Beispiel Art. 2/2bis RBÜ.

serstellung von Ausländern gegenüber Inländern mit sich bringen kann, ist beispielsweise in Art. 5 Abs. 1-3 RBÜ sogar ausdrücklich vorgesehen.[295]

3. Internationale Verträge im einzelnen

a) RBÜ

Die Berner Übereinkunft zum Schutz von Werken der Literatur und Kunst vom 9. September 1886 ist als frühester und wichtigster multilateraler Vertrag auf dem Gebiet des internationalen Urheberrechtsschutzes anzusehen.[296] Zwar einigten sich bereits vor dessen Inkrafttreten mehrere südamerikanische Staaten über einen gemeinsamen Urheberrechtsschutzstandard und traten der Übereinkunft von Montevideo vom 11. Januar 1889 bei, welcher sich auch Deutschland[297] und andere europäische Staaten anschlossen. Aktuelle Bedeutung ist dieser Übereinkunft allerdings nicht mehr beizumessen,[298] so daß, jedenfalls bis zur Unterzeichnung des TRIPs
Übereinkommens, die RBÜ im Zentrum der internationalen Abkommen zum Schutz der Urheber stand.[299]

Die seit ihrer ersten Revision in Berlin 1908 als Revidierte Berner Übereinkunft (RBÜ) bezeichnete Konvention entstand auf Anregung der „Association littéraire et artistique internationale" (ALAI)[300] und gilt nunmehr in ihrer letzten Fassung von Paris.[301]

---

[295] Dem liegt die Überlegung zugrunde, daß sich die Verbandsstaaten auf diese Weise auf lange Sicht aus Gründen der Gleichbehandlung dazu verpflichtet fühlen, das Schutzniveau ihrer nationalen Gesetzgebung an das der RBÜ anzugleichen, *Kreuzer*, in: MüKo, EGBGB, nach Art. 38 Anh. II. Rn. 2.

[296] Derzeit 147 Mitgliedstaaten, http://www.wipo.int/treaties/ip/berne/index.html (Stand: Oktober 2000).

[297] RGBl. 1927 II S. 95.

[298] Der Grund für ein Zurücktreten der Übereinkunft von Montevideo liegt insbesondere darin, daß zahlreiche Staaten, die der Übereinkunft angehören, nunmehr auch Mitglieder der RBÜ und bzw. oder der WUA sind und diesen Staatsverträgen eine Vorrangstellung gegenüber der Übereinkunft zukommt, Art. 20 RBÜ bzw. Art. XIX WUA, *Nordemann/Vinck/Hertin*, IntUrhR, Einl. Rn. 10.

[299] Die Voraussetzungen der RBÜ gelten auch heute noch für verbandseigene Werke in Verbandsländern, *Bappert/Wagner*, IntUrhR, Rn. 37; *Vinck*, in: Fromm/ Nordemann, UrhG-K, § 121 Rn. 4; *Kreuzer*, in: MüKo, EGBGB, Art. 38 Anh. II. Rn. 3; *Katzenberger*, in: Schrikker, UrhR-K, vor §§ 120 ff. Rn. 29; *Schack*, Urh-/UrhVR, Rn. 832; *Ulmer/Reimer*, GRUR Int. 1967, 431 [431].

[300] Aus ältester Fachvereinigung des Urheberrechts, der 1878 gegründeten Association littéraire internationale, hervorgegangen, siehe *Ulmer*, RabelsZ 41 (1977), 479 [493].

[301] Die sog. „Pariser Fassung" wurde am 24. Juli 1971 unterzeichnet und ist für Dtl. am 22.1.1974 bzw. am 10.10.1974 in Kraft getreten, BGBl. II S. 1071.

Organisatorisch wurde der Verband[302] der RBÜ in die 1967 in Stockholm entstandene WIPO[303] eingegliedert, die den weiterhin selbständigen völkerrechtlichen Zusammenschluß seitdem verwaltet.
Um in jedem Mitgliedstaat einen festen Standard an Urheberrechtsschutz zu gewährleisten, enthält Art. 4 RBÜ zunächst eine Garantie von Mindestrechten.[304] Gegenstand des Schutzes sind hierbei nach Art. 1 RBÜ Werke der Literatur und Kunst. Hinsichtlich der Frage, welche Werkarten in den Anwendungsbereich der RBÜ fallen, enthält Art. 2 RBÜ einen Katalog, dessen Aufzählung zwar nicht als erschöpfend, jedoch als Beschränkung des rein konventionsrechtlichen Schutzanspruchs zu verstehen ist. Für eine neue Werkgattung hingegen kann im Rahmen der in Art. 5 RBÜ festgelegten Inländerbehandlung Schutz beansprucht werden, sofern das inländische Recht Schutz gewährt, Art. 19 RBÜ.[305] Demzufolge wird der Werkbegriff im Einzelfall durch das Recht des Schutzlandes ausgefüllt, Art. 5 Abs. 2 S. 2 RBÜ. In jedem Fall muß allerdings das geschützte Werk eine persönliche geistige Schöpfung darstellen.[306]
Hinsichtlich des Begriffs des Urhebers findet sich im Rahmen der RBÜ zwar keine Definition, weshalb auch die Auffassungen in den einzelnen Verbandsstaaten darüber divergieren, wer als Urheber anzusehen ist. Dennoch werden Kriterien für den persönlichen Anwendungsbereich der Übereinkunft bereitgehalten. So erstreckt sich nach Art. 3 RBÜ in allen Verbandsländern bis auf das Ursprungsland der Schutz auf verbandseigene Werke, weshalb entweder auf die Staatsangehörigkeit oder den gewöhnlichen Aufenthalt des Urhebers[307] oder aber auf die Nationalität des Werkes, die sich nach dem Land der Veröffentlichung richtet,[308] abgestellt wird. Aufgabe der RBÜ ist damit der Urheberrechtsschutz auf zwischenstaatlicher Ebene.[309] Werke, die im Inland veröffentlicht oder von einem Inländer geschaffen wurden, unterstehen dagegen dem innerstaatlichen Urheberrecht ohne konventionsrechtliche Unterstützung.[310]
Da nach Art. 5 Abs. 2 RBÜ keine Bindung an die Erfüllung von Förmlichkeiten besteht (sog. Formalitätenverbot) gilt außerdem der Grundsatz des automatischen Schutzes.
Die bereits angesprochene sog. materielle Reziprozität kommt in dem in Art. 7 Abs. 8 RBÜ angeordneten Schutzfristenvergleich zum Ausdruck, demzufolge

---

[302] Art. 1 RBÜ zufolge gründeten die Mitgliedstaaten einen Verband.
[303] Näher zur WIPO siehe sogleich Kap. III. § 1 I. 3. d).
[304] *Bappert/Wagner*, Int. UrhR, Art. 4 RBÜ Rn. 28.
[305] Das Prinzip der Inländerbehandlung erstreckt sich außerdem ausdrücklich auch auf in Zukunft gewährte Rechte, *Schack*, Urh-/UrhVR, Rn. 847.
[306] *Nordemann/Vinck/Hertin*, IntUrhR, Art. 2bis RBÜ Rn. 4.
[307] Art. 3 Abs. 1 lit. a) und Abs. 2 RBÜ.
[308] Art. 3 Abs. 1 lit. b) RBÜ.
[309] *Bergström*, GRUR Int. 1973, 238 [241].
[310] Art. 5 Abs. 3 S. 1 RBÜ.

die Frist der Schutzgewährung,[311] die nach Abs. 6 von den Verbandsländern länger bemessen werden kann, die im Ursprungsland des Werkes geltende Dauer nicht überschreiten darf.

b) WUA

Kurz nach Gründung der UNESCO gab es neue Initiativen, ein internationales Instrument des Urheberschutzes zu schaffen, das auch jenen Staaten Platz bieten sollte, deren Urheberrecht nicht im Einklang mit den Voraussetzungen der RBÜ stand. So wurde schließlich am 6. September 1952 in Genf das Welturheberrechtsabkommen (WUA) von 36 Staaten unterzeichnet,[312] das aufgrund der unterstützenden Rolle der UNESCO deren Verwaltung unterliegt, Art. VIII WUA. Zwar ähnelt das WUA, sowohl was dessen Verfassung als auch dessen Grundsätze anbelangt, der RBÜ.[313] Jedoch war der Abschluß des WUA von der Erkenntnis getragen, daß einer weitgehenden Vereinheitlichung des Urheberrechtsschutzes enge und teilweise unüberwindbare Grenzen gesetzt waren. Demzufolge beschränkten sich die Gründer der WUA weitgehend auf unscharfe programmatische Formulierungen und sahen lediglich eine vertragliche Verpflichtung der unterzeichnenden Staaten dahingehend vor, in ihrem Hoheitsbereich durch nationale Gesetze einen „ausreichenden und wirksamen" Urheberrechtsschutz zu gewährleisten, Art. I WUA.
Hierbei stand im Gegensatz zur RBÜ nicht der Schutz der Rechtsinhaber, sondern der Schutz ihrer Werke im Vordergrund, wobei Art I WUA verschiedene Werkarten, wie musikalische, dramatische, cinematografische Werke und Werke der bildenden Kunst lediglich beispielhaft aufzählt. Auf diese Weise steht es jedem Verbandsstaat frei, selbst zu regeln, welche Werkarten im einzelnen, in welchem Umfang und in welcher Form geschützt werden sollen. Ebenso bleibt es den unterzeichnenden Staaten überlassen, festzulegen, welche Maßnahmen zur Gewährleistung des urheberrechtlichen Schutzes zu ergreifen sind.[314]
Diese vagen Vorgaben werden durch den in Art. II WUA enthaltenen Grundsatz der Inländerbehandlung ergänzt, wodurch der Inhalt des Art. I WUA unter den dort genannten Voraussetzungen erst seine eigentliche Bedeutung erhält. Im Er-

---

[311] Die RBÜ sieht in Art. 7 Abs. 1 RBÜ eine Schutzfrist vor, welche die Lebenszeit des Urhebers und 50 Jahre nach seinem Tode umfaßt.

[312] Revidiert in Paris am 24. Juli 1971 und am 10. Juli 1974 für Dtl. in Kraft getreten, BGBl. II S. 1309. Derzeit gehören dem WUA 97 Staaten an, http://www.unesco.org/ culture/laws/copyright/html_engl/state 1952.shtml (Stand: Januar 2000).

[313] Allerdings stellt das WUA im Gegensatz zur RBÜ keinen Staatenbund, sondern einen völkerrechtlichen Vertrag dar.

[314] So stellen die in Art. IV näher bezeichneten „grundlegenden Rechte, die die wirtschaftlichen Interessen des Urhebers schützen", keine Anspruchsnormen für den Werkschöpfer dar. Damit enthält das WUA keine in ihrer Form den Rechten der RBÜ vergleichbare Mindestrechte, *Nordemann/Vinck/Hertin*, IntUrhR, Art. I WUA Rn. 3.

gebnis allerdings bleibt der Schutzstandard der WUA dadurch, daß sich diese auch in ihrer revidierten Pariser Fassung von 1974[315] fast vollständig auf das Schutzprinzip der Inländerbehandlung beschränkt, hinter dem Schutzniveau der RBÜ zurück.[316] Diese schafft nämlich, wie dargelegt, in allen Verbandsstaaten zu beachtende Mindestrechte.

Die Tatsache, daß die Regelungen der WUA im Ergebnis also gegenüber der RBÜ ein Weniger darstellen, erklärt auch, daß all jene Staaten dem WUA beitraten, denen die Anforderungen der RBÜ zuvor zu hoch waren.[317] So erfolgte im Jahr 1988 beispielsweise ein Beitritt der USA, deren Einbeziehung in einen weltweiten Schutz der Urheber ein Hauptmotiv der Schaffung des WUA darstellte. Förderlich war hierbei die Tatsache, daß das WUA bei der Anerkennung eines Urheberrechts Förmlichkeiten wie beispielsweise einen Copyrightvermerk erlaubt.[318]

Nachdem allerdings die USA am 01.03.1989[319] auch der RBÜ beigetreten sind und infolgedessen eine große Anzahl der internationalen Urheberrechtsverletzungen anhand der RBÜ gelöst werden, hat die WUA als nachrangiges Regelwerk[320] entscheidend an Bedeutung verloren.[321]

c) Übereinkommen über handelsbezogene Aspekte der Rechte des geistigen Eigentums (TRIPs-Übereinkommen)

Angesichts dessen, daß zum einen seit der letzten Revision der RBÜ im Jahr 1971 tiefgreifende Veränderungen im technischen und ökonomischen Bereich stattfanden, die sich nicht zuletzt auf das Urheberrecht auswirken sollten, zum anderen aber Maßnahmen, die dieser Entwicklung Rechnung getragen hätten, ausgeblieben waren, schlugen verschiedene Staaten im Rahmen der Uruguay-Runde der GATT-Verhandlungen Gespräche über Fragen des geistigen Eigen-

---

[315] BGBl. II S. 1111, in Kraft seit dem 10. Juli 1974, BGBl. II S. 1309.

[316] *Katzenberger*, in: Schricker, UrhR-K, vor §§ 120 ff. Rn. 27; *Nordemann*, in: Fromm/ Nordemann, UrhG-K, vor §§ 120 Rn. 2; *Schack*, Urh-/UrhVR, Rn. 856; *Holeweg*, GRUR Int. 2001, 141 [142].

[317] *Schack*, JZ 1986, 824 [829].

[318] Die nötigen Förmlichkeiten werden in den Vertragsstaaten als erfüllt betrachtet, wenn das Werk den Copyrightvermerk © trägt, der mit dem Namen des Urheberrechtsinhabers und der Jahreszahl der ersten Veröffentlichung verbunden ist, Art. III.

[319] China und die ehemalige Sowjetunion folgten am 15. Oktober 1992 und am 13. März 1995.

[320] *Nordemann*, in: Fromm/Nordemann, UrhG-K, vor §§ 120 Rn. 2; *Rehbinder*, UrhR, Rn. 481, so werden bspw. Werke eines Verbandslandes, das aus der RBÜ ausscheidet, in den anderen Verbandsländern auch dann nicht mehr geschützt, wenn es Mitglied des WUA geblieben ist, Art. XVII WUA.

[321] *Fröhlich*, Institutionen des dt. UrhR, S. 201; *Baumgarten/Meyer*, GRUR Int. 1989, 620 [620]; *Drexl*, GRUR Int. 1990, 35 [37].

tums vor.[322] Aus diesen ging das Übereinkommen über handelsbezogene Aspekte der Rechte des geistigen Eigentums vom 15. April 1994 (Trade-Related Aspects of Intellectual Property Rights/TRIPs-Übereinkommen[323]) hervor, das in das internationale Übereinkommen über den Zoll und Warenhandel (General Agreement on Tariffs and Trade, GATT) als Anhang 1C aufgenommen wurde und als Bestandteil des Übereinkommens zur Errichtung der Welthandelsorganisation (World Trade Organization, WTO) anzusehen ist.
Aufgrund der Verbindung der Rechte am geistigen Eigentum mit dem Handelsübereinkommen GATT kommt dem TRIPs-Übereinkommen eine bedeutende Stellung im internationalen Urheberrecht zu, was sich nicht zuletzt in der Zahl und dem Stellenwert seiner Mitglieder widerspiegelt.[324] Dadurch, daß nämlich die WTO das TRIPs-Übereinkommen angenommen hatte, wurde der Geltungsbereich des Mindeststandards der RBÜ automatisch auf alle Vertragsstaaten der WTO, zu denen die wichtigsten Industrienationen zählen, erweitert (sog. „package-dealing"-Effekt).[325] Hierdurch stellt das TRIPs-Übereinkommen sogar dasjenige internationale Abkommen auf dem Gebiet des Urheberrechts und der verwandten Schutzrechte mit den meisten Mitgliedern dar.[326]
Einer der Hauptzwecke des TRIPs-Übereinkommens ist es, einen effektiven und angemessenen Schutz des geistigen Eigentums weltweit zu fördern und zu stärken.[327] Insbesondere die fehlende universelle Geltung der traditionellen Abkommen, der zu geringe Anreiz, diesen Abkommen beizutreten, und das erzielte relativ niedrige Niveau des urheberrechtlichen Schutzes wurden hierbei als Schwächen angesehen, die es zu beheben galt.[328] Darüber hinaus soll die mit den Vorzügen des internationalen Freihandels verknüpfte Harmonisierung vor allem Handelsverzerrungen und Handelshemmnisse beseitigen und sicherstellen, daß

---

322 Zum Einfluß der EU auf die Verhandlungen im Rahmen der Uruguay-Runde, *Beseler*, ZUM 1995, 437 [437].

323 BGBl. II S. 1730.

324 135 Mitglieder, http://www.wto.org (Stand: Januar 2000).

325 Das TRIPs-Übereinkommen ist gemäß Art. II Abs. 2 WTO-Übereinkommen für alle WTO-Mitgliedstaaten verpflichtend, *v. Lewinski*, GRUR Int. 1997, 667 [681].

326 In Kraft getreten sind die WTO- und TRIPs-Übereinkommen u.a. für Deutschland, BGBl. II S. 456, die Europäische Gemeinschaft und die USA am 1. Januar 1995, die Schutzverpflichtungen setzten am 1. Januar 1996 ein (Art. 65 Abs. 1 TRIPs-Übereinkommen).

327 BT-Drs. 12/7655 (neu), S. 335 [344]; *Dreier*, GRUR Int. 1996, 205 [206]; *Katzenberger*, GRUR Int. 1995, 447 [448].

328 So bewirkte die Einbeziehung sog. die Entwicklungs- oder Schwellenländer als „Rechtsimporteure", innerhalb deren Grenzen die Urheberpiraterie ein besonders großes Ausmaß annahm, unter Berücksichtigung des Einstimmigkeitsgrundsatz ein niedriges Niveau des urheberrechtlichen Schutzes der RBÜ, *Duggal*, IPRax 2002, 101 [101]; *Gyertyánfy*, GRUR Int. 2002, 557 [563].

die Maßnahmen und Verfahren zur Durchsetzung der Rechte des geistigen Eigentums nicht selbst zu Schranken für den legitimen Handel werden.[329]
Was den Inhalt des TRIPs-Übereinkommens anbelangt, ist zunächst hinsichtlich des Schutzgegenstandes zu beachten, daß das TRIPs-Übereinkommen im Unterschied zur RBÜ nicht lediglich das Urheberrecht im engeren Sinne umfaßt, sondern auch Patente, Marken, integrierte Schaltkreise und benachbarte Gebiete des gewerblichen Rechtsschutzes. Im übrigen wurden jedoch die materiellrechtlichen Bestimmungen der RBÜ – mit Ausnahme vor allem des Urheberpersönlichkeitsrechts –[330] weitestgehend übernommen. Grundlegende Bedeutung kommt dabei Art. 9 TRIPs-Übereinkommen zu, der den sog. „Bern Plus"-Ansatz enthält. Dessen Ziel ist es, die bestehenden Vorschriften der RBÜ um neue materielle Regelungen oder Auslegungen zu ergänzen,[331] ohne das Schutzniveau insgesamt abzusenken.[332] Danach verpflichtet das TRIPs-Übereinkommen in seinen urheberrechtlichen Vorschriften (Art. 9 bis 13 TRIPs-Übereinkommen) seine Mitglieder zur Einhaltung der Art. 1 bis 21 RBÜ, die somit durch Verweisung zum mittelbaren Inhalt des Übereinkommens werden. Dementsprechend wird auch bezüglich des urheberrechtlichen Schutzumfangs in Art. 9 Abs. 2 TRIPs-Übereinkommen an den allgemeinen urheberrechtlichen Grundsatz angeknüpft, wonach Ausdrucksformeln, nicht aber Ideen, Verfahren, Arbeitsmethoden oder mathematische Konzepte als solche geschützt werden.
Ebenso findet sich in Art. 3 TRIPs-Übereinkommen ein Verweis auf den Grundsatz der Inländerbehandlung des Art. 5 RBÜ.
Gegenüber der RBÜ und dem WUA stellt außerdem die Festlegung des Prinzips der Meistbegünstigung in Art. 4 TRIPs-Übereinkommen eine Neuerung dar. Diese Nichtdiskriminierungsklausel ist, im Gegensatz zum Waren-GATT, subjektbezogen formuliert und schützt infolgedessen die Staatsangehörigen des jeweiligen Mitgliedstaates und nicht deren Waren.[333]
Zuletzt finden sich, was als maßgeblicher Fortschritt zu werten ist, in den Art. 41-61 und Art. 16 TRIPs-Übereinkommen verhältnismäßig detaillierte Vor-

---

329 *Dubsky*, TRIPs-Abkommen, S. 78.

330 Die pauschale Verweisung auf die Konvention erfährt verschiedene Einschränkungen wie bspw. die, insbesondere mit Rücksicht auf die USA, auf das Urheberpersönlichkeitsrecht in Art. 6bis RBÜ, Art. 9 Abs. 1 S. 2 TRIPs-Übereinkommen, *Katzenberger*, GRUR Int. 1995, 447 [465].

331 Bspw. wurden die Schutzgegenstände der RBÜ um Computerprogramme und Datenbanken ergänzt, Art. 10 TRIPs-Übereinkommen. Weitere Verbesserungen des internationalen urheberrechtlichen Schutzes durch das TRIPs-Übereinkommen wurden jedoch insbesondere im Hinblick auf technische Neuerungen noch offengelassen, da die Entwicklung noch nicht in ausreichendem Maße absehbar war, *v. Lewinski*, GRUR Int. 1997, 667 [667].

332 *Katzenberger*, GRUR 1995, 447 [451 f.].

333 *Dubsky*, TRIPs-Abkommen, S. 81.

schriften zur Rechtsdurchsetzung und zur Streitbeilegung.[334] Diese bewirken nicht nur inhaltlich eine bedeutende Ausweitung der Mindestschutzvorschriften der RBÜ,[335] sondern schränken außerdem den Handlungsspielraum nationaler Gesetzgeber in diesem Bereich ein.

d) Der WIPO-Urheberrechtsvertrag (WCT)

Nicht lange nach Beginn der Verhandlungen zum TRIPs-Übereinkommen im Rahmen der GATT entschied die Versammlung und die Konferenz der Vertreter der Berner Union, in unmittelbarem zeitlichen Zusammenhang einen Sachverständigenausschuß einzuberufen, um ein Protokoll zur RBÜ zu erstellen.[336] Diesem Beschluß folgte schließlich, nachdem der Sachverständigenausschuß mehrfach getagt hatte, die Einberufung einer Diplomatischen Konferenz. Maßgeblich für diesen eiligen Schritt waren im wesentlich zwei Umstände:
Zum einen hatte die WTO mit Schaffung des TRIPs-Übereinkommens gegenüber den bisherigen Aktivitäten der WIPO[337] das aktuellere internationale Regelwerk auf dem Gebiet des geistigen Eigentums hervorgebracht und damit nicht nur verschiedene Mängel älterer WIPO-Verträge korrigiert, sondern auch der WIPO die Vormachtstellung im Bereich des Urheberrechts streitig gemacht. Zum anderen waren sowohl die RBÜ als auch das WUA aufgrund der seit deren Entstehung ergangenen technischen, kulturellen und sozialen Entwicklungen vor allem den Anforderungen der sich rasant verbreitenden neuen Informationstechnologien nicht mehr gewachsen. Eine Anpassung des Urheberrechts an die virtuelle Welt auf internationaler Ebene war daher dringend geboten.[338] Daß hierauf das Hauptaugenmerk bei der Ausarbeitung eines zukünftigen internationalen Vertrages gelegt werden mußte, hatte sich bereits im Verlauf der Aktivitäten des Ausschusses zur Ausarbeitung eines Protokolls herausgestellt.

---

[334] Zur Streitbeilegung, *Geller*, GRUR Int. 1995, S. 935 ff.

[335] Die Umsetzung in nationales Recht wird vom TRIPs-Rat überprüft, Art. 68, 71 TRIPs-Übereinkommen. Für die Industrieländer fand dies von 1996 bis 1998, für die Entwicklungsländer von 2000 bis 2001 statt, *Holeweg*, GRUR Int. 2001, 141 [141].

[336] *V. Lewinski*, GRUR Int. 1997, 667 [668].

[337] Die Word Intellectual Property Organization (Weltorganisation für den Schutz geistigen Eigentums) ist eine zwischenstaatliche Organisation mit Sitz in Genf. Als eine von 16 spezialisierten Sonderorganisationen der UNO verfolgt sie den Zweck, durch die Zusammenarbeit der 175 Mitgliedsländer, http://www.wipo.int (Stand: Oktober 2000), den Schutz des geistigen Eigentums weltweit zu fördern, Art. 3 d WIPO-Vertrag. Hierbei umfaßt das geistige Eigentum sowohl industrielles Eigentum wie z. B. Markennamen, Erfindungen, originäre Produktionsmethoden als auch künstlerisches Schaffen wie Literatur, Musik, visuelle Kunstwerke, Fotografie und audiovisuelle Produkte. Für Deutschland ist das Übereinkommen zur Errichtung der Weltorganisation für geistiges Eigentum am 19. Juli 1970 in Kraft getreten, BGBl. II S. 1070.

[338] *Kreile*, ZUM 1995, 815 [816].

Die Notwendigkeit einer Reaktion auf ergangene technische Entwicklungen mündete schließlich auf einer diplomatischen Konferenz der WIPO im Dezember 1996[339] in eine Einigung über zwei neuen völkerrechtlichen Verträge, dem „WIPO Copyright Treaty“ (WCT) und dem „WIPO Performances and Phonograms Treaty“ (WPPT)[340].
Entsprechend der Ergebnisse der Vorarbeiten wurden die vorhandenen Konventionen durch den WCT um rechtliche Lösungen ergänzt und verbessert, anhand derer es möglich sein sollte, den sich aus der Digitalisierung und der Nutzung internationaler Kommunikationsnetze ergebenden Schwierigkeiten adäquat zu begegnen.[341]
Daneben brachte der Vertrag aber auch eine Fortschreibung des traditionellen Bereichs multilateraler Regelwerke im Bereich des Urheberrechts. So wurde zunächst der Trend, internationale Mindeststandards des urheberrechtlichen Schutzes zu spezifizieren, aufgegriffen. Da gemäß Art. 1 Abs. 1 WCT der WCT[342] als spezielle Übereinkunft bzw. als ein Sonderabkommen im Sinne von Art. 20 RBÜ geschaffen wurde, mußte sichergestellt werden, daß das Schutzniveau der RBÜ nicht unterschritten werden würde.[343] Daher erklärt Art. 3 WCT die maßgeblichen Artikel[344] der RBÜ im Wege der Verweisung für entsprechend anwendbar. Diese Vorgehensweise kann insoweit mit dem „Bern Plus“-Ansatz des TRIPs-Übereinkommens verglichen werden. Im Gegensatz zum TRIPs-Übereinkommen, das gewisse Ausnahmen vorsieht, sind die Unterzeichnerstaaten des WCT gemäß Art. 1 Abs. 4 WCT allerdings verpflichtet, die RBÜ samt ihres Anhangs ausnahmslos zu übernehmen. Aufgrund der angesprochenen Verweisung finden sich im WCT ein weitgefaßter Inländerbehandlungsgrundsatz nach dem Vorbild des Art. 5 RBÜ, eine Garantie von Mindestrechten und das Formalitätenverbot des Art. 5 Abs. 2 S. 1 RBÜ.

---

[339] Diese Konferenz zu bestimmten Fragen des Urheberrechts und der verwandten Schutzrechte fand in Genf unter der Teilnahme von Delegierten aus mehr als 120 Staaten statt.

[340] Der WPPT erweitert den Schutz der Leistungsschutzrechte, die bisher durch das sog. Rom-Abkommen (Internationales Abkommen über den Schutz der ausübenden Künstler, der Hersteller von Tonträgern und der Sendeunternehmen) abgesichert waren. Da der WPPT keine Aussagen zum Urheberrecht im engeren Sinne trifft, soll dieser hier außer acht gelassen werden.

[341] Dazu *v. Lewinski*, GRUR Int. 1997, 667 [667]; *dies.*, CR 1997, 438 [438].

[342] Unterzeichnet wurde der WCT von 51 Teilnehmern, http://www.wipo.int/treaties/ip/ copyright/wipo-copyright.pdf (Stand: Dezember 2000), darunter die EU durch Beschluß des Rates vom 16. März 2000 über die Zustimmung im Namen der Europäischen Gemeinschaft zum WIPO-Urheberrechtsvertrag und zum WIPO-Vertrag über Darbietungen und Tonträger (2000/278/EG), ABl. EG Nr. L 89 v. 11.4.2000, S. 6.

[343] *Nicolini*, in: Möhring/Nicolini, UrhG, § 45 Rn. 2; *v. Lewinski*, IIC Vol. 28 (1997), 203 [204].

[344] Art. 2 - 6 RBÜ.

Völlig neu hingegen sind – neben dem Schutz von Computerprogrammen als literarische Werke im Sinne des Art. 2 Abs. 1 RBÜ[345] und dem Schutz von Datensammlungen –[346] die Bestimmungen der Art. 11 und 12 WCT. Die erste der beiden Vorschriften beinhaltet Verpflichtungen zum Schutz gegen die Umgehung technischer Schutzmaßnahmen und gegen die Beseitigung oder Verfälschung von Informationen bei der Wahrnehmung von Urheberrechten.[347] Bei der in Art. 12 WCT festgelegten Verpflichtung zum Schutz sog. „Rights Management Information"[348] handelt es sich um eine dem elektronischen Dokument beigefügten Information, die Angaben zu dem Werk, dem Rechtsinhaber und den Nutzungsbedingungen beinhaltet. Diese zusätzlichen Informationen zu ändern oder zu entfernen wird verboten, ebenso die Verbreitung solcher Werke, bei denen derjenige, der sie verbreitet, vom Fehlen solcher Informationen weiß. Die erwähnten Vorschriften enthalten allerdings keine Verpflichtung der Vertragsstaaten zur Einführung einer solchen „Rights Management Information".
Insgesamt gehen die Vorschriften des WCT an mehreren Stellen über den Schutz des TRIPs-Übereinkommens hinaus. So werden Unklarheiten, die aufgrund eines großen Spielraums bei der Auslegung von TRIPs-Regelungen bestanden, durch Konkretisierungen beseitigt. Auch wurde insbesondere der urheberrechtliche Schutz in Bezug auf die Neuerungen der digitalen Technologien, auf die im Rahmen der Verwertungsrechte noch einzugehen sein wird,[349] erheblich erweitert. Der Fortschritt, den der WCT mit sich gebracht hat, erfährt allerdings dadurch Einbußen, daß dem TRIPs-Übereinkommen entsprechende Regelungen zur Rechtsdurchsetzung und Streitbeilegung fehlen.[350] Lediglich Art. 14 WCT erwähnt die Durchsetzung materieller Vorschriften, allerdings nur allgemein. Es obliegt daher den Vertragsstaaten, die erforderlichen Maßnahmen zu treffen, um die durch den Vertrag gewährten Rechte zu wahren.

II. Verwertungsrechte

Wie schon einleitend hervorgehoben wurde, ist im Rahmen des von dem jeweiligen internationalen Vertrag gewährten Schutzniveaus aus urheberrechtlicher Sicht in erster Linie von Bedeutung, welche dem Urheber ausschließlich zuste-

---

[345] Art. 4 WCT.

[346] Nach Art. 5 WCT sind diejenigen Datensammlungen schutzwürdig, die aufgrund der Auswahl oder Anordnung ihres Inhalts geistige Schöpfungen darstellen.

[347] Da jedoch hinsichtlich der Einzelheiten dieses Schutzes keine Einigung erzielt werden konnte, ist diese Bestimmung allgemein gehalten. Im Gegensatz dazu enthält Art. 6 Abs. 2 Informations-Richtlinie eine Präzisierung dahingehend, daß nicht nur die direkte Umgehung, sondern auch die Herstellung und der Vertrieb von Mitteln zur Umgehung, verboten wird, siehe Kap. III. § 1 B. I. 3. e) bb).

[348] Siehe auch Kap. II. § 2 B. I. 1.

[349] Siehe Kap. III. § 1 II.

[350] Siehe Kap. III. § 1 A. I. 1. c).

henden Rechte hinsichtlich der Verwertung seiner geistigen Schöpfungen in den Regelwerken vorgesehen sind. Neben den bereits angesprochenen allgemeinen Schutzprinzipien, dem Prinzip der Inländerbehandlung und gegebenenfalls dem Prinzip der Meistbegünstigung und dem Formalitätenverbot, erhält der in Frage stehende Schutzstandard seine maßgebliche Prägung durch die als Mindestrechte garantierten Verwertungsrechte.
Im folgenden sollen daher die RBÜ, die WUA, das TRIPs-Übereinkommen und der WCT daraufhin untersucht werden, in welcher Weise die im digitalen Kontext relevanten Rechte der Vervielfältigung, der Verbreitung, der Vermietung und dem Senderecht bzw. dem Recht der öffentlichen Wiedergabe Erwähnung gefunden haben.

1. Vervielfältigungsrecht

Da das Vervielfältigungsrecht bereits im Zusammenhang mit der traditionellen Werknutzung eines der wichtigsten dem Urheber ausschließlich gewährten Rechte darstellt,[351] findet es sich bereits in den älteren internationalen Konventionen. So wird es sowohl in Art. 9 Abs. 1 RBÜ[352] als auch in Art. IVbis Abs. 1 WUA genannt.
Hierbei gewährt Art. 9 Abs. 1 RBÜ das Recht der Vervielfältigung in weiter Formulierung,[353] d. h. es wird weder zwischen erster Festhaltung und Vervielfältigungsstücken bzw. zwischen dem Original und den Kopien eines geschützten Werkes unterschieden, noch danach, ob die Vervielfältigung dauernd oder bloß vorübergehend vorgenommen werden muß.[354] Werke als immaterielle, geistige Güter stellen daher sowohl bereits bei ihrer ersten Materialisierung als auch im Falle einer nicht bleibenden Vervielfältigung eine Vervielfältigung im urheberrechtlichen Sinne dar.[355]
Ein dementsprechendes Verständnis liegt der Regelung des Art. IVbis Abs. 1 WUA zugrunde, derzufolge das Vervielfältigungsrecht als zu schützendes Verwertungsrecht durch die Herstellung einer oder mehrerer körperlicher Festlegungen zusätzlich zu dem Originalwerk gekennzeichnet ist.[356] Der Umstand, daß jedes Vervielfältigungsverfahren betroffen sein soll, macht deutlich, daß der Begriff der Vervielfältigung auch hiernach weit auszulegen ist.
Seit der Aufnahme dieser Regelungen in die RBÜ und das WUA haben jedoch Entwicklungen im technischen Bereich, wie vor allem die Digitalisierung und

---

[351] Das Vervielfältigungsrecht gilt als älteste bekannte Nutzungsart, *Nordemann/Vinck/Hertin*, IntUrhR, Art. 9 RBÜ Rn. 1.
[352] Seit der Revision vom 2. Juni 1928 in Rom enthalten.
[353] Art. 9 Abs. 1 RBÜ: „...gleichviel auf welche Art und in welcher Form sie vorgenommen wird".
[354] Siehe *v. Lewinski*, GRUR Int. 1997, 667 [673]; *Vinje*, E.I.P.R. 1997, 230 [232].
[355] *V. Lewinski*, CR 1997, 438 [440].
[356] *Nordemann/Vinck/Hertin*, IntUrhR, Art. IVbis WUA Rn. 3.

die Verwendung neuer Informationstechnologien, das Bedürfnis nach Klarstellung hervorgerufen. Neben der Frage, ob die Speicherung von urheberrechtlich relevantem Material in einem elektronischen Medium als Vervielfältigungsvorgang anzusehen ist, war von besonderem Interesse, ob auch die rein technisch bedingten Vervielfältigungen tatsächlich als Vervielfältigungen im urheberrechtlichen Sinne zu qualifizieren seien und inwieweit diese im Falle einer Bejahung durch bereits in Art. 9 Abs. 2 RBÜ vorgesehene entsprechende Schrankenbestimmungen[357] von dem Recht der Vervielfältigung wieder auszunehmen wären.

Durch das TRIPs-Übereinkommen, das in Art. 9 Abs. 1 lediglich auf Art. 9 Abs. 1 RBÜ verweist, erfolgte aber schließlich keine Präzisierung. Ebenso beschränkt sich der WCT in seinem Art. 1 Abs. 4 auf eine Verweisung auf die RBÜ, ohne das Recht der Vervielfältigung ausdrücklich zu nennen. Allerdings wurde im Zuge der Arbeiten zu dem WIPO-Vertrag eine klarstellende Erklärung[358] vorgeschlagen, wonach festgelegt werden sollte, daß der Inhalt des in Art. 9 Abs. 1 RBÜ gewährten Vervielfältigungsrechts in Anlehnung an den Wortlaut der Computerprogramm-Richtlinie der EU[359] dahingehend präzisiert werden sollte, daß nicht nur die unmittelbare und dauerhafte, sondern auch die mittelbare und bloß vorübergehende Vervielfältigung von Werken auf jede Weise und in jeder Form eine dem Urheber vorbehaltene Vervielfältigung darstellt.[360] Auch wurden Beispiele genannt, anhand derer aufgezeigt werden sollte, inwiefern einzelne, bloß vorübergehende Vervielfältigungen unter bestimmten Bedingungen unter Bezugnahme der Schrankenregelung des Art. 9 Abs. 2 RBÜ vom Vervielfältigungsrecht auszunehmen wären. Da zum einen Interessenvertreter von seiten der Anbieter auf zwingende Ausnahmevorschriften drängten, zum anderen aber verschiedene Staaten solche Bestimmungen als Verstoß gegen den Wortlaut und Art. 20 RBÜ ansahen, konnte keine Einigung in diesem Punkt erzielt werden.

Im Ergebnis wurden daher zusätzliche Ausführungen darüber, wie das Recht der Vervielfältigung im einzelnen auszulegen ist, gestrichen und die weite Formulierung, die sowohl Speicherungen in digitaler Form, als auch sämtliche vorübergehende Vervielfältigungsvorgänge mitumfaßt, als nach wie vor für maßgeblich erklärt.

---

357 Nach Art. 9 Abs. 2 RBÜ werden im Hinblick auf das Vervielfältigungsrecht Einschränkungen entweder ausdrücklich angeordnet oder zugelassen, einschließlich des sog. „Drei-Stufen-Tests“: Angeordnete Einschränkungen muß sich der Verbandsurheber im Schutzland entgegenhalten lassen, soweit das nationale Recht des Schutzlandes keine dem Urheber günstigere Regelung enthält, zugelassene Beschränkungen dagegen nur, wenn das Inlandsrecht des Schutzlandes sie vorsieht. Anderenfalls bliebt es bei der Grundregel des Art. 9 Abs. 1 RBÜ.

358 WIPO Dok. CRNR/DC/4 Ziff. 7.01.

359 Siehe sogleich Kap. III. B. I. 3. a) und II. 1.

360 WIPO Dok. CRNR/DC/4, Ziff. 7.01.

2. Verbreitungsrecht

Was das Recht des Urhebers anbelangt, das Original oder Vervielfältigungsstükke seines Werkes in den Verkehr zu bringen, so ist in Art. 9 Abs. 1 RBÜ kein generelles Recht der Verbreitung vorgesehen. Lediglich Art. 14 Abs. 1 (i) und Art. 14bis Abs. 1 S. 2 RBÜ enthalten ein entsprechendes auf den Filmbereich beschränktes Recht. Ebensowenig gewährt das WUA, das ohnehin hinter dem Schutzstandard der RBÜ zurückbleibt, ein generelles Verbreitungsrecht. Allerdings wird davon ausgegangen, daß bereits das Vervielfältigungsrecht, wie dies der Rechtstradition in Frankreich und Belgien entspricht, auch die Verbreitung an die Öffentlichkeit einschließt bzw. das Recht beinhaltet, über die weitere Verwendung der rechtmäßig hergestellten Vervielfältigungsstücke zu bestimmen.[361] Eine nähere Ausgestaltung des Rechts der Verbreitung obliegt damit den Verbandsländern, wobei die Vorsehung eines Verbreitungsrechts neben dem Recht der Vervielfältigung sowohl im übrigen Europa als auch in den USA vorherrscht.

Da auch das TRIPs-Übereinkommen lediglich auf die Regelungen in Art. 14 und 14bis RBÜ verweist, erfuhr der Katalog der internationalen Mindestrechte erst eine Erweiterung durch den WCT. Dieser räumt in seinem Art. 6 dem Urheber ausdrücklich ein gesondertes Recht der Verbreitung des Originals bzw. der Kopien von Werken ein, wodurch ein Recht geschaffen wurde, das sich auf materielle Vervielfältigungsstücke bezieht und durch den Erschöpfungsgrundsatz einschränkbar ist.[362] Damit hat sich auf internationaler Ebene das abgespaltete Verbreitungsrecht gegenüber der gesamtheitlichen Konzeption des Bestimmungsrechts durchgesetzt.

3. Vermietrecht

Zunächst war sowohl der RBÜ als auch dem WUA ein Vermietrecht gänzlich unbekannt.

Auch das TRIPs-Übereinkommen nennt in Art. 14 Abs. 4 S. 1 kein generelles ausschließliches Recht der Vermietung, sondern erwähnt lediglich Tonträgerhersteller und alle Inhaber von Rechten an Tonträgern. Inwieweit Urhebern damit ein Vermietrecht an Tonträgern und nicht nur an den in ihnen verkörperten Werken zuerkannt wurde, blieb unklar.

Diese Unsicherheit wurde schließlich in Art. 7 WCT beseitigt, der zwar, nicht wie zunächst vorgeschlagen, eine Erweiterung des Schutzes auf Urheber aller Werkarten enthält, jedoch ausdrücklich ein Vermietrecht zuläßt, soweit nationale Gesetze in den Unterzeichnerstaaten für Urheber von in Tonträgern verkörperten Werken ein derartiges Recht vorsehen.

---

361 *Walter*, in: v. Lewinski/Walter/Blocher/Dreier/Daum/Dillenz, EuUrhR-K, Info-RL, III. Kap. Rn. 58.

362 *V. Lewinski*, GRUR Int. 1997, 667 [674].

Im übrigen wird an die im TRIPs-Übereinkommen vorgesehene Möglichkeit der Beibehaltung eines Vergütungssystems angeknüpft, Art. 7 Abs. 3 S. 2 WCT.

4. Rechte der öffentlichen Wiedergabe

Zunächst sehen die Regelungen der RBÜ kein dem Urheber ausschließlich zuerkanntes Recht der öffentlichen Wiedergabe vor.
Allerdings wird die Veröffentlichung eines Werkes als eine dem Urheber vorbehaltene Entscheidung in verschiedenen Artikeln allgemein anerkannt. So enthält zunächst Art. 3 Abs. 3 RBÜ eine Definition des Begriffs der Veröffentlichung, wonach mit Zustimmung des Rechtsinhabers erschienene Werke der Öffentlichkeit zur Verfügung gestellt werden dürfen, die deren normalen Bedarf befriedigen.[363] Darüber hinaus finden sich hinsichtlich einzelner Werkarten historisch gewachsene, dem Urheber zustehende Verwertungsrechte im Bereich der öffentlichen Wiedergabe, wobei sich je nach Werkart der Umfang des jeweils genannten Rechts unterscheidet. Das am weitesten reichende Recht der öffentlichen Übertragung steht hierbei nach Art. 11 Abs. 1 (ii) RBÜ (Vortragsrecht) dem Urheber von dramatischen, dramatisch-musikalischen und musikalischen Werken im Hinblick auf deren Aufführungen zu.[364]
Im Rahmen des WUA wird, von den Rechten der unkörperliche Verwertung, ausdrücklich nur das Recht der öffentlichen Aufführung sowie das Recht der Rundfunksendung als hörfunk- und fernsehmäßige Auswertung genannt. Danach kommen die Angehörigen der Vertragsstaaten und ihnen gleichgestellte Personen sowie diejenigen Werkschöpfer in den Genuß des Schutzes des WUA, die erstmalig oder gleichzeitig im Gebiet eines Vertragsstaates ihr Werk veröffentlichen. Der Begriff der Veröffentlichung ist in Art. VI definiert. Weitere Einzelheiten dahingehend, wer, wie und in welchem Umfang Verwertungsrechte erwerben kann, obliegen dem jeweiligen Mitgliedstaat, in dem um Schutz nachgesucht wird.
Da die dem Urheber geschützter Werke durch das TRIPs-Übereinkommen gewährten Verwertungsrechte, soweit sich keine abweichenden Anmerkungen finden, denen der RBÜ entsprechen, ergab das Abkommen keine Erweiterungen der Rechte der öffentlichen Wiedergabe.
Ganz anders hingegen der WIPO-Urheberrechtsvertrag. Aufgrund der dort enthaltenen Regelungen erstreckt sich zum einen der internationale Urheberrechtsschutz in Form des Wiedergaberechts in Art. 8 WCT nunmehr auf Urheber

---

[363] Das entspricht bspw. der Lage nach deutschem Urheberrechtsgesetz, demzufolge ebenfalls ein Angebot an die Öffentlichkeit bzw. das Erscheinen eines Werkes für das Vorliegen einer Veröffentlichung genügt, § 17 UrhG.

[364] Außerdem ist das Wiedergaberecht noch in Art. 11bis Abs. 1 (i) und (ii), Art. 11ter Abs. 1 (ii), Art. 14 Abs. 1 (ii) und Art. 14bis Abs. 1 RBÜ für unterschiedliche Werk-arten und Wiedergabearten vorgesehen.

sämtlicher Werkarten.[365] Zum anderen findet sich, was für den Bereich des Internet von besonderer Bedeutung ist, eine erstmals in dieser Eindeutigkeit formulierte Bestimmung, die jedenfalls hauptsächlich auf Online-Nutzungen zugeschnitten ist.

Bei den Vorarbeiten zu dieser Regelung war die Einordnung eines Rechts der Online-Übertragung in den bestehenden Katalog von Verwertungsrechten in erheblichem Maße streitig. So wurde eine Anwendung des Senderechts, des Verbreitungs- und des Vermietrechts, eines neuen Rechts der digitalen Übertragung und des Rechts der öffentlichen Wiedergabe vorgeschlagen. Angesichts dieser Problematik wurde zunächst erwogen, die Mitgliedstaaten lediglich dazu zu verpflichten, ein ausschließliches Recht einzuführen, welches Nutzungen im Bereich internationaler Kommunikationsnetze erfaßt, ohne die Einordnung in bestehende oder neu zu schaffende Verwertungsrechte festzulegen.[366]

Im Ergebnis wurde jedoch der Vorschlag der EU übernommen, demzufolge das neue Online-Recht, obschon teilweise in Anlehnung an das Verbreitungsrecht formuliert, als Recht der öffentlichen Wiedergabe zu qualifizieren ist.[367]

So erhält nach Art. 8 WCT nunmehr der Urheber von literarischen und künstlerischen Werken das ausschließliche Recht „of authorizing any communication to the public of their works, by wire or wireless means, including the making available to the public of their works in such a way that members of the public may access these works from a place and at a time individually chosen by them“. Dieses „Right of Communication to the Public“ beinhaltet also zunächst die Möglichkeit, der Öffentlichkeit ein Werk durch andere Mittel oder Vorgänge zugänglich zu machen als durch die Verbreitung von körperlichen Kopien, wobei hierin eine Ergänzung zum in Art. 6 WCT genannten Verbreitungsrecht und dem in Art. 7 WCT enthaltenen Vermietrecht zu sehen ist.[368]

Des weiteren wird die Nutzung sowohl analoger als auch digitaler Technologien ebenso wie die Übermittlung durch elektromagnetische Wellen oder durch gerichtete optische Strahlen, also die drahtlose wie die drahtgebundene Mitteilung eines Werkes an die Öffentlichkeit, erfaßt. Wichtig dabei ist die Unterscheidung des Rechts der öffentlichen Wiedergabe vom bisherigen Senderecht, was durch die Formulierung „members of the public may access these works from a place and at a time individually chosen by them“ erreicht werden sollte. Hiernach wird

---

365 Unberührt sollen aber die in Art. 11 Abs. 1 Nr. 2, 11bis Abs. 1 Nr. 1, 11ter Abs. 1 Nr. 2, 14 Abs. 1 Nr. 2 und 14bis Abs. 1 RBÜ gewährten Rechte bleiben.

366 Sog. „Schirmlösung“, *v. Lewinski*, GRUR Int. 1997, 667 [675].

367 Der Begriff der Mitteilung dürfte jedoch auch weit genug sein, um die Gewährung des Rechts auf nationaler Ebene auch als Übertragungsrecht („transmission right“) zu ermöglichen, da der Oberbegriff der „Mitteilung“ zugleich die in der RBÜ gelegentlich verwandten Begriffe der „Aufführung“ und des „Vortrages“ erfaßt, WIPO Dok. CRNR/DC/4, Ziff. 10.16 und 18.

368 WIPO Dok. CRNR/DC/4, Ziff. 10.14.

an das Angebot als solches angeknüpft, wodurch klargestellt ist, daß es sich bei dem Recht auf öffentliche Wiedergabe nicht nur um Sendungen von festgelegten Programmen handelt und daß die Übertragung zu einer Öffentlichkeit erfolgt, die nicht dort anwesend ist, wo die „communication" ihren Ursprung hat. Die öffentliche Wiedergabe erfolgt also in der Weise, daß Mitglieder der Öffentlichkeit auf das Werk von einem Ort und zu einer Zeit Zugriff nehmen können, die sie selbst gewählt haben. Hierdurch wird auch das beispielsweise in Deutschland nach der herkömmlichen Definition der Öffentlichkeit bestehende Problem der Gleichzeitigkeit des Öffentlichkeitsbegriffs umgangen. Der Umstand, daß nun auch der sukzessive Abruf durch mehrere Personen *per definitionem* erfaßt ist, führt dazu, daß gerade auch die häufigste und typischste Art des Abrufs im Internet, der Abruf „on demand" als eines der entscheidenden rechtspolitischen Ziele des Art. 8 WCT in den Anwendungsbereich des Rechts der öffentlichen Wiedergabe fällt.[369] Eine genauere Umschreibung der Öffentlichkeit sollte aber wie schon bisher der nationalen Gesetzgebung vorbehalten bleiben.[370]

III. Zwischenergebnis

Das materielle Urheberrecht hat durch die bis jetzt geschlossenen internationalen Verträge eine gewisse Vereinheitlichung gerade auch hinsichtlich der Voraussetzungen für Schranken und Ausnahmen vom Urheberrechtsschutz erfahren.[371] Außerdem wurden durch die jüngeren Regelwerke nicht nur die bestehenden internationalen Mindeststandards präzisiert, sondern auch zusätzliche materielle Mindestvorschriften bezüglich neuer Schutzgegenstände (Computerprogramme und schöpferische Datensammlungen)[372] und Schutzrechte (Vermietrecht)[373] eingeführt.

Gerade in jüngerer Zeit ist dabei zu bedenken, daß vor dem Hintergrund zunehmender wirtschaftlicher Bedeutung des Urheberrechts auch die Interessengegensätze von Staaten und Staatengemeinschaften immer stärker werden[374] und daher der Abschluß internationaler Verträge nicht als selbstverständlich angesehen werden kann. Damit wird insbesondere die Rolle des WIPO Copyright Treaty (WCT) deutlich, dessen Errungenschaften nicht nur den Schutz in traditionellen Bereichen verbessert bzw. klargestellt haben, sondern in dessen Rahmen auch der Versuch unternommen wurde, den neuesten technologischen Entwicklungen Rechnung zu tragen. Im Gegensatz zum TRIPs-Übereinkommen, das für das

---

[369] WIPO Dok. CRNR/DC/4, Ziff. 10.12; *v. Lewinski*, CR 1997, 438 [441].

[370] WIPO Dok. CRN/DC/4, Ziff. 10.17.

[371] Art. 13 TRIPs-Übereinkommen.

[372] Art. 10 TRIPs-Übereinkommen.

[373] Art. 11 TRIPs-Übereinkommen.

[374] So waren schon im Jahr 1971 im Rahmen der letzten Revision der RBÜ aufgrund eines „Nord-Süd-Konflikts" Schwierigkeiten zu verzeichnen, sich bei bestimmten Punkten einig zu werden, *v. Lewinski*, GRUR Int. 1997, 667 [667].

Urheberrecht die gewünschte Anpassung an die Informationsgesellschaft noch nicht erbracht hatte, wird daher der WCT als bemerkenswerter Erfolg bei der „Ingangsetzung eines längst überfälligen Erneuerungsprozesses“[375] und als „Meilenstein der internationalen Rechtsentwicklung seit 1971 bzw. 1961“ gewertet.[376]

Tatsächlich wurde der Notwendigkeit, Regelungen zu schaffen, die in erster Linie den technischen und wirtschaftlichen Entwicklungen, insbesondere im Hinblick auf die zunehmende globale Nutzung von geschützten Werken, gerecht zu werden vermag, spätestens mit Abschluß des WCT auch Folge geleistet. Dabei wurde auch die Aufgabe wahrgenommen, eine Angleichung der nationalen Urheberrechtsordnungen durch das internationale Recht zu leiten. Da insbesondere die Einführung eines Online-Rechts hier als Fortschritt hervorzuheben ist und außerdem jede Klarstellung auf internationaler Ebene im Bereich des materiellen Rechts immer als erster Schritt zur Verbesserung des urheberrechtlichen Schutzes aufgrund nationaler Gesetzgebungen angesehen werden muß, kann den zitierten Einschätzungen soweit gefolgt werden.

Doch auch der erfolgreiche Abschluß des TRIPs-Übereinkommens ist insofern als Verbesserung für den Schutz des geistigen Eigentums zu werten, als zum einen die Eingliederung in die WTO-Übereinkünfte zu einer Ratifikation des Übereinkommens durch viele wichtige Staaten geführt hat und zum anderen die Verbindung von materiellen Vorschriften mit Regelungen zur Rechtsdurchsetzung und Streitbeilegung zur Entstehung eines effektiven Schutzrahmens beiträgt.

Zuletzt haftet jedoch jedem einzelnen der internationalen Regelwerke aufgrund der Beteiligung einer jeweils großen Zahl von Staaten ein gewisser Kompromißcharakter an.[377]

B. Gemeinschaftsrecht

Für eine im weiteren erfolgende kurze Bestandsaufnahme des Urheberrechtsschutzes auf europäischer Ebene – wiederum im Hinblick auf die dem Urheber ausschließlich zuerkannten Rechte (Verwertungsrechte) – sollen die im Bereich des Urheberrechts erlassenen maßgeblichen Richtlinien untersucht werden. Aussagen zum aktuellen Stand des Gemeinschaftsrechts erweisen sich allerdings erst dann als vollständig, wenn auch die übrigen Bestandteile des sog. aquis communautaire, der gemäß Art. 49 EG für beitretende Staaten verbindlich ist, Erwähnung finden. Hierzu zählen das primäre und sekundäre Gemeinschaftsrecht unter Konkretisierung durch die Rechtsprechung des EuGH, ungeschrie-

---

[375] *Duggal*, IPRax 2002, 101 [104].

[376] So gilt die RBÜ in ihrer Pariser Fassung vom 24. Juli 1971, dazu siehe *v. Lewinski*, GRUR Int. 1997, 667 [681]; *dies.*, CR 1997, 438 [444].

[377] *Grosheide*, GRUR 2000, 310 [315]. Hierzu näher unter D.

bene Rechtsgrundsätze, Art. 6 EG-Vertrag, und internationale Verträge, die die EU selbst unterzeichnet hat oder zu deren Beitritt die Mitgliedstaaten gemeinschaftsrechtlich verpflichtet worden sind.[378] Da eine Durchsicht der im urheberrechtlichen Kontext erlassenen internationalen Übereinkommen im vorangegangenen Abschnitt bereits erfolgt ist,[379] werden einer Darstellung der relevanten Richtlinien noch einige allgemeine Aussagen zu der Entwicklung des Urheberrechts als Gegenstand europäischer Maßnahmen und Aktivitäten unter Berücksichtigung der jeweiligen rechtlichen Grundlagen vorangestellt.

I. Allgemeines

Auch wenn das Urheberrecht weder in den Römischen Verträgen zur Gründung der Europäischen Wirtschaftsgemeinschaft (EWG) noch in der Amsterdamer Fassung des EG-Vertrages ausdrücklich genannt ist, hat sich die Europäische Kommission bereits in den siebziger Jahren mit dem Gegenstand des geistigen Eigentums beschäftigt.[380] Neben einer ersten Entscheidung[381] in diesem Bereich gab die Kommission verschiedene Studien zu urheberrechtlichen Fragen in Auftrag,[382] wobei nie ernsthaft erwogen wurde, das Urheberrecht von dem Kompetenzbereich der Gemeinschaft auszunehmen.[383] Ebenso zögerte der EuGH zu keiner Zeit, die Vorschriften des EWG- bzw. des EG-Vertrages auf Sachverhalte mit urheberrechtlichem Bezug als selbstverständlich anzuwenden.[384]

Gerade diese Rechtsprechung war es auch, die den Auslöser für den Aufbau eines europäischen Urheberrechtssystems darstellte.[385] So ergingen seit 1966 zahlreiche Entscheidungen erst im Bereich des gewerblichen Rechtsschutzes, sodann im Bereich des Urheberrechts und der verwandten Schutzrechte, die zunächst sämtliche nationale Regelungen, die den freien Warenverkehr innerhalb der Gemeinschaft im Sinne des Art. 28 EG behinderte, als für unvereinbar mit dem

---

[378] *Schack*, ZEuP 2000, 799 [800].

[379] Siehe Kap. III. § 1 A.

[380] *Kreile/Becker*, GRUR Int. 1994, 901 [901].

[381] Sog. „GEMA"-Entscheidung, GRUR Int. 1973, 86 ff.

[382] Siehe Nachweise bei *Gerth*, in: Stern/Prütting, UrhR, S. 99 [100].

[383] Siehe *Braun*, IPRax 1994, 263 [264]; *Kröger*, EuZW 1994, 85 [85]; *Mestmäcker*, GRUR Int. 1993, 532 [532]. Zur Kompetenzgrundlage für eine Rechtsangleichung auf dem Gebiet des Urheberrechts siehe Kap. III. § 1 B. I. 2.

[384] So nennt als eine bedeutende Entscheidung zur Frage der unmittelbaren Anwendbarkeit des Diskriminierungsverbots (Art. 12 Abs. 1 EG) auch im Urheber- und Leistungsschutzrecht die „Phil Collins"-Entscheidung den freien Warenverkehr (Art. 28 EG), den freien Dienstleistungsverkehr (Art. 30 EG) und die Wettbewerbsvorschriften (Art. 47 Abs. 2, 95 EG), EuGH, Rs. C-92/92 u. C-326/92, Slg. 1993, I-5145. Dazu *Gaster*, ZUM 1996, 261 [263].

[385] Siehe hierzu *Jehoram*, IIC 2001, 532 [532]. Für die Leistungsschutzrechte siehe *Beining*, Schutz ausübender Künstler, S. 280.

EG-Vertrag erklärten. Hierbei befaßte sich der EuGH allerdings auch mit Sachverhalten, in denen die Unterschiede zwischen den Urheberrechtsordnungen der Mitgliedstaaten zwar zu Beschränkungen der Grundfreiheiten des EG-Vertrages führten, die betreffenden urheberrechtlichen Bestimmungen jedoch auf der Grundlage des Art. 30 EG als gerechtfertigt beurteilt wurden. Dadurch sollte der „ausschließlichkeitsrechtliche Kern" des Urheberrechts bewahrt werden, wohingegen an „eher untergeordnete Details nationaler Urheberrechtsgesetze" der Maßstab des freien Waren- und Dienstleistungsverkehrs angelegt wurde.[386]
Da die Kommission die Gewährleistung des freien Warenverkehrs innerhalb der Gemeinschaft durch die Zulassung solcher Ausnahmen gefährdet sah, war der Zeitpunkt gekommen, an dem ein Einschreiten durch den Erlaß von Richtlinien notwendig erschien. Im Vordergrund dieser gesetzgeberischen Maßnahmen stand jedoch zunächst nicht die Errichtung eines neuen Urheberrechtssystems auf europäischer Ebene, sondern lediglich die Beseitigung von Hindernissen im Hinblick auf die Verwirklichung eines funktionierenden Binnenmarktes. Erst später wurde das Urheberrecht als Gegenstand einer europaweiten Rechtsvereinheitlichung auch unter Berücksichtigung kultureller Aspekte entdeckt.[387]
Dementsprechend haben das Europäische Parlament und der Rat seit 1991 insgesamt sechs Richtlinien[388] im Bereich des Urheberrechts (und der verwandten Schutzrechte) erlassen, um durch Unterschiede in den nationalen Regelungen verursachte Einschränkungen des freien Verkehrs von Waren und Dienstleistungen innerhalb der EU aufzuheben.

1. Rechtliche Wirkung von Richtlinien

Im Bereich des Urheberrechts hat sich die EU bis jetzt von den in Art. 249 EG genannten wichtigsten Rechtssetzungsinstrumenten der Gemeinschaft, zu denen als rechtsverbindliche Akte auch Verordnungen und Entscheidungen zählen, ausschließlich der Richtlinie bedient.
Im Gegensatz zu Verordnungen, die in allen Teilen verbindlich sind und unmittelbar gelten, bedarf eine Richtlinie der Umsetzung in nationales Recht. Damit kommt der mit dem Risiko einer fehlerhaften oder verspäteten Umsetzung behaftete Richtlinie eine geringere Reichweite zu als der Verordnung, die gerade nicht in nationales Recht umgesetzt werden muß. Auch besteht die Verbindlichkeit einer Richtlinie nur in dem zu erreichenden Ziel, wohingegen hinsichtlich

---

[386] *Schack*, ZEuP 2000, 799 [801].

[387] Zur Entwicklung des Urheberrechts in der Europäischen Gemeinschaft: *Loewenheim*, GRUR Int. 1997, 285 [292]; *Schack*, Urh-/UrhVR, Rn. 121 ff.

[388] Siehe hierzu die unter Kap. III. § 1 B. I. 3. dargestellten Richtlinien und die Richtlinie 93/98/EWG des Rates vom 29. Oktober 1993 zur Harmonisierung der des Urheberrechts und bestimmter verwandter Schutzrechte (sog. Schutzdauer-Richtlinie), ABl. EG Nr. L 290 v. 24.11.1993, S. 9, die hier keine Erwähnung finden soll, da sie nicht die Gewährung von Verwertungsrechten zum Inhalt hat.

der Ausführung der Vorgaben den Adressaten der Richtlinie ein gewisser Spielraum verbleibt. Nicht zuletzt aufgrund dieses Merkmals eignen sich Richtlinien zur Rechtsangleichung und damit zur Harmonisierung unterschiedlicher nationaler Vorschriften eher als Verordnungen, die das geeignete Instrument zur Rechtsvereinheitlichung darstellen.[389]
Mit Blick auf diese Unterschiede und auf den in Art. 5 Abs. 3 EG enthaltenen Erforderlichkeitsgrundsatz, aus dem gefolgert wird, daß sich die Gemeinschaft zur Rechtsvereinheitlichung bzw. –angleichung vorrangig der Richtlinien als weniger einschneidende Rechtssetzungsinstrumente gegenüber den Verordnungen bedienen müsse,[390] wurden die Aktivitäten des Europäischen Parlaments und des Rates zur Beseitigung von Handelshemmnissen aufgrund nationaler urheberrechtlicher Vorschriften mit Hilfe von Richtlinien in Angriff genommen.[391]
Diese im folgenden dargestellten Richtlinien zählen außerdem, wie im übrigen Verordnungen, Entscheidungen, Empfehlungen und Stellungnahmen sowie alle sonstigen Rechtshandlungen der Gemeinschaftsorgane, zum Sekundärrecht. Im Gegensatz zum Primärrecht, welches die Gründungsverträge der EG einschließlich der dazugehörenden Anhänge und Protokolle, die späteren Änderungs- und Ergänzungsverträge sowie die Verträge über den Beitritt neuer Mitglieder beinhaltet,[392] werden folglich als sekundärrechtliche Bestimmungen alle Regelwerke bezeichnet, die von den Organen der Gemeinschaft aufgrund von Kompetenzzuweisungen im EG-Vertrag erlassen werden.
Diese Unterscheidung von sekundärem, also abgeleitetem, und primärem Gemeinschaftsrecht ist für die Bestimmung des Rangverhältnisses zwischen einzelnen Rechtsquellen des Gemeinschaftsrechts im Bereich des geschriebenen Rechts von Bedeutung. Zwar gehen beide Bereiche des Gemeinschaftsrechts innerstaatlichen Rechtsnormen vor,[393] hinsichtlich des Verhältnisses von sekundärem Gemeinschaftsrecht zu von der EU geschlossenen völkerrechtlichen Ver-

---

[389] So sollte auch nach der Erklärung zu Art. 100a EWGV zur Einheitlichen Europäischen Akte von 1986 die Richtlinie als Mittel zu einer Rechtsangleichung bevorzugt werden. Eine entsprechende Erklärung ist in der Amsterdamer Fassung des EG-Vertrages, Art. 95 EG, allerdings nicht mehr zu finden, siehe *Schack*, ZEuP 2000, 799 [800].

[390] *V. Lewinski*, in: v. Lewinski/Walter/Blocher/Dreier/Daum/Dillenz, EuUrhR-K, Allg. Teil, 1. Kap. Rn. 19.

[391] Dagegen wurden im Bereich der übrigen Immaterialgüterrechte der gemeinschaftliche Sortenschutz, die Gemeinschaftsmarke und das Gemeinschaftsgeschmacksmuster durch Verordnungen geregelt, *Schack*, ZEuP 2000, 799 [800].

[392] *Bleckmann*, Europarecht, Rn. 526; *Zuleeg*, in: Groeben/Thiesing/Ehlermann, EGV-K, Art. 1 Rn. 11.

[393] EuGH, Rs. 6/64, Slg. 1964, 1251 (sog. „Costa/Enel“-Entscheidung); *Zuleeg*, in: Groeben/Thiesing/Ehlermann, EGV-K, Art. 1 Rn. 37, z. B. ist das sich aus Art. 12 Abs. 1 EG ergebende Diskriminierungsverbot unmittelbar anzuwenden, EuGH, Rs. C-357/89, Slg. 1992, I-1027; EuGH, Rs. 122/96, Slg. 1997, I-5325.

trägen gilt jedoch, daß letzteren eine Vorrangstellung innerhalb des Sekundärrechts zuerkannt wird.[394]

2. Kompetenzgrundlagen im Bereich des Urheberrechts

Da der EG-Vertrag, wie eingangs bereits erwähnt, weder für das Urheberrecht noch für das geistige Eigentum im weiteren Sinne ausdrückliche Befugnisnormen zur Rechtssetzung enthält, mußten Richtlinien mit urheberrechtlichem Inhalt überwiegend auf der Grundlage des Art. 95 EG oder der Spezialvorschriften der Art. 47 Abs. 2 und Art. 55 EG erlassen werden.[395] Diese ermächtigen die Gemeinschaft, Maßnahmen zur Koordinierung bzw. Angleichung von Rechtsvorschriften zum Zwecke des freien Dienstleistungsverkehrs und zum Zwecke der Errichtung und des Funktionierens des Binnenmarktes zu erlassen, wobei das in Art. 5 EG geregelte Subsidiaritätsprinzip im Zweifel einer Vereinheitlichung des Urheberrechts nicht entgegen steht.[396] Damit fällt das Urheberrecht, dessen unterschiedliche Ausgestaltung in den nationalen Urheberrechtsordnungen wettbewerbsverzerrende Auswirkungen haben kann, als Ware bzw. Dienstleistung in den Anwendungsbereich des EG-Vertrages.[397] Des weiteren wird das Urheberrecht im Rahmen der in Art. 30 EG vorgesehenen Ausnahmen zu Art. 28 EG aus Gründen des gewerblichen und kommerziellen Eigentums, worunter auch das Urheberrecht fällt, berücksichtigt.[398]

Angesichts der weit gefaßten Bestimmungen des EG-Vertrages erscheint es jedoch nicht immer einfach, im Bereich des Urheberrechts und der verwandten Schutzrechte eine Relevanz für die Gewährleistung des freien Dienstleistungsverkehrs oder die Errichtung und das Funktionieren des Binnenmarkts zu begründen. Infolgedessen legte die Kommission bisher gerade auf die Begründung der Gemeinschaftskompetenz ausgesprochenen Wert, wie etwa die umfangreichen Ausführungen zu diesem Punkt in dem Vorschlag der Vermiet- und Verleihrecht-Richtlinie[399] belegen.[400]

---

[394] *Grabitz*, in: Grabitz/Hilf, EU-/EGV-K, Art. 189 Rn. 16.

[395] *V. Lewinski*, in: v. Lewinski/Walter/Blocher/Dreier/Daum/Dillenz, EuUrhR-K, Allg. Teil, 1. Kap. Rn. 13; *Schack*, ZEuP 2000, 799 [799].

[396] *Kreile/Becker*, GRUR Int. 1994, 901 [902].

[397] *Schaefer*, GRUR 1992, 424 [424]. So sollte bspw. mit Erlaß der Satelliten-Richtlinie der freie Verkehr der Dienstleistung „Kabelweiterleitung" und „Satellitensendung" zwischen den Mitgliedstaaten gewährleistet werden. Ebenso waren negative Auswirkungen auf den Binnenmarkt aufgrund unterschiedlicher Schutzstandards hinsichtlich Computerprogrammen Anlaß für den Erlaß einer entsprechenden Richtlinie, siehe hierzu sogleich Kap. III. § 1 B. I. 3. a) und c).

[398] *Zuleeg*, in: Groeben/Thiesing/Ehlermann, EGV-K, I Art. 6 Rn. 13; *Schack*, JZ 1994, 144 [145].

[399] Siehe Kap. III. § 1 B. I. 3. b).

Auch der Umstand, daß bisher der Bereich der Urheber- und der verwandten Schutzrechte auf europäischer Ebene nur fragmentarisch harmonisiert war, dürfte einen Grund in dem Mangel einer umfassenden Kompetenzgrundlage finden. Zwar wurde insbesondere Anfang der 90er Jahre die Schaffung einer speziellen Kompetenzgrundlage diskutiert. Es blieb jedoch bei der Aufnahme des Bereichs „künstlerisches und literarisches Schaffen..." aufgrund des Vertrages von Maastricht unter dem Titel IX „Kultur" in Art. 128 EGV, nunmehr unter XII, in Art. 151 Abs. 2 EG. Das Tätigwerden der Gemeinschaft ist in diesem Zusammenhang allerdings auf die Förderung der Zusammenarbeit zwischen den Mitgliedstaaten sowie die Unterstützung und Ergänzung von deren Aktivitäten beschränkt. In Art. 151 Abs. 5 EG werden sogar ausdrücklich alle Maßnahmen zur Harmonisierung der Rechts- und Verwaltungsvorschriften der Mitgliedstaaten ausgeschlossen.

3. Richtlinien im einzelnen

Die fünf im folgenden zu behandelnden Richtlinien befassen sich jeweils nur mit einzelnen Ausschnitten des Urheberrechts. Zunächst haben die Computerprogramm-Richtlinie[401] und die Datenbank-Richtlinie[402] spezielle Schutzgegenstände zum Inhalt, denen eine besondere wirtschaftliche Bedeutung zukommt und deren Einordnung in die nationalen Urheberrechtssysteme umstritten war. Anders hingegen die Vermiet- und Verleihrecht-Richtlinie[403] und die Satelliten-Richtlinie[404], die bestimmte Verwertungsrechte einführen und überdies auch Regelungen für Inhaber verwandter Schutzrechte treffen. Zuletzt befaßt sich die Informations-Richtlinie[405] neben einer einheitlichen Formulierung der wichtig-

---

400 Vorschlag für eine Richtlinie des Rates zum Vermietrecht, Verleihrecht und zu bestimmten verwandten Schutzrechten (sog. Vermiet- und Verleihrecht-Richtlinie), KOM (90) 586 endg. v. 13. 12.1990.

401 Richtlinie 91/250/EWG des Rates vom 14. Mai 1991 über den Rechtsschutz von Computerprogrammen (Computerprogramm-Richtlinie), ABl. EG Nr. L 122 v. 17.5.1991, S. 42.

402 Richtlinie 96/9/EWG des Europäischen Parlaments und des Rates vom 11. März 1996 über den rechtlichen Schutz von Datenbanken (Datenbank-Richtlinie), ABl. EG Nr. L 77 v. 27.3.1996, S. 20.

403 Richtlinie 92/100/EWG des Rates vom 19. November 1992 zum Vermietrecht und Verleihrecht sowie zu bestimmten dem Urheberrecht verwandten Schutzrechten im Bereich des geistigen Eigentums (Vermiet- und Verleihrecht-Richtlinie), ABl. EG Nr. L 346 v. 27.11.1992, S. 61.

404 Richtlinie 93/83/EWG des Rates vom 27. September 1993 zur Koordinierung bestimmter urheber- und leistungsschutzrechtlicher Vorschriften betreffend Satellitenrundfunk und Kabelweiterverbreitung (Satelliten-Richtlinie), ABl. EG Nr. L 248 v. 6.10.1993, S. 15.

405 Richtlinie 2001/29/EG des Europäischen Parlaments und des Rates vom 22. Mai 2001 zur Harmonisierung bestimmter Aspekte des Urheberrechts und der verwandten Schutzrechte in der Informationsgesellschaft (Informations-Richtlinie), ABl. EG. Nr. L 167 v. 22.6.2001, S. 10.

sten Verwertungsrechte mit einer umfassenden Festsetzung des Schutzes von technischen Maßnahmen und Schrankenbestimmungen im Bereich der Rechtewahrnehmung.

a) Computerprogramm-Richtlinie

Die Computerprogramm-Richtlinie führt in erster Linie den Schutz von Software nach urheberrechtlichem Konzept ein.[406] Mit dieser grundsätzlichen Entscheidung, nicht den Weg eines Sonderschutzes zu beschreiten, sondern den Schutz von Computerprogrammen in das System der internationalen Urheberrechtskonventionen einzugliedern, wurde die seit den 60er Jahren geführte Diskussion um die Art des zu gewährenden Softwareschutzes abgeschlossen.[407] Dabei stellt die Richtlinie klar, daß Computerprogramme zu den literarischen Werken im Sinne der RBÜ zu zählen sind, Art. 1 Abs. 1 Computerprogramm-Richtlinie. Auf diese Weise soll jedoch nicht lediglich die Aussage getroffen werden, daß Software den klassischen Werkkategorien zuzuordnen ist, sondern vor allem auch sichergestellt werden, daß der Inländerbehandlungsgrundsatz der internationalen Konventionen auf Computerprogramme anzuwenden ist.[408] Diese Entscheidung für einen Schutz von Computerprogrammen auf urheberrechtlicher Grundlage und gegen einen Sonderschutz *sui generis*, wurde trotz der Gefahr eines systemwidrigen Einflusses auf das traditionelle Urheberrecht aus Sicht der Rechtspraxis und aus internationaler Sicht begrüßt.[409]
Hinsichtlich der Anforderungen an die Werk- oder Gestaltungshöhe der zu schützenden Software reicht gemäß Art. 1 Abs. 3 der Richtlinie bereits aus, daß sie als Ergebnis der eigenen geistigen Schöpfung des Urhebers angesehen werden kann.[410] Damit wird weder die qualitative oder ästhetische Beschaffenheit als Kriterium für die Beurteilung der Frage der Individualität eines Programms herangezogen, noch wird ein bestimmtes Maß an Kreativität oder Eigentümlichkeit vorausgesetzt. Die Richtlinie hat damit einen Kompromiß zwischen der reduzierten Originalität, wie sie in Ländern, die in der Tradition des „common

---

[406] Der urheberrechtliche Schutz schließt jedoch einen ergänzenden patent-, vertrags- oder wettbewerbsrechtlichen Schutz nicht aus, Art. 9 Abs. 1 ComputerprogrammRichtlinie, *Gaster*, CRi 2000, 11 [11]; *Erdmann/Bornkamm*, GRUR 1991, 877 [877].

[407] *Walter*, in: v. Lewinski/Walter/Blocher/Dreier/Daum/Dillenz, EuUrhR-K, Software-RL, Art. 1 Rn. 4.

[408] Den Richtlinien-Verfassern zufolge wiegt dieser internationale Aspekt alle möglichen Vorteile eines Sonderschutzes auf, KOM (97) 628 endg. v. 10.12.1997, S. 3.

[409] Den Gefahren der Systemwidrigkeit wurde dabei bspw. in Deutschland dadurch begegnet, daß die für Computerprogramme vorgesehenen Sondervorschriften in besonderen Abschnitten des UrhG zusammengefaßt wurden, §§ 69a bis 69g UrhG, *Walter*, in: v. Lewinski/Walter/Blocher/Dreier/Daum/Dillenz, EuUrhR-K, Software-RL, Art. 1 Rn. 6.

[410] *Dreier*, CR 1991, 577 [578]. Hieran hat auch die später erlassene Datenbank-Richtlinie in Art. 3 Abs. 1 angeknüpft, siehe hierzu Kap. III. § 1 B. I. 3. d).

law“ stehen, wie Großbritannien und Irland, zu finden ist und dem kontinentaleuropäischen Originalitätsbegriff getroffen.[411]
Zu dem Kreis der Schutzberechtigten zählen nach Art. 2 der Richtlinie zum einen natürliche Personen, die das Computerprogramm geschaffen haben, zum anderen juristische Personen, die nach den Vorschriften der Mitgliedstaaten, soweit vorhanden, als Rechtsinhaber gelten (sog. Kollektivwerke). Hierbei weist Art. 2 Abs. 3 der Richtlinie die Ausübung aller „wirtschaftlichen Rechte“[412] dem Arbeitgeber zu, solange der Urheber die Schaffung von Computerprogrammen in einem Angestelltenverhältnis erbringt und keine anderen vertraglichen Vereinbarungen getroffen werden.
In Deutschland wurde die Computerprogramm-Richtlinie durch das Zweite Gesetz zur Änderung des Urheberrechtsgesetzes vom 9. Juni 1993 umgesetzt.[413]

b) Vermiet- und Verleihrecht-Richtlinie

Mit Erlaß der Vermiet- und Verleihrecht-Richtlinie wurde das Problem aufgegriffen, daß aufgrund unterschiedlicher Regelungen des Vermietrechts Handelsbeschränkungen festzustellen waren, die der EuGH in seiner im Jahr 1988 ergangenen sog. „Warner Brothers“-Entscheidung[414] noch als durch Art. 30 EG gerechtfertigt ansah. Als Reaktion hierauf gewährt Art. 2 Abs. 1, 1. Var. der Vermiet- und Verleihrecht-Richtlinie Urhebern das ausschließliche Recht, die Vermietung und das Verleihen zu erlauben oder zu verbieten. Die übrigen von der Richtlinie normierten Verwertungsrechte der Vervielfältigung, Verbreitung und der öffentlichen Wiedergabe richten sich dagegen nur an die ausübenden Künstler, Tonträger- und Filmhersteller und die Sendeunternehmen.[415]
Dennoch ist die Vermiet- und Verleihrecht-Richtlinie als die erste Harmonisierungsmaßnahme der EU im Bereich des Urheberrechts im engeren Sinne anzusehen, da gemäß ihres Art. 2 Abs. 1 ausdrücklich nur Originale und Vervielfältigungsstücke urheberrechtlich geschützter Werke Schutzgegenstände sein sollen.[416] Hierbei wird der Begriff des Urhebers zwar nicht näher definiert, als In-

---

[411] *Walter*, in: v. Lewinski/Walter/Blocher/Dreier/Daum/Dillenz, EuUrhR-K, Software-RL, Art. 1 Rn. 13; *Jehoram*, IIC Vol. 32 (2001), 532 [537].

[412] Aus der Entstehungsgeschichte der Vorschrift ergibt sich, daß die Regelung Verwertungsrechte, aber nicht die Urheberpersönlichkeitsrechte umfaßt, *Walter*, in: v. Lewinski/Walter/Blocher/Dreier/Daum/Dillenz, EuUrhR-K, Software-RL, Art. 2 Rn. 21.

[413] BGBl. I S. 910.

[414] EuGH, Rs. 158/86, Slg. 1988, I-2605.

[415] Siehe Art. 7 Abs. 1, 9 Abs. 1 und Art. 8 der Vermiet- und Verleihrecht-Richtlinie.

[416] *V. Lewinski*, in: v. Lewinski/Walter/Blocher/Dreier/Daum/Dillenz, EuUrhR-K, Vermiet- und Verleih-RL, vor Art. 1 Rn. 1.

haber von Rechten gelten jedoch die Schöpfer sämtlicher Werkkategorien, die von der RBÜ anerkannt werden.[417]
Umgesetzt wurde die Vermiet- und Verleihrecht-Richtlinie in Deutschland durch das Dritte Gesetz zur Änderung des Urheberrechtsgesetzes vom 23. Juni 1995.[418]

c) Satelliten-Richtlinie

Als Reaktion auf die im Jahr 1980 ergangene sog. „Coditel I"-Entscheidung des EuGH[419] zur Frage der Möglichkeit einer territorial aufgespaltenen Rechtevergabe innerhalb der Gemeinschaft insbesondere im Bereich der Kabelweiterverbreitung erließen das Europäische Parlament und der Rat dreizehn Jahre später die Satelliten-Richtlinie.
Hierdurch erhielten die Mitgliedstaaten das Recht, Sendungen über alle Arten von Satelliten zu erlauben oder zu verbieten.
Bei der grenzüberschreitenden Programmverbreitung über Satelliten ebenso wie bei der Kabelweiterverbreitung von Programmen aus anderen Mitgliedstaaten bestanden auch nach der Verabschiedung der Richtlinie 89/552 EWG vom 3. Oktober 1989 zur Koordinierung bestimmter Rechts- und Verwaltungsvorschriften der Mitgliedstaaten über die Ausübung der Fernsehtätigkeit[420] noch eine Reihe unterschiedlicher nationaler Urheberrechtsvorschriften sowie gewisse Rechtsunsicherheiten. Daher bedurften die durch diese festgelegten rechtlichen Rahmenbedingungen für die Schaffung eines einheitlichen audiovisuellen Raumes in Bezug auf das Urheberrecht einer Ergänzung. Damit sollte letztlich vor allem auch eine Stärkung der wirtschaftlichen Stellung der Urheber erreicht werden. Die Frage, wer als Urheber in Betracht kommt, hat die Richtlinie jedoch – mit Ausnahme der Mindestbestimmung betreffend die Filmurheberschaft des Hauptregisseurs in Art. 1 Abs. 5 – nicht geregelt.
Aus urheberrechtlicher Sicht wurde im Zuge der Entwicklung des Kabel- und Satellitenrundfunks zunächst darüber gestritten, inwieweit die Kabelweiterleitung überhaupt von urheberrechtlicher Relevanz ist. So waren die Rechtsinhaber der Auffassung, daß auch die zeitgleiche und unveränderte Übernahme von geschützten Werken, die in einer Erstsendung gesendet wurden, in Kabelnetze einen erneuten Eingriff in ihr urheberrechtliches Senderecht darstellt. Dagegen beabsichtigten die Betreiber der neu entstehenden Kabelsysteme, fremde Programme einzuspeisen, ohne dafür Rechte erwerben und die Urheber beteiligen zu müssen. Begründet wurde dies damit, daß ein rechtzeitiger Rechtserwerb or-

---

[417] *V. Lewinski*, in: v. Lewinski/Walter/Blocher/Dreier/Daum/Dillenz, EuUrhR-K, Vermiet- und Verleih-RL, Art. 2 Rn. 3.
[418] BGBl. I S. 842. Siehe dazu *v. Lewinski*, ZUM 1995, 442 [442 f.].
[419] EuGH, Rs. 62/79, Slg. 1980, I-881.
[420] ABl. EG Nr. L 298 v. 17.10.1989, S. 23.

ganisatorisch und technisch nicht möglich sei.[421] Der Streit wurde schließlich in den meisten europäischen Staaten zu Gunsten der Urheber beigelegt.
Damit die Rechtsinhaber von der neuen Dimension des europäischen audiovisuellen Raumes Nutzen ziehen konnten, hatte die Kommission in diesem Zusammenhang die urheberrechtlichen Harmonisierungsbestrebungen aufgenommen.[422] Diese zielten auf Regelungen, denenzufolge sog. Fernmeldesatelliten[423] aus urheberrechtlicher Sicht sog. Direktempfangssatelliten[424] im Bereich des Satellitenrundfunks gleichzustellen wären und anhand derer die Frage, ob bei einer grenzüberschreitenden Satellitensendung die Urheberrechte nur für das Sende- oder zugleich auch für jedes Empfangsland erworben werden müssen, zu Gunsten der Sendelandtheorie festgelegt würde.[425] Da es vor Erlaß der Vermiet- und Verleihrecht-Richtlinie in einigen Mitgliedstaaten an einem angemessenen Mindestschutz fehlte, wurde ein solcher ebenfalls eingeführt. Darüber hinaus sollte der Fortbestand einmal geschlossener vertraglicher Regelungen gefördert werden.
Hinsichtlich der Umsetzung der Richtlinie in Deutschland[426] hat sich der deutsche Gesetzgeber für die Nennung der Satellitensendung als Beispiels- und damit als Unterfall des generellen Senderechts entschieden und die allein für europäische Satellitensendungen geltenden Sonderregelungen in einem neuen, eigenständigen § 20a UrhG zusammengefaßt.

d) Datenbank-Richtlinie

Die Datenbank-Richtlinie ist die fünfte urheberrechtliche Richtlinie der Europäischen Gemeinschaft und wird wegen der großen Bedeutung von Datenbanken in der Informationsgesellschaft als grundlegend für den urheberrechtlichen Schutz im Hinblick auf technische Neuerungen angesehen.[427] Das von der Richtlinie

---

421 *Dreier*, in: v. Lewinski/Walter/Blocher/Dreier/Daum/Dillenz, EuUrhR-K, Satelliten- und Kabel-RL, vor Art. 1 Rn. 2.

422 *Dreier*, in: v. Lewinski/Walter/Blocher/Dreier/Daum/Dillenz, EuUrhR-K, Satelliten- und Kabel-RL, vor Art. 1 Rn. 12.

423 Hierbei werden die Programme über Satelliten ausgestrahlt, welche auf Frequenzen arbeiten, die fernmelderechtlich ursprünglich der Individualkommunikation vorbehalten waren, *Dreier*, in: v. Lewinski/Walter/Blocher/Dreier/Daum/Dillenz, EuUrhR-K, Satelliten- und Kabel-RL, vor Art. 1 Rn. 13.

424 Hierbei werden Frequenzen genutzt, die für den Direktempfang vorgesehen sind.

425 *Dreier*, in: v. Lewinski/Walter/Blocher/Dreier/Daum/Dillenz, EuUrhR-K, Satelliten- und Kabel-RL, vor Art. 1 Rn. 13.

426 Umgesetzt durch das Vierte Gesetz zur Änderung des Urheberrechtsgesetzes vom 8. Mai 1998, BGBl. I S. 902.

427 *V. Lewinski*, in: v. Lewinski/Walter/Blocher/Dreier/Daum/Dillenz, EuUrhR-K, Datenbank-RL, vor Art. 1 Rn. 7; *Dreier*, GRUR Int. 1992, 739 [739].

eingeführte *sui generis* Recht galt weltweit als eine Innovation, da bis zum damaligen Zeitpunkt keine vergleichbare Regelung existierte.[428]
Zunächst bestimmt Art. 1 der Richtlinie, auf welche Arten von Datenbanken sich der Schutz dieser Richtlinie bezieht. Der in Absatz 1 verwendete Ausdruck „in jeglicher Form" umfaßt dabei Datenbanken, die unter Rückgriff auf elektronische, optische oder andere technische Mittel angeordnet, gespeichert und zugänglich sind, ebenso wie Datenbanken, die in traditioneller Weise, also z. B. auf Karteikarten, in Büchern oder Katalogen, verkörpert sind.[429] Folglich werden elektronische und nicht-elektronische Datenbanken unabhängig davon geschützt, ob der Zugang zur Datenbank online oder offline erfolgt.[430]
Hinsichtlich der weiteren Voraussetzungen für die urheberrechtliche Schutzfähigkeit einer Datenbank bestimmt Art. 3 Abs. 1 und 2 der Richtlinie, daß nicht der Inhalt selbst, sondern die Struktur und die Gestalt der Datensammlung maßgeblich sind, sich also der urheberrechtliche Schutz auf Datenbanken erstreckt, die aufgrund der Auswahl oder Anordnung des Stoffes eine eigene geistige Schöpfung darstellen.[431] Andererseits sind daneben aber auch weiterhin die Rechte an den in die Datenbank aufgenommenen Elementen zu beachten, soweit solche bestehen.
Darüber hinaus führt die Richtlinie in Art. 7 ein weiteres neues Schutzrecht *sui generis* an Datenbanken ein, dessen Ziel es ist, den Hersteller einer Datenbank vor unbefugten Entnahmen und Weiterverwendungen von Material aus der Datenbank zu schützen.[432] Inhaber dieses Rechts soll dabei derjenige sein, der eine Investition, finanzieller oder sonstiger Natur getätigt hat, ohne daß eine eigene geistige Schöpfung notwendig wäre.
Im Rahmen der Umsetzung der Richtlinie in deutsches Recht[433] wurde der Urheberrechtsschutz für Datenbanken in die bestehenden Vorschriften (§§ 4, 23 S. 2, 53, 55a, 63 Abs. 1 UrhG) integriert. Für das *sui generis* Recht hingegen wurde ein neuer, sechster Abschnitt über den Schutz des Datenbankherstellers im Rahmen der Regelungen verwandter Schutzrechte im Zweiten Teil und vor den besonderen Bestimmungen für Filme eingefügt (§§ 87a ff. UrhG).

---

428 *Flechsig*, ZUM 1997, 577 [577].
429 *V. Lewinski*, in: v. Lewinski/Walter/Blocher/Dreier/Daum/Dillenz, EuUrhR-K, Datenbank-RL, Art. 1 Rn. 4.
430 *V. Lewinski*, in: v. Lewinski/Walter/Blocher/Dreier/Daum/Dillenz, EuUrhR-K, Datenbank-RL, Art. 1 Rn. 5.
431 *V. Lewinski*, in: v. Lewinski/Walter/Blocher/Dreier/Daum/Dillenz, EuUrhR-K, Datenbank-RL, Art. 3 Rn. 11.
432 *V. Lewinski*, in: v. Lewinski/Walter/Blocher/Dreier/Daum/Dillenz, EuUrhR-K, Datenbank-RL, Art. 7 Rn. 1.
433 Umgesetzt als Teil des Gesetzes zur Regelung der Rahmenbedingungen für Informations- und Kommunikationsdienste, Informations- und Kommunikationsdienste-Gesetz (IuKDG) vom 22. Juli 1997, BGBl. I S. 1870.

e) Informations-Richtlinie

aa) Vorarbeiten

Die EU betrachtete, wie bereits mehrfach erwähnt, zunächst die unterschiedliche Ausgestaltung der Immaterialgüterrechte der einzelnen Mitgliedstaaten lediglich als Hindernis für den freien Austausch von Waren und Dienstleistungen in der Gemeinschaft.[434] Anfang der Neunziger Jahre wurde schließlich im „Weißbuch der Europäischen Kommission über Wachstum, Wettbewerbsfähigkeit, Beschäftigung – Herausforderungen der Gegenwart und Wege ins 21. Jahrhundert" die Bedeutung der „digitalen Revolution" anerkannt. So befürwortete der Europäische Rat im Dezember 1993 nicht nur das Weißbuch, sondern forderte auch die Erstellung eines Berichts, des sog. „Bangemann-Berichts",[435] mit konkreten Handlungsempfehlungen zu den Problemen der Informationsgesellschaft. Damit hatten sich die Informationsgesellschaft und somit auch die Rechte an Informationen zu einem der wichtigsten Aufgabenbereiche der Europäischen Union entwickelt. Der „Bangemann-Bericht" diente schließlich als Grundlage für das „Grünbuch über Urheberrecht und den verwandten Schutzrechten in der Informationsgesellschaft"[436]. In dem Bericht wurden nicht nur Maßnahmen für eine wettbewerbsfähige und marktorientierte Informationsgesellschaft als wichtig erachtet, sondern auch die Schaffung eines gemeinsamen Rechtsrahmens, um neben dem Schutz der Privatsphäre, der Verschlüsselung von Daten und der Informationssicherheit und dem Eigentum an Medien vor allem den Schutz des geistigen Eigentums zu gewährleisten.[437]

Das Grünbuch selbst verstand sich in erster Linie als Diskussionsgrundlage.[438] Es verschafft in seinem ersten Kapitel einen Überblick über den bestehenden Rechtsrahmen und legt die Gründe für seine Erstellung dar. Im zweiten Kapitel werden detailliert urheberrechtliche Probleme diskutiert, wobei das Vervielfältigungsrecht und die Frage nach der Definition des Begriffs der Öffentlichkeit im Zusammenhang mit dem Verwertungsrecht der öffentlichen Wiedergabe als Schwerpunkte hinsichtlich der Entwicklung der Informationsgesellschaft herausgestellt werden.[439]

---

[434] So z. B. EuGH, Rs. 119/75, Slg. 1976, I-1039.

[435] Siehe Kap. II. § 1 A.

[436] Grünbuch zum Urheberrecht und den verwandten Schutzrechten in der Informationsgesellschaft, KOM (95) 382 endg. v. 19.7.1995. Siehe dazu auch dazu *v. Lewinski*, GRUR Int. 1995, 831 [831 f.].

[437] *V. Lewinski*, in: v. Lewinski/Walter/Blocher/Dreier/Daum/Dillenz, EuUrhR-K, Info-RL, II. Kap. Rn. 6.

[438] KOM (95) 382 endg. v. 19.7.1995, S. 18.

[439] Das Diskussionspapier spricht auch Fragen der Rechteverwertung an. Die Urheber von Multimedia-Werken, die bereits bestehende Werke verwenden, müssen von jedem einzelnen Urheber oder Inhaber verwandter Schutzrechte eine Genehmigung für die Benutzung des Werkes erhalten. Auch die Idee von sog. „One-Stop-Shopping-Centern" wird formu-

Eine weitere Konkretisierung dieser Probleme erfolgte am 20. November 1996 durch die Initiativen zum „Grünbuch Informationsgesellschaft“[440]. Darin kam die Kommission zu der Schlußfolgerung, daß im Hinblick auf das Vervielfältigungsrecht, das Recht der öffentlichen Wiedergabe, den rechtlichen Schutz von technischen Identifizierungs- und Schutzsystemen und das Verbreitungsrecht ein sofortiges Handeln auf Gemeinschaftsebene notwendig sei, um Handelshindernisse bzw. Wettbewerbsverzerrungen zwischen den Mitgliedstaaten zu beseitigen.[441]

Inzwischen ist das Grünbuch von weiteren Entwicklungen, insbesondere von der Verabschiedung der Informations-Richtlinie, überholt worden.

So hat die Europäische Kommission knapp ein Jahr nach den WIPO-Verträgen[442] den Vorschlag für eine Richtlinie vorgelegt.[443] Nach Stellungnahme des Wirtschafts- und Sozialausschusses vom 9. September 1998[444] und des Europäischen Parlaments vom 10. Februar 1999[445] wurde der geänderte Richtlinien-Vorschlag vom 21. Mai 1999[446] in der Rats-Arbeitsgruppe beraten und mündete in zwei konsolidierte Fassungen vom September und Dezember 1999. Zwei weitere konsolidierte Fassungen wurden im März und Mai 2000 vorgelegt. Am 8. Juni 2000 wurde schließlich eine politische Einigung auf einen Text erzielt, der am 28. September 2000 vom Binnenmarktrat als Gemeinsamer Standpunkt[447] angenommen wurde. Die Empfehlung des Rechtsausschusses des Europäischen Parlaments wurde am 5. Februar 2001 beschlossen. Die Entschließung des Europäischen Parlaments in Zweiter Lesung gelangte am 14. Februar 2001 im Plenum zur Abstimmung. Der Beschluß des Rates erfolgte schließlich am 9.

---

liert. Es soll sich dabei um von verschiedenen Verwertungsgesellschaften eingerichtete Stellen handeln, bei denen die Rechte zur Nutzung unterschiedlicher Werkkategorien erworben werden können. Schließlich werden auch technische Identifizierungs- und Schutzsysteme angesprochen.

440 Mitteilung der Kommission, Initiativen zum Grünbuch über Urheberrecht und verwandte Schutzrechte in der Informationsgesellschaft vom 20. November 1996, KOM (96) 568 endg. v. 20.11.1996.

441 Mitteilung der Kommission, Initiativen zum Grünbuch über Urheberrecht und verwandte Schutzrechte in der Informationsgesellschaft vom 20. November 1996, KOM (96) 568 endg. v. 20.11.1996, S. 8.

442 Insgesamt muß die Informations-Richtlinie daher auch vor dem Hintergrund der WIPO-Verträge gesehen werden, die allerdings ihrerseits z. T. maßgeblich von der EU beeinflußt worden waren, *v. Lewinski*, in: Hoeren/Sieber, HdbMMR, 7.9 Rn. 27.

443 ABl. EG Nr. C 108 v. 7.4.1998, S. 6; ABl. EG Nr. C 180 v. 25. 6.1999, S. 6. Dazu *v. Lewinski*, MMR 1998, 115 [115 f.]; *Flechsig*, CR 1998, 225 [225 f.; *ders.*, ZUM 1998, 139 [139 f.].

444 ABl. EG Nr. C 407 v. 28.12.1998, S. 30.

445 ABl. EG Nr. C 150 v. 28.5.1999, S. 171.

446 ABl. EG Nr. C 180 v. 25.6.1999, S. 6.

447 ABl. EG Nr. C 344 v. 1.12.2000, S. 1.

April 2001. Damit wurden zugleich die WIPO-Verträge ratifiziert, nachdem der Rat am 16. März 2000 einen Beschluß über die Zustimmung zu beiden Verträgen gefaßt hatte.[448]

bb) Inhalt

Ziel der Informations-Richtlinie ist, wie der Inhalt der Vorarbeiten verdeutlicht hat, die europaweite Harmonisierung der wichtigsten Aspekte des Urheberrechts insbesondere im Hinblick auf den Internet- und Multimediabereich. Da die Verwertungsrechte einen Kernpunkt des Urheberrechts bilden, befaßt sich die Richtlinie vornehmlich mit der Harmonisierung des Vervielfältigungsrechts, des Rechts der öffentlichen Wiedergabe einschließlich der Zugänglichmachung über Online-Dienste und des Verbreitungsrechts. Hierbei wurden auch die Schranken dieser Rechte weitgehend angeglichen.[449] Darüber hinaus wurde in Art. 6 und 7 der Richtlinie auch der Schutz technischer Maßnahmen und Informationen für die Wahrnehmung der Rechte harmonisiert. Im Hinblick auf die beiden zuletzt genannten Aspekte ist darauf hinzuweisen, daß die Richtlinie vor dem Hintergrund der 1996 vereinbarten WIPO-Verträge (WCT und WPPT) erlassen wurde und dabei ausdrücklich die in diesen Verträgen enthaltenen Verpflichtungen umsetzt.[450] Zwar hätten die EU-Mitgliedstaaten ihrerseits die Verträge ohnehin umsetzen müssen,[451] jedoch erforderte die Verbindung der WIPO-Vorgaben mit einer dezidierten Schrankenregelung eine gleichzeitige europaweite Harmonisierung. Außerdem wurden die Arbeiten der WIPO maßgeblich von Vorstellungen der Gemeinschaft beeinflußt.[452]

Die Richtlinie stellt vorläufig den Höhepunkt im Bemühen der EU dar, das Recht des geistigen Eigentums einem europaweit einheitlichen Schutzstandard weiter anzunähern.[453] In Deutschland wird ihre Umsetzung mit dem Gesetz zur Regelung des Urheberrechts in der Informationsgesellschaft erfolgen.[454]

---

[448] Beschluß 2000/278/EG, ABl. EG Nr. C 89 v. 11.4.2000, S. 6.

[449] *Bayreuther*, ZUM 2001, 828 [829]; *Becker*, in: Schwarze, Medien, S. 29 [32].

[450] Erwägungsgrund (15) zur Informations-Richtlinie. Da allerdings die Abgrenzung der Verwertungsrechte durch den WCT weitgehend vorgegeben war, war die Entwicklung der Vorarbeiten zur Informations-Richtlinie maßgeblich durch die in dem WIPO-Vertrag nicht geregelten Ausnahmen und Schranken charakterisiert.

[451] *Hoeren*, MMR 2000, 515 [516].

[452] *V. Lewinski*, GRUR Int. 1998, 637 [637]; *dies.*, in: Hoeren/Sieber, HdbMMR, 7.9 Rn. 27

[453] *Dietz*, E.I.P.R. 2000, 506 [508]; *Flechsig*, ZUM 1998, 139 [140]; *ders.*, ZUM 2002, 1 [1 f.]; *ders./Klett*, ZUM 2002, 732 [738]. Andererseits wird die Informations-Richtlinie aber auch in einer wohl interessengeleiteten Stellungnahme als „gesetzgeberischer Unsinn" bezeichnet, *Hugenholtz*, E.I.P.R. 2000, 499 [499].

[454] Gesetzentwurf der Bundesregierung vom 6. November 2002, BT-Drs. 15/38. Siehe dazu *Reinbothe*, ZUM 2002, 43 [43 ff.].

II. Verwertungsrechte

1. Vervielfältigungsrecht

Das Recht der Vervielfältigung ist als dem Urheber bzw. dem Rechtsinhaber vorbehaltenes ausschließliches Recht im Rahmen der Computerprogramm-Richtlinie in deren Art. 4 lit. a) vorgesehen. Es werden hierbei sämtliche Handlungen, wie das Laden, Betrachten, Ablaufen, Übertragen oder Speichern des Computerprogramms genannt und umschrieben,[455] da die näher bezeichneten Vorgänge nicht lediglich zur Ausführung des Programms eine Vervielfältigung erfordern, sondern gleichzeitig auch die Möglichkeit besteht, daß die Interessen des Urhebers verletzt werden können.[456] Damit entspricht die Formulierung der Richtlinie in ihren Grundzügen Art. 9 Abs. 1 RBÜ, stellt jedoch darüber hinaus unter anderem ausdrücklich klar, daß bloß vorübergehende Vervielfältigungen ebenfalls von der Zustimmung des Rechtsinhabers abhängig zu machen sind. Damit erfaßt die Richtlinie nicht nur dauerhafte, sondern auch vorübergehende, rein technisch bedingte Vervielfältigungen, ungeachtet der Mittel und der Form.[457] Dabei ist allerdings unklar geblieben, ob diejenigen Mitgliedstaaten, deren Urheberrechtsordnung rein technische Vervielfältigungshandlungen vom Recht der Vervielfältigung ausnimmt, verpflichtet sind, diese Entscheidung rückgängig zu machen.[458]
Die Datenbank-Richtlinie definiert in Art. 5 lit. a) ihrerseits die Vervielfältigung eines geschützten Werkes auf die gleiche Weise wie die Computerprogramm-Richtlinie, d. h. die Frage, ob flüchtige Vervielfältigungen, wie sie etwa bei der Online-Übertragung in Form von Zwischenspeicherungen erfolgen, erfaßt sind, bleibt auch hiernach unbeantwortet.
In Art. 2 lit. a) der Informations-Richtlinie wird nunmehr dem Urheber das Recht vorbehalten, die unmittelbare oder mittelbare, vorübergehende oder dauerhafte Vervielfältigung auf jede Art und Weise und in jeder Form ganz oder

---

455 Zunächst zielt das Vervielfältigungsrecht auf die Herstellung von Foto- oder Mikrokopien des Programmablauf- oder Datenflußplans oder des Programmlistings, aber auch auf die Herstellung sog. „hardcopies" mit Hilfe eines Druckers oder sonstigen Ausgabegerätes. Eine größere praktische Relevanz besitzt hingegen die Herstellung von Kopien durch Überspielen des Programms auf Datenträger wie Magnetbänder, Floppy- bzw. Harddiscs, CD-ROM und DVD, *Blocher*, in: v. Lewinski/Walter/Blocher/Dreier/Daum/Dillenz, EuUrhR-K, Info-RL, Art. 4 Rn. 9.

456 Vorschlag für eine Richtlinie des Europäischen Parlaments und des Rates zur Harmonisierung bestimmter Aspekte des Urheberrechts und der verwandten Schutzrechte in der Informationsgesellschaft (Informations-Richtlinie), KOM (97) 628 endg. v. 10.12.1997, S. 27.

457 OLG Celle, CR 1995, 16 [16]; *Blocher*, in: v. Lewinski/Walter/Blocher/Dreier/Daum/Dillenz, EuUrhR-K, Info-RL, Art. 4 Rn. 16.

458 Dieser Auffassung zuneigend: *Dreier*, GRUR 1993, 781 [786]; ablehnend: *Lehmann*, in: Lehmann, Rechtsschutz, S. 13.

teilweise zu erlauben oder zu verbieten. Hierbei wurde ausdrücklich klargestellt, daß das Vervielfältigungsrecht als zentrales Verwertungsrecht innerhalb des Urheberrechtssystems grundsätzlich auch im digitalen Umfeld anwendbar ist und damit auch digitale Kopierformate[459] und auch vorübergehende Kopien als Vervielfältigungen angesehen werden müssen. [460] Dadurch, daß die von der Richtlinie gewählte weite Fassung folglich nicht zwischen digitaler und analoger oder Online- und Offline-Vervielfältigung unterscheidet, gilt sie zudem als mit Art. 9 Abs. 2 RBÜ vereinbar.[461]

Schließlich bringt die Neufassung des Vervielfältigungsrechtes eine umfassende Vereinheitlichung dieses Verwertungsrechts innerhalb der EU mit sich, indem hinsichtlich der Digitalisierung von Werken und bloß vorübergehender Vervielfältigungshandlungen, wie das Laden im Hauptspeicher eines Computers, an Lösungen der Computerprogramm- und Datenbank-Richtlinie angeknüpft wird.[462] Zudem beruht die Definition des Vervielfältigungsrechts auf Vorschlägen, die die Europäische Gemeinschaft im Rahmen der WIPO-Konferenz 1996 vorgelegt hatte.[463]

Mit dem Ziel, das Vervielfältigungsrecht zusätzlich zu stärken, enthält Art. 5 der Informations-Richtlinie dezidierte Vorgaben im Bereich der Schrankenbestimmungen, wonach einerseits vergängliche Vervielfältigungen, die einen wesentlichen und integralen Teil eines technischen Verfahrens darstellen und keine eigene wirtschaftliche Bedeutung erlangen, vom Vervielfältigungsrecht auszunehmen sind, andererseits aber die mit der Vervielfältigung bezweckte Nutzung des geschützten Werks rechtmäßig erfolgen muß.

2. Verbreitungsrecht

Ein ausschließliches Recht der Verbreitung geschützter Werke sieht die Computerprogramm-Richtlinie in ihrem Art. 4 lit. c) hinsichtlich des Original-Computerprogramms und dessen Kopien vor. Dabei wird das Verbreitungsrecht unabhängig vom Vervielfältigungsrecht gewährt und bezieht sich auch auf Programmkopien, die rechtmäßig – z. B. als Sicherungskopien gemäß Art. 5 – hergestellt wurden.[464] Auch wenn die Urheberinteressen schon weitgehend durch

---

[459] Speicherung auf der Festplatte eines Computers, auf Diskette, Opti-Disk, CD-R, CD-RW oder auf sonstigem Trägermaterial.

[460] *Walter*, in: v. Lewinski/Walter/Blocher/Dreier/Daum/Dillenz, EuUrhR-K, Info-RL, III. Kap. Rn. 47.

[461] *V. Lewinski*, MMR 1998, 115 [116]; *Walter*, in: v. Lewinski/Walter/Blocher/Dreier/ Daum/Dillenz, EuUrhR-K, Info-RL, II. Kap. Rn. 34.

[462] Siehe Art. 4 lit. a) der Computerprogramm-Richtlinie und Art. 5 lit. a) der Datenbank-Richtlinie.

[463] Basic Proposal (WIPO Konferenz) vom 30. August 1996, CRNR/DC/5.

[464] *Walter*, in: v. Lewinski/Walter/Blocher/Dreier/Daum/Dillenz, EuUrhR-K, Software-RL, Art. 4 Rn. 24.

das Vervielfältigungsrecht geschützt werden könnten, hat der Rechtsinhaber unter dem Aspekt der praktischen Rechtsdurchsetzung mit einem selbständigen Verbreitungsrecht ein wirksameres Mittel gegen Softwarepiraterie zur Hand, da schon der einfache nachweisbare Vertrieb sog. „Raubkopien" untersagt werden kann.[465]
Hierbei ist Art. 4 lit. c) der Computerprogramm-Richtlinie jedoch nicht zu entnehmen, worauf sich die Verbreitung genau bezieht. So spricht die Richtlinie im Gegensatz zu den meisten nationalen Vorschriften nicht von „Vervielfältigungsstücken", sondern umfaßt neben dem Anbieten oder Inverkehrbringen von körperlichen Festlegungen auch jede andere Form der Verbreitung,[466] solange sie an die Öffentlichkeit gerichtet ist, deren Definition wiederum den Mitgliedstaaten überlassen bleibt. Eine bedeutsame Begrenzung erfährt das Verbreitungsrecht allerdings durch den Erschöpfungsgrundsatz, wonach das Verbreitungsrecht mit dem Erstverkauf einer Programmkopie in der Gemeinschaft verbraucht ist, sofern dieser durch den Rechtsinhaber oder mit seiner Zustimmung erfolgt. Fraglich ist in diesem Zusammenhang, ob die Online-Übertragung eines Computerprogramms ebenfalls die Erschöpfung des Verbreitungsrechts auslöst.[467]
Die gleiche Interessenlage scheint zu rechtfertigen, daß eine Weiterveräußerung auch hier nicht von der Zustimmung des Urhebers abhängig gemacht wird. Auch ist der Wortlaut für eine Erschöpfungswirkung im Online-Bereich offen, indem lediglich auf den Erstverkauf einer Programmkopie und nicht auf die Eigentumsübertragung abgestellt wird.[468] Die jüngste Entwicklung der urheber- bzw. leistungsschutzrechtlichen Harmonisierung scheint dieser Annahme jedoch entgegenzustehen. So hat die Europäische Kommission im Rahmen der Datenbank-Richtlinie erstmalig deutlich gemacht, daß der Erschöpfungsgrundsatz lediglich auf das Recht der Verbreitung von Waren, nicht aber auf die Erbringung von Online-Diensten Anwendung findet.
Die Datenbank-Richtlinie sieht in Art. 5 lit. c) jede Form der öffentlichen Verbreitung der Datenbank oder eines ihrer Vervielfältigungsstücke als dem Urheber vorbehaltene Handlung an. Das Recht der Verbreitung ist anders als in Art. 9 Abs. 1 der Vermiet- und Verleihrecht-Richtlinie nicht definiert. Die Worte „jede

---

465 Auf der Seite des Empfängers werden die genannten Verbreitungshandlungen regelmäßig mit einer Vervielfältigung einhergehen und schon deshalb zustimmungsbedürftig sein. Könnte der Urheber aber unter Berufung auf eine Verletzung seines Vervielfältigungsrechts nur gegen den Empfänger vorgehen, stünde er – wegen unüberwindlichen Beweisschwierigkeiten – meist auf verlorenem Posten.

466 *Blocher*, in: v. Lewinski/Walter/Blocher/Dreier/Daum/Dillenz, EuUrhR-K, Software-RL, Art. 4 Rn. 25.

467 *Dreier*, in: Schricker, Informationsgesellschaft, S. 128; *Lehmann*, in: Lehmann, Cyberlaw, S. 57 [64]; *Wachter*, GRUR Int. 1995, 860 [860].

468 *Blocher*, in: v. Lewinski/Walter/Blocher/Dreier/Daum/Dillenz, EuUrhR-K, Software-RL, Art. 4 Rn. 28.

Form" zeigen aber an, daß der Begriff der Verbreitung sehr weit zu verstehen ist. Im Hinblick auf die Vermietung und den Verleih ist diese Bestimmung allerdings im Zusammenhang mit Art. 2 lit. b) der Datenbank-Richtlinie zu lesen. Die einzige Einschränkung des Begriffs besteht in dem Wort „öffentlich". Der Begriff der Öffentlichkeit ist, wie schon in anderen Richtlinien, nicht definiert, sondern durch das nationale Recht auszufüllen. Ursprünglich hatte die Kommission daran gedacht, durch das Verbreitungsrecht auch die „elektronische Verbreitung", also den Online-Vertrieb von Datenbanken zu erfassen.[469] Der Rat entschied jedoch, die Frage der Einordnung dieser Nutzungshandlung unter ein bestimmtes Recht offen zu lassen.
In der Informations-Richtlinie findet sich schließlich das Verbreitungsrecht in Art. 4, wodurch dem in den bisherigen urheberrechtlichen Richtlinien bereits vorweggenommenen Konzept des abgespaltenen Verbreitungsrechts gefolgt wurde.[470] Die Vorschrift stellt hierbei nicht auf eine Eigentumsübertragung (Veräußerung) ab, sondern spricht von einer Verbreitung in beliebiger Form durch Verkauf oder auf sonstige Weise. Folglich nimmt das europäische Urheberrecht einen umfassenden Verbreitungsbegriff zum Ausgangspunkt, der grundsätzlich auch das Vermieten und Verleihen mit einbezieht. Darin unterscheidet sich Art. 4 der Informations-Richtlinie von Art. 6 Abs. 1 WCT, der das Verbreitungsrecht begrifflich auf Veräußerungsvorgänge einschränkt und das Vermietrecht für bestimmte Werkarten bzw. Verkörperungsformen deshalb gesondert regelt, also vom Verbreitungsrecht systematisch trennt. Zuletzt bestätigt Abs. 2 den schon zuvor erwähnten Erschöpfungsgrundsatz mit der Folge, daß die nationalen Gesetzgebern keine Möglichkeit haben, eigenständige Erschöpfungsregeln aufzustellen.

3. Vermietrecht

Vor Erlaß der Vermiet- und Verleihrecht-Richtlinie war das ausschließliche Recht der Vermietung lediglich für Computerprogramme vorgesehen. Dabei war von der entsprechenden in der Computerprogramm-Richtlinie enthaltenen Vorschrift zwar die Vermietung als entgeltliche Überlassung eines Computerprogramms oder einer Kopie erfaßt, nicht jedoch das öffentliche Verleihen.[471]

---

[469] *V. Lewinski*, in: v. Lewinski/Walter/Blocher/Dreier/Daum/Dillenz, EuUrhR-K, Datenbank-RL, Art. 5 Rn. 7.

[470] So behält schon Art. 4 lit. c) der Computerprogramm-Richtlinie dem Urheber jede Form der öffentlichen Verbreitung des originalen Computerprogramms oder von Kopien davor vor, und zwar einschließlich der Vermietung. Dies gilt nach Art. 5 lit. c) der Datenbank-Richtlinie entsprechend für urheberrechtlich geschützte Datenbanken. Ein generelles, horizontal vorgegebenes, abgesondertes Verbreitungsrecht war im Bereich des Urheberrechts im engeren Sinn bisher auf europäischer Ebene nicht vorgesehen. Art. 4 Informations-Richtlinie schließt diese Lücke.

[471] Art. 4 Computerprogramm-Richtlinie.

Diesbezüglich schienen die Urheberrechtsinteressen weniger stark gefährdet, so daß die von der Vermiet- und Verleihrecht-Richtlinie zu treffenden Regelungen abgewartet werden sollten.[472]
Diese sodann in Art. 1 der Vermiet- und Verleihrecht-Richtlinie enthaltenen Vorgaben verpflichteten die Mitgliedstaaten dazu, die Rechte der Vermietung und des Verleihs u. a. für Urheber als Ausschließlichkeitsrechte unter Gewährung einer angemessene Vergütung vorzusehen.
Durch die Informations-Richtlinie, die grundsätzlich die Regelungen der Vermiet- und Verleihrecht-Richtlinie unberührt läßt, erfolgte schließlich die Klarstellung, daß sowohl die elektronische Vermietung als auch der elektronische Verleih – allerdings im Rahmen des Rechts der öffentlichen Wiedergabe – Gegenstand eines Verwertungsrechts sind. Zwar hatte die Kommission im „Grünbuch Informationsgesellschaft" die Auffassung vertreten, Nutzungen wie solche des Video-on-Demand und sonstige Vermietungen und Verleihvorgänge im Wege der Online-Übermittlung würden bereits in den Regelungsbereich der Vermiet- und Verleihrecht-Richtlinie fallen. Im Ergebnis wurde jedoch eine umfassende Regelung sämtlicher Nutzungshandlungen im digitalen Kontext durch das Recht der öffentlichen Wiedergabe bevorzugt.[473]

4. Rechte der öffentlichen Wiedergabe

Durch Art. 2 der Satelliten-Richtlinie werden die Mitgliedstaaten verpflichtet, den Urhebern ein ausschließliches Recht der öffentlichen Wiedergabe ihrer urheberrechtlich geschützten Werke über Satellit zu gewähren. Der Charakter dieses „Satellitensenderechts" läßt sich erst dann erschließen, wenn man entgegen der bloßen Verweisung auf Kapitel II die in den Definitionen des Art. 1 Abs. 1 und 2 der Richtlinie enthaltenen Regelungen bei der Auslegung des Art. 2 mitliest.[474] So ist nach Art. 1 Abs. 2 lit. a) als relevante Sendehandlung der „öffentlichen Wiedergabe über Satelliten" diejenige Handlung zu verstehen, mit der die programmtragenden Signale unter der Kontrolle des Sendeunternehmens und auf dessen Verantwortung in eine ununterbrochene Kette von Sendemitteln zum Satelliten und zurück zur Erde eingegeben werden. Auf diese Weise ist sichergestellt, daß derjenige als urheberrechtlicher Nutzer angesehen wird, der für die Satellitensendung so wie sie beim Zuschauer ankommt letztlich verantwortlich ist. Nicht entscheidend ist dagegen der technische Akt der Aussendung von der Erdfunkstelle zum Satelliten.[475] Die Eigenschaft des Satellitensenderechts als

---

[472] *V. Lewinski*, CR 1991, 253 [255].
[473] *V. Lewinski*, in: v. Lewinski/Walter/Blocher/Dreier/Daum/Dillenz, EuUrhR-K, Info-RL, II. Kap. Rn. 14.
[474] *Dreier*, in: v. Lewinski/Walter/Blocher/Dreier/Daum/Dillenz, EuUrhR-K, Satelliten- und Kabel-RL, Art. 2 Rn. 1.
[475] Dies gilt mit Ausnahme der subsidiären Anknüpfung bei Sendungen aus Drittstaaten nach Art. 1 Abs. 2 lit. d) (i) der Satelliten-Richtlinie.

Erstsenderecht wird von Art. 3 Abs. 1 der Satelliten-Richtlinie aufgegriffen, wobei außerdem klargestellt wird, daß das Recht grundsätzlich nur auf vertraglichem Weg erworben werden kann.[476] Damit steht es den Mitgliedstaaten nicht mehr frei, die den Ausschließlichkeitscharakter beschränkenden Möglichkeiten des Art. 11bis Abs. 2 RBÜ auszuschöpfen. Hinsichtlich der Schranken des Satellitensenderechts trifft Art. 2 der Satelliten-Richtlinie für den Bereich des Urheberrechts keine harmonisierende Regelung.
In welchem Verhältnis das Satellitensenderecht zum klassischen Senderecht und zu anderen Verwertungsrechten steht, die das nationale Recht den Urhebern gewährt, läßt die Richtlinie ebenfalls offen und verzichtet damit auch auf eine ausdrückliche Definition, wann ein Werk durch Satellitenrundfunk der „Öffentlichkeit" zugänglich gemacht wird und wann es sich um eine urheberrechtlich nicht relevante nichtöffentliche Mitteilung handelt.[477]
Mit den Definitionen in Kapitel I der Richtlinie werden allerdings wesentliche Teile insbesondere der urheberrechtlichen Regelung der Verbreitung von Programmen über Satelliten vorgegeben. Aus den Erwägungsgründen ergibt sich des weiteren, daß vor Erlaß der Richtlinie eine urheberrechtliche Ungleichbehandlung der öffentlichen Wiedergabe über Direkt- und derjenigen über Fernmeldesatelliten bestand. Das Recht der öffentlichen Wiedergabe stellt schließlich auf die Wahrnehmbarmachung im Sinn des Aussendens der Signale ab und nicht darauf, ob die gesendeten Signale auch tatsächlich empfangen werden. Es kommt deshalb für den Bereich des Satellitenrundfunks auch weder darauf an, ob die einzelnen Mitglieder der Öffentlichkeit, für welche die Signale empfangbar sind, die Signale tatsächlich empfangen, noch darauf, ob sie mit Satellitenempfangsanlagen ausgerüstet sind oder nicht, sofern sie sich solche nur besorgen können.[478]
Art. 8 Abs. 1 der Satelliten-Richtlinie schließlich verpflichtet die Mitgliedstaaten zur Gewährung des Rechts der Kabelweiterverbreitung ausländischer Programme als Ausschließlichkeitsrecht; nach Art. 9 allerdings muß die Ausübung durch Verwertungsgesellschaften erfolgen.
Im Bereich der Rechte der öffentlichen Wiedergabe gewährt die Datenbank-Richtlinie in ihrem Art. 5 lit. d) das Recht der öffentliche Wiedergabe, Vorführung oder Aufführung. Der in wirtschaftlicher Hinsicht wohl wichtigste Sachverhalt, der unter dieses Recht fallen kann, ist der der Online-Übermittlung von

---

[476] *Dreier*, in: v. Lewinski/Walter/Blocher/Dreier/Daum/Dillenz, EuUrhR-K, Satelliten- und Kabel-RL, Art. 2 Rn. 4.
[477] *Dreier*, in: v. Lewinski/Walter/Blocher/Dreier/Daum/Dillenz, EuUrhR-K, Satelliten- und Kabel-RL, Art. 2 Rn. 6.
[478] *Dreier*, in: v. Lewinski/Walter/Blocher/Dreier/Daum/Dillenz, EuUrhR-K, Satelliten- und Kabel-RL, Art. 1 Rn. 5.

Datenbanken.[479] Jedoch war in Bezug auf den Begriff der „öffentlichen Wiedergabe" aufgrund eines unterschiedlichen Sprachgebrauchs[480] zunächst unklar, ob dieser in einem engeren oder in einem weiteren Sinn zu verstehen ist, ob also das Recht der öffentlichen Wiedergabe einschließlich des Senderechts erfaßt wird. Da der Begriff der öffentlichen Wiedergabe in Art. 5 lit. d) keine Beschränkung erfährt und der urheberrechtliche Schutz von Datenbanken im Zweifel umfassend sein soll, ist davon auszugehen, daß das Recht der öffentlichen Wiedergabe hier im weiteren Sinne zu gewähren ist.[481]

Mit Art. 3 Abs. 1 der Informations-Richtlinie sollte im Anschluß an Art. 8 WCT nicht nur das Recht der öffentlichen Wiedergabe im traditionellen Bereich für Urheber aller Werkarten harmonisiert werden, sondern auch ein ausschließliches Recht der Online-Zugänglichmachung von Werken. Die Mitgliedstaaten werden hierbei verpflichtet, generelle Vorschriften zum Schutz der Urheber gegen „any communication to the public" zu schaffen. Die öffentliche Wiedergabe ist dabei sowohl drahtgebunden als auch drahtlos einschließlich der Zugänglichmachung der Werke in der Weise zu verstehen, daß Mitglieder der Öffentlichkeit von Orten und zu Zeiten ihrer Wahl auf die Werke zugreifen können („public may access them from a place and at a time individually chosen by them"). Mit diesem Zusatz ist klargestellt, daß nach den Vorgaben der WIPO-Verträge das Anbieten beispielsweise auf einem Internet-Server als Teil der öffentlichen Wiedergabe verstanden wird. Damit wird deutlich, daß die rechtlich relevante Handlung nicht erst in der Übertragung bzw. dem Abruf zu sehen ist, sondern schon in der vorangehenden Handlung der Zugänglichmachung oder des Anbietens von Werken und Leistungen via Internet in der definierten Weise.[482] Die Erwägungsgründe und Erläuterungen stellen außerdem klar, daß unter dem Begriff der öffentlichen Wiedergabe auch Werkvermittlungsweisen verstanden werden sollen, die nicht mehr als traditionelle Verbreitung von Vervielfältigungsstücken angesehen werden. Auch der Öffentlichkeitsbegriff wird dahingehend festgelegt, daß die Öffentlichkeit aus einzelnen Mitgliedern besteht („to the

---

[479] Diese wurde allerdings in der Begründung zum Richtlinienvorschlag nicht in Zusammenhang mit dem Wiedergaberecht, sondern in Zusammenhang mit dem Verbreitungsrecht genannt, das nach Ansicht der Kommission die Online-Übermittlung umfasste, KOM (97) 628 endg. v. 10.12.1997, S. 31. Der Rat hat schließlich die Frage der rechtlichen Einordnung offen gelassen.

[480] So wird das Wort „communication" zum Teil für die Wiedergabe unter Ausschluß der Sendung , wie in Art. 12 Rom-Abkommen, oder unter Einbeziehung der Sendung, wie in Art. 1 Abs. 2 lit. a) der Satelliten-Richtlinie verwendet. Art. 11 Abs. 1 RBÜ verwendet den Ausdruck „öffentliche Wiedergabe" neben demjenigen der Sendung aber spezifisch für die Weitersendung, die Kabelweiterleitung und die „Lautsprecherwiedergabe".

[481] *V. Lewinski*, in: v. Lewinski/Walter/Blocher/Dreier/Daum/Dillenz, EuUrhR-K, Datenbank-RL, Art. 5 Rn. 17.

[482] *V. Lewinski*, MMR 1998, 115 [116].

public not present at the place where the communication originates“). Das Recht der öffentlichen Zugänglichmachung gilt damit sowohl für den On-demand-Abruf von WWW-Servern[483] als auch dann, wenn Werke mittels „Push“-Technologien[484] zum Werknutzer gebracht werden.[485] Zuletzt stellt Abs. 3 der Informations-Richtlinie fest, daß durch die öffentliche Wiedergabe nach Maßgabe der Abs. 1 und 2 in Anknüpfung an die entsprechende Regelung der Datenbank-Richtlinie keine Erschöpfung eintritt.[486]

III. Zwischenergebnis

Insgesamt kann die auf europäischer Ebene in Angriff genommene Harmonisierung des Urheberrechts durch insgesamt sechs Richtlinien als in weiten Teilen gelungen bezeichnet werden.[487] So hat das Ziel der Beseitigung von Hindernissen für den freien Verkehr von Waren und Dienstleistungen innerhalb der Europäischen Union sowie der Ausräumung von durch Unterschiede in den nationalen Regelungen verursachten Unsicherheiten zu einer Angleichung der nationalen Urheberrechtsordnungen gerade auch im Bereich der Verwertungsrechte geführt. Da die Aktivitäten des Richtliniengebers außerdem einen Urheberrechtsschutz hervorgebracht haben, der sich weitgehend auf relativ hohem Niveau bewegt, dürfte zumindest in Teilen in vielen Mitgliedstaaten auch eine Weiterentwicklung der jeweils eigenen Urheberrechtssysteme zu erwarten sein.

Hinzu kommt, daß im Unterschied zu den internationalen Verträgen[488] sowohl Inländer im Hinblick auf das nationale Recht als auch Ausländer hinsichtlich

---

[483] Das Merkmal der individuellen Wahl des Orts und des Zeitpunkts für den Abruf eines Werkes oder einer Leistung sollte die erfaßte Nutzung von anderen Nutzungen insbesondere Sendeformen wie Pay-TV oder Pay-per-View und Near-Video-on-Demand abgrenzen, bei welchen sich der Nutzer in ein unabhängig von seiner Anfrage ablaufendes Programm einschalten kann.

[484] Mit Hilfe der „Push“-Technologien kann der Internet-Nutzer einen Channel zu einem bestimmten Thema abonnieren. Die einzelnen Beiträge werden ihm bei Abruf des Channels automatisch übermittelt.

[485] *Flechsig*, ZUM 1998, 139 [144].

[486] Im Bereich der Datenbank-Richtlinie berechtigt zwar nicht der erlaubte Erstverkauf einer Datenbank bzw. eines Vervielfältigungsstückes dazu, den Weiterverkauf eben dieses Vervielfältigungsstückes zu untersagen. Nach dem ausdrücklichen Willen des Richtliniengebers erstreckte sich die gemeinschaftsrechtliche Erschöpfung des Verbreitungsrechts aber nicht auf die Nutzung von Datenbanken mittels Internetzugangs, da jede Online-Nutzung als genehmigungspflichtig angesehen wurde, *v. Lewinski*, in: v. Lewinski/Walter/Blocher/Dreier/Daum/Dillenz, EuUrhR-K, Datenbank-RL, Art. 5 Rn. 26.

[487] So auch *Walter*, in: v. Lewinski/Walter/Blocher/Dreier/Daum/Dillenz, EuUrhR-K, Stand der Harmonisierung, X. Kap. Rn. 114; *Plaß*, WRP 2001, 195 [205].

[488] So ist der Mindeststandard der RBÜ bspw. gemäß Art. 5 Abs. 1 und 3 RBÜ nur auf ausländische verbandseigene Werke anzuwenden.

ihrer Behandlung in einem für sie fremden Staat in den Genuß der harmonisierten materiellen Vorschriften kommen.
In concreto hatten die Richtlinien vor Inkrafttreten der Informationsrichtlinie Einzelvorschriften über zustimmungsbedürftige Handlungen und Ausnahmen von zustimmungsbedürftigen Handlungen bezüglich spezieller Schutzgegenstände (Computerprogramme, Datenbanken) oder Rechte (Vermietrecht, Verleihrecht) zum Inhalt. Hinzu traten die Sonderregeln für Satellitensendungen und die Kabelweiterverbreitung, die einen einheitlichen audiovisuellen Raum innerhalb der EU schaffen und den Rechtserwerb der Sendeunternehmen vereinfachen sollten. Nachdem allerdings, abgesehen von einer erstmaligen Erwähnung der Online-Übertragung im Rahmen der Datenbankrichtlinie, Fragen im Bereich der urheberrechtlichen Verwertungsrechte insbesondere unter Berücksichtigung der Nutzung geschützter Werke in internationalen Kommunikationsnetzen offengeblieben waren, nahm sich die Informations-Richtlinie dieser Problematik an. Im Zuge einer Umsetzung der Vorgaben des WCT enthält diese jüngste Richtlinie im Bereich des Urheberrechts erstmalig eine systematische Regelung fast aller Urheberrechtsbefugnisse, insbesondere durch die Festschreibung der Verwertungsrechte und deren Schranken.
Da aber neben der Informations-Richtlinie und der hier nicht behandelten Schutzdauer-Richtlinie[489] die übrigen genannten Richtlinien das Urheberrecht lediglich in Ausschnitten betroffen haben, konnte sich die bislang erfolgte Harmonisierung ihres punktuellen Charakters nicht zur Gänze entledigen. Dieser Umstand ist vor allem darauf zurückzuführen, daß die Aktivitäten auf gemeinschaftsrechtlicher Ebene zumindest anfänglich keine umfassende Regelung des Urheberrechts zum Ziel hatten, sondern dem in Art. 5 EG enthaltenen Subsidiaritätsgrundsatz zufolge lediglich diejenigen Bereiche des Urheberrechts europaweit einheitlich geregelt werden sollten, in denen die nationalen Unterschiede das Funktionieren des Binnenmarktes bedrohten.
Nichtsdestotrotz sind aber inzwischen wohl die meisten urheberrechtlichen Aspekte zumindest in Ansätzen von einer Rechtsangleichung tangiert. Da allerdings die Richtlinien bei der Umsetzung der EU-Vorgaben in nationales Recht den Mitgliedstaaten u. a. aufgrund der Prinzipien der Subsidiarität und der Verhältnismäßigkeit in vielerlei Hinsicht einen gewissen Entscheidungsspielraum gewähren,[490] bleiben weitere Lücken bestehen.[491]

[489] Die Schutzdauer-Richtlinie sieht eine europaweit einheitliche Schutzdauer von 70 Jahren post mortem auctoris vor.
[490] Hierzu *Reinbothe*, GRUR Int. 2001, 733 [734]; *Schack*, ZEuP 2000, 799 [800]; *Schippan*, Harmonisierung des UrhR, UFITA 170 (1999), S. 37.
[491] So nehmen die Richtlinien bspw. das Urheberpersönlichkeitsrecht von ihrem Regelungsbereich aus, Erwägungsgrund (28) zur Satelliten-Richtlinie und zur Datenbank-Richtlinie.

So existieren beispielsweise unterschiedliche Standards für die Originalität eines Werkes[492] oder es bleibt dem nationalen Gesetzgeber die Entscheidung überlassen, wer als Urheber in Betracht kommen kann.[493] Ebenso finden sich Überschneidungen[494] und Abgrenzungsprobleme[495] im Hinblick auf die Regelungsbereiche der Richtlinien. Alles in allem wird sogar ein Verlust an einheitlicher Systematik für möglich gehalten.[496]
Zuletzt ist dadurch, daß die Richtlinien insbesondere im Bereich von Schrankenbestimmungen lediglich Ober- oder Untergrenzen des Urheberrechtsschutzes festlegen,[497] auch die Aufgabe einer gänzlichen Beseitigung von Wettbewerbsverzerrungen noch nicht endgültig erfüllt.[498] Vielmehr gilt die Gefahr einer Zersplitterung des Binnenmarktes in diesem Bereich als noch nicht gebannt.[499]
Im Ergebnis bleibt jedenfalls festzustellen, daß sich die bisherigen Aktivitäten der Europäischen Kommission im Bereich des Urheberrechts nicht mehr auf die bloße Sicherstellung eines funktionierenden Binnenmarktes reduzieren lassen, sondern ihnen vielmehr gesetzgeberische Qualität im Hinblick auf die Errichtung eines europäischen Urheberrechtssystems zuzubilligen ist.[500]

---

[492] Dennoch ist eine Tendenz auszumachen, daß sich ein europaweiter Originalitätstandard durchsetzen könnte. So wird bspw. in Art. 1 Abs. 3 der Computerprogramm-Richtlinie und Art. 3 Abs. 1 der Datenbank-Richtlinie der Schutz eines Werkes daran geknüpft, ob das Werk als Ergebnis der eigenen geistigen Schöpfung des Urhebers angesehen werden kann, *Ginsburg*, GRUR Int. 2000, 97 [101].

[493] So können bspw. nach Art. 2 Abs. 1 der Computerprogramm-Richtlinie und Art. 4 Abs. 1 und 2 der Datenbank-Richtlinie die Mitgliedstaaten vorsehen, daß auch juristische Personen als Urheber in Betracht kommen; ebenso ermöglichen Art. 2 Abs. 2 der Vermiet- und Verleihrecht-Richtlinie und Art. 1 Abs. 5 der Satelliten-Richtlinie, eine Miturheberschaft an Filmwerken vorzusehen.

[494] Allerdings wurde der Konflikt zwischen Art. 8 der Computerprogramm-Richtlinie und Art. 11 und 12 der Vermiet- und Verleihrecht-Richtlinie durch die Regelung des Art. 11 der Schutzdauer-Richtlinie aufgelöst.

[495] Häufig finden sich jedoch in den Richtlinien selbst Regelungen bezüglich des Verhältnisses der Richtlinien zueinander, siehe zuletzt in Art. 1 Abs. 2 Informations-Richtlinie.

[496] Aus diesem Grund wird für die Zukunft eine einheitliche Kodifizierung des Europäischen Urheberrechts empfohlen, *Walter*, in: v. Lewinski/Walter/Blocher/Dreier/ Daum/Dillenz, EuUrhR-K, Stand der Harmonisierung, X. Kap. Rn. 115; *Dietz*, E.I.P.R. 1985, 215 [215]; *Drexl*, in: FS für Dietz, S. 461 [479].

[497] Siehe Art. 10 der Vermiet- und Verleihrecht-Richtlinie, Art. 6 Abs. 2 und Art. 9 der Datenbank-Richtlinie und Art. 5 Abs. 2 und 3 der Informations-Richtlinie.

[498] So auch *Schack*, Urh-/UrhVR, Rn. 133; *ders.*, ZEuP 2000, 799 [815].

[499] *Frey*, ZUM 2001, 466 [475].

[500] Siehe *Ginsburg*, GRUR Int. 2000, 97 [100]; *Jehoram*, IIC Vol. 32 (2001), 532 [545].

C. Deutsches Urheberrecht

I. Allgemeines

In Deutschland gewähren in erster Linie die Regelungen des Urheberrechtsgesetzes (UrhG) den Inhabern entsprechender Rechte Schutz.[501] Nach § 15 Abs. 1 UrhG steht dem Urheber zunächst das ausschließliche Recht zu, sein Werk in körperlicher Form zu verwerten. Dieses Recht umfaßt insbesondere das Vervielfältigungsrecht (§§ 16, 69c Nr. 1 UrhG), das Verbreitungsrecht (§§ 17, 69c Nr. 3 UrhG) und das Recht, Bearbeitungen des Werkes zu verwerten (§§ 23, 69c NR. 2 UrhG). Des weiteren ist nach § 15 Abs. 2 UrhG der Urheber der alleinige Inhaber des Rechts der Verwertung seines Werkes in unkörperlicher Form, also des Rechts der öffentlichen Wiedergabe.

Der folgende kurze Abriß über die Ausgestaltung der Verwertungsrechte im deutschen Urheberrechtsgesetz, über deren Wesen, Zweck und Gegenstand, soll exemplarisch aufzeigen, nach welchem System dem Urheber in nationalen Gesetzgebungen Verwertungsrechte zugebilligt werden.

1. Wesen, Zweck und Gegenstand der Verwertungsrechte

Die Verwertungsrechte sind als Teil des umfassenden Urheberrechts als ausschließliche, also absolute Rechte konzipiert. Dem Urheber kommen dabei sowohl das alleinige Recht, sein Werk zu nutzen (positives Benutzungsrecht) als auch das Recht, Dritte von der Benutzung des Werkes auszuschließen (negatives Verbietungsrecht), zu.[502]

Zweck der Verwertungsrechte ist es vor allem, dem Urheber die Grundlage dafür zu schaffen, daß er aus seinem Werk finanziellen Nutzen ziehen kann. Neben einer Kontrolle der Nutzung urheberrechtlich geschützter Werke aus wirtschaftlichen Gründen dienen die Verwertungsrechte jedoch auch dem Schutz ideeller Interessen. Dem Urheber soll mithin neben der Existenzsicherung die Möglichkeit eingeräumt werden, über Werknutzer und Werknutzungsarten zu entscheiden. Damit sind die Verwertungsrechte keine reinen Vermögensrechte, sondern haben sowohl einen vermögensrechtlichen als auch einen urheberpersönlichkeitsrechtlichen Gehalt.[503]

Gegenstand der Verwertungsrechte ist das urheberrechtlich geschützte Werk, § 2 UrhG. Die Verwertungsrechte schützen dabei nicht allein vor einer unbefugten Nutzung des Werkes im Ganzen, sondern aufgrund des zuvor erwähnten negativen Verbietungsrechts auch vor jeder Nutzung, bei der das Werk von Dritten in

---

[501] Gesetz über Urheberrecht und verwandte Schutzrechte (Urheberrechtsgesetz) vom 9. September 1965, BGBl. I S. 1273.

[502] *V. Ungern-Sternberg*, in: Schricker, UrhR-K, § 15 Rn.1.

[503] *V. Ungern-Sternberg*, in: Schricker, UrhR-K, § 15 Rn. 2; *Ulmer*, Urh-/VerlR, §§ 17, 18, 37.

seinen wesentlichen individuellen Zügen wiedergegeben wird. Letzteres stellt eine Rechtsverletzung dar, wenn die entlehnten Werkteile selbst urheberrechtlichen Schutzvoraussetzungen genügen,[504] wenn diese also „eine schutzfähige individuelle Prägung aufweisen, die auch auf der reinen Formgestaltung beruhen kann".[505]

Rechtsinhaber, der zwar nach § 28 UrhG vererblichen, grundsätzlich nach § 29 UrhG aber nicht übertragbaren Verwertungsrechte, ist der Urheber als Schöpfer des Werkes, §§ 7, 8 UrhG. Wirtschaftlich nutzbar wird das Werk dadurch, daß der Urheber Dritten gemäß §§ 31 ff. UrhG entgeltlich Nutzungsrechte einräumen kann. Diese sind als aus den Verwertungsrechten als Stammrechte abgeleitete Rechte anzusehen. Von diesen Rechten zu unterscheiden sind die zu den sog. sonstigen Rechten gehörenden Vergütungsansprüche aus § 26 und § 27 UrhG, die schuldrechtlicher und rein vermögensrechtlicher Natur sind.[506]

2. Grundgedanken der Verwertungsrechte

Die soeben dargestellten Charakteristika der Verwertungsrechte ergeben sich aus dem sog. Beteiligungsgrundsatz,[507] der als wichtigster Grundgedanke bei der Ausgestaltung der Verwertungsrechte und bei deren Auslegung maßgeblich ist.[508] Dieser Grundsatz als Ausfluß der verfassungsrechtlichen Garantie des geistigen Eigentums durch Art. 14 Abs. 1 GG[509] besagt, daß dem Urheber eine angemessene Beteiligung an dem wirtschaftlichen Nutzen, der aus seinem Werk gezogen wird, gebührt.[510] Leitgedanke des UrhG ist damit, daß der Urheber an jedem neuen Verwertungsvorgang teilhaben soll, der eine neue gewerbliche Ausbeutung mit sich bringt.[511] Dies läßt allerdings nicht den Umkehrschluß zu, daß die Verwertungsrechte dann nicht zum Tragen kommen, wenn das Werk ohne unmittelbaren wirtschaftlichen Nutzen ausgewertet wird.[512] Vielmehr soll das Urheberrecht dem Urheber die Rechtsmacht verleihen, zu bestimmen, ob, wann und wie sein Werk verwendet wird.[513] Demgemäß stellt keines der Verwertungsrechte auf die Gewerbsmäßigkeit der Nutzung ab,[514] weshalb die Un-

---

504 BGH, GRUR 1961, 631 [633].
505 BGH, GRUR 1961, 631 [633]; *Becker*, ZUM 1995, 231 [241].
506 *Rehbinder*, UrhR, Rn. 190.
507 BGH, ZUM 1999, 572 [572].
508 *Rehbinder*, UrhR, Rn. 82.
509 BGHZ 116, 305 [308]; BVerfGE 79, 1 [25].
510 BGHZ 17, 266 [282]; 116, 305 [308]; 133, 281 [288].
511 BGH, GRUR 1982, 102 [103].
512 BGHZ 17, 266 [282]; *Ulmer*, Urh-/VerlR, § 43 IV.
513 *V. Ungern-Sternberg*, in: Schricker, UrhR-K, § 15 Rn. 6.
514 Dagegen das frühere Recht: §§ 15 Abs. 1 S. 1, 15a Abs. 1 S. 2 KunstUrhG; ebenso die Regelungen der sonstigen Rechte: § 26 und § 27 Abs. 1 i. V. m. § 17 Abs. 3 UrhG. Siehe hierzu bspw. *Bernuth*, GRUR Int. 2002, 567 ff.; *Schack*, 2002, 497 ff.

entgeltlichkeit einer Nutzungshandlung grundsätzlich nicht auf ihre urheberrechtliche Unbedenklichkeit hinweist.[515] Des weiteren fällt bei mehrfach aufeinander folgenden Nutzungen jeder einzelne Nutzungsvorgang unter die Verwertungsrechte; ein Grundsatz, der seinerseits durch den Erschöpfungsgrundsatz eingeschränkt wird.[516]

Dieser derart ausgestaltete Anspruch des Urhebers auf einen finanziellen Rückfluß, sobald er sein Werk aus der Hand gibt, findet eine Rechtfertigung in dem Werkgenuß des einzelnen,[517] „in der Befriedigung geistiger Bedürfnisse, die der Urheber durch die Schaffung des Werks ermöglicht hat"[518]. Angeknüpft werden die Verwertungsrechte dagegen nicht an den Werkgenuß, sondern an die diesem vorgelagerten und ihn ermöglichenden Nutzungshandlungen. Im Ergebnis werden allerdings die beim Werkverwerter fälligen Vergütungen regelmäßig auf den einzelnen, der das Werk genießt, verlagert, weshalb die Verwertungsrechte auch als „Stufensystem zur mittelbaren Erfassung des Endverbrauchers" bezeichnet werden.[519] Diese Deutung ist jedoch nicht mehr als eine Hilfe, das Wesen und den Zweck der Verwertungsrechte zu verstehen, und keine immanente Schranke dieser Rechte in Fällen, in denen der Endverbraucher selbst nicht mit Urheberrechtsvergütungen belastet wird.

Ebensowenig besteht ein Grundsatz der Urheberrechtsfreiheit der privaten Sphäre.[520] So sind zwar nichtöffentliche Werkwiedergaben urheberrechtsfrei, die private Vervielfältigung hingegen unterliegt dem Urheberrecht und ist nur ausnahmsweise nach § 53 UrhG gestattet.[521]

3. Schranken der Verwertungsrechte und Erschöpfungsgrundsatz

Die Verwertungsrechte des § 15 UrhG unterliegen Schranken, die sich aus §§ 45 ff. UrhG[522] ergeben. Die Werknutzung ohne Genehmigung des Urhebers ist demnach zulässig, teilweise allerdings vergütungspflichtig, wenn diese Schranken eingreifen.[523]

---

[515] BGH, GRUR 1997, 459 [463].

[516] *V. Ungern-Sternberg*, in: Schricker, UrhR-K, § 15 Rn. 7; *Rehbinder*, UrhR, Rn. 206.

[517] BGHZ 17, 266 [278].

[518] *V. Ungern-Sternberg*, in: Schricker, UrhR-K, § 15 Rn. 8.

[519] BVerfGE 31, 255 [267]; *Rehbinder*, UrhR, Rn. 82.

[520] BGHZ 17, 266 [278].

[521] Siehe hierzu insbesondere im Hinblick auf die Digitalisierung *Schack*, ZUM 2002, 497 ff.

[522] Die Regelungen der §§ 45 ff. UrhG sind Ausdruck einer statischen, wertkonservativen Gesellschaft der sechziger Jahre in Deutschland. Im Verlauf der weiteren Jahre wurden diese Vorschriften nur wenig verändert. Neue Technologien wie Software und Datenbanken wurden erst auf europäischen Druck hin in das UrhG aufgenommen. Für diese „Fremdkörper" wurden separate Schrankenbestimmungen geschaffen, *Schack*, Urh-/UrhVR, Rn. 480. Gerichte haben die Schranken aber bei Bedarf erweitert und ergänzt, BGH, GRUR 1983, 562 [564]; *Bornkamm*, in: FS für Piper, S. 641 [641].

[523] *Rehbinder*, UrhR, Rn. 190.

Von besonderer Bedeutung gerade auch im digitalen Kontext ist die in § 53 Abs. 1 S. 1 UrhG enthaltene Schranke hinsichtlich einer Vervielfältigung zum privaten Gebrauch. Diese kommt dann zum Tragen, wenn die Vervielfältigung für die eigene Person oder für diejenigen erfolgt, die mit ihr persönlich verbunden sind.[524] Auch zum sonstigen eigenen Gebrauch kann eine Speicherung nach § 53 Abs. 2 UrhG zulässig sein, wie beispielsweise eine Vervielfältigung zum wissenschaftlichen Gebrauch oder zur Aufnahme in ein eigenes Archiv, sofern die Vervielfältigung zu diesen Zwecken jeweils geboten ist, § 53 Abs. 2 Nr. 1 und Nr. 2 UrhG.[525] Des weiteren muß die Vervielfältigung zwar nicht zum persönlichen Gebrauch bestimmt sein,[526] weshalb auch der Gebrauch durch juristische Personen, Behörden, Institute und gewerbliche Unternehmen erfaßt wird,[527] dennoch muß er zu internen Zwecken erfolgen. Im Bereich des Internet, das sich durch freie Zugänglichkeit auszeichnet, kann daher im Gegensatz zu einem geschlossenen Intranet, beispielsweise innerhalb eines Unternehmens, ein Eigengebrauch nicht bejaht werden.

Eine weitere Möglichkeit der Begrenzung der Rechte des § 15 UrhG ist in dem Erschöpfungsgrundsatz zu sehen.[528] Die Geltung dieses Grundsatzes ist für das Verbreitungsrecht seit langem anerkannt und in § 17 Abs. 2 UrhG und § 69c S. 2 UrhG geregelt. Danach erschöpft sich das Verbreitungsrecht des Urhebers, wenn das Werk oder ein Vervielfältigungsstück mit seiner Zustimmung im Gebiet der Europäischen Union oder eines anderen Vertragsstaates des Abkommens über den Europäischen Wirtschaftsraum im Wege der Veräußerung in den Verkehr gebracht wird.[529] Die Wirkung der Erschöpfung liegt darin, daß die Weiterverbreitung desselben Werkstücks mit Ausnahme der Vermietung innerhalb des beschriebenen Gebietes auch ohne die Einwilligung des Urhebers zulässig ist, der Urheber also das ausschließliche Recht, das veräußerte Werkstück der Öffentlichkeit anzubieten oder in Verkehr zu bringen, verliert. Der Erschöpfungsgrundsatz dient dort insbesondere der Sicherung der Verkehrsfähigkeit der

---

[524] *Loewenheim*, in: Schricker, UrhR-K, § 53 Rn. 7; *Ulmer*, Urh-/VerlR, § 64 I. 1. Zu der Frage, inwieweit ein Privatgebrauch im Sinne des § 53 Abs. 1 S. 1 UrhG im Hinblick auf die Teilnahme an Internet-Musiktauschbörsen angenommen werden kann, siehe *Ahrens*, ZUM 2000, 1029 [1032]; *Bosak*, CR 2001, 176 [177].

[525] Zu beachten ist allerdings, daß die Schranke des § 53 UrhG durch die Abs. 4 bis 6 ihrerseits beschränkt wird. Insbesondere dürfen Noten und im wesentlichen vollständige Bücher oder Zeitschriften nur zu Archivzwecken gemäß § 53 Abs. 2 Nr. 2 UrhG oder dann vervielfältigt werden, wenn das Werk seit mindestens zwei Jahren vergriffen ist, § 53 Abs. 4 UrhG.

[526] *Ulmer*, Urh-/VerlR, § 65 I.

[527] *Loewenheim*, in: Schricker, UrhR-K, § 53 Rn. 12; *Ulmer*, GRUR 1971, 297 [301].

[528] Hierzu allg. *Sack*, GRUR Int. 2000, 610 [610f.].

[529] *Koehler*, Erschöpfungsgrundsatz, S. 3.

Werkstücke und nicht der Begrenzung der Vergütungsmöglichkeiten des Rechtsinhabers.[530] Umstritten ist allerdings, ob der Erschöpfungsgrundsatz auch für andere Verwertungsrechte Geltung hat.
Der Bundesgerichtshof vertritt hierzu auf der Grundlage der allgemeinen Erschöpfungslehre[531] in ständiger Rechtsprechung[532], der Erschöpfungsgrundsatz sei eine allgemeine Rechtsregel, die im gesamten gewerblichen Rechtsschutz und Urheberrecht Anwendung finde. Diese Regel habe zum Inhalt, daß jedes Verwertungsrecht insoweit der Erschöpfung unterliege, als der Rechtsinhaber das ihm vom Gesetz eingeräumte ausschließliche Verwertungsrecht ausnutzen und damit verbrauchen könne, so daß bestimmte weitere Verwertungshandlungen nicht mehr vom Schutzrecht erfaßt würden.[533] Danach könnten sich also grundsätzlich auch das Vervielfältigungsrecht, wenn der Urheber der Vervielfältigung zustimmt, und das Recht der öffentlichen Wiedergabe erschöpfen.
Eine solche Ausdehnung des Anwendungsbereichs des Erschöpfungsgrundsatzes ist in der Literatur zunächst auf Ablehnung gestoßen, in neuerer Zeit teilweise auf Zustimmung, jedoch überwiegend immer noch auf Ablehnung mit dem Argument, der Grundgedanke des Erschöpfungsgrundsatzes, die Verkehrsfähigkeit der Werkstücke zu sichern, passe nicht für das Vervielfältigungsrecht und die Rechte der öffentlichen Wiedergabe. Überdies ist unter dem Aspekt des Bedürfnisses nach Rechtsvereinheitlichung[534] zu bemerken, daß der Gedanke, ein Recht der öffentlichen Wiedergabe könne sich erschöpfen, dem internationalen Rechtsdenken fremd ist.[535]

II. Verwertungsrechte

1. Benannte Verwertungsrechte

Die einzelnen Verwertungsrechte faßt § 15 UrhG zum einen als das Recht zur Verwertung des Werkes in körperlicher Form, § 15 Abs. 1 UrhG, und zum anderen als das Recht, das Werk in unkörperlicher Form öffentlich wiederzugeben, § 15 Abs. 2 UrhG, zusammen. Abzugrenzen sind diese Rechte von der dinglichen Rechtsstellung, die der Nutzungsberechtigte aufgrund einer Rechtseinräumung durch den Urheber erhalten hat. Der Inhalt der Befugnisse, die ein ausschließlich Nutzungsberechtigter inne hat, wird durch den Umfang der Rechtseinräumung

---

[530] *Dreier*, in: Schricker, Informationsgesellschaft, S. 102.
[531] Von *v. Gamm* entwickelt, UrhG-K, § 11 Rn. 12.
[532] BGH, GRUR 1981, 413 [416]; GRUR 1981, 587 [589]; GRUR 1982, 100 [101]; GRUR 1985, 924 [925]; GRUR 1986, 736 [737]; GRUR 1987, 707 [708]; GRUR 1987, 823 [824]; GRUR 1988, 206 [210]; GRUR 1988, 373 [374].
[533] BGH, GRUR 1981, 413 [416].
[534] *Gaster*, ZUM 1995, 740 [746].
[535] *V. Ungern-Sternberg*, in: Schricker, UrhR-K, § 15 Rn. 38.

bestimmt,[536] wohingegen der Inhalt der Verwertungsrechte des Urhebers durch die gesetzlichen Tatbestände, insbesondere der §§ 15 ff. UrhG, vorgegeben ist. Nicht tatbestandsmäßige Handlungen sind dann zwar keine Nutzungshandlungen, können aber unter anderen rechtlichen Aspekten gegebenenfalls schadenersatzpflichtig machen. Zu denken ist dabei vor allem an eine Teilnahme an Urheberrechtsverletzungen und an einen rechtswidrigen Eingriff in den eingerichteten und ausgeübten Gewerbebetrieb.[537]
Das Recht der Verwertung des Werkes in körperlicher Form umfaßt im einzelnen das Vervielfältigungsrecht, § 16 UrhG, das Verbreitungsrecht, § 17 UrhG, und das Ausstellungsrecht, § 18 UrhG. Das Recht der öffentlichen Wiedergabe als Recht der Weiterverwendung des Werkes in unkörperlicher Form hat das Vortrags-, Aufführungs- und Vorführungsrecht, § 19 UrhG, das Senderecht, §§ 20, 20a UrhG, das Recht der Wiedergabe durch Bild- oder Tonträger, § 21 UrhG und das Recht der Wiedergabe von Funksendungen, § 22 UrhG, zum Inhalt.
Gegenüber anderen Verwertungsrechten ist das Vervielfältigungsrecht selbständig. Es umfaßt beispielsweise nicht die Befugnis der Verbreitung, die von dem Verbreitungsrecht erfaßt wird, das seinerseits eine Ergänzung des Vervielfältigungsrechts darstellt.
Von diesen Verwertungsrechten sind im Online-Bereich für den Urheber eines Werkes das Vervielfältigungsrecht nach § 16 UrhG, das Verbreitungsrecht nach § 17 UrhG, das Senderecht nach § 20 UrhG sowie das Recht der öffentlichen Wiedergabe nach § 15 Abs. 2 UrhG von besonderem Interesse.
Gerade in diesem Zusammenhang ist darauf hinzuweisen, daß die Vorschrift des § 15 UrhG keinen numerus clausus der im Gesetz benannten Verwertungsrechte enthält. So sind ausschließliche Rechte beispielsweise in Umsetzung von Richtlinien anerkannt worden, wie das Verwertungsrecht in § 69c UrhG hinsichtlich urheberrechtlich schutzfähiger Computerprogramme[538] oder das Recht der sog. europäischen Satellitensendung aus § 20a UrhG[539].

---

[536] BGH, GRUR 1997, 464 [465].
[537] BGH, GRUR 1959, 331 [332]; BGH; GRUR 1997, 896 [897]; BGH, GRUR Int. 1998, 427 [430].
[538] In Umsetzung der Richtlinie 91/250/EWG des Rates vom 14. Mai 1991 über den Rechtsschutz von Computerprogrammen (Computerprogramm-Richtlinie), ABl. EG Nr. L 122 v. 17.5.1991, S. 42.
[539] In Umsetzung der Richtlinie 93/83/EWG des Rates vom 27. September 1993 zur Koordinierung bestimmter urheber- und leistungsschutzrechtlicher Vorschriften betreffend Satellitenrundfunk- und Kabelweiterverbreitung (Satelliten-Richtlinie), ABl. EG Nr. L 248 v. 6.10.1993, S. 15.

2. Unbenannte Verwertungsrechte

Die Aufzählung der Einzelverwertungsrechte in Abs. 1 und 2 des § 15 UrhG ist, wie erwähnt, nicht vollständig, was der Wortlaut („insbesondere") auch nahelegt. Jedoch ist zu beachten, daß der Gesetzgeber durch § 15 i. V. m. den Definitionen in den §§ 16-22 UrhG dem Urheber alle zur Zeit des Erlasses des UrhG am 9. September 1965 bedeutsamen technischen und wirtschaftlichen Verwertungsmöglichkeiten zuordnen wollte[540] und nur hinsichtlich neu entstehender Nutzungsarten die Aufzählung der im Gesetz benannten Verwertungsrechte beispielhaft ist.

Trotz dieser Gesetzgebungstechnik, dank derer die Befugnisse des Urhebers so umfassend gestaltet sind, daß auch neu entstehende Verwertungsformen seiner Kontrolle unterliegen, herrscht in der Rechtspraxis Zurückhaltung bei der Anwendung des § 15 UrhG als Generalklausel.

Hierfür gibt es mehrere Gründe: Zunächst besteht die Gefahr, daß bei Annahme eines in § 15 UrhG nicht benannten Verwertungsrechts (sog. Innominatfall) dieses nicht von internationalen Abkommen zum Schutz der Urheberrechte und Leistungsschutzrechte erfaßt wird, da dort nur einzelne konkrete Schutzrechte gewährt werden. Des weiteren tritt zu der Problematik der Schutzlücken auf internationaler Ebene die der Schrankenbestimmungen. Die Schrankenbestimmungen in den §§ 45 ff. UrhG beziehen sich nämlich nur auf die benannten Verwertungsrechte, weswegen bei Vorliegen eines Innominatfalls jeweils geprüft werden muß, welche Schranken des Rechts für das neue Verwertungsrecht gelten. Schließlich ergeben sich auch aus der Sicht der Vertragspraxis Probleme hinsichtlich einer Annahme eines unbenannten Verwertungsrechts. Die Anerkennung eines Innominatfalls hat regelmäßig zur Folge, daß § 31 Abs. 4 UrhG zur Anwendung kommt und damit trotz bestehenden Vertrags erneut das Einverständnis des Urhebers eingeholt werden muß. Auch wenn letztere Situation auf eine schlichte Interessenwahrnehmung zurückzuführen ist, die nicht daran hindern sollte, neue Nutzungsarten baldmöglichst zu erfassen und dies eben unter Zuhilfenahme der Generalklausel in § 15 UrhG, ist es in erster Linie Sache des Gesetzgebers, neue Verwertungsrechte auszuformen, um so Rechtssicherheit zu schaffen.[541]

D. Zusammenfassung

Wie die vorangegangenen Ausführungen gezeigt haben, ist der Bereich des Urheberrechts Gegenstand des internationalen Völkervertragsrechts und zwar bereits seitdem eine nationale Gesetzgebung in diesem Bereich ihren Anfang genommen hat. Nach der Gründung der Europäischen Gemeinschaften sind zu diesen internationalen Regelwerken europäische Richtlinien hinzugetreten, die eine

---

[540] Amtl. Begr., UFITA 45 (1965), S. 240 [260].

[541] *Dreier*, in: Schricker, Informationsgesellschaft, S. 133.

Harmonisierung des Urheberrechts auf dem Gebiet der EU mit sich gebracht haben.[542] Trotz dieser Bemühungen, den rechtlichen Schutz des Urhebers auf internationaler Ebene zu verbessern bzw. die Angleichung nationaler Urheberrechtsordnungen voranzutreiben, kann der Urheberrechtsschutz nicht als welt- oder europaweit vereinheitlicht angesehen werden. Vielmehr bestehen Unterschiede zwischen den jeweiligen Urheberrechtsordnungen in den einzelnen Staaten fort. Dies läßt sich auf die Schwierigkeit zurückführen, vollständige Einigung zu erzielen, wenn in nationalen Traditionen und politischen Wertentscheidungen verankerten Interessen einer großen Zahl beteiligter Staaten Rechnung getragen werden muß. Soll jedoch Inhalt und Umfang des urheberrechtlichen Schutzes wenn nicht vollständig vereinheitlicht, so doch in weiten Teilen angeglichen werden, kann auf eine größtmögliche Beteiligung der einzelnen Staaten nicht verzichtet werden. Auf den hieraus resultierenden Kompromißcharakter, der sämtlichen internationalen Verträgen und europäischen Richtlinien innewohnt, ist eine immer noch bestehende erhöhte Schutzbedürftigkeit von Urhebern im Ausland zurückzuführen. So erlangt zwar der verbandseigene Mindestschutz der RBÜ und der Schutz der übrigen internationalen Verträge im Bereich des Urheberrechts aufgrund ihrer zahlreichen Mitglieder eine durchaus beachtliche Reichweite. Dennoch existieren weiterhin Schutzlücken, die zu einer im Bereich des Gesellschaftsrechts als „Delaware-Effekt" bekannten Gefahr der Flucht in Länder mit dem niedrigsten Schutzniveau[543] führen.
So wird die im Bereich materiell-rechtlicher Regelungen erreichte Gleichbehandlung von In- und Ausländern innerhalb eines Staatsgebietes teilweise, wie zum Beispiel im Rahmen des Schutzfristenvergleichs, auch wieder durchbrochen.[544] Daneben fehlt es den konventionseigenen Mindestrechten im Vergleich zu national gewährten Ausschließlichkeitsrechten an einer näheren Ausgestaltung ihres Inhalts und Schutzumfangs. Ein weiterer Schwachpunkt ist darin zu erkennen, daß die Mindestrechte ihre Wirkung lediglich in ausländischen Verbandsstaaten entfalten.
Demgegenüber verlangen die europäischen Richtlinien[545] eine Harmonisierung der materiellen Vorschriften der EU-Mitgliedstaaten sowohl im Hinblick auf das nationale Recht für Inländer als auch im Hinblick auf die Behandlung von Ausländern. Diese Situation innerhalb der Europäischen Gemeinschaft wird zudem durch eine faktische Angleichung ergänzt, die vor allem aus der „Phil Collins"-

---

[542] Überblick über internationale und europäische Rechtssätze bei *Holeweg*, GRUR Int. 2001, 141 ff. Allg. zur Harmonisierung des Urheberrechts in Europa siehe *Schippan*, Harmonisierung des Urheberrechts, UFITA 170 (1999), S. 25 ff.

[543] *Kreuzer*, in: MüKo, EGBGB, nach Art. 38 Anh. II. Rn. 108.

[544] *Katzenberger*, in: Schricker, UrhR-K, vor §§ 120 ff. Rn. 19. Eine ähnliche Wirkungsweise kommt den anderen Reziprozitätsregeln, wie die in Art. 6 Abs. 1 RBÜ, zu, *Dillenz*, JBl. 1995, 351 [354].

[545] Siehe zuvor Kap. III. § 1 B. III.

Entscheidung des EuGH, derzufolge die Staatsangehörigkeit kein zulässiges Anknüpfungskriterium für den urheberrechtlichen Schutz mehr darstellt, resultiert.[546] Da sich außerdem die auf europäischer Ebene initiierte umfassende Harmonisierung nationaler Urheberrechtsordnungen auf vergleichsweise hohem Niveau bewegt, kommt bereits jetzt den von internationalen Verträgen bereitgehaltenen Mindestrechten ein geringer Anwendungsbereich zu, jedenfalls soweit die in Frage stehende Problematik von den Richtlinien geregelt wird.[547] Dementsprechend findet sich auch eine Feststellung des EuGH, wonach Bestimmungen der RBÜ zwischen den Mitgliedstaaten dann nicht zur Anwendung gelangen, wenn diesen im Einzelfall EU-Recht entgegensteht.[548]
Eine zusätzliche Erweiterung erfährt der aquis communautaire außerdem dadurch, daß sich die Europäische Gemeinschaft immer häufiger selbst als Vertragspartner an internationalen Übereinkommen beteiligt und so ihre Außenkompetenz gestärkt wird.[549]

---

[546] *Walter*, in: v. Lewinski/Walter/Blocher/Dreier/Daum/Dillenz, EuUrhR-K, Stand der Harmonisierung, V. Kap. Rn. 23.

[547] *Flechsig/Klett*, ZUM 1994, 685 [698].

[548] EuGH, Rs. T-69/89, Slg. 1991, I-485; EuGH, Rs. T-70/89, I-535; EuGH, Rs. T-76/89, I-575.

[549] Seit dem 1. Januar 1995 gilt auch für die EU das TRIPs-Übereinkommen, ABl. EG Nr. L 334 v. 22.12.1994. Dessen Art. 9 Abs. 1 Satz 1 inkorporiert die RBÜ, wodurch die Art. 1 - 21 RBÜ zu unmittelbar geltendem Gemeinschaftsrecht werden und damit auch der Auslegungskompetenz des EuGH unterfallen, *Drexl*, GRUR Int. 1994, 777 [787]; *Schack*, Urh-/UrhVR, Rn. 883. Ebenso hat die EU ihrerseits den WIPO-Urheberrechtsvertrag ratifiziert, weshalb der Urheberrechtsschutz auf europäischer Ebene im Zuge der Informations-Richtlinie eine weitere entscheidende Verbesserung erfahren hat, *Flechsig/Klett*, ZUM 1994, 685 [698].

§ 2 Internet-Nutzungen im System der Verwertungsrechte

Der Schutz des Urhebers entsteht zwar schon originär mit der Schaffung des Werkes.[550] Damit dieser Schutz aber auch wirtschaftlich umgesetzt werden kann, bedarf es der Einordnung einer Nutzungshandlung in ein bestehendes System von Verwertungsrechten bzw. einer Zuordnung zu einem der gesetzlich gewährten Ausschließlichkeitsrechte.[551] So kann beispielsweise die Frage, ob eine Nutzungshandlung durch eine Schrankenregelung gedeckt ist oder aber der Zustimmung des Urhebers bedarf, erst dann beantwortet werden, wenn feststeht, welche dem Urheber ausschließlich zuerkannten Rechte durch die Nutzungshandlung berührt werden. Des weiteren muß eine Zuordnung von Verwertungen urheberrechtlich geschützten Materials zu gesetzlich gewährten Rechten deshalb erfolgen, um bei der Erteilung von Lizenzen deren Inhalt und Umfang klar bestimmen zu können, insbesondere im Hinblick auf einzelne abgrenzbare und sich als selbständige abzeichnende Nutzungsarten.[552]

Folgende Untersuchung ist jedoch nicht nur aus diesem Grund von großer Bedeutung, sondern vor allem auch deshalb, weil eine entsprechende Qualifikation die spätere Anknüpfung beeinflussen kann. Denn erst wenn feststeht, durch welche Handlung ein dem Urheber ausschließlich zustehendes Recht verletzt wird, kann in einem zweiten Schritt untersucht werden, wo diese urheberrechtsrelevante Handlung zu lokalisieren ist. Erst über diese Festlegung des Handlungsortes gelangt man sodann zu der eigentlichen kollisionsrechtlichen Frage, nach welchem Recht die in Frage stehende Handlung endgültig zu beurteilen ist. Diese Vorgehensweise der Vorwegnahme einer materiell-rechtlichen Frage führt allerdings zu gewissen Unstimmigkeiten im Vergleich zu den ansonsten geltenden Prinzipien des IPR.
Um diese Wirkung aufzufangen und abzuschwächen, soll im folgenden vor einer Auseinandersetzung mit den Anknüpfungspunkten im internationalen Urheberrecht kurz umrissen werden, inwieweit die gängigsten Internet-Nutzungen eine Verletzung der dem Urheber ausschließlich zuerkannten Rechte darstellen können.

Hierbei ist darauf hinzuweisen, daß die Einordnung von Nutzungshandlungen in bestehende Verwertungsrechtskataloge, jedenfalls soweit diese Kataloge den

---

[550] Im Gegensatz zu einer originären Entstehung wäre auch ein vorheriges Eintragungsverfahren denkbar, vergleichbar der Urheberrolle, wie sie vor Inkrafttreten des deutschen Urheberrechtsgesetzes vom 9. September 1965 in Deutschland verwaltet wurde, *Regelin*, KollR der IGR, S. 40.

[551] Zum System der Verwertungsrechte im deutschen Urheberrechtsgesetz siehe Darstellung in Kap. III. § 1 C.

[552] BGH, NJW 2000, 3571 [3572]; *Schricker*, UrhR-K, vor §§ 28 ff. Rn. 52; *Michel*, ZUM 2000, 425 [427]; *Schardt*, ZUM 2000, 849 [849]; *Schulze*, ZUM 2000, 432 [443].

Besonderheiten neuer Informationstechnologien noch nicht oder erst in Ansätzen angepaßt wurden, ein Hauptproblem des im digitalen Kontext geführten rechtlichen Diskurses darstellt.[553] So bauten die bisherigen Systeme von Verwertungsrechten beispielsweise auf einer strikten Trennung von einer Wiedergabe geschützter Werke in körperlicher und einer solchen in unkörperlicher Form auf. Auch fiel im analogen Bereich die körperliche Festlegung einer geistigen Schöpfung oftmals mit der Eröffnung neuer Nutzungsmöglichkeiten in Gestalt einer Verbreitung körperlicher Vervielfältigungsstücke zusammen.[554]
Dennoch liegt weder in dem Umstand, daß die Trennung von einer Werkwiedergabe in körperlicher und unkörperlicher Form[555] an die Nutzung der Digitaltechnik und weltumspannender Kommunikationsnetze angepaßt werden muß, noch darin, daß zur Fertigung digitaler Vervielfältigungsstücke gesonderte Geräte benötigt werden, die entscheidende Besonderheit. Vielmehr ist diese darin zu sehen, daß anläßlich einer Werknutzung im Bereich neuer Informationstechnologien vielfach rein technisch bedingte Vervielfältigungsvorgänge stattfinden, die oftmals nur vorübergehend erfolgen und selbst keine eigenen zusätzlichen Nutzungsmöglichkeiten darstellen bzw. keinen eigenen wirtschaftlichen Wert besitzen. Diese aufgrund der technischen Besonderheiten des Internet nicht willentlich gesteuerte, sondern unbewußt vollzogene Nutzungshandlungen sind daher von denjenigen Vorgängen zu unterscheiden, die entweder dem Wirkungskreis des Anbieters von urheberrechtlich geschützten Inhalten oder dem des Nutzers dieser Inhalte zuzuordnen sind. Demzufolge wird im weiteren die urheberrechtliche Qualifikation der gängigsten Internet-Nutzungen, die von Seiten der Anbieter oder Nutzer initiiert werden, von einer Einordnung der rein technisch bedingten Nutzungen (C.) getrennt vorgenommen.
Als bewußt gesteuerte urheberrechtlich relevanter Nutzungshandlungen sollen auf Anbieterseite die Speicherung von Daten auf der Festplatte eines Computers (A. I.) und das Bereitstellen von Daten auf einem Server zum Abruf bzw. die „öffentliche Zugänglichmachung von Werken“ (A. II.), auf Nutzerseite die Bildschirmanzeige bzw. das sog. „Browsing“ (B. I.) und der Abruf von Daten zur Speicherung bzw. das sog. „Downloading“ (B. II.) herausgegriffen werden.

A. Handlungen der Anbieter

Personen, die bestimmte Inhalte einer breiten Öffentlichkeit via Internet zugänglich machen wollen (Anbieter),[556] tun dies auf folgende Weise: Zunächst müssen Daten von ihrem ursprünglichen Träger auf die Festplatte eines Com-

---

553 *Dreier*, in: Schricker, Informationsgesellschaft, S. 101.
554 *Dreier*, in: Schricker, Informationsgesellschaft, S. 101.
555 Wenngleich die Grenzen zwischen körperlichen und unkörperlichen Verwertungsformen im digitalen Kontext nicht streng zu ziehen sind, siehe *Ahrens*, ZUM 2000, 1029 [1032].
556 Meist auch als Content-Provider bezeichnet, *Kröger/Kuner*, Internet, S. 349.

puters bzw. Rechners kopiert werden. Existiert zwischen diesem Rechner und dem Internet eine Verbindung, so dient der Rechner als (Web- bzw. Internet-) Server, d. h. der Anbieter hält die gespeicherten bzw. abgelegten Daten für Internet-Nutzer zum Abruf bereit.
Hat nun der Anbieter urheberrechtlich geschütztes Material auf einem Server abgelegt und macht er dieses beispielsweise über eine Homepage nicht nur einem privaten Nutzerkreis zugänglich, so kann zum einen das Speichern urheberrechtlich relevanter Daten als solches und zum anderen das Anbieten dieser Daten zum Abruf dem Urheber ausschließlich zuerkannte Rechte verletzen.[557] Mithin umfaßt das Ablegen von geschütztem Material auf einem Internet-Server zum Abruf als eine häufig einheitlich vorgenommene Nutzungshandlung zwei voneinander zu unterscheidende Werkverwertungen, nämlich die Speicherung und das Anbieten. Aus diesem Grund soll hier der Vorgang der Speicherung von Daten auf der Festplatte eines Computers zunächst isoliert betrachtet werden, d. h. unabhängig davon, ob die gespeicherten urheberrechtlich relevanten Daten anschließend von der Öffentlichkeit online abgerufen werden können. Auf diese Weise wird der häufig unpräzise verwendete Begriff des „Uploading“[558] vermieden und stattdessen der Akt der Speicherung von Daten zum Abruf für eine rechtliche Qualifikation in seine beiden Komponenten – und zwar der Speicherung von Daten als solche und der öffentlichen Zugänglichmachung dieser Daten – aufgespalten.

I. Die Speicherung von Daten auf der Festplatte eines Computers

Zunächst soll der Frage nachgegangen werden, welches der dem Urheber zuerkannten Verwertungsrechte durch das unerlaubte Speichern von geschützten Werken auf der Festplatte eines Rechners beeinträchtigt wird, und zwar zunächst, wie eingangs erwähnt, unabhängig davon, ob diese Werke anschließend von der Öffentlichkeit via Internet abgerufen werden können.[559]

1. Internationales Recht

Die in Frage stehende Eingriffshandlung könnte auf konventionsrechtlicher Ebene zunächst das dem Urheber in Art. 9 Abs. 1 RBÜ gewährte ausschließliche Recht der Vervielfältigung beeinträchtigen. Diese Vorschrift erfaßt aufgrund einer weitgefaßten Formulierung sämtliche Vervielfältigungsvorgänge ungeachtet der Art und Form ihrer Vornahme.
Eine weitere Präzisierung oder gar Erweiterung erfährt das Recht der Vervielfältigung weder durch Art. IVbis Abs. 1 WUA, noch durch Art. 9 S. 1 TRIPs-Übereinkommen, der, wie dargelegt, lediglich auf die Art. 1 –21 RBÜ Bezug

---

[557] Siehe *Ahrens*, ZUM 2000, 1029 [1052].
[558] Siehe *Dieselhorst*, ZUM 1998, 293 [298]; *Waldenberger*, ZUM 1997, 176 [177].
[559] Siehe zum Bereitstellen von Daten auf einem Server zum Abruf Kap. III. § 2 A. II.

nimmt. Ebensowenig brachte der WIPO-Urheberrechtsvertrag endgültige Klarheit über den Inhalt des ausschließlichen Rechts der Vervielfältigung im Hinblick auf digitale Technologien und moderne Kommunikationsnetze. Zwar wurde in Erläuterungen zu einer geplanten gemeinsamen Erklärung hinsichtlich des Umfangs des in Art. 9 Abs. 1 RBÜ gewährten Rechts davon ausgegangen, daß sowohl die Speicherung eines Werkes in bzw. aus dem Speicher eines Computers sowie dessen Digitalisierung unzweifelhaft einen Akt der Vervielfältigung darstellen.[560] Jedoch konnte diesbezüglich keine Einigung erzielt werden, so daß dem WCT weder eine klarstellende Erklärung noch eine Nennung des Vervielfältigungsrechts zu entnehmen sind.

Im Ergebnis läßt sich jedoch aus der weitgefaßten Formulierung des Art. 9 RBÜ und insbesondere aus dessen Abs. 3, der ausdrücklich klarstellt,[561] daß auch die Aufnahme eines Werkes auf einen Bild- oder Tonträger als eine Vervielfältigung zu qualifizieren ist, ableiten, daß sowohl die Digitalisierung eines Werkes als auch dessen Speicherung dem Urheber bereits im Wege eines konventionseigenen Mindestrechts vorbehalten sind.[562]

2. Gemeinschaftsrecht

Eine ausdrückliche Regelung hinsichtlich der Vervielfältigung im digitalen Kontext findet sich in Art. 4 lit. a) der Computerprogramm-Richtlinie. Danach ist dem Urheber jede „dauerhafte oder vorübergehende Vervielfältigung, ganz oder teilweise, eines Computerprogramms mit jedem Mittel und in jeder Form" unter Einschluß von Vervielfältigungshandlungen, „soweit das Laden, Anzeigen, Ablaufen, Übertragen oder Speichern des Computerprogramms eine Vervielfältigung erforderlich macht", vorbehalten. Dem entspricht der Inhalt des Vervielfältigungsrechts in Art. 5 lit. a) der Datenbank-Richtlinie im Hinblick auf Datenbanken und Art. 2 lit. a) der Informations-Richtlinie im Hinblick auf sämtliche urheberrechtlich geschützte Werke.

Die unerlaubte Speicherung urheberrechtlich relevanter Daten auf der Festplatte eines Computers findet daher auch auf europäischer Ebene eine Grundlage der Sanktionierung.

---

[560] WIPO Dok. CRNR/DC/4, Ziff. 7.01. Eine klarstellende Erklärung zu Art. 9 Abs. 1 RBÜ in Anlehnung an den Wortlaut der Computerprogramm-Richtlinie der EU dahingehend, daß sowohl die direkte als auch die indirekte Vervielfältigung von Werken, gleich ob dauerhaft oder bloß vorübergehend, sowie auf jede Weise und in jeder Form eine dem Urheber vorbehaltene Vervielfältigung darstellt, wurde gestrichen, *v. Lewinski*, CR 1997, 438 [449].

[561] Zur Entstehungsgeschichte und zu den Zweifeln hinsichtlich der Reichweite von Art. 9 Abs. 1 RBÜ, siehe *Ulmer/Reimer*, GRUR Int. 1967, 431 [443].

[562] *Spindler*, ZUM 1996, 533 [542].

3. Deutsches Urheberrecht

Fraglich ist, gegen welche Vorschriften einer nationalen Urheberrechtsordnung das widerrechtliche Speichern eines geschützten Werkes auf Festplatte verstößt. In Deutschland kommen hierfür das Recht der Vervielfältigung sowie das Bearbeitungsrecht in Betracht.

a) Verletzung des Vervielfältigungsrechts

Durch die Speicherung von Daten auf der Festplatte eines Computers könnte das ausschließlich dem Urheber zustehende Recht der Vervielfältigung nach §§ 15 Abs. 1 Nr. 1, 16 UrhG verletzt sein. Das Vervielfältigungsrecht umfaßt nach § 16 Abs. 1 UrhG das Recht, Vervielfältigungsstücke in einem beliebigen Verfahren und beliebiger Zahl herzustellen.[563] Die Vervielfältigungsstücke müssen dabei nach Literatur und Rechtsprechung geeignet sein, das Werk den menschlichen Sinnen auf beliebige Weise unmittelbar oder mittelbar wahrnehmbar zu machen.[564] D. h. das Vervielfältigungsrecht ist immer dann betroffen, wenn ein geschütztes Werk in körperlicher Form festgelegt wird. Daß auch eine körperliche Festlegung, bei der die Wahrnehmbarmachung eines dazwischengeschalteten Mediums bedarf, dem Vervielfältigungsbegriff unterfällt, stellt § 16 Abs. 2 UrhG ausdrücklich klar. Damit ist die Übertragung eines Werkes auf „Vorrichtungen zur wiederholbaren Wiedergabe von Bild- und Tonfolgen (Bild- oder Tonträger)“ ebenfalls als eine Vervielfältigung im Sinne von § 16 Abs. 1 UrhG anzusehen.

Da die Festplatte eines Computers als digitales Speichermedium ebenso wie traditionelle Bild- und Tonträger zur wiederholbaren Wiedergabe von Bild- und Tonfolgen geeignet ist, dürfte das Speichern von Daten auf einer Festplatte von der Legaldefinition des § 16 Abs. 2 UrhG erfaßt werden. Da allerdings auf digitalen Datenträgern jegliche Art von Daten gespeichert werden kann, findet sich der Vorschlag, de lege ferenda die Definition in § 16 Abs. 2 UrhG um den Begriff des Datenträgers zu ergänzen.[565]

Unabhängig hiervon stellt jedoch die Speicherung eines geschützten Werkes auf Festplatte eine Vervielfältigung im Sinne des § 16 Abs. 1 UrhG dar.[566] Die Di-

---

563 Sofern Computerprogramme den Schutzgegenstand darstellen, wird das Vervielfältigungsrecht gemäß § 69 c S. 1 Nr. 1 UrhG als das Recht zur dauerhaften oder vorübergehenden, ganz oder teilweisen Vervielfältigung mit jedem Mittel und in jeder Form definiert.

564 RGZ 107, 277 [279]; BGHZ 17, 266 [269]; *Ulmer*, Urh-/VerlR, § 45 I.; *Vinck*, in: Fromm/ Nordemann, UrhG-K, § 16 Rn. 1, so auch bereits die amtl. Begr., *Schulze*, Materialien, S. 106.

565 *Dreier*, in: Schricker, Informationsgesellschaft, S. 110.

566 OLG Frankfurt/Main, CR 1997, 275 [276]; *Vinck*, in Fromm/Nordemann, UrhG-K, § 16 Rn. 1; *Becker*, ZUM 1995, 231 [243]; *Dieselhorst*, ZUM 1998, 293 [300]; *Koch*, GRUR 1997, 417 [423]; *Loewenheim*, GRUR 1996, 636 [638]; *Melichar*, CR 1995, 756 [758], ins-

gitalisierung eines Werkes in analoger Form führt hierbei nämlich zu einer dauerhaften Festlegung. Zwar können die betreffenden Inhalte nicht sofort und unmittelbar wahrgenommen werden, dennoch ist es möglich, diese durch erneuten Aufruf den menschlichen Sinnen wiederholt wahrnehmbar zu machen.[567] Aus diesem Grund verletzt das Speichern eines geschützten Werkes auf der Festplatte eines Computers ohne Zustimmung des Rechtsinhabers das Vervielfältigungsrecht nach §§ 15 Abs. 1 Nr. 1, 16 UrhG.[568]

b) Verletzung des Bearbeitungs- und Umgestaltungsrechts

Die Speicherung eines Werkes auf einer Computerfestplatte könnte zudem durch die Umwandlung einzelner Informationen vom analogen in den digitalen Zustand eine Bearbeitung oder Umgestaltung der Werke darstellen, §§ 3, 23 UrhG. Bei Computerprogrammen bedarf schon die bloße Herstellung nach § 69 c Nr. 2 UrhG der Erlaubnis des Rechtsinhabers. Bei sonstigen Werken darf eine Bearbeitung oder Umgestaltung zwar vorgenommen, gemäß § 23 UrhG aber nur mit Einwilligung des Urhebers veröffentlicht oder verwertet werden.[569]

Zunächst bedeutet dies, daß Werke, die nicht den Computerprogrammen zuzuordnen sind, ohne Zustimmung des Urhebers bearbeitet oder in sonstiger Form umgestaltet werden dürfen, solange die umgestaltete Fassung nicht veröffentlicht oder verwertet werden soll. Eine Umgestaltung von geschützten Werken zum bloßen Zweck der Digitalisierung verletzt den Urheber mithin nicht in seinem Bearbeitungs- und Umgestaltungsrecht. Anderes ergibt sich dagegen, sobald das Gespeicherte öffentlich zugänglich gemacht oder verbreitet wird.[570]

Voraussetzung einer Bearbeitung oder Umgestaltung ist aber die Veränderung der Originalgestalt in nicht völlig unerheblichem Umfang.[571] Zwar werden die einzelnen Informationen im Rahmen der Umsetzung eines Werkes in binäre Daten je nach Art der Umsetzung, Auflösungsdichte, und Kompressionsrate in ihrem Charakter verändert; Ziel der Digitalisierung ist es jedoch nicht, den geschützten Ausdruck des betreffenden Werkes zu verändern, sondern dieses Werk nach der Digitalisierung den menschlichen Sinnen in unveränderter Form wahrnehmbar zu machen. Die Vervielfältigung eines Werkes in digitaler Form im

---

besondere zu der Problematik von Internet-Musiktauschbörsen, *Ahrens*, ZUM 2000, 1029 [1032]; *Cichon*, K&R 1999, 547 [548].

567 *Loewenheim*, in: Schricker, UrhR-K, § 16 Rn. 9; *v. Gamm*, ZUM 1994, 591 [591]; *Schack*, JZ 1998, 753 [754]; *Schulze*, ZUM 2000, 432 [439].

568 So auch *Schwarz*, in: Becker, Rechtsprobleme, UFITA 137 (1996), S. 13 [24]; *Schwarze*, in: Schwarze, Medien, S. 9 [16]; *Flechsig/Fischer*, ZUM 1996, 833 [835]; *Nordemann/Goddar/Thönhardt/Czychowski*, CR 1996, 645 [647].

569 Gesetzesbegründung, UFITA 45 (1965), S. 240 [266].

570 Siehe hierzu Kap. III. § 2 A. II.

571 *Loewenheim*, in: Schricker, UrhR-K, § 23 Rn. 6; *Vinck*, in: Fromm/Nordemann, UrhG-K, § 23 Rn. 6.

Rahmen einer Speicherung auf einer Computerfestplatte stellt somit keine Beabeitung oder Umgestaltung im Sinne des § 23 UrhG und des § 69 c Nr. 2 UrhG dar.[572]

II. Das Bereitstellen von Daten auf einem Server zum Abruf („öffentliche Zugänglichmachung von Werken")

Zu einer weiteren Verletzung von urheberrechtlich geschütztem Material könnte das Bereitstellen von Daten auf einem Internet-Server zum späteren Abruf führen. Hinsichtlich dieser Nutzungshandlung ist zu beachten, daß sie nicht nur den Vorgang der Speicherung eines geschützten Werkes durch den Anbieter beinhaltet, sondern auch die Möglichkeit des Abrufs von Daten durch einen potentiellen, nicht abgrenzbaren Nutzerkreis.[573]

Technisch unterscheidet sich zunächst das Zurverfügungstellen von Daten auf einem Internet-Server jedenfalls im Hinblick auf das bloße Ablegen geschützten Materials auf einem Rechner nicht von der zuvor untersuchten allgemeinen Speicherung von Daten auf der Festplatte eines Computers. Der Unterschied liegt allerdings in dem Umstand, daß der betreffende Rechner als (Web-) Server mit dem Internet vernetzt ist und somit aufgrund der Möglichkeit des Abrufs geschützten Materials durch einen unbestimmten Nutzerkreis im urheberrechtlichen Kontext zu komplexeren Fragen führt, als sie sich beim ausschließlichen Speichern von Werken auf einer Festplatte stellen.[574] Diese Schwierigkeiten, die nunmehr durch die Festlegung eines neuen Rechts der öffentlichen Zugänglichmachung („making available") von Werken, das nunmehr als einheitliches Verwertungsrecht beide Handlungskomponenten – die Speicherung von Daten auf der Festplatte eines Computers einerseits und die Möglichkeit des Abrufs andererseits – umfaßt, aufgefangen werden sollen, werden im folgenden kurz umrissen.

1. Internationales Recht

Zunächst wird die Digitalisierung bzw. das Kopieren von urheberrechtlich geschützten Materialien als Voraussetzung deren Zugänglichmachung, wie dargelegt, von dem in Art. 9 Abs. 1 RBÜ, Art. IVbis WUA, Art. 9 Abs. 1 S. 1 TRIPs-Übereinkommen und Art. 1 Abs. 4 i. V.m. Art. 9 RBÜ enthaltenen Vervielfältigungsrecht erfaßt.

---

[572] *Dreier*, in: Schricker, Informationsgesellschaft, S. 110; *Lehmann*, in: Lehmann, Cyberlaw, S. 57 [58]; *Schwarz*, in: Becker, Rechtsprobleme, UFITA 137 (1996), S. 13 [25]; *Nordemann/Goddar/Thönhardt/ Czychowski*, CR 1996, 645 [647].

[573] *Dieselhorst*, ZUM 1998, 293 [298]; *Waldenberger*, ZUM 1997, 176 [177].

[574] Das Bereitstellung von Daten auf einem BBS sowie die Diskussion und Kommunikation im Rahmen einer „Newsgroup" ist mit der Speicherung von Daten auf einem Server zum Abruf zu vergleichen, *Klett*, UrhR im Internet, UFITA 149 (1998), S. 73.

Darüber hinaus gewähren die Regelungen der RBÜ dem Urheber jedoch kein umfassendes Recht der öffentlichen Wiedergabe. So findet sich in der Übereinkunft lediglich ein Recht des Inverkehrbringens von Werken der Literatur und Kunst bezüglich deren Verfilmung, Art. 14 Abs. 1 RBÜ. Ebenso nennt das WUA im Bereich der Werkverwertung in unkörperlicher Form explizit nur das Recht der öffentlichen Aufführung und das Recht der Rundfunksendung in Art. IVbis Abs. 1 S. 1 WUA. Diese Aufzählung wird zwar nicht notwendigerweise als abschließend angesehen,[575] dennoch erscheint ein umfassender Schutz, der die Zugänglichmachung von urheberrechtlich geschützten Werken über das Internet erfassen würde, eher unwahrscheinlich, da der Schutzumfang des WUA bewußt hinter dem der RBÜ zurückbleibt.[576] Auch das TRIPs-Übereinkommen enthält in seinem Art. 9 Abs. 1 lediglich einen Verweis auf den von der RBÜ gewährten Urheberrechtsschutz. Folglich war vor Beschluß des WIPO-Urheberrechtsvertrages das Bereithalten von geschützten Werken zum Abruf über Online-Dienste auf internationaler Ebene nicht geregelt.

Durch Art. 8 WCT wurde nun das in der RBÜ enthaltene Mindestrecht der öffentlichen Wiedergabe im Hinblick auf die Entwicklung neuer Informationstechnologien dahingehend erweitert,[577] daß der Urheber die drahtgebundene wie die drahtlose Mitteilung seiner Werke an die Öffentlichkeit einschließlich der Zugänglichmachung dieser Werke erlauben oder verbieten kann und zwar unabhängig davon, ob das Werk von Mitgliedern der Öffentlichkeit gleichzeitig genutzt wird. So sollten mit Hilfe der Formulierung „...making available to the pulic in such way that members of the public may access these works from a place and at a time individually chosen by them“ insbesondere interaktive On-demand-Handlungen vom einem Recht der öffentlichen Wiedergabe erfaßt werden. In dem Umstand, daß Nutzer auf ein geschütztes Werk von einem Ort und zu einer Zeit ihrer Wahl Zugriff nehmen können, unterscheidet sich auch dieses Recht vom bisherigen Senderecht.[578] Daher dürfte diese Definition des Rechts der Zugänglichmachung, die nunmehr auch den zeitversetzten Abruf miterfaßt, richtungsweisend für die nationalen Gesetzgeber hinsichtlich einer Erweiterung des Rechts der öffentlichen Wiedergabe sein.

---

[575] *Nordemann/Vinck/Hertin*, IntUrhR, Art. IVbis WUA Rn. 3.

[576] *Dreier*, in: Schricker, Informationsgesellschaft, S. 120.

[577] Die in Art. 11 Abs. 1 Nr. 2, 11bis Abs. 1 Nr. 1, 11ter Abs. 1 Nr. 2, 14 Abs. 1 Nr. 2 und 14bis Abs.1 RBÜ gewährten Rechte sollen davon jedoch unberührt bleiben, *Dreier*, in: Schricker, Informationsgesellschaft, S. 119.

[578] WIPO Dok. CRNR/DC/4, Ziff. 10.12; *v. Lewinski*, CR 1997, 438 [441]. Vom Recht der Verbreitung, Art. 8, sowie vom Recht der Vermietung, Art. 9, unterscheidet sich das Recht der Zugänglichmachung dadurch, daß dieses im Gegensatz zu den zuvor genannten Rechten nicht die Verbreitung körperlicher Werkexemplare miteinschließt, WIPO Dok. CRNR/DC/4, Ziff. 10.14.

Im Ergebnis stellt jedenfalls die unerlaubte Zugänglichmachung von geschützten Werken über das Internet auf internationaler Ebene bereits eine Urheberrechtsverletzung nach Art. 8 WCT dar.[579]

2. Gemeinschaftsrecht

Auf europäischer Ebene sieht zunächst der in Art. 4 lit. a) – c) der Computerprogramm-Richtlinie enthaltene Katalog von Verwertungsrechten kein Recht der öffentlichen Wiedergabe vor.[580] Dies ist darauf zurückzuführen, daß die Richtlinie zur Zeit ihrer Entstehung lediglich von einer Programmübertragung mittels körperlicher Vervielfältigungsstücke ausgegangen ist.[581]

Des weiteren findet sich in der Satelliten-Richtlinie zwar eine Regelung hinsichtlich des materiellen Rechts der Sendung von Werken über Satelliten. Eine direkte Anwendung dieses Rechts auf das Bereitstellen von Daten auf einem Server zum Abruf kommt jedoch ebenfalls nicht in Betracht. Zum einen umfaßt die Richtlinie lediglich die öffentliche Wiedergabe über Satelliten. Zum anderen setzt sie eine Übermittlung geschützter Werke in einem Programm voraus. Merkmal eines Programms in diesem Sinne ist, daß der Anbieter die zeitliche, sequentielle Abfolge der einzelnen Programmteile festlegt, wohingegen beim Online-Abruf dem Nutzer die Wahl des Zeitpunkts und die Wahl der Reihenfolge der abgerufenen Werke freisteht.

Eine Erweiterung der dem Urheber ausschließlich zustehenden Rechte erfolgte schließlich im Rahmen der Datenbank-Richtlinie. So nennt deren Art. 5 lit. d) und e) Rechte der öffentlichen Wiedergabe, Vorführung, oder Aufführung der Datenbank und der im Wege der Übersetzung, Bearbeitung oder Umgestaltung erzielten Ergebnisse. Welche Handlungen allerdings im einzelnen, ob also beispielsweise der Einsatz von „Push"-Techniken und andere Formen der interaktiven Online-Übertragung, eine öffentliche Wiedergabe einer geschützten Datenbank darstellen, ist dieser Vorschrift nicht zu entnehmen. Ebenso bleibt die systematische Einordnung unklar, da der betreffenden Regelung des Art. 5 der Datenbank-Richtlinie sowohl Merkmale des Rechts der Verbreitung als auch des Rechts der öffentlichen Wiedergabe zu entnehmen sind.[582] Folglich überließ die

---

579 Siehe hierzu *v. Lewinski*, GRUR Int. 1997, 667 [675].

580 Hinsichtlich des in Art. 4 lit. c) der Computerprogramm-Richtlinie festgelegten Verbreitungsrechts wurde zum Teil erwogen, aufgrund des Willens des Richtliniengebers einen umfassenden Schutz zu gewährleisten und die Übertragung von Computerprogrammen über das Internet von diesem Recht als erfaßt anzusehen, *Dreier*, GRUR 1993, 781 [784].

581 *Dreier*, in: Schricker, Informationsgesellschaft, S. 122.

582 Da die Datenbank-Richtlinie den Begriff der Öffentlichkeit nicht definitorisch festlegt, d. h. die Wiedergabe auch an mehrere Personen erfolgen kann, die nicht untereinander verbunden sind, besteht die Möglichkeit einer Zuordnung zum Recht der öffentlichen Wiedergabe. Demgegenüber läßt sich aber auch ein Recht der Verbreitung annehmen, sofern dieses nicht nur im herkömmlichen Sinn als Recht der Werknutzung in körperlicher Form verstan-

Richtlinie den Mitgliedstaaten die Entscheidung, ob diese ein ausschließliches Recht der Werkverwertung im Online-Bereich entweder als Recht der Verbreitung oder aber als Recht der öffentlichen Wiedergabe anerkennen.[583] Dieses Wahlrecht wird nunmehr durch den Inhalt der Informations-Richtlinie aufgehoben.

So führt Art. 3 der Informations-Richtlinie auf europäischer Ebene mit dem Recht auf öffentliche Wiedergabe ein Recht der öffentlichen Zugänglichmachung von Werken nach dem Vorbild des Art. 8 WCT ein. Dieses erfaßt den Vorgaben auf internationaler Ebene entsprechend das Bereitstellen von Daten auf einem Server zum Abruf.[584]

3. Deutsches Urheberrecht

Die systematische Einordnung des Bereitstellens von Daten auf einem Internet-Server zum Abruf wurde vor dem Hintergrund der deutschen Urheberrechtsordnung zumindest vor der Festlegung des neuen Rechts der öffentlichen Zugänglichmachung von Werken durch Art. 8 WCT bzw. Art. 3 der Informations-Richtlinie kontrovers diskutiert. So gab es Stimmen, die das Online-Angebot von urheberrechtlich relevanten Materialien vom Verbreitungsrecht des § 17 UrhG[585], vom Senderecht des § 20 UrhG[586] oder von einem unbenannten Recht der öffentlichen Wiedergabe nach § 15 Abs. 2 UrhG[587] erfaßt sahen.[588]

---

den wird, sondern insbesondere On-demand-Dienste bei wirtschaftlicher Betrachtung für als mit der herkömmlichen Verbreitung von Vervielfältigungsstücken vergleichbar angesehen werden, Begründung des Richtlinienvorschlags, KOM (97) 628 endg. v. 10.12.1997, S. 29.

[583] *V. Lewinski*, in: v. Lewinski/Walter/Blocher/Dreier/Daum/Dillenz, EuUrhR-K, Datenbank-RL, Art. 5 Rn. 25.

[584] Nicht erfaßt von der öffentlichen Wiedergabe nach Art. 3 Informations-Richtlinie ist die Wiedergabe von urheberrechtlich geschützten Werken, die einer privaten Wiedergabe entspricht. Ebensowenig sind Sendeformen wie Pay-TV, Pay-per-view sowie Near-Video-on-demand mangels individueller Auswahlmöglichkeit erfaßt, *v. Lewinski,* MMR 1998, 115 [116].

[585] *Wachter*, GRUR Int. 1995, 860 [865].

[586] *Müller-Hengstenberg*, NJW 1996, 1777 [1779]; *Nordemann/Goddar/Tönhardt/Czychowsky*, CR 1996, 645 [649]; *Spindler*, ZUM 1996, 533 [543].

[587] *Heker*, ZUM 1993, 400 [406].

[588] Auch eine Unterscheidung nach dem objektivierten Willen des Anbieters wird zur Qualifizierung der vorliegenden Nutzungshandlung vorgeschlagen. Begründet wird dies damit, daß mit der Digitalisierung die Grenzen zwischen körperlicher und unkörperlicher Nutzung immer mehr verschwimmen würden. Es solle daher der objektivierte Wille des Anbieters entscheidend sein. Um eine Verbreitungshandlung würde es sich demzufolge dann handeln, wenn ein Angebot primär als Aufforderung zum Eigentums- oder Besitzerwerb des Werkstücks anzusehen wäre. Umgekehrt müßte eine öffentliche Wiedergabe bejaht werden, wenn mit dem Anbieten zum Abruf nicht auch ein Erwerb von Vervielfältigungsstücken beabsichtigt wäre. Mithin müßte aus der Perspektive eines objektiven Betrachters der Hauptzweck des Online-Dienstes bestimmt werden, *Hoeren*, CR 1996, 517 [519].

a) Verletzung des Verbreitungsrechts

Eine Einordnung des Zugänglichmachung urheberrechtlich geschützter Werke als Verbreitungsrecht[589] erwies sich bereits vor Erlaß der internationalen neuen Vorgaben in zweierlei Hinsicht als problematisch.

Zunächst beinhaltet das nach § 15 Abs. 1 Nr. 2, 17 Abs. 1 UrhG bzw. für Computerprogramme nach § 69 c Nr. 3 UrhG[590] gewährte Verbreitungsrecht das Recht, das Original oder Vervielfältigungsstücke des Werkes der Öffentlichkeit anzubieten oder in Verkehr zu bringen. Hierbei ist § 15 Abs. 1 UrhG, der beispielhaft das Verbreitungsrecht als Verwertungsrecht in körperlicher Form nennt, zu entnehmen, daß dem Urheber nicht die Kontrolle über seine Schöpfung als solche gewährt werden soll, sondern nur insoweit, als das Werk in verkörperter Form genutzt wird.[591] Dagegen besteht das Angebot im Internet in der Zugänglichmachung von Daten bzw. Binärcodes und damit in einer unkörperlichen Werkwiedergabe. Ebensowenig genügen die Websites selbst den an einen dauerhaften Datenträger zu stellenden Anforderungen.[592] Körperliche Vervielfältigungsexemplare werden somit durch die Zugänglichmachung von Daten über Online-Dienste nicht in Verkehr gebracht, weshalb eine Verletzung des Verbreitungsrechts nach §§ 15 Abs. 1 Nr. 2, 17 Abs.1 UrhG bzw. § 69 c Nr. 3 UrhG nicht bejaht werden kann.[593]

Einer aufgrund wirtschaftlicher Betrachtung erwogenen analogen Anwendung von §§ 15 Abs. 1 Nr. 2, 17 Abs. 1 UrhG[594] steht im übrigen das Fehlen einer planwidriger Regelungslücke entgegen, da der Gesetzgeber unkörperliche Verwertungsformen systematisch ausschließlich § 15 Abs. 2 UrhG zugewiesen hat.[595]

---

589 So jedenfalls vor den neuen Regelungen des WCT und der Informations-Richtlinie: *Schwarz*, GRUR 1996, 836 [839]; *Koch*, GRUR 1997, 417 [426].

590 Das Verbreitungsrecht nach § 69 c Nr. 3 UrhG entspricht dem allgemeinen Verbreitungsrecht, *Vinck*, in: Fromm/Nordemann, UrhG-K, § 69 c Rn. 5.

591 *Becker*, in: Becker/Dreier, UrhR u. dig. Techn., UFITA 121 (1994), S. 45 [63]; *Loewenheim*, in: Schricker, UrhR-K, § 17 Rn. 2; *Vinck*, in: Fromm/Nordemann, UrhG-K, § 17 Rn. 1; *Rehbinder*, UrhR, Rn. 205.

592 Ausführlich dazu: *Mankowski*, CR 2001, 30 [33]; *Härting*, CR 1999, 507 [509]; *Fuchs*, ZIP 2000, 1273 [1278]; *Boente/Riehm*, JURA 2000, 793 [793 f.].

593 *Schwarze*, in: Schwarze, Medien, S. 9 [16]; *Katzenberger*, AfP 1997, 434 [437].

594 *Schwarz*, in: Becker, Rechtsprobleme, UFITA 137 (1996), S. 13 [29]; *Katzenberger*, AfP 1997, 434 [437].

595 So im Ergebnis: *Dreier*, in: Schricker, Informationsgesellschaft, S. 129; *Schwarz*, in: Becker, Rechtsprobleme, UFITA 137 (1996), S. 13 [29].

Zuletzt spricht gegen eine Erfassung des hier in Frage stehenden Verwertungsvorgangs mit Hilfe der körperlichen Verwertungsformen die durch den Erschöpfungsgrundsatz des § 17 Abs. 2 UrhG getroffene Wertentscheidung.[596]

b) Verletzung des Senderechts

Hinsichtlich einer Verletzung des Senderechts in §§ 15 Abs. 2, 20 UrhG durch die unerlaubte Speicherung von Werken auf einem Internet-Server zum Abruf erwies sich der Inhalt des Begriffs der Öffentlichkeit, welcher das Senderecht voraussetzt, als problematisch. So wird nach traditioneller Interpretation des Senderechts[597] verlangt, daß die von den Sendeunternehmen ausgestrahlten Signale unmittelbar bzw. zeitgleich mit der Sendung für den Empfang der Öffentlichkeit bestimmt sein müssen.[598] Da im Gegensatz zum herkömmlichen Rundfunk bei einem Bereitstellen von urheberrechtlich geschützten Daten über Online-Dienste eine Werknutzung erst durch individuelle, zeitlich und örtlich auseinanderfallende Abfragehandlungen der Empfänger erfolgen kann, fehlt es an der Unmittelbarkeit des Empfangs durch die Öffentlichkeit.[599]
Da dies dem ursprünglichen Inhalt des Öffentlichkeitsbegriffs nicht entspricht, muß die Zuordnung der öffentlichen Zugänglichmachung geschützter Inhalte zu dem in § 20 UrhG normierten Senderecht abgelehnt werden.[600]

c) Verletzung eines unbenannten Rechts der öffentlichen Wiedergabe

Bereits vor Festlegung des neuen Rechts der öffentlichen Zugänglichmachung auf internationaler bzw. gemeinschaftsrechtlicher Ebene wurde erwogen, das digitale Angebot geschützter Werke auf einem Internet-Server zum Abruf als eigenes unbenanntes Recht der öffentliche Wiedergabe nach § 15 Abs. 2 UrhG

---

[596] *Vinck*, in: Fromm/Nordemann, UrhR-K, § 17 Rn. 3; *v. Lewinski*, in: Lehmann, Cyberlaw, S. 149 [160]; *Gaster*, GRUR Int. 2000, 571 [571]; *Schack*, JZ 1998, 753 [757]; *Spoendlin*, Int. Schutz, UFITA 107 (1988), S. 11 [31].

[597] Das Senderecht ist das Recht, Werke durch Funk der Öffentlichkeit zugänglich zu machen. Unter „Funk" ist dabei jede Übertragung von Zeichen, Tönen oder Bildern durch elektromagnetische Wellen zu verstehen, die von einer Sendestelle ausgesandt werden und an anderen Orten von einer beliebigen Zahl von Empfangsanlagen aufgefangen und wieder in Zeichen, Töne oder Bilder zurückverwandelt werden können, Gesetzesbegründung, UFITA 45 (1965), S. 240 [265].

[598] *V. Ungern-Sternberg*, in: Schricker, UrhR-K, § 15 Rn. 59; *Becker*, Becker/Dreier, UrhR u. dig. Techn., UFITA 121 (1994), S. 45 [46]; *Koch*, GRUR 1997, 417 [428].

[599] *Flechsig*, in: Becker/Dreier, UrhR u. dig. Techn., UFITA 121 (1994), S. 27 [30]; *v. Ungern-Sternberg*, in: Schricker, UrhR-K, § 20 Rn. 24; *Ulmer*, Urh-/VerlR, § 53 IV.

[600] BGHZ 113, 159 [161]; BGH, GRUR 1996, 875 [876]; *Becker*, ZUM 1995, 231 [245]; *Ernst*, GRUR 1997, 592 [595]; *Michel*, ZUM 2000, 425 [426]; *Schulze*, ZUM 2000, 432 [432].

zu qualifizieren.[601] Ansatzpunkt war hierbei, daß der in § 15 Abs. 2 UrhG aufgeführte Katalog von unkörperlichen Verwertungsarten[602] durch neue Arten der Werknutzung in unkörperlicher Form ergänzt werden kann (sog. Innominat-Fälle), falls technische Entwicklungen dies erforderlich machen.[603] Als problematisch erwies sich jedoch in diesem Zusammenhang, daß sämtlichen unkörperlichen Verwertungsarten der in § 15 Abs. 3 UrhG enthaltene Öffentlichkeitsbegriff zugrunde liegt. Dieser beinhaltet, daß alle Mitglieder der Öffentlichkeit die Wiedergabe zur gleichen Zeit wahrnehmen können müssen.[604] Die simultane Kundbarmachung eines Werkes an einen nicht begrenzten Personenkreis wird allerdings nicht von On-demand-Systemen, wie sie im Bereich des Internet anzutreffen sind, erfüllt. Daher wird *de lege lata* das Bereitstellen von Daten auf einem Server zum Abruf nicht vom Recht der öffentlichen Wiedergabe in § 15 Abs. 2 UrhG erfaßt.[605] Allerdings geben Art. 8 WCT und Art. 3 der Informations-Richtlinie eine Anpassung des Öffentlichkeitsbegriffs des § 15 Abs. 3 UrhG vor, weshalb *de lege ferenda* die öffentliche Zugänglichmachung von Werken als Recht der öffentlichen Wiedergabe dem Urheber auch nach deutschem Recht vorbehalten sein wird.[606]

B. Handlungen der Nutzer

Damit das im Internet bereitgehaltene Angebot an Information und ggf. geschütztem Material überhaupt genutzt werden kann, benötigen Interessenten zunächst einen sog. Browser. Mit Hilfe dieser speziellen Software können die gewünschten Daten aufgefunden, kopiert und auf den Bildschirm des Rechners des

---

[601] *V. Ungern-Sternberg*, in: Schricker, UrhR-K, § 15 Rn. 14; *Klett*, UrhR im Internet, UFITA 149 (1998), S. 52; *Bechtold*, GRUR 1998, 18 [25]; *Gerlach*, ZUM 1999, 279 [279].

[602] Vortrags-, Aufführungs- und Vorführungsrecht nach § 19 UrhG. (Diese Rechte gehören zwar ebenfalls zu den Rechten der unmittelbaren Werkwiedergabe. Allerdings muß hier der Empfängerkreis an einem Ort versammelt sein, was im Falle des „Uploading", wie dargelegt, nicht zu bejahen ist.) Senderecht nach § 20 UrhG, Recht der Wiedergabe durch Bild- oder Tonträger nach § 21 UrhG und Recht der Wiedergabe von Funksendungen nach § 22 UrhG.

[603] *V. Ungern-Sternberg*, in: Schricker, UrhR-K, § 15 Rn. 10.

[604] *V. Ungern-Sternberg*, in: Schricker, UrhR-K, § 15 Rn. 30; *Hoeren*, CR 1996, 517 [518]; *Loewenheim*, GRUR 1996, 636 [638].

[605] *Dreier*, GRUR 1997, 859 [863]; *Hoeren*, CR 1996, 517 [518]; *Koch*, 1997, 417 [429].

[606] So werden nunmehr die bisherigen Erwägungen zum Recht der Verbreitung und dem Senderecht als überholt angesehen: *Alpert*, CR 2000, 345 [347]; *Ahrens*, ZUM 2000, 1029 [1030]; *Leupold/Demisch*, ZUM 2000, 379 [382]; *Loewenheim*, GRUR 1996, 830 [835]; *Sasse/Waldhausen*, ZUM 2000, 837 [840]; *Schardt*, ZUM 2000, 849 [854]; *Schulze*, ZUM 2000, 432 [440]; *Schwarz*, ZUM 2000, 816 [828]. Tatsächlich sieht auch der Entwurf eines Gesetzes zur Regelung des Urheberrechts in der Informationsgesellschaft vor, das Recht der öffentlichen Zugänglichmachung als Recht der öffentlichen Wiedergabe künftig in §§ 15 Abs. 2, 19a UrhG zu gewähren, BT-Drs. 15/38, S. 5.

Empfängers der Daten transportiert werden. Dementsprechend umfaßt die auch als „Browsing“ bezeichnete Nutzungshandlung (I.) die Tätigkeit, das im Internet bereitgehaltene Material auf dem eigenen Bildschirm anzusehen.[607] Hiervon zu unterscheiden ist das sog. „Downloading“ (II.), bei dem der Nutzer eine dauerhafte Kopie, sei es auf der Festplatte seines Computers oder auf Diskette bzw. CD-ROM, anfertigt, wohingegen beim „Browsing“ neben der Bildschirmanzeige lediglich temporäre Kopien im Arbeitsspeicher (RAM) oder auf der Festplatte des Empfängerrechners (Cache) erfolgen.
Um eine präzise rechtliche Qualifikation der Nutzungshandlung des „Browsing“ bewerkstelligen zu können, wird im weiteren dieser Vorgang in Teilakte aufgespalten und die Bildschirmanzeige als solche getrennt von der Frage untersucht, inwieweit die vorübergehende Speicherung der abgerufenen Daten im Arbeitsspeicher des Nutzerrechners, das sog. „Caching“ und andere ebenfalls technisch bedingte Vorgänge (C.) aus urheberrechtlichen Gründen als relevant anzusehen sind.

I. Die Bildschirmanzeige („Browsing“)

Das bloße Sichtbarmachen eines Werkes auf dem Bildschirm eines Computers könnte in das dem Urheber ausschließlich zuerkannte Recht der Vervielfältigung eingreifen. Hierbei stellt sich insbesondere die Frage, ob dieses Verwertungsrecht in den internationalen Verträgen, in den einschlägigen Richtlinien und im deutschen Urheberrechtsgesetz eine Ausgestaltung erfahren hat, derzufolge auch ein bloß temporäres Erscheinen urheberrechtlicher Schutzgegenstände erfaßt wird.

1. Internationales Recht

Wie an anderer Stelle bereits deutlich geworden ist, gewährt die RBÜ das Recht der Vervielfältigung in einer weiten und allgemeinen Formulierung, die auch vorübergehende Vervielfältigungen miteinschließt.[608] Da den einzelnen Verbandsstaaten des weiteren ein gewisser Handlungsspielraum bei der Ausgestaltung der Mindestrechte eingeräumt wird, bleibt es letztendlich dem jeweiligen nationalen Gesetzgeber überlassen, die Bildschirmanzeige im Rahmen des „Browsing“ als urheberrechtlich relevante Vervielfältigung zu qualifizieren.

2. Gemeinschaftsrecht

Schon Art. 4 lit. a) der Computerprogramm-Richtlinie hat klargestellt, daß auch die bloß vorübergehende Vervielfältigung urheberrechtlich relevant ist, weshalb – sofern damit eine technische Vervielfältigung verbunden ist – auch Vorgänge wie das Anzeigen der Zustimmung des Rechtsinhabers bedürfen.

---

[607] *Kröger/Kuner*, Internet, S. 347.
[608] *V. Lewinski*, GRUR Int. 1997, 667 [673].

Dementsprechend erfaßt das Vervielfältigungsrecht in Art. 2 der Informations-Richtlinie auch das bloße Sichtbarmachen urheberrechtlich relevanter Materialien. Zwar sind in Art. 5 Abs. 1 der Informations-Richtlinie Ausnahmen zu Art. 2 der Informations-Richtlinie erfaßt, unter die sämtliche flüchtige Kopien fallen. Im Hinblick auf das „Browsing“ (Bildschirmanzeige) findet sich allerdings die Formulierung, daß nur diejenigen Vorgänge unter die Schranke zu subsumieren sind, die die Bildschirmanzeige ermöglichen, weshalb das Sichtbarmachen geschützter Werke auf dem Bildschirm eines Computers als solches wohl nicht erfaßt ist.[609] Dieses kann nämlich nicht lediglich als integraler und wesentlicher Bestandteil eines technischen Verfahrens bewertet werden, dessen alleiniger Zweck es wäre, eine legitime Übertragung im Sinne des Art. 5 Abs. 1 lit. a) der Informations-Richtlinie oder eine rechtmäßige Nutzung im Sinne des Art. 5 Abs. 1 lit. b) der Informations-Richtlinie zu ermöglichen. Darüber hinaus fehlt es ja auch gerade an einer legalen Nutzung, wenn im Falle einer Übertragung urheberrechtlich geschützten Materials die erforderliche Zustimmung des Rechtsinhabers nicht eingeholt wird. Zuletzt entspricht unter wirtschaftlichen Gesichtspunkten das Betrachten von Bildschirmanzeigen im Bereich des Internet einem Ausdruck im Bereich der analogen Technik, da das „Browsing“ als eine der häufigsten Nutzungshandlungen einen Großteil der Online-Werkverwertung ausmacht.[610]

3. Deutsches Urheberrecht

Fraglich ist, ob das in §§ 15 Abs. 1 Nr. 1, 16 UrhG bzw. § 69 c Nr. 1 UrhG gewährte Vervielfältigungsrecht dadurch verletzt wird, daß urheberrechtlich geschützte Daten unerlaubt von einem Internet-Server abgerufen werden, um sie auf einem Bildschirm sichtbar zu machen. An einer Einordnung der bloße Bildschirmanzeige als im Bereich des Ausschließlichkeitsrechts der Vervielfältigung relevante Eingriffshandlung könnten sich deshalb Zweifel ergeben, weil das Merkmal der körperlichen Wiedergabe nicht erfüllt scheint.[611]

So hatte der BGH vor Umsetzung der Computerprogramm-Richtlinie das bloße Sichtbarmachen des Programms auf dem Bildschirm aus diesem Grunde von vornherein vom Vervielfältigungsrecht ausgenommen.[612] Angesichts dieser Formulierung dürfte *de lege lata* die Bildschirmanzeige eines digitalen urheberrechtlich geschützten Werkes kein Eingriff in das Recht der Vervielfältigung darstellen.[613]

---

[609] Erwägungsgrund (33) zur Informations-Richtlinie, ABl. EG Nr. L 167 v. 22.6.2001, S. 12 f.

[610] *Dreier*, in: Schricker, Informationsgesellschaft, S. 114.

[611] *Waldenberger*, ZUM 1997, 176 [178]; *Hilty*, in: Hilty, Information Highway, S. 437 [466].

[612] BGH, GRUR 1991, 449 [453].

[613] *Ahrens*, ZUM 2000, 1029 [1036]; *Wandtke/Schäfer*, GRUR Int. 2000, 187 [187].

Demgegenüber scheint § 69c Nr. 1 S. 2 UrhG für Computerprogramme inzwischen davon auszugehen, daß das bloße Anzeigen zumindest eine Vervielfältigung darstellen kann. Allerdings ist das Anzeigen des Programms Voraussetzung dafür, daß dieses überhaupt genutzt werden kann. Infolgedessen erfaßt die Vorschrift als relevanten Vervielfältigungsakt wohl eher die zum Gesamtvorgang des Anzeigens erforderliche vorherigen Speicherung im Arbeitsspeicher des Computers.[614] Daher läßt sich nach deutschem Recht eine Qualifikation der bloßen Bildschirmanzeige geschützter Werke als Handlung, deren Rechtmäßigkeit von der Erlaubnis des Urhebers abhängt, nur *de lege ferenda* begründen.[615] Entwicklungen auf internationaler Ebene, die die Möglichkeit einer Qualifikation gerade auch flüchtiger Speichervorgänge als urheberrechtsrelevante Vervielfältigungen schaffen, insbesondere der Inhalt des Art. 2 der Informations-Richtlinie, sprechen dabei für eine Änderung der Gesetzeslage in diesem Sinne.[616] Hierdurch würde der erhöhten Intensität der Nutzungshandlung der Bildschirmanzeige Rechnung getragen.[617] So erschöpft sich nämlich häufig die Nutzung urheberrechtsrelevanter Materialien im Online-Bereich in der flüchtigen Betrachtung von Homepages und ähnlichen Internet-Angeboten.[618]

Eine Verletzung der §§ 15 Abs. 2 Nr. 2, 20 UrhG scheidet aus, da bei einem Abruf von Werken im Internet nicht inhaltsgleiche Informationen zeitgleich an eine zumindest begrenzte Öffentlichkeit gesendet werden, welches eine Sendung im Sinne des § 20 UrhG verlangt.

II. Der Abruf von Daten zur Speicherung („Downloading")

Das Herunterladen von Daten aus dem Internet als weitere dem Nutzer zuzuordnende Handlung könnte, ebenso wie die Speicherung von Daten auf der Festplatte eines Computers, auf Seiten des Anbieters das dem Urheber ausschließlich zustehende Recht der Vervielfältigung verletzen.

1. Internationales Recht

Da beim „Downloading" eine körperliche Festlegung eines geschützten Werkes entsteht, sei es auf der Festplatte des heimischen Computers, auf Disketten etc. oder auch auf Papier, verletzt dieser Vorgang unproblematisch das in Art. 9 Abs. 1 RBÜ, Art. IVbis Abs. 1 WUA, Art. 9 S. 1 TRIPs-Übereinkommen und in Art. 1

---

614 *Ahrens*, ZUM 2000, 1029 [1036]; *Dreier*, CR 1991, 577 [580].

615 *Dietz*, ZUM 1998, 438 [446]; *Bechtold*, ZUM 1997, 427 [430]; *Koch*, GRUR 1997, 417 [424]; *Katzenberger*, GRUR 1990, 94 [95].

616 OLG Düsseldorf, CR 1996, 728 [729]; LG München, CR 1998, 538 [539]; *Koch*, GRUR 1997, 417 [424]; *Dreier*, GRUR 1997, 859 [862]; *Zscherpe*, MMR 1998, 404 [406].

617 *Bechtold*, ZUM 1997, 427 [429]; *Dreier*, CR 1991, 577 [579]; *Kappes*, GRUR 1997, 338 [339]; *Koch*, GRUR 1997, 417 [423]; *ders.*, CR 1997, 193 [202].

618 *Schwarz*, GRUR 1996, 836 [841]; *Zscherpe*, MMR 1998, 404 [406].

Abs. IV WCT i. V. m. Art. 9 Abs. 1 RBÜ gewährte ausschließliche Vervielfältigungsrecht.

2. Gemeinschaftsrecht

Eine ausdrückliche Regelung hinsichtlich der Vervielfältigung im digitalen Kontext findet sich, wie dargelegt, in Art. 4 lit. a) der Computerprogramm-Richtlinie. Dem entspricht der Inhalt des Vervielfältigungsrechts in Art. 5 lit. a) der Datenbank-Richtlinie und in Art. 2 lit. a) der Informations-Richtlinie. Diese Rechte verletzt die Nutzungshandlung des „Downloading" daher ebenfalls.

3. Deutsches Urheberrecht

Daß beim Abruf von gespeicherten Daten von einem Server das Vervielfältigungsrecht des Urhebers nach §§ 15 Abs. 1 Nr. 1, 16 UrhG verletzt ist, ist aufgrund einer Speicherung von urheberrechtsfähigem Material auf der Festplatte eines Computers oder einem sonstigen festen Datenträger zu bejahen.[619] Ungeachtet der Form und des Datenträgers, auf dem das Werk von den Nutzer gespeichert bzw. ausdruckt wird, entsteht eine körperliche Festlegung, die es gestattet, das Werk wahrzunehmen, gleich ob unter Zuhilfenahme technischer Einrichtungen.[620] Das bedeutet, daß der Nutzer eine relevante Verwertungshandlung in dem Moment vornimmt, in dem er ein Werk aus dem Internet herunterlädt und auf Diskette oder Festplatte speichert bzw. auf Papier fixiert. Im Verhältnis zu dem bereits untersuchten „Uploading" stellt damit das „Downloading" eine weitere Vervielfältigung dar.

a) Verbreitungsrecht

Indem wie dargestellt das Verbreitungsrecht nach §§ 15 Abs. 1 Nr. 2, 17 Abs. 1 bzw. nach § 69 c Nr. 3 UrhG nur körperliche Werkexemplare meint und beim „Downloading" lediglich Daten vom Anbieter zum Nutzer geschickt werden, kommt eine Verletzung des Verbreitungsrechts hier nicht in Betracht.

b) Vermietrecht

Dagegen könnte aber das Vermietrecht nach § 17 Abs. 3 S. 1 UrhG durch das „Downloading" in unzulässiger Weise tangiert werden. Dieses Recht erfordert eine zumindest mittelbar Erwerbszwecken dienende Vermietung. Gegenwärtig erfolgt jedoch das Angebot von Werken im Internet überwiegend unentgeltlich, weswegen schon aus diesen Gründen der Abruf von Werken in diesem Umfang im Internet nicht das Vermietrecht in § 17 Abs. 3 UrhG betreffen kann.

---

[619] BGH, NJW 1991, 1231 [1234]; *Loewenheim*, in: Schricker, UrhR-K, § 16 Rn. 22; *Koch*, GRUR 1997, 417 [423]; *Leupold/Demisch*, ZUM 2000, 379 [383].

[620] *Schack*, Urh-/UrhVR, Rn. 378.

c) Öffentliche Wiedergabe

Damit das Recht der öffentlichen Wiedergabe betroffen ist, müßte beim „Downloading" eine Wiedergabe im Sinne des § 15 Abs. 2 und 3 UrhG zu bejahen sein. Jedoch ist wiederum die Situation im Internet nicht mit der urheberrechtlichen Begrifflichkeit *de lege lata* vergleichbar, weswegen die Möglichkeit einer Rechtsverletzung auszuschließen ist.[621]

C. Technisch bedingte Nutzungen

Zuvor wurden nur die willentlich gesteuerten Nutzungshandlungen im Internet urheberrechtlich qualifiziert. Daneben können aber auch im Rahmen eines Abrufs bereitgestellter Daten, ob zur Ansicht oder zur körperlichen Festlegung, Nutzungen von statten gehen, die bloß technisch bedingt sind und meist nur vorübergehende Vervielfältigungen erfordern.[622]

Dem Ansatz, sämtliche rein technische, häufig nur vorübergehende Vervielfältigungsvorgänge unter dem Gesichtspunkt des urheberrechtlichen Schutzes als relevant anzusehen, d. h. zu untersuchen, inwieweit diese Vervielfältigungsakte ein dem Urheber ausschließlich zustehendes Verwertungsrecht verletzen können, steht nicht bereits entgegen, daß sich die Handlung des Nutzers für diesen als Einheit darstellt. Der Umstand, daß Werknutzungen in mehrere zu sanktionierende Verwertungshandlungen aufgespalten werden können, auch wenn derjenige, der das Werk nutzen will, aus seiner Sicht lediglich eine einheitlich erscheinende Handlung vorgenommen hat, wird im Bereich der Urheberrechts als sog. Kaskade urheberrechtlicher Nutzungshandlungen anerkannt.[623] So kann ein einziger Werkgenuß Resultat verschiedener zeitlich hintereinander erfolgender Handlungen sein, die ggf. ihrerseits als Urheberrechtsverletzung zu qualifizieren sind.

Als problematisch erweist sich hierbei der Umstand, daß technische häufig nur vorübergehende Handlungen als solche keine eigenen Nutzungsmöglichkeiten eröffnen, sondern im Rahmen der Benutzung eines Werkes in digitaler Form zwangsläufig erfolgen.

So könnte zunächst überlegt werden, ob nicht bereits das sog. „Routing"[624] als urheberrechtlich relevanter Vervielfältigungsakt qualifiziert werden müßte.[625]

---

[621] *Loewenheim*, in: Schricker, UrhR-K, § 16 Rn. 9; *Bothe/Kilian*, Rechtsfragen, S. 447; *Schneider*, CR 1990, 503 [503].

[622] *Dreier*, in: Schricker, Informationsgesellschaft, S. 102; *Loewenheim*, GRUR 1996, 830 [834]; *Vinck*, in: Fromm/Nordemann, § 16 Rn. 19; *Loewenheim*, in: Schricker, UrhR-K, § 16 Rn. 19; *Leupold/Demisch*, ZUM 2000, 379 [482]; *Ernst*, BB 1997, 1057 [1059].

[623] *Dreier*, in: Schricker, Informationsgesellschaft, S. 103; *Ahrens*, ZUM 2000, 1029 [1032]; *Schack*, Urh-/UrhVR, Rn. 383 mit Hinweis darauf, daß bspw. dem französischen Recht eine Aufspaltung eines Verwertungsvorganges in zwei verschiedene Nutzungsarten fremd ist.

[624] Siehe Kap. I. § 2 I.

[625] *Klett*, UrhR im Internet, UFITA 149 (1998), S. 127.

Der Begriff des Routing bezeichnet die Art und Weise des Datentransports im Internet, bei der es auf zahlreichen Computern zu Zwischenspeicherungen kommen kann.[626] Wird nämlich ein online zur Verfügung gestelltes Werk abgerufen, erfolgt die Übermittlung des digitalisierten Werks nicht als Ganzes, sondern in kleinen Einheiten. Diese Daten- bzw. IP-Pakete werden dabei jeweils mit einer eigenen Adressierung versehen und unabhängig voneinander von einem Rechner zu einem anderen nach dem Store-and-forward-Prinzip[627] an die Zieladresse verschickt. Dort angekommen, wird das Werk wieder zusammengesetzt (sog. „Reassembling").
Da allerdings innerhalb dieses Vorgangs kein Vervielfältigungsstück entsteht, das separat verwertet werden könnte, sondern erst am Zielort das verwertbare Gesamtwerk zusammengesetzt wird, ist eine Verletzung des Vervielfältigungsrechts im Rahmen des „Routing" von vornherein ausgeschlossen.
Anders könnte jedoch im Bereich rein technisch bedingter Vervielfältigungen das Laden eines Werkes im RAM (Random Access Memory) zu beurteilen sein. Hierunter ist diejenige Speicherung zu verstehen, die erfolgt, um das von einem Nutzer abgerufene und bereits auf irgendeiner Festplatte gespeicherte Material auf dem Bildschirm anzeigen zu können. Dabei bleiben die Informationen grundsätzlich nur so lange gespeichert, wie der Computer eingeschaltet ist.
Ebenso erscheint die Einordnung der Speicherung von Werken in sog. Proxy- und Cache-Speichern als problematisch. Diese erfolgt dadurch, daß von einem Zwischenspeicher, dem „Cache", im Internet angebotene Daten erfaßt werden, die zuvor abgerufen wurden. Auf diese Weise wird vermieden, daß bei einem erneuten Aufruf derselben Daten diese von dem Server, auf dem sie ursprünglich abgelegt worden waren, erneut geladen werden müssen.[628] Hierbei wird der Cache-Speicher von einem Web-Browser verwaltet, so daß der Nutzer auf die gespeicherten Daten ohne Hilfe eines zusätzlichen Programmes nicht zugreifen kann, weshalb die Kopien im Rahmen des sog. „Caching" Einflußnahme des Nutzers entstehen. Zudem hängt auch die Dauer der Speicherung von dem Algorithmus und von der Größe des Cache-Speichers ab.

I. Internationales Recht

Dem von der RBÜ als Mindestrecht in Art. 9 Abs. 1 RBÜ gewährten Verwertungsrecht der Vervielfältigung ist eine Vorgabe zu der Frage, ob rein technisch bedingte Kopien ebenfalls als urheberrechtlich relevante Vervielfältigungen zu qualifizieren sind, nicht ausdrücklich zu entnehmen. Allerdings umfaßt Art. 9 Abs. 1 RBÜ jede Vervielfältigung unabhängig davon, auf welche Art und in welcher Form sie erfolgt, weshalb auch vorübergehende Vervielfältigungen un-

---

626 *Koch*, Internet-Recht, S. 439; *ders.*, CR 1999, 121 [123].
627 *Hugenholtz*, in: Hugenholtz, Copyright, S. 81 [88].
628 *Koch*, CR 1999, 121 [123].

ter diese allgemeine Formulierung subsumiert werden können.[629] Damit bleibt es den Verbandsstaaten überlassen, hinsichtlich der Ausgestaltung dieses Mindestrechts rein technisch bedingte Vervielfältigungen als urheberrechtlich relevant einzustufen.

Wie bereits erwähnt, wurde im Zuge der Arbeiten für den WIPO-Urheberrechtsvertrag der Vorschlag für eine Vorschrift, die eine Präzisierung des Anwendungsbereichs des Art. 9 Abs. 1 RBÜ erbracht hätte, nicht übernommen. Vielmehr wurde die weite Formulierung, die sowohl Speicherungen in digitaler Form als auch sämtliche vorübergehende Vervielfältigungsvorgänge mitumfaßt, als nach wie vor maßgeblich erachtet. Im Ergebnis blieb daher die Dauerstreitfrage, ob Proxy- und Cache-Speicher oder das RAM als Orte urheberrechtlich relevanter Vervielfältigungsvorgänge anzusehen sind, offen.[630]

II. Gemeinschaftsrecht

Auf gemeinschaftsrechtlicher Ebene erfolgte vor Verabschiedung der Informations-Richtlinie eine teilweise Harmonisierung des Vervielfältigungsrechts im Rahmen der Computerprogramm- und der Datenbank-Richtlinie. Hierbei findet sich in Art. 4 lit. a) der Computerprogramm-Richtlinie die Regelung, daß hinsichtlich Computerprogrammen auch vorübergehende Vervielfältigungsvorgänge wie das bloße Laden von Software als urheberrechtlich relevante Vervielfältigungen anzusehen sind.[631] Demgegenüber war vor Erlaß der Richtlinie unklar, ob das bloße Laufenlassen eines Programms dem Urheber vorbehalten bleiben soll. Einerseits wurde vertreten, daß jeder bei der Anwendung von Computerprogrammen technisch bedingte Kopiervorgang urheberrechtlich als Vervielfältigung qualifiziert werden müsse,[632] andererseits wurde im Laufe der Zeit vermehrt auf den Gedanken des Partizipationsinteresses des Urhebers abgestellt und entschieden, daß, solange eine Kopie im technischen Sinn nicht zu einer Vermehrung der Nutzungsmöglichkeiten eines Programms führt, die Interessen des Urhebers nicht berührt seien und der Vorgang nicht dem Vervielfältigungsrecht unterliege.[633] Im bloßen Laufenlassen eines Programms war daher keine Vervielfältigung, sondern allenfalls in Bezug auf die durch das Programm auf der Bildschirmoberfläche dargestellten Ergebnisse eine den unkörperlichen Wiedergabearten wie Vortrag, Aufführung oder Vorführung zuzurechnende

---

629 *V. Lewinski*, GRUR Int. 1997, 667 [673].

630 *Dreier*, in: Schricker, Informationsgesellschaft, S. 104.

631 *Blocher*, in: v. Lewinski/Walter/Blocher/Dreier/Daum/Dillenz, EuUrhR-K, Software-RL, Art. 4 Rn. 16.

632 *Rehbinder*, Urh-/VerlR, Rn. 203; *Vinck*, in: Fromm/Nordemann, UrhG-K, § 16 Rn. 1; *Kindermann*, GRUR 1983, 150 [157]; *Troller*, CR 1987, 356 [357].

633 *Dreier*, CR 1991, 577 [579]; *Lehmann*, GRUR Int. 1991, 327 [327]; *Schneider*, CR 1990, 503 [503].

Verwertungshandlung zu sehen, die mangels „Öffentlichkeit" kein dem Urheber vorbehaltenes Recht verletzte.

Zuletzt wurde aber auch eine mögliche Beeinträchtigung der Interessen der Urheber darin erblickt, daß das Laden eines Programms von einem Datenträger in den Arbeitsspeicher des Computers zu potentiellen Mehrfachnutzungen führen kann. Um dieser Gefahr zu begegnen, sollte eine urheberrechtlich relevante Vervielfältigung für den Fall der Schaffung eines neuen Festlegungsexemplars bejaht werden.[634] Anhand dieser vor Erlaß der Computerprogramm-Richtlinie geäußerten unterschiedlichen Meinungen wird eine große Unsicherheit hinsichtlich der Beurteilung technisch bedingter und häufig bloß vorübergehender Vervielfältigungen deutlich.

Auf diesen Überlegungen aufbauend, enthält die Informations-Richtlinie folgende Regelungen: Zunächst umfaßt das in Art. 2 der Informations-Richtlinie enthaltene Recht der Vervielfältigung auch die vorübergehende Vervielfältigung, insbesondere das Laden in Proxy- und Cache-Speichern sowie in sonstigen Speichern.[635] Damit wurde die lange umstrittene Frage, ob die Speicherung eines Werkes im Arbeitsspeicher (RAM-Speicher) eines Computers, die mit Beendigung der Arbeitssitzung automatisch aus dem Speicher gelöscht wird, als Vervielfältigung anzusehen ist, entschieden.

Allerdings sind in Art. 5 Abs. 1 der Informations-Richtlinie Ausnahmen zu Art. 2 der Informations-Richtlinie erfaßt, unter die wiederum sämtliche flüchtige Kopien wie die Ermöglichung des „Browsing", die Proxy-Speicherung, bestimmte Formen des „Caching" und die Speicherung im RAM fallen.

Damit gestaltet sich die Frage, inwieweit vorübergehende Vervielfältigungen, die Handlungen wie die Bildschirmanzeige und das „Caching" ermöglichen, ohne Erlaubnis des Urhebers vorgenommen werden dürfen, nach wie vor als problematisch. Nach dem Willen des Richtliniengebers erfaßt die Schrankenregelung diese Handlungen nämlich nur, „soweit" diese die in der Vorschrift genannten Voraussetzungen erfüllen.[636] Daraus folgt, daß die Ermöglichung des „Browsing" und „Caching" allein nicht genügt, damit eine Vervielfältigungshandlung als Ausnahme im Sinne des Art. 5 Abs. 1 der Informations-Richtlinie angesehen werden kann. Vielmehr muß gesondert geprüft werden, ob die in Frage stehenden Vervielfältigungshandlungen „...flüchtige oder begleitende (...) sind, als integraler und wesentlicher Teil eines technischen Verfahrens erfolgen und ausschließlich dem Ziel dienen, entweder die effiziente Übertragung in einem Netz zwischen Dritten durch einen Vermittler oder die rechtmäßige Nutzung eines Werks (...) zu ermöglichen." Zudem darf der Vervielfältigungsakt,

---

[634] *Haberstumpf*, CR 1987, 411 [411]; *Lehmann*, NJW 1991, 2112 [2114].

[635] Siehe hierzu außerdem Art. 5 lit. a) Datenbank-Richtlinie.

[636] Erwägungsgrund (33) zur Informations-Richtlinie, ABl. EG Nr. L 167 v. 22.6.2001, S. 12 f.

der gemäß Art. 5 Abs. 1 der Informations-Richtlinie von dem Anwendungsbereich des Art. 2 der Informations-Richtlinie auszunehmen ist, keinen eigenen wirtschaftlichen Wert besitzen.[637]

III. Deutsches Urheberrecht

Das deutsche Urheberrechtsgesetz sieht zum einen in § 16 Abs. 1 UrhG und zum anderen für Computerprogramme in § 69 c Nr. 1 UrhG ein dem Urheber ausschließlich zustehendes Recht der Vervielfältigung vor. Hierbei umfaßt die letztere Vorschrift Vervielfältigungsakte mit jedem Mittel und in jeder Form, die sowohl dauerhaft aber auch vorübergehend erfolgen können. Im Hinblick auf § 16 Abs. 1 UrhG, der das Vervielfältigungsrecht als Recht definiert, Festlegungen des Werkes herzustellen, die geeignet sind, das Werk den menschlichen Sinnen auf beliebige Weise wiederholt wahrnehmbar zu machen,[638] stellt sich allerdings die Frage, wie dauerhaft eine Festlegung sein muß. Grundsätzlich besteht nämlich kein Zweifel, daß eine digitale Speicherung dem ausschließlichen Recht der Vervielfältigung unterfällt.[639] Fraglich ist jedoch, ob bloß vorübergehende, rein technisch bedingte Vervielfältigungen stets dem Urheber vorbehalten bleiben sollen oder ob der Anwendungsbereich eines Verwertungsrechts nicht vielmehr nur für diejenigen Vervielfältigungen eröffnet sein sollte, die eine zusätzliche, über bereits hergestellte Vervielfältigungsstücke hinausgehende Nutzungsmöglichkeit bieten.[640]

Teilweise wird insbesondere die Speicherung im RAM als zu ephemer angesehen, um in Bezug auf diesen Vorgang eine Vervielfältigung im Sinne des § 16 Abs. 1 UrhG bejahen zu können.[641] Andere dagegen qualifizieren eine Einspeicherung in das RAM unter dem Aspekt, daß von einem digitalen auch bloß vorübergehend vorhandenen Datensatz eine erhöhte Gefahr der zusätzlichen Nutzung ausgeht, als urheberrechtlich relevante Vervielfältigung.[642] Schließlich findet sich auch der Vorschlag einer wertenden Betrachtung, derzufolge gefragt werden muß, ob eine nur vorübergehende Vervielfältigung das legitime Interesse des Rechtsinhabers berührt, die damit verbundene Nutzung zu kontrollieren

---

637 Erwägungsgrund (33) zur Informations-Richtlinie, ABl. EG Nr. L 167 v. 22.6.2001, S. 12 f.

638 Amtl. Begr., *Schulze*, Materialien, S. 106.

639 *Loewenheim*, in: Schricker, UrhR-K, § 16 Rn. 9.

640 *Dreier*, in: Schricker, Informationsgesellschaft, S. 103.

641 *Loewenheim*, in: Schricker, UrhR-K, § 16 Abs. Rn. 9; *Schwarz*, in: Becker, Rechtsprobleme, UFITA 137 (1996), S. 13 [30]; *Spindler*, ZUM 1996, 533 [543].

642 *Rehbinder*, UrhR, Rn. 203; *Ulmer*, Urh-/VerlR, § 45 IV.; *Vinck*, in: Fromm/Nordemann, UrhG-K, § 16 Rn. 1; *Katzenberger*, AfP 1997, 434 [437].

und an den wirtschaftlichen Vorteilen dieser Nutzung seines Werkes teilzuhaben.[643]
In Anbetracht dieser Überlegungen und der gemeinschaftsrechtlichen Vorgaben müssen zumindest *de lege ferenda* die eingangs genannten technischen und bloß vorübergehenden Vervielfältigungen zunächst als dem Urheber vorbehaltene Vervielfältigungsakte eingeordnet werden, wobei sodann in einem zweiten Schritt der zu beurteilende Vervielfältigungsvorgang an den dargestellten Überlegungen, die auch Art. 5 der Informations-Richtlinie zugrunde liegen, gemessen werden muß.[644]

D. Zusammenfassung

Wie die vorangehende Untersuchung gezeigt hat, werden die im Bereich des Internet vorgenommenen wichtigsten Nutzungshandlungen jedenfalls nach vollständiger Umsetzung der internationalen Vorgaben von teils herkömmlichen teils neu geschaffenen, den Urhebern ausschließlich zustehenden Verwertungsrechten erfaßt.[645]

---

[643] *Dreier*, in: Schricker, Informationsgesellschaft, S. 112; *Lehmann*, GRUR Int. 1991, 327 [331].

[644] *Dreier*, in: Schricker, Informationsgesellschaft, S. 102.

[645] So auch zum Problem der Musiktauschbörsen im Internet, *Ahrens*, ZUM 2000, 1029 [1037].

§ 3 Ergebnis

In Anbetracht der Existenz zahlreicher internationaler und supranationaler Regelwerke im Bereich des Urheberrechts einerseits und einer grenzüberschreitenden Nutzung von geschützten Werken in Kommunikationsnetzen von weltumspannender Reichweite andererseits, stellt sich insbesondere im Rahmen dieser Arbeit die Frage, welcher Stellenwert nationalen Urheberrechtsnormen noch beizumessen ist.[646] Um diese Frage beantworten zu können, müssen Lücken aufgespürt werden, die nach Umsetzung und Anwendung der internationalen Vorgaben bezüglich eines umfassenden Urheberrechtsschutzes verbleiben, welche sodann mit Hilfe nationaler Regelungen zu schließen wären. Weitergehend ist aber auch bereits an dieser Stelle zu überlegen, inwieweit der Schutz der Urheber und ihrer Werke eigentlich Gegenstand unterschiedlicher Maßstäbe sein sollte bzw. sein darf.[647]

Zunächst haben insbesondere die auf europäischer Ebene unternommenen Harmonisierungsbestrebungen zur Sicherstellung der Rechte der Urheber die Autonomie der nationalen Gesetzgeber bei der Schaffung eigener Urheberrechtsnormen eingeschränkt. Die Entwicklung hin zu einer Verdrängung nationaler Gesetzgebungsautorität findet ihre Grundlage allerdings in einem in den früheren Entwürfen zu der RBÜ bereits zum Ausdruck gebrachten universellen Ideal.[648] Zwar bilden die beiden Prinzipien der Inländerbehandlung und des Mindestschutzes die Grundstruktur der Konvention, denenzufolge der Bestand der nationalen Gesetzgebung grundsätzlich unangetastet bleibt. Dennoch waren die Arbeiten zu dem ältesten internationalen Regelwerk im Bereich des Urheberrechts von Beginn an von der Idee der Schaffung supranationaler Normen begleitet, mit Hilfe derer die internationale Uniformität und Vorhersehbarkeit hätte gewährleistet und die internationale Verbreitung von geistigen Schöpfungen in erheblichem Maße hätte gefördert werden können.[649] Daß im Ergebnis an dem Nichtdiskriminierungsgrundsatz und der Festlegung eines Mindeststandards festgehalten wurde, lag zum einen daran, daß gerade auch zum damaligen Zeitpunkt die erforderlichen umfangreichen Änderungen der nationalen Urheber-

---

[646] Siehe *Ginsburg*, GRUR Int. 2000, 97 [97].

[647] Zu weitergehenden Überlegungen siehe Kap. V.

[648] *Ginsburg*, GRUR Int. 2000, 97 [99].

[649] So sollten zwar zunächst nach den von dem ersten Kongreß der Urheber und Künstler in Brüssel im Jahr 1858 angenommenen Resolutionen, die für Entwurf und Abfassung der Berner Konvention grundlegend waren, nationale, möglichst einheitliche Vorschriften parallel zu internationalen Vorschriften angewendet werden. Eine Bedeutungsverschiebung brachte jedoch die erste Regierungskonferenz zur Schaffung der Berner Union im Jahr 1883, derzufolge die Vereinheitlichung der nationalen Urheberrechtsgesetze Vorrang vor einer bloßen Inländergleichbehandlung haben sollte. Letztendlich entfernte sich aber bereits der Entwurf von 1884 wieder von der Idee eines umfassenden einheitlichen internationalen Urheberrechtsgesetzes.

rechtsordnungen nicht vorgenommen werden sollten, zum anderen aber eine breite Zustimmung bei den verhandelnden Staaten erzielt werden sollte.[650] Als besonders problematisch erwiesen sich in diesem Zusammenhang die dogmatischen Unterschiede hinsichtlich der Natur des Urheberrechts als Persönlichkeits- oder aber als Vermögensrecht, hinsichtlich derer eine Entscheidung schließlich den einzelnen Verbandsländern überlassen blieb.
Das Konzept einer Kombination des Grundsatzes der Inländerbehandlung mit der Garantie von Mindestrechten wurde bei allen nachfolgenden Revisionen der RBÜ von 1896 bis 1971 beibehalten und auch nicht im Rahmen der Einführung zusätzlicher materieller Mindestschutzvorschriften durch das TRIPs-Übereinkommen von 1994 und dem WIPO-Urheberrechtsvertrag WCT von 1996 abgeändert.
Während also seit Bestehen internationaler Urheberrechtsnormen der nationalen Gesetzgebung im Grundsatz auch weiterhin die Regelung von Inhalt und Umfang des eigenen Urheberrechtsschutzes überlassen blieb, wurden einzelne jüngere Vorschriften, wie die Bestimmungen des TRIPs-Übereinkommens zur Durchsetzung der gewährten Rechte,[651] als zwingende Rahmenvorgaben formuliert oder es wurden die Möglichkeiten unterschiedlicher Auslegung, wie dies die Verpflichtungen des WCT taten, eingegrenzt.[652] Im Ergebnis sahen jedenfalls die nationalen Gesetzgeber ihren Handlungsspielraum zunehmend kleiner werden.
Während also sowohl die internationalen Verträge im Bereich des Urheberrechts als auch die entsprechenden Richtlinien einen genauen Rahmen für den durch die nationalen Gesetzgeber umzusetzenden Urheberrechtsschutz festlegten, der bezüglich der Gegenstände[653] und des Umfangs des Urheberrechtsschutzes sogar immer umfassender wurde, blieben insbesondere im Hinblick auf die Urheberschaft und Inhaberschaft am Urheberrecht doch wesentliche Lücken bestehen.
So sind keiner der internationalen Konventionen nähere Vorschriften über die Urheberrechtsinhaberschaft – wobei zwischen Urheberschaft und Inhaberschaft

---

[650] *Ladas*, Property, S. 80 .
[651] Art. 41 bis 61 mit Art. 16 TRIPs-Übereinkommen.
[652] Hinsichtlich Art. 11 WCT oblag es allerdings den Mitgliedstaaten, ob der Schutz gegen die Umgehung technischer Schutzmaßnahmen auch gegen mittelbare Umgehungsmaßnahmen erfolgen soll, *Ginsburg*, GRUR Int. 2000, 97 [100].
[653] Die RBÜ legte zunächst im Bereich der Schutzgegenstände keinen Originalitätsstandard fest, woraus Unterschiede zwischen den nationalen Urheberrechtsnormen resultierten. Das TRIPs-Übereinkommen und der WCT haben diese Lücke insofern geschlossen, als daß für Computerprogramme und Datenbanken der Standard einer geistigen Schöpfung verlangt wurde, Art. 10 TRIPs-Übereinkommen und Art. 5 WCT. Eine ähnliche Vorgehensweise liegt den europäischen Harmonisierungsbestrebungen zugrunde.

nur teilweise Deckungsgleichheit besteht – zu entnehmen.[654] Ebenso gewähren die Richtlinien den Mitgliedstaaten einen vergleichsweise breiten Spielraum bei der Zuordnung der Rechte an Urheber, Arbeitgeber und Rechtserwerber. So bleiben in der Frage der Inhaberschaft am Urheberrecht weiterhin Unterschiede bei der nationalen Regelung des Urheberschaftsstatuts[655], der originären Rechtsinhaberschaft[656] und bei den Übertragungsvermutungen bestehen. Außerdem existieren unterschiedliche Definitionen darüber, wer Miturheber sein kann.[657] Darüber hinaus wurden hinsichtlich des Umfangs der Urheberrechte und ihrer Ausnahmen zwar in der Pariser Fassung der RBÜ von 1971 noch fehlende Regelungen im Rahmen des TRIPs-Übereinkommens und des WCT nachgeholt,[658] dennoch blieben auch hier Lücken bestehen.

Abgesehen von einer Unklarheit, die eine fehlende Verweisung auf Art. 6bis RBÜ im Rahmen des TRIPs-Übereinkommens hinterläßt,[659] wird es im Bereich des Verbreitungsrechts den Mitgliedstaaten überlassen, eine Regelung hinsichtlich der Voraussetzungen einer Erschöpfung zu treffen.[660]

---

[654] Eine Ausnahme stellt Art. 14 Abs. 2 RBÜ dar, der die Rechtsinhaberschaft an Filmwerken regelt.

[655] Bspw. überlassen die Computerprogramm-Richtlinie und die Datenbank-Richtlinie die Bestimmung hinsichtlich des Urheberschaftsstatuts darüber, ob der Urheber eine natürliche oder aber auch eine juristische Person sein kann, dem nationalen Recht, Art. 2 Abs. 1 der Computerprogramm-Richtlinie und Art. 4 Abs. 1 der Datenbank-Richtlinie.

[656] Bezüglich der originären Rechtsinhaberschaft räumen Art. 1 Abs. 2 der Computer-Richtlinie, Art. 1 Abs. 4 der Schutzdauer-Richtlinie und Art. 4 Abs. 1 der Datenbank-Richtlinie den Mitgliedstaaten die Befugnis ein, Regelungen beizubehalten, die die originäre Inhaberschaft an Kollektivwerken zugunsten von juristischen Personen vorsehen.

[657] Art. 2 Abs. 1 der Computerprogramm-Richtlinie, Art. 4 Abs. 2 der Datenbank-Richtlinie, Art. 1 Abs. 2 und 4 der Schutzdauer-Richtlinie beziehen sich u. a. auf Miturheberschaftswerke ohne diese Begriffe zu definieren. Außerdem können die Mitgliedstaaten gemäß Art. 2 Abs. 2 der Vermiet- und Verleihrecht-Richtlinie und Art. 1 Abs. 5 der Satelliten-Richtlinie selbst bestimmen, wer neben dem Hauptregisseur eines Filmwerkes als Miturheber des Werks angesehen werden muß.

[658] Siehe Art. 10 (bestimmte Ausnahmen), Art. 10bis (bestimmte Ausnahmen), Art. 11 (bestimmte Rechte der öffentlichen Wiedergabe), Art. 11bis (Senderechte), Art. 11ter (bestimmte Rechte der öffentlichen Wiedergabe) der RBÜ mit Art. 13 (Ausnahmen) des TRIPs-Übereinkommens sowie mit Art. 8 (Recht der öffentlichen Wiedergabe) und Art. 10 (Ausnahmen und Schranken) des WCT.

[659] Art. 6bis RBÜ verpflichtet die Mitgliedstaaten dazu, einen Schutz des Rechts auf Namensnennung und auf Werkintegrität vorzusehen. Solches nimmt das TRIPs-Übereinkommen nicht auf. Problematisch ist hierbei, daß eine fehlende Umsetzung von Regelungen der RBÜ sanktionslos bleibt, die Nichterfüllung hingegen von Verpflichtungen aus dem TRIPs-Übereinkommen zu Handelssanktionen gegenüber dem konventionswidrig handelnden Staat führen kann.

[660] Art. 6 TRIPs-Übereinkommen und Art. 6 Abs. 2 WCT.

Allgemein gesprochen legen die internationalen Verträgen im Bereich des Urheberrechts eine Unter-, aber keine Obergrenze für den Umfang des Urheberrechtsschutzes fest. Auf diese Weise steht es dem nationalen Gesetzgeber frei, umfassendere Rechte zu gewähren bzw. im Bereich der Schrankenbestimmungen innerhalb des vorgegebenen Rahmens eine entsprechende Auswahl vorzunehmen. Diesbezüglich finden sich zwar in den europäischen Richtlinien weitergehende Vorgaben dergestalt, daß zum einen hinsichtlich des Schutzumfangs bestimmte Beschränkungen als verpflichtend anzusehen sind, zum anderen mögliche Ausnahmen detaillierter geregelt wurden. Dennoch kann die zunächst starr festgelegte Obergrenze auch hier durch Ausnahmen abgesenkt werden.
Damit ist im Bereich der Inhaberschaft an Urheberrechten sowie des Schutzumfangs und der Ausnahmen von einem (Fort-) Bestehen von z. T. abgeschwächten (System-) Unterschieden zwischen den einzelnen nationalen Urheberrechtsordnungen welt- und europaweit auszugehen. Nationale Gesetze behalten folglich in zwei grundlegenden Gebiete des Urheberrechts ihre Bedeutung.
Der Grund hierfür ist – abgesehen von einem in Einzelfällen vorzufindenden Mangel an politischem Willen – darin zu sehen, daß die internationalen Verträge und EU-Richtlinien bezüglich Fragen der Urheberrechtsinhaberschaft sowie der Schrankenbestimmungen bewußt auf die nationale Gesetzgebungsautorität verweisen, um so politischen Wertentscheidungen im Bereich von Arbeitsrecht und Kultur in ausreichendem Maße Rechnung zu tragen. Hierin liegt zugleich die Beantwortung der eingangs gestellten Frage, welche Berechtigung nationale Urheberrechtsgesetze, insbesondere vor dem Hintergrund einer globalen Werknutzung im Internet, überhaupt noch haben. So müssen nämlich die nationalen Urheberrechtsordnungen als wesentlicher Bestandteil der jeweiligen Kultur- und Informationspolitik angesehen und als solcher respektiert werden.
In dieser Überlegung könnte bereits eine Weichenstellung für die Frage der kollisionsrechtlichen Anknüpfung liegen und zwar dadurch, daß die politischen Vorgaben eines souveränen Staates innerhalb dessen Grenzen als maßgeblich anzusehen sind, gleich welchen nationalen Ursprungs das genutzte Werk ist. Um der sogleich zu erörternden Problematik der möglichen Anknüpfungspunkte im internationalen Urheberrecht nicht vorzugreifen, sei an dieser Stelle lediglich die Feststellung zu treffen, daß aufgrund des Fehlens eines einheitlichen weltweit geltenden Urheberrechts[661] weiterhin Bedarf an einer Kollisionsnorm besteht, anhand derer die (nationale) Rechtsordnung berufen wird, die hinsichtlich eines urheberrechtlichen Sachverhalts mit Auslandsberührung zur Anwendung gelangt.

---

[661] Siehe hierzu BGHZ, 64, 183 [191]; BGH, GRUR Int. 1973, 49 [50]; *Uchtenhagen*, in: Dittrich, UrhR, S. 29 [29].

Viertes Kapitel: Anknüpfungen im internationalen Urheberrecht

Im Vordergrund dieser Arbeit steht die Untersuchung, inwieweit zum einen neue Informationstechnologien die traditionellen Anknüpfungsregeln im Bereich des Urheberkollisionsrechts in Frage stellen und zum anderen, welche internationalen Impulse vor allem von neueren Entwicklungen im Rahmen der europäischen Richtliniengesetzgebung diesbezüglich ausgehen.[662] Hierbei können als Rechtsgrundlage der Anknüpfungen im internationalen Urheberrecht nicht nur das autonome Internationale Privatrecht der einzelnen Staaten herangezogen werden, sondern ebenso die im Bereich des geistigen Eigentums relevanten internationalen Verträge und Richtlinien.[663] Letztere gelängen auch im Falle ihres kollisionsrechtlichen Gehalts vorrangig zur Anwendung.[664]

Im folgenden soll daher ermittelt werden, in welchen Regelwerken, sei es auf internationaler, supranationaler (gemeinschaftsrechtlicher) oder nationaler[665] Ebene sich Anhaltspunkte dafür finden, anhand welcher Rechtsordnung insbesondere die Verletzung von Urheberrechten zu beurteilen ist.

Vorab sollen noch losgelöst von der Frage, inwieweit mögliche Anknüpfungsregeln ihren Niederschlag gegebenenfalls bereits in den maßgeblichen internationalen Konventionen und den einschlägigen Richtlinien gefunden haben, einige Aussagen zum dogmatischen Hintergrund dieser Frage getroffen werden. D. h. zum einen werden Inhalt und Verwendung des Begriffs der Anknüpfung im Kollisionsrecht näher erläutert und zum anderen die Eckpunkte der beiden sich einander gegenüberstehenden grundlegenden Prinzipien des internationalen Urheberrechts dargestellt.

§ 1 Zum Begriff der Anknüpfung

Wenngleich entsprechende Gesetzestexte die Verwendung des Begriffs der Anknüpfung vermeiden, ist dieser Ausdruck seit über hundert Jahren[666] fester Bestandteil der internationalprivatrechtlichen Terminologie. Er bezeichnet die Ver-

---

[662] Siehe *Hoeren/Thum*, in: Dittrich, UrhR, S. 78 [89]; *Köster*, in: Götting, Multimedia, S. 153 [159]; *Intveen*, IntUrhR, UFITA 171 (1999), S. 56; *Muth*, Urheberrechtsverletzungen, S. 114; *Regelin*, KollR der IGR, S. 150; *Schack*, MMR 2000, 59 [61]. Ausführlich wird das anwendbare Urheberrecht im Bereich des Internet inzwischen von der WIPO diskutiert, WIPO Forum on Private International Law and Intellectual Property, Geneva, January 30 and 31, 2001. Zu der vorangehenden WIPO-Expertensitzung im Dezember 2000, siehe *Thum*, GRUR Int. 2001, 8 [9].

[663] *Drexl*, in: FS für Dietz, S. 461 [463]; *Schack*, Anknüpfung des UrhR, Nr. 24; ausführlich dazu: *V. Bar*, IPR, Bd. 1, Rn. 176 ff.

[664] Für Dtl.: Art. 3 Abs. 2 S. 2 EGBGB. Siehe außerdem Kap. III. § 1 I. 2.

[665] Stellvertretend für autonomes innerstaatliches Recht wird im folgenden das deutsche Recht untersucht.

[666] Wohl erstmalige Verwendung durch Franz Kahn 1891. Nachweis siehe *Ficker*, in: FS für Nipperdey, Bd. I, S. 297 [297].

bindung eines konkreten Sachverhalts mit einem Staat bzw. dessen Rechtsordnung, wobei in Rechtsprechung und Schrifttum regelmäßig noch zwischen den beiden wesentlichen Bestandteilen des Tatbestandes einer selbständigen Kollisionsnorm,[667] dem Anknüpfungspunkt[668] und dem Anknüpfungsgegenstand, unterschieden wird.

A. Anknüpfungspunkt und Anknüpfungsgegenstand

Die Unterscheidung zwischen Anknüpfungspunkt und Anknüpfungsgegenstand auf der Tatbestandsseite einer kollisionsrechtlichen Vorschrift soll dazu beitragen, die gedanklichen Schritte innerhalb des Vorgangs der Anknüpfung bzw. das Vorgehen bis zur Anwendbarkeit einer bestimmten Rechtsordnung als Rechtsfolge[669] präzise erfassen zu können. Auf diese Weise wird zudem deutlich, daß die Verknüpfung eines in Frage stehenden Sachverhaltes mit einer bestimmten Rechtsordnung auf zwei verschiedenen Ebenen von statten geht.[670] Zunächst wird auf der Ebene der Regelbildung abstrakt eine von der Kollisionsnorm inhaltlich umschriebene Summe von Rechtsnormen (Anknüpfungsgegenstand)[671] zu einem nach räumlichen Gesichtspunkten bestimmten Tatbestandsmerkmal (Anknüpfungspunkt)[672] in Bezug gesetzt. Sodann erfolgt auf der Ebene der Regelanwendung im Wege der Subsumtion unter die Kollisionsnorm die Zuordnung eines konkreten Sachverhalts zu bestimmten nationalen Rechten.[673] Es muß also ein bestimmtes Geschehen kollisionsrechtlich qualifiziert werden

---

[667] Neben den selbständigen Kollisionsnormen (sog. Hauptnormen) finden sich auch die sog. unselbständige Kollisionsnormen (sog. Hilfsnormen). Diese bezeichnen im Gegensatz zu den selbständigen Kollisionsnormen – z. B. Art. 7 Abs. 1, 25 Abs. 1 EGBGB – internationalprivatrechtliche Vorschriften, anhand deren Wortlauts allein sich noch nicht die auf einen Sachverhalt anwendbare Rechtsordnung bezeichnen läßt, z. B. Art. 4 Abs. 1 S. 1 EGBGB. D. h. sie ergänzen die selbständigen Kollisionsnormen, sofern diese ihrerseits nicht zur eindeutigen Berufung der anwendbaren Rechtsordnung ausreichen, *v. Hoffmann*, IPR, § 4 Rn. 6 f. Diese Regelungstechnik wird auch mit der des Allgemeinen und Besonderen Teils des BGB verglichen, *Kegel/Schurig*, IPR, § 6 I. 1.

[668] Der Begriff des Anknüpfungspunktes bzw. –moments oder – faktors wird uneinheitlich verwendet. So entwickelte *v. Savigny* im 19. Jahrhundert die Vorstellung, jedem Rechtsverhältnis einen räumlichen Schwerpunkt in einem nationalstaatlichen Gebiet zuzuordnen, *ders.*, System des heutigen römischen Rechts, Bd. 8, S. 106, 246 ff. Diesen Ansatz fortführend, *Kropholler*, IPR, § 12 II. 1; *v. Hoffmann*, IPR, § 4 Rn. 4; *Geller*, GRUR Int. 2000, 659 [659]. Im weiteren soll daher die oben gewählte Terminologie als Grundlage dienen.

[669] Zum Aufbau einer Kollisionsnorm im Vergleich zu einer Sachnorm, siehe Kap. IV. § 3 A. I.

[670] *V. Bar*, IPR, Bd. 1, Rn. 518; *Ulmer*, IGR, S. 51.

[671] So z. B.: „Voraussetzungen der Eheschließung“, „vertragliche Schuldverhältnisse“ oder „deliktische Handlungen“.

[672] So z. B.: „Staatsangehörigkeit“, „gewöhnlicher Aufenthalt“ oder „Handlungsort“.

[673] *V. Bar*, IPR, Bd. 1, Rn. 516; *Kegel/Schurig*, IPR, § 13 I.

(z. B. als Delikt im Sinne des Kollisionsrechts), um über den Anknüpfungspunkt (dann den Tatort) zu den anwendbaren Normen zu gelangen.[674] Der Anknüpfungspunkt, den es zu lokalisieren gilt, ist hierbei als geeigneter Schwerpunkt des jeweiligen Anknüpfungsgegenstandes zu charakterisieren.[675]
In diesem Zusammenhang stellt sich zudem regelmäßig die Frage, anhand welcher Rechtsordnung die zuvor beschriebene kollisionsrechtliche Qualifikation eines zu beurteilenden Lebensverhältnisses vorzunehmen ist. So wird beispielsweise für die Auslegung der im EGBGB enthaltenen Anknüpfungsgegenständen nach vorherrschender Ansicht auf das deutsche Sachrecht zurückgegriffen.[676] Begründet wird dies damit, daß die autonomem Kollisionsrecht zugrundeliegenden Verweisungsbegriffe in der Regel identisch mit den Systembegriffen des internen materiellen Rechts seien.[677]

B. Vorfrage und Hauptfrage

Im Rahmen des Vorgangs der Anknüpfung kann eine Abgrenzung zwischen der sog. Haupt- und Vorfrage[678] Bedeutung erlangen.[679] Dabei betrifft die Vorfrage das Bestehen eines präjudiziellen Rechtsverhältnisses oder einer Rechtslage, die von dem Tatbestand einer in- oder ausländischen Kollisions- oder Sachnorm vorausgesetzt wird.[680]

---

[674] Diese Zweistufigkeit der Anknüpfung schlägt sich außerdem in der kollisionsrechtlichen Terminologie der „lex" einerseits und des „Statuts" andererseits nieder. Ist also bspw. von der *lex loci protectionis* die Rede, wird auf das anwendbare Recht abgestellt, das anhand eines Anknüpfungspunktes (Handlungsort) gefunden werden muß. Demgegenüber nimmt das Statut den Anknüpfungsgegenstand (Urheberrecht) als Bezugsgröße.

[675] *V. Savigny*, System des heutigen römischen Rechts, Bd. 8, S. 246 ff.

[676] Eine Qualifikation erfolgt damit nach der *lex fori*, *v. Hoffmann*, IPR, § 4 Rn. 5, § 6 Rn. 1. Eine vermittelnde Ansicht schlägt in diesem Zusammenhang eine Suche nach Begriffen vor, die sich sowohl in dem Recht des Forumstaates als auch in sämtlichen in einem konkreten Fall anwendbaren ausländischen Rechtsordnungen wiederfinden, *Kegel/Schurig*, IPR, § 13 II.

[677] Zu den sich aus dieser Wechselwirkung zwischen Qualifikation des Anknüpfungsgegenstandes und Lokalisierung des Anknüpfungspunktes ergebenden Problemen im urheberkollisionsrechtlichen Kontext siehe Kap. V. § 2 A.

[678] Darüber hinaus findet sich in der internationalprivatrechtlichen Literatur eine weitere Differenzierung zwischen einer sog. Erst- und einer Vorfrage. Als wesentlicher Unterschied wird dabei einerseits die Erstfrage bereits im Tatbestand einer Kollisionsnorm vorausgesetzt und andererseits die Vorfrage erst von dem anwendbaren materiellen Recht gestellt, *v. Hoffmann*, IPR, § 6 Rn. 48.

[679] Siehe Kap. IV. § 2 B. IV.

[680] *Sonnenberger*, in: MüKo, EGBGB, Einl., Rn. 496; *v. Bar*, IPR, Bd. 1, Rn. 607; *Lüderitz*, IPR, Rn. 137.

§ 2 Die widerstreitenden Prinzipien im Bereich des internationalen Urheberrechts

Für die Frage, welches Recht bei Urheberrechtsverletzungen mit Auslandsberührung anwendbar ist, wird in erster Linie als maßgeblich erachtet, welcher Betrachtung hinsichtlich der Rechte an einem Werk der Vorzug zu geben ist: Derjenigen, wonach ein Urheberrecht an einem Werk existiert oder derjenigen, die dem Urheber ein Bündel jeweils nationaler Rechte an einem bestimmten Werk in die Hand gibt.[681] Diese gegenläufigen Ansätze finden sich in dem Streit zwischen den Vertretern des Territorialitätsprinzips und denen des Universalitätsprinzips wieder und stellen die beiden Gegenpole bei der Frage nach geeigneten Anknüpfungsregeln im Bereich des internationalen Urheberrechts dar.
Im folgenden sollen deshalb zunächst diese beiden Prinzipien und die daraus abgeleiteten Anknüpfungsregeln skizziert werden, um sodann zu untersuchen, inwieweit diese ihren Niederschlag in internationalen, supranationalen und nationalen Regelwerken gefunden haben.

A. Die Anknüpfungsregel *lex loci protectionis*

Im Bereich des Urheberkollisionsrechts wird das anzuwendende Recht traditionell über die im folgenden dargestellte, meist ungeschriebene Anknüpfungsregel berufen.[682]

I. Die Grundregel

Nach autonomem internationalem Privatrecht gilt zumeist, daß Fragen des Urheberrechts bei Sachverhalten mit Auslandsberührung grundsätzlich dem Recht des Schutzlandes unterstellt sind (sog. *lex loci protectionis*).[683] Es wird also auf das Recht des Landes verwiesen, für dessen Gebiet der Urheber rechtlichen Schutz gegen die behauptete Verwertungshandlung verlangt, wo also das geistige Eigentum genutzt oder gegen widerrechtliche Eingriffe verteidigt werden soll.[684]

---

[681] *Schack*, Urh-/UrhVR, Rn. 795.

[682] BVerfGE 81, 208 [222]; BGHZ 126, 252 [256]; *Katzenberger*, in: Schricker, UrhR-K, vor §§ 120 ff. Rn. 73; *Nordemann*, in: Fromm/Nordemann, UrhR, vor § 120 Rn. 1; *v. Bar*, IPR, Bd. 2, Rn. 708; *Kropholler*, IPR, § 58 VII. 2.; *Rehbinder*, UrhR, Rn. 472; *Schack*, Urh-/UrhVR, Rn. 887; *Ulmer*, IGR, S. 14; *ders.*, RabelsZ 41 (1977), 479 [479].

[683] Für Deutschland: BGH, GRUR 1982, 727 [729]; *Heldrich*, in: Palandt, BGB, Art. 38 EGBGB Rn. 15; *Katzenberger*, in: Schricker, UrhR-K, vor §§ 120 ff. Rn. 73; *Kegel*, in: Soergel, EGBGB, Art. 12 Anh. Rn. 16; *Kreuzer*, in: MüKo, EGBGB, nach Art. 38 Anh. II. Rn. 7.

[684] BGHZ 118, 394 [397], 126, 252 [255]; *Kreuzer*, in: MüKo, EGBGB, nach Art. 38 Anh. II. Rn. 8; *v. Bar*, IPR, Bd. 2, Rn. 702; *Ulmer*, IGR, S. 108; *Katzenberger*, GRUR Int. 1992, 567 [570]; *Vorpeil*, GRUR Int. 1992, 913 [913].

Hierbei ist zu beachten, daß vorstehende Formulierung „...das Recht des Landes, für dessen Gebiet der Urheber rechtlichen Schutz verlangt“ von einer Verweisung auf das Recht des Landes unterschieden werden muß, *in* welchem Land der Rechtsinhaber seine ihm zustehenden Rechte in Anspruch nehmen will.[685] D. h. die Anknüpfungsregel der *lex loci protectionis*, derzufolge auch die Anwendung fremden Urheberrechts in Betracht kommen kann,[686] darf nicht irrtümlicherweise als eine Verweisung auf das Sachrecht des Gerichtsorts (sog. *lex fori*) verstanden werden.[687] Nach der *lex fori* wird nämlich nach den Regeln der internationalen Zuständigkeit das materielle Recht des Gerichts berufen, das den in Frage stehenden Konflikt entscheiden soll.

Zwar stimmt die *lex fori* dann mit der *lex loci protectionis* überein, wenn ausschließlich Immaterialgüter des Gerichtsstaates verletzt sind und nicht auch eine Verletzung ausländischer Immaterialgüter gerichtlich beurteilt werden muß. Wird allerdings beispielsweise in Deutschland eine Verwertungshandlung, die im Ausland vorgenommen wurde, hinsichtlich eines ausländischen Urheberrechts eingeklagt, herrscht zwischen den beiden Anknüpfungsregeln keine Identität.[688] Dies ist allgemein anerkannt[689] und ergibt sich aus dem Umstand, daß die Bestimmung der internationalen Zuständigkeit unabhängig von dem Prinzip der Territorialität erfolgt.[690] Da aber zumeist in dem Staat geklagt wird, in dem eine Verletzungshandlung stattgefunden hat,[691] fallen in der Praxis häufig die *lex loci protectionis* und die *lex fori* dennoch zusammen. Grundsätzlich ist also das Land als Schutzland zu betrachten, in dem das Urheberrecht verletzt wird und sich daher der Schutz auswirken soll, wobei die Verletzung und das Urheberrecht selbst demselben Recht unterliegen.[692]

---

685 *V. Bar*, IPR, Bd. 2, Rn. 703.

686 So gelangte bspw. vor deutschen Gerichten britisches oder luxemburgisches Recht zur Anwendung, BGHZ 126, 252 [255]; BGHZ 136, 380 [381].

687 *Hoeren*, in: Hoeren/Sieber, HdbMMR, 7.10 Rn. 8. Diese Formulierung findet sich bspw. in Art. 5 Abs. 2 S. 2 RBÜ, der zur Begründung des Schutzlandprinzips auf internationaler Ebene herangezogen wird, BGH, NJW 1985, 552 [552]; *Ulmer*, IGR, S. 12.

688 Seit die Rechtsprechung die internationale Zuständigkeit auch für die Verletzung von ausländischen Immaterialgüterrechten bejaht und dementsprechend ausländisches Immaterialgüterrecht anzuwenden ist, können *lex fori* und *lex loci protectionis* auseinanderfallen, BGHZ 22, 1 [13]; *Ulmer*, IGR, S. 15.

689 Siehe BGHZ 126, 252 [255]; BGHZ 136, 380 [386].

690 Zu der früher geführten Diskussion, siehe *Troller*, IPR/ZPR, S. 261; *Ulmer*, IGR, S. 26.

691 *Kreuzer*, in: MüKo, EGBGB, nach Art. 38 Anh. II. Rn. 8; *Schack*, GRUR Int. 1985, 523 [524]; *Spoendlin*, Int. Schutz, UFITA 107 (1988), S. 11 [16].

692 BGH, IPRax 1992, 1995, 246 [246]; *Kegel*, in: Soergel, EGBGB, Anh. Art. 12 Rn. 27; *Martiny*, RabelsZ 40 (1976), 218 [223]; *Schack*, JZ 1995, 357 [358]; *Ulmer*, IGR, S. 14.

Der Umstand, daß der Urheber, um Schutz zu erlangen, den Verletzungsort bzw. den Ort der Verwertungs- oder Eingriffshandlung[693] lokalisieren muß, für dessen Gebiet er Schutz sucht, ist nach nahezu einhelliger Meinung Konsequenz der Hauptaussage der sog. „Kegel'schen Bündeltheorie"[694]. Diese lautet, daß sich der internationale Urheberrechtsschutz nicht einheitlich nach einem Land richtet, also kein weltweit einheitliches Urheberrecht existiert, sondern daß der Urheber (nur) durch ein Bündel einzelner Urheberrechte geschützt ist.[695] Diese Erkenntnis der Anknüpfung an das Schutzland, die auch als „Flickenteppich"[696] oder „Mosaik"[697] von Urheberrechten bezeichnet wird, beruht ihrerseits wiederum nach nahezu einhelliger Meinung auf der Anwendung des sog. Territorialitätsprinzips.[698]

II. Das Territorialitätsprinzip

Die Annahme, daß die Reichweite von Immaterialgüterrechten und im besonderen die Reichweite der durch Urheberrechtsordnungen gewährten Rechte auf das jeweilige Staatsgebiet beschränkt ist, diese also national begrenzt sind und keine universale Geltung beanspruchen,[699] stellt den Kern des sog. Territorialitätsprinzips dar.

Hieraus wird von Vertretern des Schutzlandprinzips gefolgert, daß das inländische Urheberrecht nur durch eine im Inland begangene Handlung verletzt werden kann.[700] Diese Annahme dient als Ausgangspunkt für die Anknüpfungsregel der *lex loci protectionis* und ist als traditionelles Grundprinzip des internationalen Urheberrechts anzusehen. Es liegt, wie noch zu zeigen sein wird,[701] sowohl

---

[693] Der Bezeichnung des Schutzlandes als Ort der Verwertungs- oder Eingriffshandlung wird teilweise gegenüber der Bezeichnung als Verletzungsort der Vorzug gegeben, da die Frage, ob die Verwertungshandlung schlußendlich auch eine Verletzung darstellt nach dem zur Anwendung berufenen materiellen Recht erst noch beurteilt werden muß, *v. Bar*, UFITA 108 (1988), S. 27 [48].

[694] BVerfGE 81 208 [223]; BGHZ 49, 331 [334]; *v. Bar*, IPR, Bd. 2, Rn. 704, nach: *Kegel*, in: Soergel, EGBGB, Anh. Art. 12 EGBGB Rn. 16.

[695] *Kegel/Seidl-Hohenveldern*, in: FS für Ferid, S. 233 [235]; *Kegel*, in: Soergel, EGBGB, Anh. Art. 12 Rn. 16; *Katzenberger*, in: Schricker, UrhR-K, vor §§ 120 ff. Rn. 70.

[696] *Katzenberger*, in: FG für Schricker, S. 225 [239].

[697] *Bappert/Maunz/Schricker*, VerlR, Einl. Rn. 30.

[698] BGH, JZ 1995, 354 [356]; *v. Welser*, in: Wandtke/Bullinger, UrhR-K, vor §§ 120 ff. Rn. 5; *Rehbinder*, UrhR, Rn. 472; *Sack*, WRP 2000, 269 [270]; *Schack*, GRUR Int. 1975, 361 [364].

[699] BGHZ 126, 252 [255]; *Kropholler*, IPR, § 53 VII. 2.

[700] BGHZ 126, 252 [256]; *Katzenberger*, in: Schricker, UrhR-K, vor 120 ff. Rn. 72; *Kegel*, in: Soergel, EGBGB, Anh. Art. 12 Rn. 16; *v. Gamm*, UrhG-K, § 97 Rn. 6; *Kropholler*, IPR, § 22 II. 2.; *Ulmer*, IGR, S. 38; *Katzenberger*, GRUR Int. 1992, 567 [570].

[701] Siehe Kap. IV. § 3 B. u. C. II.

den internationalen Abkommen[702] im Bereich des Urheberrechts als auch den maßgeblichen Richtlinien zugrunde. Um herauszufinden, ob diese kaum in Frage gestellte Bedeutung des Territorialitätsprinzips berechtigt ist, bietet sich an, zunächst Begriff, Entstehungsgeschichte und Inhalt dieses Prinzips näher zu erläutern.[703]

1. Zur Verwendung des Begriffs im allgemeinen

Der Begriff „Territorialitätsprinzip“ wird nicht ausschließlich im Bereich des Urheberkollisionsrechts verwendet.
Vielmehr begegnet man diesem Prinzip auch im Zusammenhang mit dem Grundsatz der Unanwendbarkeit ausländischen öffentlichen Rechts.[704] Dieser besagt, daß Ansprüche auf der Grundlage öffentlichen Rechts eines Staates nicht vor den Gerichten eines anderen Staates durchgesetzt werden können.[705] Daß demgemäß den innerstaatlichen Gerichten grundsätzlich die Zuständigkeit für Ansprüche aus fremdem öffentlichen Recht fehlt, läßt sich auf die Maxime zurückführen, daß alle Staaten als gleichwertig einzustufen sind und sich daher kein Staat in die „inneren Angelegenheiten“ eines anderen Staates „einmischen“ darf.[706] Damit jedoch kein Staat sämtliche ausländische Sachverhalte als gegeben hinnehmen muß bzw. dem Interesse der internationalen Ordnung genüge getan wird, erlangt das Territorialitätsprinzip seine Geltung in dem Sinne, daß fremde hoheitliche Eingriffe in private Rechte allgemein anerkannt werden, sofern diese Eingriffe auf dem Gebiet des fremden Staates stattfinden.[707]

Aus der Tatsache, daß auch in anderen Rechtsgebieten von einem Territorialitätsprinzip gesprochen wird, folgt, daß der insoweit „unscharfen Begrifflichkeit“[708] noch keine kollisionsrechtliche Aussage entnommen werden kann. Vielmehr wird der Begriff des Territorialitätsprinzips als „Passe-partout“ bezeichnet,[709] der je nach Sachzusammenhang unterschiedlich auszulegen sei bzw.

---

[702] Ausnahme ist das Abkommen von Montevideo, RGBl. 1927 II S. 95.

[703] Ebenso zu den verschiedenen Bedeutungen des Territorialitätsprinzips: *Knörzer*, Das UrhR im IPR, S. 91; *Köster*, in: Götting, Multimedia, S. 153 [157]; *Siehr*, IPRax 1992, 29 [31]; *Spoendlin*, Int. Schutz, UFITA 107 (1988), S. 11 [14].

[704] Zur Verwendung des Begriffs allgemein im Völkerrecht siehe *Kimminich/Hobe*, VölkR, S. 124.

[705] *Kegel/Schurig*, IPR, § 23 I. 1.

[706] *Kegel/Schurig*, IPR, § 23 I. 1; *Spoendlin*, Int. Schutz, UFITA 197 (1988), S. 11 [27].

[707] *Kegel/Schurig*, IPR, § 23 I. 2.

[708] *Kegel/Seidl-Hohenveldern*, in: FS für Ferid, S. 233 [277].

[709] *Schack*, Anknüpfung des UrhR, Nr. 10, unter Berufung auf *Neuhaus*, IPR, § 23; *Riezler*, Privatrecht, S. 4; *Weigel*, Territorialitätsprinzip, S. 77; *Beier*, GRUR Int. 1968, 8 [12].

oft sogar als „hoffnungslos mehrdeutig“[710] oder „verschwommen“[711] angesehen werden müsse.
Dem folgend vermag die ausschließliche Verwendung des Begriffs „Territorialitätsprinzip“ als solches noch zu keiner eindeutigen Bestimmung eines einheitlichen Inhalts zu verhelfen.

2. Entstehungsgeschichte

Historisch ist das Territorialitätsprinzip im Privilegienwesen verankert.[712] Ab dem 15. Jahrhundert konnten Städte, Landesherren oder Kaiser Verlegern und später auch Autoren ein Privileg zum Schutz vor Nachdruck verleihen. Dieses staatlich privilegierte Verbietungsrecht war naturgemäß auf das jeweilige Herrschaftsgebiet begrenzt, da nur innerhalb des kontrollierbaren Territoriums Schutz für wirtschaftliche Tätigkeiten und geistige Schöpfungen garantiert werden konnte.[713]
Was die Entstehung eines Urheberrechts anbelangt, so beruhte diese damals also auf einem hoheitlichen Akt, wohingegen heute ein Urheberrecht unmittelbar durch den Realakt der Werkschöpfung existent wird.[714]
Wenngleich sich folglich die Art der Zuteilung eines Urheberrechts im Laufe der Jahrhunderte verändert und das Territorialitätsprinzip damit seine historisch begründete Legitimation im Bereich des Immaterialgüterrechts eigentlich verloren hat, ist ein territoriales Verständnis der Urheberrechte nach wie vor weit verbreitet.[715] Dies hat seinen Grund darin, daß das Urheberrecht zwar ein sich gegen jedermann richtendes absolutes Recht darstellt,[716] seine Entstehung, Bestand, Inhalt und vor allem sein Schutzumfang aber von „einer staatlichen Anerkennung und Ausgestaltung des Urheberrechts in positiven Rechtsnormen“ abhängig und deshalb territorial begrenzt sind.[717]

3. Inhalt

Daß aus dem Territorialitätsprinzip die Anknüpfung an das Schutzland (*lex loci protectionis*) gefolgert wird, läßt sich, wie ersichtlich wurde, nicht allein aus der

---

710 *Siehr*, IPRax 1992, 29 [31].
711 *V. Welser*, in: Wandtke/Bullinger, UrhR-K, vor §§ 120 ff. UrhG Rn. 5.
712 *Rehbinder*, UrhR, Rn. 14 ff.; *Schack*, Urh-/UrhVR, Rn. 92; *ders.*, Anknüpfung des UrhR, Nr. 13; *Kegel/Seidl-Hohenveldern*, in: FS für Ferid, S. 233 [235]; *Neuhaus*, RabelsZ 40 (1976), 191 [193]; *Siehr*, UFITA 108 (1988), S. 9 [12]; *Ulmer*, IGR, S. 9; *Weigel*, Territorialitätsprinzip, S. 81 ff.
713 *Siehr*, UFITA 108 (1988), S. 9 [12]; *Ulmer*, IGR, S. 9.
714 *Rehbinder*, UrhR, Rn. 79.
715 *Kreuzer*, in: MüKo, EGBGB, nach Art. 38 Anh. II. Rn. 13; *v. Bar*, UFITA 108 (1988), S. 27 [45]; *Rebinder*, UrhR, § 67 II.
716 *Rehbinder*, UrhR, Rn. 74; *Siehr*, UFITA 108 (1988), S. 9 [21].
717 *V. Gamm*, UrhG-K, Einf. Rn. 29.

Begrifflichkeit heraus begründen. Vielmehr wird „das Prinzip der Territorialität oft als Schlagwort gebraucht, wo eine klare Begründung für die gewählte Anknüpfung fehlt".[718] Solches zeigt sich auch daran, daß dieses Prinzip nicht nur die Bestimmung des Anwendungsbereichs zum Inhalt hat, sondern auch die Beschränkung der tatsächlichen Wirkung (Durchsetzbarkeit). Hierbei ist die Bedeutung der Territorialität im erstgenannten Fall im Gegensatz zur Personalität (materielle Territorialität oder *territorialité juridique*), im letztgenannten Fall im Gegensatz zu Universalität (prozessuale Territorialität oder *territorialité judiciaire*) zu verstehen.[719]

Im Bereich des Urheberrechtsschutzes ist die Territorialität im Sinne der Wirkungsbeschränkung (*territorialité judiciaire*) des weiteren als relative und nicht als absolute zu bezeichnen, da der Schutz an sich, sofern internationale Verträge nichts anderes bestimmen, nur für das entsprechende Land wirkt.[720] Hieraus wird als Kernaussage des Territorialitätsprinzips abgeleitet, daß ein inländisches Schutzrecht nur im Inland, ein ausländisches nur im Ausland beeinträchtigt werden kann.[721] Diese Folgerung allerdings setzt bei näherer Betrachtung bereits ihrerseits die räumliche Begrenzung des subjektiven Urheberrechts voraus.

Dies verdeutlicht auch die Aussage des Territorialitätsprinzips in materieller Hinsicht (*territorialité juridique*), wonach jeder Staat selbständig darüber entscheidet, ob und in welchem Umfang ein subjektives Urheberrecht für sein Staatsgebiet entsteht.[722] Der BGH hat diese beiden Aussagen einmal dergestalt verknüpft formuliert, daß „diese Rechte (die Immaterialgüterrechte)... in ihrer Geltung räumlich auf das Territorium des Staates begrenzt sind, der sie individuell verleiht oder unter bestimmten Voraussetzungen generell anerkennt".[723] Zwar ist im Zusammenhang mit Immaterialgüterrechten die Formulierung „verleihen" eher dahingehend zu verstehen, daß die Rechtsordnung eines bestimmten Staates darüber entscheidet, ob und in welchem Umfang ein subjektives Urheberrecht zur Entstehung gelangt. Dennoch wird deutlich, daß in den genannten Aussagen des Territorialitätsprinzips noch keine kollisionsrechtliche Lösung enthalten ist. Vielmehr setzt das Territorialitätsprinzip die Anwendbarkeit einer

---

[718] *Kropholler*, IPR, § 22 vor I.

[719] *Kropholler*, IPR, § 22 vor I.

[720] *Kropholler*, IPR, § 22 II. 2.; dies schließt allerdings nicht aus, daß ausländische Sachverhalte für die inländische Rechtslage von Bedeutung sein können, so z. B. bei der Entstehung des inländischen Urheberrechts, § 120 Abs. 1 UrhG, oder der Erschöpfung des inländischen Verbreitungsrechts, BGHZ 80, 101 [104].

[721] BGH, NJW 1975, 1219 [1220]; *Katzenberger*, in: Schricker, UrhR-K, vor §§ 120 ff. Rn. 72; *Schack*, Anknüpfung des UrhR, Nr. 21; *ders.*, Urh-/UrhVR, Rn. 802; *Kegel*, in: Soergel, EGBGB, Anh Art. 12 Rn. 16; *Ulmer*, IGR, S. 38.

[722] *Katzenberger*, in: Schricker, UrhR-K, vor §§ 120 ff. Rn. 69; *Rehbinder*, UrhR, Rn. 472; *Schack*, Urh-/UrhVR, Rn. 798; *Ulmer*, IGR, S. 9.

[723] BGHZ 126, 252 [255].

bestimmten Rechtsordnung bereits voraus. Die territoriale Begrenzung einer Rechtsordnung kann nämlich erst dann Gegenstand weiterer Überlegungen sein, wenn sie bereits feststeht.[724] Verpflichtet sich beispielsweise ein Staat durch einen entsprechenden internationalen Vertrag, ausländische Schutzrechte auch im Inland zu beachten, so ist dem Territorialitätsprinzip selbst nicht zu entnehmen, nach welchem Recht sich das ausländische Schutzrecht bestimmt.[725] Der zuvor als Kernaussage des Territorialitätsprinzips bezeichnete Grundsatz, in einem Staat werde ein ausländisches Urheberrecht nicht geschützt, besagt im Falle einer Ausnahmeregelung gerade nichts.
Auch die allgemein aus dem Territorialitätsprinzip gefolgerte Unabhängigkeit der jeweiligen nationalen Schutzrechte an demselben Immaterialgut läßt keinen Schluß auf das anwendbare Recht zu. Fallen nämlich *lex fori* und *lex loci protectionis* auseinander, so bestehen voneinander unabhängige Urheberrechte ggf. in dem Land, in dem das Werk zum ersten Mal veröffentlicht wurde, in dem Land, dessen Staatsangehörigkeit der Urheber besitzt, in dem Land, in dem Klage erhoben wurde und das aufgrund eines internationalen Staatsvertrages zum Schutz verpflichtet ist und schließlich auch in dem Land, in dem die Verletzungshandlung stattgefunden hat. Die Unabhängigkeit dieser Schutzrechte führt dazu, daß nicht klar ist, welche Rechtsordnung zur Anwendung kommt. Der Umstand, daß in irgendeinem Staat ein Urheberrecht besteht, besagt noch lange nicht, daß es auch dessen Recht unterliegt.

4. Zwischenergebnis

Wie die vorangegangene Untersuchung gezeigt hat, kann allein anhand des Inhalts des Prinzips der Territorialität noch nicht bestimmt werden, welche Rechtsordnung auf einen urheberrechtlichen Sachverhalt mit Auslandsberührung anwendbar ist. Dennoch wird die *lex loci protectionis* als Anknüpfungsregel im internationalen Urheberrecht weitgehend[726] unter Berufung auf das Territorialitätsprinzip[727] herangezogen. Der Grund hierfür ist in der begrifflichen Unschärfe des Territorialitätsprinzips zu suchen, die dazu geführt hat, daß dieses Prinzip „vielfach als nicht hinterfragter Geltungsgrund für eine urheberrechtliche Kollisionsnorm herhalten muß."[728]

---

[724] *Schack*, Anknüpfung des UrhR, Nr. 14.
[725] *Schack*, Anknüpfung des UrhR, Nr. 14.
[726] Dagegen leiten die *lex loci protectionis* aus dem konventionsrechtlichen Grundsatz der Inländerbehandlung ab: *Troller*, RabelsZ 19 (1954), 1 [46]; *Ulmer*, RabelsZ 41 (1977), 479 [487].
[727] *V. Gamm*, UrhG-K, § 113; *Drobnig*, RabelsZ 40 (1976), 195 [204].
[728] *Schack*, Anknüpfung des UrhR, Nr. 16.

Ergebnis einer näheren Betrachtung des Territorialitätsprinzips ist dagegen, daß dieses selbst noch keine kollisionsrechtliche Lösung bietet.[729] Vielmehr muß erst die *lex loci protectionis* berufen sein, sei es aus gewohnheitsrechtlichen oder aus anderen Gründen, damit das Territorialitätsprinzip Anwendung findet. Es legt dann fest, daß das Urheberrecht, das im Schutzland entstanden ist, nur durch inländische Nutzungshandlungen verletzt werden kann. Damit legt das Territorialitätsprinzip den räumlichen Geltungsbereich der berufenen Urheberrechtsordnung fest. Der Territorialitätsgrundsatz greift folglich nur ein, wenn die *lex loci protectionis* bereits bestimmt ist.[730]
Die *lex loci protectionis* als traditionelle Verweisungsnorm des internationalen Urheberrechts nimmt die räumliche Beschränkung der Urheberrechte folglich auf und spiegelt die Aussage des materiellen Territorialitätsprinzips wieder, indem es auf die Rechtsordnung verweist, für deren Staatsgebiet urheberrechtlicher Schutz verlangt wird.[731] Daher ergibt sich, letztendlich auch unabhängig davon, ob das Territorialitätsprinzips als rein sachrechtlich oder bereits selbst als kollisionsrechtlich verstanden wird, jedenfalls als Konsequenz für den Urheber, daß voneinander unabhängige Urheberrechte bestehen, da jeder Staat für sein Territorium die Voraussetzungen für das Entstehen, Erlöschen, Inhalt und Schutzumfang eines subjektiven Urheberrechts festlegt.[732] Die Unabhängigkeit und die territoriale Begrenzung dieser Schutzrechte führt dazu, daß der Urheber nur unter bestimmten Voraussetzungen eine urheberrechtliche Position in anderen Staaten erhält. Die Rechte von Werkschöpfern richten sich demnach nicht nach einem universal geltenden Urheberrecht, sondern nach einem ganzen Bündel von nationalen Urheberrechten.[733]

III. Der Anknüpfungspunkt

Erfolgt die Anknüpfung bei Urheberrechtsverletzungen an das Schutzland, stellt sich die Frage, inwieweit der Begriff des Schutzlandes einer Konkretisierung

---

[729] Gegen eine kollisionsrechtliche Aussage des Territorialitätsprinzips: *v. Bar*, IPR, Bd. 2, Rn. 708; *v. Hoffmann*, in: Staudinger, EGBGB, Art. 38 Rn. 574; *Katzenberger*, in: FG für Schricker, S. 225 [242]; *Schack*, Anknüpfung des UrhR, Nr. 16; *Muth*, Urheberrechtsverletzungen, S. 58; *Loewenheim*, ZUM 1999, 923 [924]; *Sack*, WRP 1999, 1088 [1089]; *ders.*, WRP 2000, 269 [270]; *Wegner*, CR 1998, 676 [679]; *Zweigert/Puttfarken*, GRUR Int. 1973, 573 [574].

[730] *Kreuzer*, in: MüKo, EGBGB, nach Art. 38 Anh. II. Rn. 14.

[731] *Nordemann*, GRUR Int. 1989, 615 [616].

[732] *Drexl*, in: FS für Dietz, S. 461 [465].

[733] BGHZ 64, 183 [191]; *Katzenberger*, in: Schricker, UrhR-K, vor §§ 120 ff. Rn. 70; *Bappert/Maunz/Schricker*, VerlR, Einl. Rn. 30; *Kegel/Seidl-Hohenveldern*, in: FS für Ferid, S. 233 [235]; *Kegel*, in: Soergel, EGBGB, Anh. Art. 12 Rn. 16; *Kreuzer*, in: MüKo, EGBGB, nach Art. 38 Anh. II. Rn. 2; *Nordemann*, GRUR Int. 1989, 615 [616]; *Siehr*, UFITA 108 (1988), S. 9 [12].

bedarf. So scheint beispielsweise die Staatsangehörigkeit einer Person eine eindeutigere Vorgabe für einen Anknüpfungspunkt zu liefern als es die *lex loci protectionis* vermag. Eine nur oberflächliche Betrachtung der Definition des Schutzlandes als das Land, für dessen Gebiet Schutz begehrt wird, könnte sogar die Annahme zulassen, der Verletzte und damit der Schutzbegehrende selbst sei in der Lage, darüber zu entscheiden, welcher Staat als Schutzland im kollisionsrechtlichen Sinne in Betracht kommen soll.[734]
Eine derartige Sichtweise geht allerdings fehl, resultieren doch die auf seiten des Rechtsinhabers einklagbaren Ansprüche zumeist auf Unterlassung oder Schadensersatz[735] unmittelbar aus einer Verletzung eines dem Urheber ausschließlich zustehenden Rechts. In diesem Umstand, daß also eine unerlaubte Verwertungshandlung einen quasi deliktischen Anspruch auslöst, liegt begründet, daß der urheberkollisionsrechtliche Anknüpfungspunkt in Anlehnung an den im internationalen Deliktsrecht zu findenden Anknüpfungspunkt zu konkretisieren ist. Diesbezüglich wird auch das internationale Urheberrecht als ein spezielles Teilgebiet des internationalen Deliktsrechts angesehen,[736] wenngleich zwischen den beiden Begriffen keine Identität herrscht.
Zwar wird in der Regel der von einer Urheberrechtsverletzung Betroffene für das Gebiet des Landes Schutz suchen, in dem ein ihm zustehendes Recht auch verletzt wurde bzw. in dem die Verwertungshandlung oder sonstige Eingriffshandlung stattgefunden hat.[737] Dennoch läßt eine nähere Untersuchung der Verweisungsregeln des internationalen Deliktsrechts, der *lex loci delicti commissi,* einerseits und des internationalen Urheberrechts, der *lex loci protectionis*, andererseits einige Unterschiede, auf die im weiteren eingegangen wird, erkennen.[738]

1. Die *lex loci delicti commissi*

Nach der klassischen Anknüpfungsregel im internationalen Deliktsrecht, der sog. *lex loci delicti commissi*, unterliegen Ansprüche aus unerlaubter Handlung dem Recht am Begehungsort (Tatort).[739] Sofern Delikte auf ein und demselben

---

[734] *Martiny*, RabelsZ 40 (1976), 218 [223]; *Vischer*, GRUR Int. 1987, 670 [678].

[735] Ein solcher Anspruch kann sich nach deutschem Recht aus gesonderten Tatbeständen, §§ 823 Abs. 1, 826 BGB bzw. aus den §§ 96 ff. UrhG, ergeben.

[736] *V. Bar*, IPR, Bd. 2, Rn. 710; *v. Gamm*, UrhG-K, Einf. Rn. 143; *Sandrock*, in: v. Caemmerer, Reform, S. 380 [386].

[737] *Lüderitz*, in: Soergel, EGBGB, Art. 38 Rn. 21; *Ulmer*, IGR, S. 9; *Siehr*, IPRax 1992, 32; *Spoendlin*, Int. Schutz, UFITA 107 (1988), S. 11 [14].

[738] Stellungnahme des Max-Planck-Instituts für ausländisches und internationales Urheber- und Wettbewerbsrecht zum Entwurf eines Gesetzes zur Ergänzung des internationalen Privatrechts aus dem Jahr 1994, GRUR Int. 1995, 104 [106]; *Sandrock*, GRUR Int. 1985, 507 [513].

[739] *Katzenberger*, in: Schricker, UrhR-K, vor §§ 120 ff. Rn. 78; *Kreuzer*, in: MüKo, EGBGB, Art. 38 Rn. 35; *Ulmer*, IGR, S. 11; *Bettinger/Thum*, GRUR Int. 1999, 659 [659].

Territorium stattfinden, läßt sich der Tatort auf einfache Weise lokalisieren.[740] Dagegen erfordert die Bestimmung des Tatorts weitere Überlegungen, sobald der Tatbestand einer unerlaubten Handlung in verschiedenen Staaten verwirklicht wird. So ist im Falle dieser sog. Distanz- oder grenzüberschreitenden Delikte[741] in einem ersten Schritt zwischen dem Handlungsort, als dem Ort, an dem die für den Eintritt der Rechtsverletzung maßgebliche Ursache gesetzt, also die Handlung ganz oder teilweise realisiert wurde,[742] und dem Erfolgsort, als dem Ort, wo die tatbestandsmäßige Deliktsvollendung stattfindet bzw. wo das geschützte Rechtsgut verletzt wird,[743] zu unterscheiden.[744] In einem zweiten Schritt ist sodann zu klären, welche Rechtsnormen, ob die des Handlungs- oder diejenigen des Erfolgsorts, anzuwenden sind.

Vor Inkrafttreten der EGBGB-Novelle am 1. Juni 1999[745] standen nach dem Ubiquitätsprinzip[746] beide Begehungsorte gleichberechtigt nebeneinander.[747] Zur Anwendung gelang nach dem Günstigkeitsprinzip schließlich die Rechtsordnung, die dem Verletzten das materiell „günstigere Recht" gewährte.[748] Sofern keine Sonderregelungen dieses Prinzip durchbrachen[749] oder der Kläger seiner-

---

[740] Siehe *v. Bar*, IPR, Bd. 2, Rn. 654.

[741] *V. Bar*, IPR, Bd. 2, Rn. 660; *Schikora*, Begehungsort, S. 132.

[742] *Kreuzer*, in: MüKo, EGBGB, Art. 38 Rn. 44; *Heldrich*, in: Palandt, BGB, Art. 40 EGBGB Rn. 3.

[743] *Kreuzer*, in: MüKo, EGBGB Art. 38 Rn. 48; *Heldrich*, in: Palandt, BGB, Art. 40 EGBGB Rn. 4.

[744] Siehe *Bröcker*, Regelbildung, S. 87 ff.

[745] Neuregelung des internationalen Deliktsrechts in den Art. 40 - 41 EGBGB durch Gesetz zum Internationalen Privatrecht für außervertragliche Schuldverhältnisse und für Sachen vom 21. Mai 1999, BGBl. I S. 1026.

[746] Dieses Prinzip hatte sich in der deutschen Gerichtspraxis durchgesetzt, siehe RGZ 19, 382; 23, 305.

[747] BGHZ 80, 199 [201]; *Kreuzer*, in: MüKo, EGBGB, Art. 38 Rn. 43. Der Grund für das Ubiquitätsprinzip ist in dem Sinn und Zweck des Haftungsrechts zu suchen, demzufolge sowohl das Verhalten am Ort der Handlung gesteuert werden soll als auch ein Ausgleich des Schadens am Ort der realisierten Rechtsgutverletzung erfolgen muß, BGHZ 87, 95 [97]; 90, 294 [298]; BGH, NJW 1977, 496 [497]; *v. Hoffmann*, in: Staudinger, EGBGB, Art. 38 Rn. 113.

[748] RGZ 54, 198 [205]; *Lüderitz*, in: Soergel, EGBGB, Art. 38 Rn. 16. Eine Verweisung erfolgt hierbei nur auf eine Rechtsordnung und zwar auf die, nach der dem Verletzten nach einer Gesamtschau die besten Voraussetzungen und Rechtsfolgen zustehen. Eine Kombination der jeweils günstigsten Teile der verschiedenen in Betracht kommenden Rechtsordnungen wird damit nicht als Lösung angestrebt, *Kreuzer*, in: MüKo, EGBGB, Art. 38 Rn. 50.

[749] *Kreuzer*, in: MüKo, EGBGB, Art. 38 Rn. 57. Das Ubiquitätsprinzip wurde dann durchbrochen, wenn zwischen den beteiligten Parteien und einem anderen Staat eine engere Beziehung bestand als zum Tatortstaat, *Spoendlin*, Int. Schutz, UFITA 107 (1988), S. 11 [16].

seits eine Rechtswahl traf,[750] entschied das Gericht von Amts wegen,[751] welche Rechtsordnung im Ergebnis zur Anwendung gelangen sollte.
Nunmehr sieht Art. 40 Abs. 1 S. 2 EGBGB ausdrücklich vor, daß der Verletzte, anstelle des Rechts des Handlungsortes,[752] die Anwendung das Recht des Staates verlangen kann, in dem der Erfolg eingetreten ist. Das Wahlrecht des Verletzten ersetzt mithin das bisher geltende Günstigkeitsprinzip.[753]

2. Die Konkretisierung der *lex loci delicti commissi* durch die *lex loci protectionis*

Da sich, wie bereits dargelegt, die traditionell geltende Anknüpfungsregel *lex loci protectionis* auf das Territorialitätsprinzip stützt, wird die *lex loci delicti commissi* im Falle einer Verletzung von Urheberrechten auf folgende Weise konkretisiert:
Nach der *lex loci protectionis* wird das Recht des Landes zur Anwendung berufen, für dessen Gebiet gegen die Verletzung eines Urheberrechts Schutz in Anspruch genommen werden soll. Hierbei baut die klassische Kollisionsregel im Bereich des Urheberrechts auf dem Begriff des Handlungsortes auf.[754] Im Falle der Verletzung eines Urheberrechts ist das der Ort, an dem die (relevante) Verletzungs- bzw. Benutzungshandlung stattgefunden hat oder zumindest droht und gegen die aus dem geltend gemachten Urheberrecht Schutz begehrt wird.[755] Das Recht dieses Ortes bestimmt sodann u. a. auch, welche Handlungen als relevante Eingriffshandlungen unter das Schutzrecht fallen, die Reichweite des Schutzes und die Klagebefugnis.[756] Im Rahmen des deutschen Urheberrechtsgesetzes dient als Grundlage hierfür beispielsweise der Katalog der Verwertungsrechte der §§ 15 ff. UrhG.[757] Außerdem ist hierbei zu beachten, daß bloße Vorbereitungshandlungen oder Teilhandlungen als solche keine Benutzungshandlungen

---

Derartige grundsätzliche Lösungen sind jetzt anhand der Ausweichklausel des Art. 41 Abs. 1 EGBGB zu erzielen.

[750] In Rechtsprechung und Schrifttum wurde diese Möglichkeit überwiegend anerkannt, BGHZ 42, 385 [389]; BGH, NJW 1964, 2012 [2012]; BGH, ZIP 1989, 830 [832]; *Kegel/Schurig*, IPR, Rn. 535; *Kropholler*, IPR, Rn. 459. Zu den Problemen siehe *v. Bar*, IPR, Bd. 2, Rn. 676.

[751] BGHZ 80, 199 [202].

[752] Der Handlungsort ist in Art. 40 Abs. 1 S. 1 EGBGB normiert, demzufolge Ansprüche aus unerlaubter Handlung dem Recht des Staates unterliegen, in dem der Ersatzpflichtige gehandelt hat.

[753] *Sack*, WRP 2000, 269 [271].

[754] *Katzenberger*, in: Schricker, UrhR-K, vor §§ 120 ff. Rn. 81; *Geller*, GRUR Int. 2000, 659 [660].

[755] *Katzenberger*, in: Schricker, UrhR-K, vor §§ 120 ff. Rn. 93.

[756] BGHZ 118, 394 [397]; BGHZ 136, 380 [386].

[757] Siehe Kap. III. § 1 C. II.

darstellen und damit auch keinen Handlungsort im Sinne des Art. 40 Abs. 1 S. 1 EGBGB begründen können.[758]
Des weiteren folgt aus dem Territorialitätsprinzip die Begrenzung der Wirkung des Urheberrechts auf den Verwertungsstaat, d. h. das in Frage stehende Recht kann seinen Schutz nur auf dem Gebiet desjenigen Staates entfalten, dessen Rechtsordnung dieses Recht gewährt und damit auch anerkennt. Daraus folgt, daß ein dem Urheber ausschließlich zustehendes Recht nur in dem Gebiet durch eine Verwertungs- oder Benutzungshandlung verletzt werden kann, in dem im Zeitpunkt der Verletzung das Urheberrecht auch tatsächlich bestand und geschützt war.[759] Daher können Verwertungshandlungen im Ausland keine inländischen Urheberrechte und inländische Verletzungshandlungen keine ausländischen Schutzrechte beeinträchtigen.[760]
Aus diesem Grund wäre eine Abweisung von Verletzungsansprüchen die Konsequenz, würde eine Kollisionsnorm ein anderes Recht als das des Schutzlandes berufen.
Sind nun Verletzungshandlungen und der damit zusammenhängende Erfolg nur auf ein Territorium begrenzt, wirkt sich der Unterschied zum allgemeinen internationalen Deliktsrecht nicht aus. Solange nämlich ein urheberrechtlich geschütztes Werk innerhalb eines national abtrennbaren Marktes verletzt wird, die Verletzungshandlung also auf einem räumlich klar abgrenzbaren Gebiet stattfindet, ist der maßgebliche Ort unter Zugrundelegung des Begriffs des Handlungsortes einfach zu lokalisieren. Wird beispielsweise ein urheberrechtlich geschütztes Werk aufgeführt oder verbreitet, so ist als Handlungsort derjenige Ort zu bestimmen, an dem die Aufführung oder Verbreitung vorzufinden ist.
Anders sieht es hingegen aus, wenn aufgrund einer grenzüberschreitenden Verletzungshandlung Handlungs- und Erfolgsort eigentlich auseinanderfallen. Dann nämlich ergibt sich aus dem soeben Gesagten, daß die Verletzung eines ausländischen Rechts grundsätzlich nicht durch einen im Inland vorgenommenen Handlungsteil beeinflußt bzw. nicht nur inländisches Recht geschützt werden kann, da ja das ausländische Schutzrecht im Inland nicht wirksam ist.[761] Daraus ergibt sich, daß nur inländische Handlungen maßgeblich sein können, die denknotwendig auch im Inland zum Handlungserfolg führen müssen.

---

[758] BGHZ 126, 252 [258 f.]; *Kreuzer*, in: MüKo, EGBGB, nach Art. 38 Anh. II. Rn. 44.
[759] BGHZ 126, 252 [255]; *Katzenberger*, in: Schricker, UrhR-K, vor §§ 120 ff. Rn. 123; *Hohloch*, in: Schwarze, Medien, S. 93 [104]; *Sack*, WRP 2000, 269 [271].
[760] BGHZ 126, 252 [256]; *Katzenberger*, in: Schricker, UrhR-K, vor §§ 120 ff. Rn. 123; *v. Gamm*, UrhR-K, § 97 Rn. 6; *Ulmer*, Urh-/VerlR, § 13 II. 1.; *Hohloch*, in: Schwarze, Medien, S. 93 [104]; *Sack*, WRP 1999, 1088 [1111].
[761] *Czempiel*, Deliktsstatut, S. 115; *Schikora*, Begehungsort, S. 215.

Als Folge hieraus wird die Existenz eines vom Handlungsort unterscheidbaren Erfolgsorts im Bereich des internationalen Urheberrechts abgelehnt bzw. die *lex loci delicti commissi* generell für nicht anwendbar erklärt.[762]
Andere hingegen sehen durchaus die Möglichkeit, die *lex loci protectionis* dogmatisch in Art. 40 Abs. 1 EGBGB zu verorten, da der relevante Handlungsort im urheberrechtlichen Kontext nicht von dem Erfolgsort im deliktischen Sinne abweichen könne.[763]
Ungeachtet dessen läßt jedenfalls Art. 41 EGBGB Raum für die allgemeine Geltung des Schutzlandprinzips.[764] Dies läßt sich nämlich damit begründen, daß die Verletzung eines urheberrechtlich geschützten Rechts zu dem Land eine wesentlich engere Verbindung aufweist und damit dessen Rechtsordnung vorrangig zur Anwendung zu berufen ist, für dessen Gebiet gegen die unerlaubte Verwertungshandlung Schutz in Anspruch genommen wird.[765]
Aus der Geltung der *lex loci protectionis* ergibt sich sodann aufgrund der dargestellten Besonderheiten der sachrechtlichen Territorialität von Urheberrechten im Ergebnis die Anwendbarkeit der Rechtsordnung des Landes, auf dessen Gebiet sich ein Handlungsteil ereignet hat.[766] Dies hat zur Folge, daß im Falle von grenzüberschreitenden Urheberrechtsverletzungen das Recht mehrerer Staaten nebeneinander anwendbar sein kann.[767] Will der Urheber also einen umfassenden Schutz gegen eine Verletzung eines ihm ausschließlich zustehenden Rechts erlangen, die nicht lediglich auf ein Territorium beschränkt ist, muß er alle seine Schutzrechte in den verschiedensten betroffenen Staaten in Anspruch nehmen.

---

[762] BGHZ 136, 380 [386]; BGH, JZ 1995, 354 [356]; *v. Bar*, IPR, Bd. 2, Rn. 710; *v. Hoffmann*, in: Staudinger, EGBGB, Art. 38 Rn. 574; *Katzenberger*, in: Schricker, UrhR-K, vor §§ 120 ff. Rn. 130; *Kreuzer*, in: MüKo, EGBGB, nach Art. 38 Anh. II. Rn. 26; *Beier/Schricker/Ulmer*, GRUR Int. 1985, 104 [106]; *v. Ungern-Sternberg*, in: Schwarze, Medien, S. 109 [118]; Stellungnahme des Max-Planck-Instituts zum Entwurf der EGBGB-Novelle des BJM , GRUR Int. 1985, 104 [106];

[763] *Sack*, WRP 2000, 269 [271]. So auch bereits vor Inkrafttreten der EGBGB-Novelle: *v. Bar*, UFITA 108 (1988), S. 27 [48]; *Schack*, GRUR Int. 1985, 523 [524].

[764] So wurde im Zuge der EGBGB-Novelle eine ausdrückliche Regelung im Bereich des internationalen Immaterialgüterrechts aufgrund der traditionellen Anerkennung der *lex loci protectionis* als entbehrlich angesehen. Außerdem wurde das Instrument einer Ausweichklausel, wie sie in Art. 41 Abs. 1 EGBGB enthalten ist, Sonderregelungen vorgezogen, Begr. Reg.-Entw., BT-Drs. 14/343, S. 10.

[765] *Drexl*, GATT, S. 35; *v. Hein*, ZVglRWiss 99 (2000), 251 [260]; *Mankowski*, RabelsZ 63 (1999), 203 [242]; *Sack*, WRP 2000, 269 [271].

[766] *Kreuzer*, in: MüKo, EGBGB, Art. 38 Rn. 216; *v. Bar*, IPR, Bd. 2, Rn. 710; *Kegel/Schurig*, IPR, § 18 IV. 1. a. bb); *Sandrock*, in: v. Caemmerer, Reform, S. 380 [431].

[767] RGZ 84, 370 [376].

IV. Der Anknüpfungsgegenstand

Gegenstand der Anknüpfung hinsichtlich des Urheberrechts sind nicht nur sein Schutzumfang einschließlich der Ausnahmen und Schranken, sondern auch seine Entstehung (originärer Rechtserwerb und Schutzfähigkeit),[768] sein Bestand (Schutzgegenstand und –dauer)[769] und sein Inhalt, insbesondere die Möglichkeiten seiner Übertragung.[770]

Die Frage, ob überhaupt ein Urheberrecht zur Entstehung gelangt ist und wenn ja, in welcher Person, wird damit nicht gesondert angeknüpft, sondern richtet sich ausschließlich nach dem Recht des Landes, in dem Schutz beansprucht wird.[771] Die dort gültige Rechtsordnung entscheidet mithin nicht allein über die zivilrechtlichen Folgen einer Urheberrechtsverletzung, sondern auch darüber, wer als Inhaber des entsprechenden Rechts anzusehen ist.

Nicht betroffen ist hiervon allerdings das Urhebervertragsrecht sowie die Verletzung vertraglicher Pflichten. Für obligatorische Urheberverträge und deren Verletzung gelten die allgemeinen Regeln des internationalen Schuldvertragsrechts.[772] Ob allerdings im Rahmen von Urheberverträgen die vertraglich vereinbarten Verfügungen über ein Urheberrecht entsprechend der Trennung von obligatorischen und dinglichen Elementen gesondert angeknüpft werden, wird uneinheitlich beantwortet.

Mit den Vertretern der sog. Spaltungstheorie[773] erfolgt kollisionsrechtlich eine getrennte Anknüpfung der Verfügungen zugunsten des Urheberstatuts, wohingegen nach einer einheitlichen Anknüpfung die Verfügungen mit dem schuldrechtlichen Teil dem Vertragsstatut unterfallen sollen (sog. Einheitstheorie).[774]

Zuletzt ist zu fragen, ob mit der Berufung der Rechtsordnung des Schutzlandes eine Gesamtverweisung, ausgesprochen wird, die gegebenenfalls zu einer Rück- (Renvoi) oder Weiterverweisung führen würde, oder lediglich eine Verweisung auf das Sachrecht erfolgt. Grundsätzlich stellen die in internationalen Verträgen enthaltenen kollisionsrechtlichen Vorschriften Sachnormverweisungen dar, da anderenfalls die Konvention selbst Gegenstand einer Rückverweisung wäre.[775]

---

[768] BGHZ 118, 394 [397].

[769] BGHZ 141, 267 [273].

[770] BGHZ 64, 183 [191]; *Katzenberger*, in: Schricker, UrhR-K, vor §§ 120 ff. Rn. 125; *Kegel*, in: Soergel, EGBGB, Anh. Art. 12 Rn. 16; *Kreuzer*, in: MüKo, EGBGB, nach Art. 38 Anh. II. Rn. 113; *Spoendlin*, Int. Schutz, 107 (1988), 11 [23].

[771] RGZ 144, 75 ff.; *Kreuzer*, in: MüKo, EGBGB, nach Art. 38 Anh. II. Rn. 26.

[772] RGZ 118, 282 [283]; *v. Hoffmann*, RabelsZ 40 (1976), 208 [228].

[773] *Kreuzer*, in: MüKo, EGBGB, nach Art. 38 Anh. II. Rn. 22; Art. 28 Rn. 261; *Katzenberger*, in: Schricker, UrhR-K, vor §§ 120 ff. Rn. 164.

[774] BGH, GRUR 1959, 331 [333]; OLG München, GRUR 1953, 302 [304]; *Bappert/ Maunz/Schricker*, VerlR, Einl. Rn. 31; *Spoendlin*, Int. Schutz, UFITA 107 (1988), S. 11 [25].

[775] *V. Bar*, IPR, Bd. 1, Rn. 212.

Demgegenüber wird die Verweisung auf das Schutzland allerdings dennoch als Gesamtverweisung verstanden, da sie weniger auf staatsvertragliche Entscheidungen, denn auf die territoriale Natur der Urheberrechte zurückgeführt wird.[776] Aufgrund der hohen internationalen Akzeptanz der *lex loci protectionis* treten jedoch Rück- und Weiterverweisungen nur selten auf.[777]

V. Ergebnis

Die hier dargestellte Kollisionsnorm für internationale urheberrechtliche Streitigkeiten umfaßt das Entstehen und Erlöschen, Verfügungen, Umfang, Änderungen und Übergang von Urheberrechten sowie die zivilrechtlichen Rechtsfolgen bei einer Urheberrechtsverletzung. Urhebervertragsrechtliche Fragen hingegen unterliegen dem Vertragsstatut. Das Urheberrechtsstatut bildet die Rechtsordnung des Staates, in dem eine widerrechtliche Verwertungshandlung des Werkes oder ein sonstiger unerlaubter Eingriff stattgefunden hat (*lex loci protectionis*).

B. Die Anknüpfungsregel *lex originis*

Insbesondere vor den Hintergrund der Entwicklung neuer Informationstechnologien wird seit geraumer Zeit die Anknüpfung des Urheberrechts an die *lex originis* (Ursprungslandprinzip) als eine alternative Anknüpfungsmöglichkeit zum Schutzlandprinzip diskutiert.[778] Ausgangspunkt dieser Diskussion, die auch in den USA aufgegriffen worden ist,[779] ist die Feststellung der grundsätzlichen Widersprüchlichkeit zwischen dem globalen Charakter des Internet und der Anknüpfung an die *lex loci protectionis* (Schutzlandprinzip), die mit einer territorialen Beschränkung einher geht. Hierbei bleibt teilweise sogar dahingestellt, inwieweit ein Interessenkonflikt zwischen Urhebern und Nutzern bzw. Verwertern bereits durch internationale und supranationale gesetzgeberische Aktivitäten

---

[776] *Kreuzer*, in: MüKo, EGBGB, nach Art. 38 Anh. II. Rn. 10; *Ulmer*, IGR, S. 12; *Drobnig*, RabelsZ 40 (1976), 195 [199].

[777] So z. B.: Österreich (§ 34 Abs. 1 österr. IPRG), Schweiz (Art. 110 Abs. 1 schweizerisches IPRG) und Italien (Art. 54 ital. IPRG); Anknüpfung an das Ursprungsland hingegen z. B.: Portugal (Art. 48 Abs. 1 port. IPRG) und Rumänien (Art. 60 rumän. IPRG).

[778] *Hoeren/Thum*, in: Dittrich, UrhR, S. 78 [89]; *Köster*, in: Götting, Multimedia, S. 153 [159]; *Intveen*, IntUrhR, UFITA 171 (1999), S. 85 ff; *Muth*, Urheberrechtsverletzungen, S. 139 ff.; *Regelin*, KollR der IGR, S. 150 ff.; *Schack*, MMR 2000, 59 [61]. Ausführlich wird das anwendbare Urheberrecht im Bereich des Internet inzwischen von der WIPO diskutiert, WIPO Forum on Private International Law and Intellectual Property, Geneva, January 30 and 31, 2001. Zu der vorangehenden WIPO-Expertensitzung im Dezember 2000, siehe *Thum*, GRUR Int. 2001, 8 [9 ff.].

[779] U.S. Court of Appeals, 2nd Circuit, Urt. v. 27.8.1998, „Itar-Tass v. Russian Kurier Inc.", GRUR Int. 1999, 639 [639 ff.].

gelöst worden ist. Einer neuen Anknüpfung könne auch eine Entschärfung der inhaltlichen Problematik nicht entgegenstehen.[780]

I. Die Grundregel

Der Ansatz, im Bereich des Urheberrechts an das Ursprungsland eines Werkes anzuknüpfen, geht in Deutschland auf einen bereits in den siebziger Jahren von *Neuhaus*[781] und *Drobnig*[782] unternommenen Vorstoß zurück, nicht die staatliche Verleihung bzw. Anerkennung von Urheberrechten zum Ausgangspunkt der Anknüpfung zu nehmen, sondern die Person des Inhabers des geistigen Eigentums.[783]

So soll eine einheitliche Anknüpfung des Urheberrechts erfolgen, wonach nur eine Rechtsordnung ein Urheberrecht mit universellem Geltungsanspruch gewährt (sog. Universalitätsprinzip).[784] Ziel dabei ist die Überwindung der Territorialität der Schutzrechte,[785] indem ein weltweit gültiges Urheberrecht geschaffen wird, das in jedem Staat Anerkennung findet.[786] Als Folge kann der Umstand, daß mehrere Rechtsordnungen nebeneinander anwendbar sind, vermieden werden, was sich als unliebsame Konsequenz einer Anknüpfung an das Schutzland herausgestellt hatte.

Der Prämisse, die notwendige gesetzliche Ausgestaltung des Urheberrechts habe dessen territoriale Begrenzung zur Folge,[787] wird entgegengehalten, daß das Urheberrecht auch im Falle einer weltweiten Anerkennung den jeweiligen territorialen Einschränkungen unterworfen werden kann. Demgegenüber wird dem Territorialitätsprinzip lediglich in den Bereichen eine Berechtigung zugesprochen, in denen der Staat bei der Entstehung des Rechts durch einen Hoheitsakt mitwirkt, wie z. B. im Patent- oder Warenzeichenrecht. Im übrigen entstehe das Urheberrecht aber unmittelbar mit der Werkschöpfung, weshalb diesbezüglich das Universalitätsprinzip durchsetzbar sein müsse.[788] In diesem Zusammenhang wird entgegen den Befürwortern des Schutzlandprinzips die Argumentation ab-

---

[780] *Intveen*, IntUrhR, UFITA 171 (1999), S. 56.

[781] *Neuhaus*, RabelsZ 40 (1976), 191 [195].

[782] *Drobnig*, RabelsZ 40 (1976), 195 [196].

[783] *Schack*, Anknüpfung des UrhR, Nr. 37; *ders.*, Urh-/UrhVR, Rn. 806.

[784] *Drobnig*, RabelsZ 40 (1976), 195 [196]; *Neuhaus*, RabelsZ 40 (1976), 191 [195]; *Schack*, Anknüpfung des UrhR, Nr. 37; *ders.* GRUR Int. 1985, 523 [523]; *ders.* ZUM 1989, 267 [275]; *Siehr*, UFITA 108 (1988), S. 9 [25].

[785] *Drobnig*, RabelsZ 40 (1976), 195 [197]; *Neuhaus*, RabelsZ 40 (1976), 191 [194]; *Schack*, Anknüpfung des UrhR, Nr. 18.

[786] *Drobnig*, RabelsZ 40 (1976), 195 [197]; *Neuhaus*, RabelsZ 40 (1976), 191 [195]; *Schack*, Anknüpfung des UrhR, Nr. 17.

[787] So Befürworter des Schutzlandprinzips, v. *Gamm*, UrhG-K, Einf. Rn. 29.

[788] *Riezler*, Privatrecht, S. 20; *Walter*, in: Reimer, Vertragsfreiheit, S. 139, *Weigel*, Territorialitätsprinzip, S. 116.

gelehnt, daß die Anknüpfung an die *lex loci protectionis* bereits durch die internationalen Verträge im Bereich des Urheberrechts vorgegeben sei.[789] Für die Anknüpfung an das Ursprungsland wird neben den internationalen Regelwerken genügend Freiraum gesehen.[790]

II. Das Universalitätsprinzip

Das Universalitätsprinzip als sachrechtliche Grundlage für die Anknüpfung an die *lex originis* besagt im Gegensatz zum Territorialitätsprinzip, daß ein inländisches Rechtsverhältnis auch außerhalb der Grenzen des eigenen Staates Geltung erlangen kann bzw. anzuerkennen ist.[791] Darüber hinaus ist ihm jedoch nicht zu entnehmen, inwieweit nationale Rechte in einem anderen Staat Bestand haben sollen. So ist auch eine Differenzierung zwischen relativer und absoluter Universalität zu finden,[792] wonach im Rahmen der relativen Universalität lediglich eine Gleichstellung von inländischem und ausländischem Rechtsverhältnis erfolgt, nach der absolute Universalität hingegen das ausländische Rechtsverhältnis im Inland dieselben Rechtswirkungen entfaltet wie in seinem ausländischen Ursprungsland. Das Universalitätsprinzip allein trifft mithin keine Aussage auf kollisionsrechtlicher Ebene. Erst wenn die Ausstrahlung innerstaatlichen Rechts auf das Ausland als Notwendigkeit angenommen wird, ergibt sich die Folgerung, daß das Urheberrecht sich weltweit nach einer Rechtsordnung richten muß und damit eine einheitliche Anknüpfung vorzunehmen ist. Die Anknüpfung an die *lex loci delicti commissi* oder an die *lex fori* entfällt damit.[793] Das Territorialitätsprinzip als deren materiell-rechtliche Begründung und die kollisionsrechtliche Konsequenz, daß ein Bündel nationaler Rechte dem Urheber Schutz gewährt, steht nämlich im direkten Gegensatz zur weltweiten Anerkennung eines einheitlichen Urheberrechts.

Begründet wird der universelle Geltungsanspruch des subjektiven Urheberrechts in erster Linie damit, daß diesem Recht ein natürlicher, menschenrechtlich und damit universell geschützter Kern innewohne,[794] weshalb seine Existenz nicht auf das Gebiet beschränkt werden könne, in dem die jeweilige Rechtsordnung es

---

[789] Näher hierzu Kap. IV. § 3 A. I. In diesem Zusammenhang ist zu erwähnen, daß das Übereinkommen von Montevideo von 1889, das als einzige internationale Konvention das Ursprungslandprinzip festgesetzt hat, nicht mehr zur Anwendung gelangt.

[790] *Drobnig*, RabelsZ 40 (1976), 195 [197]; *Neuhaus*, RabelsZ 40 (1976), 191 [193]; *Schack*, Anknüpfung des UrhR, Nr. 37. Des weiteren weichen die Rechtsordnungen in Griechenland und Portugal von der Anknüpfung an die *lex loci protectionis* ab, siehe *Drexl*, in: FS für Dietz, S. 461 [464]; *Siehr*, UFITA 108 (1988), S. 9 [17].

[791] *Neuhaus*, IPR, § 23 II. 3; *Regelin*, KollR der IGR, S. 150.

[792] *Neuhaus*, IPR, § 23 II. 3. u. 4.

[793] *Schack*, Anknüpfung des UrhR, Nr. 47.

[794] *Schack*, Urh-/UrhVR, Rn. 77.

schützen wollte.[795] Das Urheberrecht als geistiges Eigentum[796] wird philosophisch als Ausdruck der Persönlichkeit seines Urhebers gerechtfertigt[797] und deshalb als mit dem Gedanken der staatlichen Verleihung unvereinbar angesehen, welcher im Privilegienwesen des 15. Jahrhunderts verankert ist und wegen der Anerkennung der Menschenrechte im 18. Jahrhundert als historischer Grund fortgefallen sei.[798] Darüber hinaus lasse sich für die territoriale Begrenzung des Urheberrechts „letztlich keine stichhaltige Begründung finden“[799]. Erst durch das Universalitätsprinzip werde das Urheberrecht als Produkt einer schöpferischen Persönlichkeit angemessen gewürdigt.[800] Die dem Territorialitätsprinzip zugrundeliegende Sichtweise, wonach nicht nur der Inhalt, Umfang und die Schranken des Urheberrechts zur Disposition des territorialen Gesetzgebers gestellt werden, sondern auch die Entstehung, Inhaberschaft und Übertragbarkeit dieses Rechts, halte dagegen „zugespitzt formuliert den staatlichen Schutz für alles und den Urheberrechtsschutz für nichts“[801].

Weiter wird angeführt, daß die Anerkennung eines einmal im Ursprungsland begründeten subjektiven Rechts in anderen Ländern dem Gedanken des internationalen Privatrechts (auf europäischer Ebene), einen Ausgleich von Freiheit und Gleichheit zu finden, am ehesten entspreche.[802] Dieser kollisionsrechtliche Ansatz finde sich zudem für viele Fallgestaltungen aus dem bürgerlichen Recht.[803]

Vor dem Hintergrund der Informationsgesellschaft wird zuletzt darauf hingewiesen, daß das Bedürfnis nach einer Rechtsvereinheitlichung – von der die Anwendbarkeit des Ursprungslandprinzips entscheidend abhängt – auch insgesamt im Hinblick auf die rechtliche Behandlung neuer Informationstechnologien[804] bestehe.[805]

III. Der Anknüpfungspunkt

Als Anknüpfungspunkt wird von den Vertretern des Universalitätsprinzips zunächst der Ort angedacht, an welchem das Werkstück, vergleichbar mit den Sachenrechten, belegen ist.[806] In Anbetracht dessen, daß die Entstehung eines sub-

---

795 *Nussbaum*, IPR, S. 337.
796 RGZ 9, 109 [114].
797 *Rehbinder*, UrhR, Rn. 72.
798 *Ulmer*, Urh-/VerlR, § 13 I. 1.
799 *Schack*, Urh-/VR, Rn. 808.
800 *Schack*, Anknüpfung des UrhR, Nr. 17.
801 *Neuhaus*, RabelsZ 40 (1976), 191 [195].
802 *Neuhaus*, RabelsZ 40 (1976), 191 [195].
803 *Schack*, MMR 2000, 59 [59].
804 *Leupold*, CR 1998, 234 [241].
805 *Intveen*, IntUrhR, UFITA 171 (1999), S. 85.
806 *Schack*, Anknüpfung des UrhR, Nr. 45.

jektiven Urheberrechts keiner körperlichen Festlegung bedarf[807], sondern immaterieller Natur ist, fehlt es aber an einer Belegenheit des Urheberrechts.[808] Folglich ist der Anknüpfungspunkt nach Merkmalen auszuwählen, die dem Wesen des Urheberrechts gerecht werden und die sich durch spätere Entwicklungen nicht mehr verändern. Auf diese Weise gelangen die Vertreter des Universalitätsprinzips zu der Rechtsordnung des Ortes, an dem das Urheberrecht seinen Ursprung hat.[809] Anknüpfungspunkt eines schöpferischen Werkes ist mithin das Ursprungsland (sog. *lex originis*).[810] Nach dessen Rechtsordnung soll der Urheber sein weltweit anzuerkennendes Recht erwerben.

Wie das Ursprungsland zu bestimmen ist, erfordert weitere Überlegungen.[811] Zunächst wird danach unterschieden, ob es sich bei dem zu schützenden Werk um ein bereits veröffentlichtes oder noch nicht veröffentlichtes Werk handelt.[812] Bei unveröffentlichten Werken wird dabei auf den Staat abgestellt, dem der Urheber angehört. Hierdurch soll die enge Beziehung des Schöpfers zu seinem Werk in besonderem Maß berücksichtigt werden,[813] worin sich allerdings weniger die Grundlage des Universalitätsprinzips widerspiegelt, das in erster Linie dem Bedürfnis nach einem einheitlichen internationalen Urheberrecht gerecht werden will.[814] Dagegen verläßt bei veröffentlichten Werken das Werk die Privatsphäre des Urhebers. Es löst sich also von der Person seines Trägers und erlangt als Gegenstand des Rechtsverkehrs eigenständige Bedeutung.[815] Da in Folge die Nutzung des Werkes im Vordergrund steht, wird die erste Veröffentlichung als maßgeblich erachtet und demgemäß das Land als Ursprungsland angesehen, in dem diese Veröffentlichung stattgefunden hat (sog. *lex publicationis*).[816] Damit wird auf die Begrifflichkeit der Art. 3 und 5 Abs. 4 RBÜ zurück-

---

807 So zumindest nach deutschem UrhG, *Rehbinder*, Urh-/VerlR, Rn. 132.

808 *Schack*, Anknüpfung des UrhR, Nr. 45; *Regelin*, KollR der IGR, S. 152.

809 Dogmatisch ließe sich aus dem Universalitätsprinzip auch das Personalstatut herleiten, *Drexl*, in: FS für Dietz, S. 461 [465].

810 Siehe *Katzenberger*, in: Schricker, UrhR-K, vor §§ 120 ff. Rn. 71; *Schack*, Anknüpfung des UrhR, Nr. 46; *Neuhaus*, ZUM 1989, 267 [278].

811 Zur Bestimmung des Ursprungslandes im Bereich neuer Informationstechnologien siehe Kap. V. § 3 A.

812 Das Land, in dem ein Werk hergestellt worden ist, wird aus Praktikabilitätsgründen abgelehnt, *Intveen*, IntUrhR, UFITA 171 (1999), S. 89; *Schack*, Anknüpfung des UrhR, Nr. 72; *ders.*, Urh-/UrhVR, Rn. 901; *Françon*, RIDA 1972, 3 [29].

813 *Schack*, Anknüpfung des UrhR, Nr. 76; *ders.*, Urh-/UrhVR, Rn. 901.

814 *Drexl*, in: FS für Dietz, S. 461 [465].

815 *Schack*, Urh-/UrhVR, Rn. 902.

816 Indem das Universalitätsprinzip zwischen unveröffentlichten und veröffentlichten Werken unterscheidet, steht es im Einklang mit der Begrifflichkeit der RBÜ, Art. 3, Art. 5 Abs. 4 RBÜ.

gegriffen, wodurch sich die Anhänger der *lex originis* in diesem Punkt in Einklang mit dem Konventionsrecht befinden.[817]
Nach der Erstveröffentlichung kann das Urheberrechtsstatut nicht mehr verändert werden.[818] Es ist selbst dann unwandelbar, wenn der Urheber seine Staatsangehörigkeit wechselt oder sein Urheberrecht durch Handlungen in einem anderen als dem Ursprungsstaat verletzt wird. Das Recht des Ursprungslandes als Land der Erstveröffentlichung wird immer und ausschließlich berufen.
Eine weitere Differenzierung wird in Bezug auf filmische Werke vorgeschlagen: So soll für die Bestimmung des Ursprungslandes nicht das Land der Erstveröffentlichung entscheidend sein, sondern der Sitz des Filmherstellers. Erfolgt eine Produktion unter internationaler Beteiligung, wird auf den Sitz der hauptverantwortlichen Produktionsfirma abgestellt.[819]

IV. Der Anknüpfungsgegenstand

Im Bereich der Anknüpfung an die *lex originis* herrscht im Bezug auf den Inhalt des Anknüpfungsgegenstandes Uneinigkeit.[820]
Zunächst verlangen einige Anhänger des Universalitätsprinzips, alle Fragen nach dem Recht des Ursprungslandes des Werks zu beantworten. Es wird mithin gefordert, den Anknüpfungsgegenstand sowohl auf die Entstehungsfragen der ersten Inhaberschaft und der Schutzfähigkeit (Kreis der geschützten Werke, körperliche Festlegung, eventuelle Formvoraussetzungen), den Inhalt einschließlich der Übertragbarkeit und den Bestand (Schutzgegenstand und –dauer) als auch den Umfang des Urheberrechts zu erstrecken.[821]

---

[817] Allerdings wird die kollisionsrechtliche Bedeutung der internationalen Verträge, insbesondere des Inländerbehandlungsgrundsatzes, verneint, *Schack*, Urh-/UrhVR, Rn. 891; U.S. Court of Appeals, 2nd Circuit, Urt. v. 27.8.1998, „Itar-Tass v. Russian Kurier Inc.", GRUR Int. 1999, 639 [643].

[818] Siehe *v. Hoffmann*, IPR, § 8 Rn. 34.

[819] *Schack*, Anknüpfung des UrhR, Nr. 97.

[820] Bereits in den von der Schutzlandanknüpfung abweichenden Rechtsordnungen finden sich diesbezüglich Unterschiede: Nach Art. 63 des griechischen Urheberrechtsgesetzes richtet sich die Urheberschaft, die Schutzfähigkeit, der Schutzinhalt, die Schutzdauer und die Schranken nach dem Recht des Staates der ersten Veröffentlichung, siehe *Drexl*, in: FS für Dietz, S. 461 [464]. Dagegen entscheidet in Portugal das Recht des Ursprungslandes über die Entstehung des Urheberrechts, für Rechtsverletzungen wird jedoch das Recht des Schutzlandes herangezogen, siehe *Siehr*, UFITA 108 (1988), S. 9 [17]. Auch in Frankreich zog die Cour de Cassation, allerdings im Wege einer Sonderanknüpfung, das Recht des Ursprungslandes zur Bestimmung der Urheberschaft heran, *Schack*, IPRax 1993, 47 [50].

[821] *Intveen*, IntUrhR, UFITA 171 (1999), S. 97; *Neuhaus*, RabelsZ 40 (1976), 191 [193], sowie Entwurf für eine österr. IPR-Gesetzgebung von 1971, *v. Schwind*, ZfRV 1971, 161 [163]. Außerdem findet sich die Überlegung, Art. 5 Abs. 3 S. 1 RBÜ, demzufolge sich der Schutz im Ursprungsland nach den innerstaatlichen Vorschriften richtet, zur allseitigen Kollisionsnorm zu erheben, *Koumantos*, Copyright, S. 424.

Andere wollen demgegenüber zwar das Ursprungsland über die Entstehung des Urheberrechts und seiner Übertragbarkeit[822] oder zumindest die Erstinhaberschaft[823] entscheiden und nicht als unselbständige Teilfrage bzw. Vorfrage im Deliktsstatut aufgehen lassen. Die Frage insbesondere von Inhalt, Einschränkungen und Dauer soll sich dagegen nach dem Recht des Landes richten, in dem das Urheberrecht seine Wirkungen entfaltet (Schutzlandprinzip).[824] Einer solchen Vorgehensweise komme beispielsweise der Umstand entgegen, daß praktisch alle Rechtsordnungen das sog. Schöpferprinzip, demzufolge das Urheberrecht in der Person des Schöpfers entsteht, zum Ausgangspunkt nehmen.[825] Zudem sei die Beurteilung eines Rechts durch Berufung verschiedener Rechtsordnungen und damit eine Aufspaltung der Anknüpfungsgegenstände kollisionsrechtlich ein bekanntes Phänomen.[826]
Insbesondere gegen die letzte Überlegung finden sich aber Einwände in Anbetracht befürchteter Wertungswidersprüchen, die darauf zurückgeführt werden können, daß die Rechtsordnung, die über die Existenz eines Urheberrechts entscheidet, auf unterschiedlichen Konzeptionen beruht, als das beispielsweise auf die Folgen einer Verletzungshandlung anwendbare Recht.[827] Probleme ergeben sich diesbezüglich vor allem im Hinblick auf eine Anerkennung der Entstehung eines Urheberrechts bei einer juristischen Person, was vornehmlich für den Musik- und Filmbereich Bedeutung erlangt.[828]

---

822 Diese Fragestellung wurde bereits im Rahmen der Stockholmer Revisionskonferenz zur RBÜ von 1967 insbesondere im Hinblick auf Filmwerke diskutiert, siehe Nachweise bei *Thum*, GRUR Int. 2001, 9 [15].

823 *Regelin*, KollR der IGR, S. 178 ff.

824 *Drobnig*, RabelsZ 40 (1976), 195 [200]; *Schack*, Anknüpfung des UrhR, Nr. 99; *ders.* GRUR Int. 1985, 523 [524]; *ders.* ZUM 1986, 69 [71]; *ders.*, MMR 2000, 59 [63]; *ders.*, IPRax 2003, 141 [141]; *Siehr*, UFITA 108 (1988), S. 9 [24]. Für eine Anknüpfung der Erstinhaberschaft, Entstehung und Übertragung von Urheberrechten an das Ursprungsland neuerdings auch *v. Welser*, in: Wandtke/Bullinger, UrhR-K, vor §§ 120 ff. Rn. 11.

825 Siehe bspw. § 201 (a) U. S. Copyright Act; Art. 6 ital. Urheberrechtsgesetz; Art. 11 Abs. 1 brit. Urheberrechtsgesetz und Art. L 111-1 frz. Urheberrechtsgesetz. Hierbei sind allerdings Arbeitnehmerschöpfungen auszunehmen, da die entsprechenden nationalen Gesetze diesbezüglich unterschiedliche Regelungen vorsehen, die im Wesentlichen einerseits den geistigen Schöpfer als Urheber ansehen und dabei dem Arbeitgeber nur derivative Rechte aus dem Urheberrecht zugestehen (so z. B. nach der dt. und frz. Urheberrechtsordnung) und andererseits das Urheberrecht von Beginn an dem Arbeitgeber zuordnen, dem geistigen Schöpfer aber Vergütungsansprüche gewähren (so z. B. am. und brit. Copyright Act).

826 *Drobnig*, RabelsZ 40 (1976), 195 [197]; *Neuhaus*, RabelsZ 40 (1976), 191 [192]; *Schack*, Anknüpfung des UrhR, Nr. 108; *ders.*, UFITA 108 (1988), S. 51 [52]; *ders.*, IPRax 1991, 347 [348]; *Koumantos*, in: Dellebeke, Copyright, S. 257 [260].

827 *Kropholler*, IPR, § 32; *Muth*, Urheberrechtsverletzungen, S. 141. Siehe außerdem Kap. V. § 2 B. II. 2.

828 *Braun*, Coproduktion, S. 186; *Schack*, MMR 2000, 59 [63].

V. Ergebnis

Der Urheber erwirbt nach der *lex originis* ein einheitliches, weltweit anzuerkennendes Urheberrecht. Dies stellt die Kernaussage des Universalitätsprinzips dar.[829] Als *lex originis* wird dabei, sofern das Werk bereits veröffentlicht wurde, das Recht des Landes der Erstveröffentlichung angesehen, bei unveröffentlichten Werken hingegen richtet sich das Urheberrecht nach dem Recht des Heimatlandes des Urhebers. Folge der Anwendung dieser Anknüpfungsregel ist, daß nur das Recht eines Staates zur Anwendung gelangt und damit ein Nebeneinander verschiedener Rechtsordnungen vermieden wird.

---

829 *Hoeren/Thum*, in: Dittrich, UrhR, S. 78 [90]; *Spoendlin*, Int. Schutz, UFITA 107 (1988), S. 11 [13].

§ 3 Anknüpfungen in internationalen Verträgen und im Gemeinschaftsrecht

Wie die bisherige Darstellung gezeigt hat,[830] wird das internationale Urheberrecht aufgrund des Umstandes, daß nationale Urheberrechte seit jeher eine territoriale Begrenzung erfahren, vor allem über internationale Verträge geregelt. Diese internationalen urheberrechtlichen Abkommen bewegen sich dabei in erster Linie zwischen Inländerbehandlung und Mindestschutz. Im Hinblick darauf, daß unter Fremdenrecht diejenigen Rechtssätze zu verstehen sind, nach denen Ausländer anders behandelt werden als Inländer,[831] wird wenigstens der Festlegung von Mindestrechten rein fremdenrechtlicher Gehalt beigemessen.[832] Ob darüber hinaus den internationalen Verträgen und supranationalem Recht (sekundärem Gemeinschaftsrecht) auch kollisionsrechtliche Aussagen zu entnehmen sind, wird im folgenden näher beleuchtet.

A. Vorbemerkung

I. Verhältnis von Kollisionsnormen und Sachnormen

Im Rahmen vorangegangener Ausführungen ist deutlich geworden,[833] daß mit Hilfe von Anknüpfungs- bzw. Rechtsanwendungs- oder Verweisungsregeln[834] diejenige Rechtsordnung bestimmt wird, deren Regelungen auf einen in Frage stehenden Sachverhalt zur Anwendung gelangen sollen. Diese auch als Kollisionsnormen bezeichneten Regeln sind von den sog. Sachnormen, den bloßen materiell-rechtlichen Vorschriften zu unterscheiden.

Zwar gleicht zunächst der Aufbau einer Kollisionsnorm[835] äußerlich dem einer Sachnorm, da sowohl die internationalprivatrechtliche als auch die materiell-rechtliche Vorschrift einen abstrakten Tatbestand enthalten.[836] An diesen Tatbestand, der in abstrakter Weise einen rechtlich relevanten Vorgang beschreibt, bzw. dessen Verwirklichung wird auch beidemal eine gleichfalls abstrakt gefaßte Rechtsfolge angeknüpft. Allerdings ist diese Rechtsfolge aufgrund der besonderen Funktion des IPR[837] dem Wesen nach von der Rechtsfolge im materiell-rechtlichen Kontext verschieden.[838] Im Gegensatz zu der von einer Sachnorm angeordneten Rechtsfolge, die bereits die Sachentscheidung enthält, bestimmt

---

[830] Siehe Kap. III. und Kap. IV. § 2 A.

[831] *Rehbinder*, UrhR, Rn. 478; *Kegel/Schurig*, IPR, § 1 VIII. 2. c). Näher hierzu sogleich unter Kap. IV. § 3 A. III.

[832] *Drexl*, GATT, S. 109.

[833] Siehe Kap. IV. § 1.

[834] *V. Hoffmann*, IPR, § 4 Rn. 1.

[835] Ausführlicher zum Aufbau einer Kollisionsnorm siehe Kap. IV. § 1.

[836] *V. Hoffmann*, IPR, § 4 Rn. 2.

[837] Siehe Kap. I § 1.

[838] *V. Hoffmann*, IPR, § 4 Rn. 3.

das Kollisionsrecht lediglich die Rechtsordnung, die der Sachentscheidung zugrunde zu legen ist.[839] Folglich führen sachrechtliche Vorschriften im Wege der Rechtsanwendung bereits zu einem konkreten Ergebnis hinsichtlich eines zu beurteilen Lebenssachverhalts, wohingegen kollisionsrechtliche Vorschriften lediglich zur Bestimmung des anwendbaren Rechts dienen und erst in einem zweiten Schritt der zur Anwendung berufenen Rechtsordnung die Sachentscheidung entnommen werden kann.[840]

II. Arten von Kollisionsnormen

Neben den sog. selbständigen und unselbständigen Kollisionsnormen[841] finden sich weitere Unterscheidungen im Bereich internationalprivatrechtlicher Vorschriften. So bestimmen einseitige Kollisionsnormen, unter welchen Voraussetzungen eigenes Recht zur Anwendung gelangt. Allseitige Kollisionsnormen hingegen regeln außerdem noch die Anwendung fremden Rechts.[842] Während dieser Differenzierung im Rahmen der Frage nach Anknüpfungen im internationalen Urheberrecht jedoch weitestgehend keine eigenständige Bedeutung zukommt, stellt sich dies für die sog. ausdrücklichen und versteckten Kollisionsnormen anders dar.

Diesbezüglich ist nämlich zu beachten, daß meist in Sachnormen[843] Kollisionsnormen enthalten bzw. versteckt sein können.[844] Solches ist vor allem dann gegeben, wenn der sachrechtliche Gehalt einer Regelung, der eine Entscheidung in der Sache erreichen will, mit der Berufung des anwendbaren Rechts hinsichtlich spezieller Sachnormen kombiniert wird.[845] Inwieweit nun eine materielle Vorschrift auch einen kollisionsrechtlichen Regelungsgehalt aufweist, läßt sich allerdings häufig erst im Wege der Auslegung, insbesondere unter Berücksichtigung des Willens des Gesetzgebers bzw. dessen Zielsetzung ermitteln.[846] Hierbei steht in der Regel das Interesse an einer materiell richtigen Entscheidung dem Interesse an einer räumlich, zeitlich oder personell richtigen Entscheidung gegenüber.

---

[839] *Kropholler*, IPR, § 12 I.

[840] *Kegel/Schurig*, IPR, § 1 III.; *Neuhaus*, IPR, § 11 I.

[841] Siehe Kap. IV. § 1 A.

[842] *V. Hoffmann*, IPR, § 4 Rn. 8.

[843] Grundsätzlich können kollisionsrechtliche Vorschriften auch in Normen enthalten sein, die – zwar nicht im deutschen, aber z. B. im U. S. - amerikanischen Recht – die internationale Zuständigkeit betreffen, *v. Hoffmann*, IPR, § 4 Rn. 14.

[844] *V. Hoffmann*, IPR, § 4 Rn. 14; *Sonnenberger*, ZVglRWiss 95 (1996), 3 [10].

[845] *V. Hoffmann*, IPR, § 4 Rn. 15.

[846] *V. Hoffmann*, IPR, § 4 Rn. 16; *Kegel/Schurig*, IPR, § 1 III.

B. Internationale Verträge

Der Schutz des Urhebers auf internationaler Ebene wurde bereits dargelegt.[847] So dienen die Grundprinzipien der wichtigsten urheberrechtlichen Konventionen, der Grundsatz der Inländerbehandlung, die Garantie von Mindestrechten und die Harmonisierung der Schutzfristen dazu, einen über nationale Urheberrechtsordnungen hinausgehenden Schutzstandard zu verwirklichen.[848] Wie gesehen,[849] bewirken die internationalen Verträge im Bereich des Urheberrechts jedoch lediglich eine Annäherung der ungleichen Urheberrechtsordnungen, also eine Harmonisierung und keine vollständige Rechtsvereinheitlichung. Einer Kollisionsregel, die Aussagen darüber trifft, welches Recht auf einen grenzüberschreitenden Sachverhalt, der die Verletzung eines Urheberrechts zum Gegenstand hat, Anwendung findet, bedarf es damit dennoch.

Als Quelle des Kollisionsrechts kommen dabei zunächst die nationalen Gesetze des autonomen internationalen Privatrechts in Betracht. Doch auch internationale Abkommen können als Rechtsgrundlage der urheberrechtlichen Anknüpfung dienen, sofern sie einen kollisionsrechtlichen Gehalt aufweisen. Nach Art. 3 Abs. 2 S. 1 EGBGB gehen entsprechende Regelungen nationalen Vorschriften, jedenfalls in Deutschland, vor. Zu fragen ist daher, ob den internationalen Verträgen selbst eine kollisionsrechtliche Aussage zu entnehmen ist. Schrieb das heute nicht mehr relevante sog. Übereinkommen von Monteviedeo die Anknüpfungsregel der *lex originis* noch verpflichtend vor, enthalten die aktuell geltenden internationalen Verträge zumindest keine derartige, ausdrückliche Kollisionsnorm mehr.[850]

Kollisionsrechtliche Bedeutung könnte allerdings dem in den Art. 5 Abs. 1, 2 S. 2 RBÜ, Art. II Abs. 1, 2 WUA, Art. 3 Abs. 1 TRIPs-Übereinkommen und Art. 3 WCT[851] zum Ausdruck kommenden Grundsatz der Inländerbehandlung zukommen.

I. Kollisionsrechtlicher Gehalt des Grundsatzes der Inländerbehandlung

Der Grundsatz der Inländerbehandlung besagt zunächst, wie bereits erörtert,[852] daß Urheber aus einem verbandsangehörigen Staat, unabhängig davon, ob bzw. in welchem Umfang das eigene Land urheberrechtlichen Schutz gewährt, in anderen verbandsangehörigen Staaten in den Genuß des gleichen Schutzes gelangen müssen, der dort für die inländischen Rechtsinhaber vorgesehen ist. Im eigenen Land hingegen bleibt es für denselben Schutzsuchenden nach Art. 5 Abs.

---

[847] Siehe Kap. III.
[848] Kap. III. § 1 A. I.
[849] Siehe Kap. III. § 3.
[850] Siehe *Katzenberger*, in: Schricker, UrhR-K, vor §§ 120 ff. Rn. 66.
[851] Art. 3 WCT verweist auf die Art. 2 - 6 RBÜ sowie auch die übrigen Regelungen auf den in der RBÜ enthaltenen Inländerbehandlungsgrundsatz zurückzuführen sind.
[852] Siehe Kap. III. § 1 A. I. 1. a).

3 S. 1 RBÜ bei der Geltung der autonomen innerstaatlichen Vorschriften. In dieser Unterscheidung zwischen In- und Ausländern wird, abgesehen davon, daß das Konventionsrecht kein einheitliches Urheberrecht schafft,[853] der fremdenrechtliche[854] Gehalt des Grundsatzes der Inländerbehandlung deutlich.[855] Ob darüber hinaus diesem Grundsatz auch ein kollisionsrechtlicher Verweis auf das Recht des Schutzlandes entnommen werden kann, wird unterschiedlich beurteilt.

In Deutschland wird das Assimilationsprinzip überwiegend mit Hinweis auf Art. 5 Abs. 2 S. 2 RBÜ[856] nicht nur als fremdenrechtliche, sondern, trotz des insoweit unklaren,[857] Wortlauts[858] auch als kollisionsrechtliche Regelung interpretiert.[859] So sei die Formulierung „... des Landes, in dem der Schutz beansprucht wird..." nicht als Gesamtverweisung auf die *lex fori* und damit gleichzeitig auch auf das Kollisionsrecht des Gerichtsortes zu verstehen, sondern dahingehend, daß das materielle Recht des Landes zur Anwendung gelangen soll, für dessen Gebiet Schutz verlangt wird und für dessen Rechtsordnung die Inländerbehandlung auch gelten soll.[860]
Dieser Schlußfolgerung liegt die Überlegung zugrunde, daß der Rechtsinhaber nur dort gegen die Verletzung seiner Rechte geschützt werden kann, wo die Rechtsverletzung auch stattgefunden hat oder einzutreten droht. Art. 5 Abs. 2 S. 2 RBÜ verweise daher direkt auf die urheberrechtlichen Sachnormen eines Staates, die diesen Schutz bereithielten, ohne vorher dessen autonomes nationa-

---

[853] BGHZ 64, 183 [191]; *Kreuzer*, in: MüKo, EGBGB, nach Art. 38 Anh II. Rn. 2. Siehe Übersicht in Kap. III.

[854] Das Fremdenrecht stellt, als Besonderheit des internationalen Immaterialgüterrechts, die Gesamtheit der Normen dar, die Ausländer gegenüber Inländern anders behandeln. Siehe hierzu Kap. IV. § 4 A.

[855] *Kreuzer*, in: MüKo, EGBGB, nach Art. 38 Anh. II. Rn. 2; *Katzenberger*, GRUR Int. 1973, 274 [278].

[856] BGHZ 118, 394 [397].

[857] *Katzenberger*, in: Schricker, UrhR-K, vor §§ 120 ff. Rn. 125; *ders.*, in: FG für Schricker, 225 [244]; *Ulmer*, Urh-/VerlR, § 13 II. 2.; *ders.*, IGR, S. 10.

[858] Nach Art. 5 Abs. 2 S. 2 RBÜ „...richten sich der Umfang des Schutzes sowie die dem Urheber zur Wahrung seiner Rechte zustehenden Rechtsbehelfe ausschließlich nach den Rechtsvorschriften des Landes, in dem der Schutz beansprucht wird, soweit diese Übereinkunft nichts anderes bestimmt".

[859] BGHZ 70, 268 [271]; 64, 183 [191]; 118, 394 [397]; *Katzenberger*, in: Schricker, UrhR-K, vor §§ 120 ff. Rn. 125; *ders.*, in: FG für Schricker, 225 [243]; *Kreuzer*, in: MüKo, EGBGB, nach Art. 38 Anh II. Rn. 3; *Drexl*, GATT, S. 38; *Sandrock*, in: v. Caemmerer, Reform, S. 380 [392]; *Siehr*, UFITA 108 (1988), S. 9 [12]; *Ulmer*, IGR, S. 10; *ders.*, Urh-/VerlR, § 13 II. 2.; *ders.*, RabelsZ 41 (1977), 479 [487].

[860] *Katzenberger*, in: Schricker, UrhR-K, vor §§ 120 ff. Rn. 74; *Kreuzer*, in: MüKo, EGBGB, nach Art. 38 Anh II. Rn. 3; *Ulmer*, RabelsZ 41 (1977), 479 [487].

les Kollisionsrecht zu befragen.[861] Folglich sei im Geltungsbereich der für das Urheberrecht maßgeblichen Konventionen die Anwendbarkeit des Rechts des Schutzlandes angelegt. Diese Annahme werde zudem durch den Wortlaut des Art. 5 Abs. 1 RBÜ gestützt. Aus der Tatsache, daß die Vorschrift auf „die Rechte, die die einschlägigen Gesetze... gewähren" verweise, könne keine auch das IPR umfassende Gesamtverweisung, sondern nur ein Verweis auf das inländische materielle Recht abgeleitet werden.[862]

Hiergegen wird allerdings der Einwand erhoben, daß weder eine Betrachtung der Entstehungsgeschichte einschließlich der Materialien zu der RBÜ[863] noch die grammatikalische Auslegung des Art. 5 Abs. 2 S. 2 RBÜ[864] einen solchen Schluß zuließen. Des weiteren stelle die Annahme, Art. 5 Abs. 2 S. 2 RBÜ müsse als Kollisionsnorm verstanden werden, einen Eingriff in das innerstaatliche Recht der Verbandsländer dar. Dem Inländerbehandlungsgrundsatz könne daher neben seiner fremdenrechtlichen keinerlei kollisionsrechtliche Bedeutung beigemessen werden.[865]

1. Grammatikalische Auslegung

Im Hinblick auf den Wortlaut[866] des Art. 5 Abs. 2 S. 2 RBÜ, insbesondere in der französischen Fassung,[867] könnte zunächst eine Verweisung auf das Recht des Gerichtsortes näher liegen.[868]

---

[861] *Regelin*, KollR der IGR, S. 12.

[862] So die dt. Rechtsprechung: RG, GRUR 1912, 138 [139]; BGHZ 70, 268 [271]; OLG Hamburg, UFITA 26 (1958), 344 [349]; OLG Koblenz, GRUR Int. 1986, 164 [165]. In diesem Zusammenhang wird auch auf die Formulierung „innerstaatliche Rechtsvorschriften" in Art. 5 Abs. 3 RBÜ verwiesen, *Nordemann/Vinck/Hertin*, IntUrhR, Art. 5 RBÜ Rn. 3.

[863] *Schack*, Urh-/UrhVR, Rn. 891.

[864] *Schack*, Anknüpfung des UrhR, Nr. 28; *Sandrock*, in: v. Caemmerer, Reform, S. 380 [394]; *Spoendlin*, Int. Schutz, UFITA 107 (1988), S. 11 [19]; *Ulmer*, IGR, S. 10; *ders.*, RabelsZ 41 (1977), 479 [487].

[865] *Drobnig*, RabelsZ 40 (1976), 195 [196]; *Neuhaus*, RabelsZ 40 (1976), 191 [193]; *Schack*, Anknüpfung, Nr. 88; *ders.*, Urh-/UrhVR, Rn. 891; *ders.*, GRUR Int. 1985, 523 [523]; *Siehr*, IPRax 1992, 29 [31]; *Vischer*, GRUR Int. 1987, 670 [676]; *Zweigert/Puttfarken*, GRUR Int. 1973, 573 [575].

[866] Für Dtl. bestätigt der BGH die Auslegung von Staatsverträgen in grammatikalischer, historisch-genetischer, systematischer und teleologischer Hinsicht, BGHZ 52, 220 [221]. Ebenso statt vieler *Sonnenberger*, in: MüKo, EGBGB, Einl. Rn. 196.

[867] So deute die Bezeichnung der „ ...dem Urheber zur Wahrung seiner Rechte zustehenden *Rechtsbehelfe...*" in Art. 5 Abs. 2 S. 1 RBÜ als *„moyen de recours"* im besonderen auf eine Verweisung auf die *lex fori* hin, *v. Welser*, in: Wandtke/Bullinger, UrhR-K, vor §§ 120 ff. Rn. 10.

[868] *Schack*, Anknüpfung des UrhR, Nr. 28; *Zweigert/Puttfarken*, GRUR Int. 1973, 573 [575].

Allerdings ist gleichfalls denkbar, daß die Formulierung „...des Landes, in dem der Schutz beansprucht wird..." lediglich auf dem Regelfall basiert, in dem die *lex fori* und die *lex loci protectionis* einander entsprechen.[869] So deutet ein Vergleich mit weiteren in der RBÜ enthaltenen Regelungen darauf hin, daß sich der „Umfang des Schutzes" gerade auch auf Klageansprüche des materiellen Urheberrechts beziehen könnte.[870] Hierbei wird insbesondere auch auf die Regelung des Art. 8 Abs. 7 RBÜ abgestellt, die anerkanntermaßen als Ausnahme zu dem Grundsatz der Inländerbehandlung verstanden wird und die in jedem Fall direkt auf materielles Recht verweist.[871] Infolgedessen müsse auch die Grundregel als unmittelbare Verweisung auf innerstaatliches Sachrecht betrachtet werden.
Da sich mithin der Wortlaut des Art. 5 Abs. 2 S. 2 RBÜ sowohl im Sinne eines rein fremdenrechtlichen als auch eines kollisionsrechtlichen Verständnisses deuten läßt, muß eine Untersuchung des Grundsatzes der Inländerbehandlung unter grammatikalischen Aspekten als offen betrachtet werden.

2. Historisch-genetische Auslegung

Im Hinblick auf die Entstehungsgeschichte der RBÜ läßt sich zunächst sagen, daß allseitige Kollisionsnormen[872] am Ende des 19. Jahrhunderts noch weitestgehend unbekannt waren.[873] Dementsprechend findet sich in den Materialien zu der Berner Union auch kein Hinweis dafür, daß das IPR betreffende Vorschriften geschaffen werden sollten.[874] Allerdings könnte dieser mangelnde Ausdruck eines entsprechenden Willens auch darauf zurückzuführen sein, daß nach dem damaligen Verständnis keinerlei Alternativen zu einer Anknüpfung an das Schutzland gesehen worden waren[875] und damit eine explizite Forderung, diese kollisionsrechtliche Vorgehensweise zu normieren, als überflüssig erschien. Letztlich kann auch eine historisch-genetische Betrachtung zu keiner eindeutigen Aussage verhelfen.

---

869 So auch *Spoendlin*, Int. Schutz, UFITA 107 (1988), S. 11 [19]. Zu der Unterscheidung von *lex fori* und *lex loci protectionis* siehe Kap. IV. § 2 A. I.

870 *Spoendlin*, Int. Schutz, UFITA 107 (1988), S. 11 [19]; *Ulmer*, RabelsZ 41 (1977), 479 [487]. Darüber hinaus wird auch Art. 5 Abs. 1 letzter Halbsatz RBÜ angeführt, der die in dieser Übereinkunft gewährten Mindestrechte als innerstaatliche Rechtsvorschriften anspricht, *Nordemann/Vinck/Hertin*, IntUrhR, Art. 5 RBÜ Rn. 3.

871 *Spoendlin*, Int. Schutz, UFITA 107 (1988), S. 11 [19]; *Ulmer*, RabelsZ 41 (1977), 479 [487].

872 Zum Begriff der allseitigen Kollisionsnorm siehe Kap. IV. § 3 A. II.

873 *Sonnenberger*, in: MüKo, EGBGB, Einl. Rn. 337.

874 So *Schack*, Anknüpfung des UrhR, Nr. 35.

875 So galten nach damaliger Sicht die *lex fori* und die *lex loci protectionis* im Bereich des Urheberrechts als deckungsgleich, *Ulmer*, IGR, S. 16; *Schack*, Anknüpfung des UrhR, Nr. 30.

3. Teleologische Auslegung

Zunächst erscheint unter teleologischen Gesichtspunkten ein Verweis auf das Kollisionsrecht der *lex fori*, womit Art. 5 Abs. 2 S. 2 RBÜ seinerseits ein kollisionsrechtlicher Gehalt abgesprochen werden würde, als überflüssig. Hierdurch würde nämlich lediglich der allgemeine Grundsatz zum Ausdruck kommen, daß die angerufenen Gerichte das im Forumstaat geltende Recht, welches regelmäßig das autonome IPR mit umfaßt, anwenden.[876]

Nähme man dennoch letzteres Verständnis des Grundsatzes der Inländerbehandlung zum Ausgangspunkt weiterer Überlegungen, so würde sich die Frage stellen, auf welche Weise die kollisionsrechtliche Anknüpfung erfolgen soll. Würde zunächst die Berufung des anwendbaren Rechts nationalem Kollisionsrecht überlassen werden, würde das sich aus der Inländerbehandlung ergebende Diskriminierungsverbot seine Wirkung erst dann entfalten können, wenn das Recht des Schutzlandes anhand innerstaatlicher IPR-Regeln zur Anwendung gelangt wäre.[877] Eine solche Vorgehensweise ließe aber den Umstand außer acht, daß der Inländerbehandlungsgrundsatz gerade nicht unter dem Vorbehalt seiner Anwendbarkeit aufgrund einer autonomen kollisionsrechtlichen Anknüpfung an die *lex loci protectionis* steht.[878]

Als eine weitere Variante der Beantwortung kollisionsrechtlicher Fragen vor dem Hintergrund des Inländerbehandlungsgrundsatzes und im Falle einer Beschränkung des Grundsatzes auf seinen fremdenrechtlichen Gehalt wäre denkbar, erst nach Berücksichtigung der konventionsrechtlichen Vorgaben eine Anknüpfung nach nationalen Kollisionsnormen vorzunehmen. Inhalt der Inländerbehandlung wäre sodann, daß sich die Gleichbehandlung nicht nur auf das materielle Recht des Landes, für dessen Gebiet Schutz in Anspruch genommen wird, erstrecken würde, sondern auf sämtliche Normen der *lex fori*.[879] Spräche dabei das IPR der *lex fori* eine Verweisung auf das Recht des Ursprungslandes aus, so wäre dieses auch dann anwendbar, wenn es ein niedrigeres Schutzniveau als das Recht des Schutzlandes bereithielte.[880] Konsequenz einer solchen Konstellation wäre eine materielle Ungleichbehandlung. Solches zu vermeiden ist aber gerade Sinn und Zweck des Inländerbehandlungsgrundsatzes, der deshalb nicht auf die-

---

[876] Ein reiner Verweis auf das Sachrecht der *lex fori* wäre darüber hinaus erst recht unwahrscheinlich, da dieses keinerlei Bezüge zu einer Urheberrechtsverletzung aufweist, sondern rein zufällig zur Anwendung gelangt, *Hoeren*, in: Hoeren/Sieber, HdbMMR, 7.10 Rn. 41; *Spoendlin*, Int. Schutz, UFITA 107 (1988), S. 11 [18].

[877] U.S. Court of Appeals, 2nd Circuit, Urt. v. 27.8.1998, „Itar-Tass v. Russian Kurier Inc.“, GRUR Int. 1999, 639 [643].

[878] *Drexl*, in: FS für Dietz, S. 461 [468].

[879] *Drexl*, in: FS für Dietz, S. 461 [468]; *Koumantos*, Copyright, S. 426.

[880] Ebenfalls auf diesen zu vermeidenden „Renvoi-Zirkel“ verweisend, *Ginsburg*, Private International Law Aspects, S. 36.

sem Wege zu einer lediglich formalen Nichtdiskriminierungsklausel degradiert werden darf.[881]

4. Zwischenergebnis

Aufgrund dieser Überlegungen und insbesondere aufgrund des Umstandes, daß die RBÜ, wie auch das WUA, das TRIPs-Übereinkommen und der WCT von der territorialen Begrenztheit der Wirkung von Immaterialgüterrechten und damit zumindest von dem materiell-rechtlichen Territorialitätsgrundsatz ausgehen,[882] muß dem Zusammenwirken dieser Prämisse mit dem Ziel der Gleichbehandlung wenigstens eine konkludente Verweisung entnommen werden.[883] Darüber hinaus zwingen auch bei rein fremdenrechtlichem Verständnis des Inländerbehandlungsgrundsatzes schon rein pragmatische Gründe bzw. der Gedanke der Souveränität nationaler Rechtsordnungen dazu, von der Schutzlandregel im Zusammenhang mit internationalen Verträgen auszugehen.[884] Dadurch, daß nämlich dem autonomen Kollisionsrecht zahlreicher Staaten die Anknüpfungsregel der *lex loci protectionis* zugrunde liegt,[885] ergibt sich eine materielle Sperrwirkung dahingehend, daß Gerichte des Schutzstaates kraft ihres nationalen Rechts daran gehindert werden, ausländisches Sachrecht auf einen Anspruch aus inländischen Urheberrechten anzuwenden.

Zuletzt würde eine die Schutzlandregel ablehnende Auslegung zumindest auch im Hinblick auf das TRIPs-Übereinkommen dem aus dem Recht des GATT 1947 bekannten und daher im Rahmen des Rechts der WTO geltenden Grundsatz widersprechen, demzufolge die Prinzipien der Inländerbehandlung und der Meistbegünstigung eine materielle Gleichbehandlung sowohl ausländischer Waren untereinander als auch im Verhältnis zu im Inland produzierten Waren sicherstellen sollen. Im Falle einer Übertragung dieses materiellen Verständnisses auf den Regelungsbereich des TRIPs-Übereinkommens müßte folglich auch

---

[881] *Drexl*, in: FS für Dietz, S. 461 [468]; *Fawcett/Torremans*, Intellectual Property, S. 469.

[882] *Kreuzer*, in: MüKo, EGBGB, nach Art. 38 Anh. II. Rn. 3; *Lichtenstein*, NJW 1964, 1208 [1210]; *Nordemann*, GRUR Int. 1989, 615 [616]; *Vischer*, GRUR Int. 1987, 670 [677].

[883] *Kreuzer*, in: MüKo, EGBGB, nach Art. 38 Anh. II. Rn. 3; *Spoendlin*, Int. Schutz, UFITA 107 (1988), S. 11 [18].

[884] *V. Hoffmann*, in: Staudinger, EGBGB, Art. 40 Rn. 376; für das TRIPs-Überein-kommen siehe: *Katzenberger*, GRUR Int. 1995, 447 [459]; BT-Drs.12/7655 (neu), S. 335 [344]. Im Ergebnis wird sogar angenommen, daß die Verbandsstaaten eine völkerrechtliche Verpflichtung dahingehend treffen, ihre autonomen Kollisionsnormen entsprechend dem Schutzlandprinzip zu gestalten, *Kegel/Schurig*, IPR, § 1 IV.

[885] OLG München, GRUR Int. 1960, 75 [75]; *Kreuzer*, in: MüKo, EGBGB, nach Art. 38 Anh. II. Rn. 7; *Katzenberger*, in: Schricker, UrhG-K, vor §§ 120 ff. Rn. 69; *Siehr*, UFITA 108 (1988), S. 9 [9]; *Ulmer*, IGR, S. 10.

dessen Art. 3 Abs. 1 ein Verweis auf das Recht des Schutzlandes entnommen werden.[886]

II. Kollisionsrechtlicher Gehalt des Art. 14bis Abs. 2 lit. a) RBÜ

Wird nach dem kollisionsrechtlichen Gehalt der internationalen Konventionen im Bereich des Urheberrechts gefragt, muß auch eine Betrachtung des Art. 14bis Abs. 2 lit. a) RBÜ, der zur Bestimmung der Inhaberschaft an Filmurheberrechten einen Vorbehalt zugunsten des Schutzlandes festlegt, erfolgen.
Hierbei stößt man zunächst auf Überlegungen, die sich darauf beschränken, dieser Norm zumindest für die Urheberschaft an nicht-filmischen Werken unter internationalprivatrechtlichen Aspekten keinerlei Relevanz beizumessen.[887] Darüber hinaus wird aber auch gefragt, inwieweit die RBÜ an dieser Stelle nicht doch jedenfalls hinsichtlich der Entstehung von Schutzrechten an Filmwerken eine Konkretisierung einer Anknüpfung an die *lex loci protectionis* enthalte.[888]
Zur Begründung eines kollisionsrechtlichen Verständnisses von Art. 14bis Abs. 2 lit. a) RBÜ wird u. a. darauf verwiesen, daß bei der Abfassung dieser Vorschrift im Rahmen der Stockholmer Revisionskonferenz im Jahr 1967 jedenfalls nicht die Auffassung geäußert worden sei, daß die originäre Inhaberschaft an Urheberrechten nach dem Recht des Ursprungslandes zu beurteilen sei.[889] Da hieraus aber auch nicht zwangsläufig das Gegenteil abgeleitet werden kann, muß nach weiteren Anhaltspunkten für eine Auslegung dieser Vorschrift gesucht werden.
Wenngleich der Wortlaut des Art. 14bis Abs. 2 lit. a) RBÜ nicht zwingend auf eine Berufung der *lex fori* einschließlich der eigenen Kollisionsnormen der einzelnen Verbandsstaaten schließen läßt, ergibt eine Betrachtung der konventionsrechtlichen Regelungen unter systematischen Gesichtspunkten eben dieses Ergebnis.[890] So muß nämlich aus dem Umstand, daß die Konvention selbst die Urheberschaft an geschützten Werken geregelt hat, gefolgert werden, daß ein Bedarf für eine kollisionsrechtliche Anknüpfung dieser Frage überhaupt nicht bestand.[891] Beispielsweise wird in Art. 6 RBÜ das Urheberpersönlichkeitsrecht sowie ein konventionseigener Begriff des geschützten Werks im Sinne einer ei-

---

[886] *Drexl*, in: FS für Dietz, S. 461 [471].
[887] *Drobnig*, RabelsZ 40 (1976), 195 [199].
[888] Siehe U.S. Court of Appeals, 2nd Circuit, Urt. v. 27.8.1998, „Itar-Tass v. Russian Kurier Inc.“, GRUR Int. 1999, 639 [643]; *Drexl*, in: FS für Dietz, S. 461 [470]; *Ginsburg*, Private International Law Aspects, S. 14; *Regelin*, KollR der IGR, S.182; *Spoendlin*, Int. Schutz, UFITA 107 (1988), S. 11 [24]; *Ulmer*, RabelsZ 41 (1977), 479 [487].
[889] *Ulmer*, RabelsZ 41 (1977), 479 [498].
[890] So auch *Schack*, Anknüpfung des UrhR, Nr. 45; *ders.*, Urh-/UrhVR, Rn. 892; *Drobnig*, RabelsZ 40 (1976), 195 [195].
[891] So auch *Nordemann/Vinck/Hertin*, IntUrhR, Art. 2/2bis RBÜ Rn. 7; *Boytha*, GRUR Int. 1983, 379 [383]; *Drexl*, GATT, S. 64.

genpersönlichen Schöpfung anerkannt.[892] Gleichfalls kommt in der Präambel die Zielbestimmung des Schutzes des Urhebers als geistigen Schöpfer zur Sprache. Folglich konnte ein unmittelbarer Verweis auf die materiell-rechtlichen Vorschriften der einzelnen Länder und damit eine kollisionsrechtliche Regelung nicht beabsichtigt worden sein.[893]

III. Zwischenergebnis

Der in der RBÜ, dem WUA, dem TRIPs-Übereinkommen und dem WCT enthaltene Grundsatz der Inländerbehandlung stellt, wie dargelegt, primär eine Norm des Fremdenrechts dar. Ob darüber hinaus im Rahmen dieses Prinzips kollisionsrechtliche Fragen mitgeregelt werden sollten, wird zwar angezweifelt, verschiedene Indikatoren lassen allerdings wenigstens darauf schließen, daß die Territorialität der Urheberrechte allen geltenden internationalen Verträgen zugrunde liegt.

Insgesamt läßt sich daher sagen, daß die im Bereich des Urheberrechts vorzufindenden internationalen Konventionen weltweit entscheidend zur Harmonisierung des Urheberrechts beigetragen haben, dies allerdings primär in materieller Hinsicht.[894] Die Schwierigkeit der Problemlösung bei der Frage des anwendbaren Rechts im Fall von grenzüberschreitenden Urheberrechtsverletzungen geht jedoch weit über eine Überwindung der Unterschiede nationaler Urheberrechtskonzeptionen hinaus. Maßgeblich und Gegenstand dieser Arbeit ist es vielmehr, auch einen Ausgleich zwischen vorhandenen kollisionsrechtlichen Ansätzen zu finden, was die bestehenden und untersuchten internationalen Verträge nicht zur Gänze vollbringen können.

C. Gemeinschaftsrecht

Die Frage, ob bereits im europäischen Gemeinschaftsrecht kollisionsrechtliche Aussagen für den Bereich des Urheberrechts getroffen werden, wird in jüngerer Zeit vermehrt aufgeworfen.[895] Die Suche nach einem europäischen Urheberkollisionsrecht beschränkt sich dabei nicht auf hierfür eventuell in Betracht kommende Vorschriften in neu erlassenen Richtlinien, sondern beginnt bereits bei den Regelungen des EG-Vertrages.

Hierbei ist auch zu beachten, daß neben der Möglichkeit, die in Art. 95 EG geregelte Binnenmarktkompetenz als Kompetenzgrundlage für eine Angleichung nationaler kollisionsrechtlicher Vorschriften im Bereich des Urheberrechts her-

---

892 *Nordemann/Vinck/Hertin*, IntUrhR, Art. 2/2bis RBÜ Rn. 7.

893 Ebenso *Ginsburg*, Private International Law Aspects, S. 14.

894 Wie dargelegt, hat der WIPO Copyright Treaty (WCT) hinsichtlich der grenzüberschreitenden Datenübermittlung via Internet eine ausdrückliche Regelung des Online-Rechts mit sich gebracht, Art. 8 WCT, und somit eine Verbesserung des Urheberrechtsschutzes im materiellen Recht und nicht auf kollisionsrechtlicher Ebene verfolgt.

895 *Schack*, ZEuP 2000, 799 [814]; *Reinbothe*, ZEuP 2000, 5 [17].

anziehen zu können, eine weitergehende Kompetenz zur Setzung von Gemeinschaftskollisionsrecht in Art. 65 lit. b) EG geschaffen wurde.[896] Darüber hinaus könnten bei Gelegenheit der Reform und Vergemeinschaftung des Römischen Vertragsübereinkommens (EVÜ) durch Verordnung Überlegungen zum Urheberstatut angestellt werden.[897]

I. Europäisches Primärrecht

Wird die Frage gestellt, inwieweit sich bereits in den Gründungsverträgen der Europäischen Gemeinschaft bzw. in den späteren Änderungs- und Ergänzungsverträgen Normen mit kollisionsrechtlichem Gehalt finden, stößt man als erstes auf die Regelungen der Art. 28 und 30 EG-Vertrag. Neben einer Betrachtung dieser europäischen Grundfreiheiten wird aber teilweise auch das in Art. 12 Abs. 1 EG enthaltene Diskriminierungsverbot zum Gegenstand des kollisionsrechtlichen Diskurses auf europäischer Ebene.

1. Kollisionsrechtlicher Gehalt der Grundfreiheiten des EG-Vertrags

Ein kollisionsrechtliches Verständnis der Grundfreiheiten gerade im urheberrechtlichen Kontext könnte zunächst mit der Anerkennung des europäischen Erschöpfungsgrundsatzes begründet werden. So soll sich bereits seit einer Entscheidung des EuGH zu Beginn der siebziger Jahre nach den in Art. 28 und 30 EG enthaltenen Regeln über die Freiheit des Waren- und Dienstleistungsverkehrs das Verbreitungsrecht im Inland auch dann erschöpfen, wenn Vervielfältigungsstücke durch den inländischen Inhaber von urheberrechtlichen Schutzvor-

---

[896] In diesem Zusammenhang wurde in jüngerer Zeit auch die Frage aufgeworfen, inwieweit nach Art. 234 Abs. 3 EG eine Vorlagepflicht nationaler Gerichte hinsichtlich des kollisionsrechtlichen Verständnisses der internationalen Abkommen bestehe. Auslöser dieser Überlegung war die Tatsache, daß die Gemeinschaft selbst sowohl der WTO bzw. dem TRIPs-Übereinkommen als auch dem WCT beigetreten war. Bisher hatte sich der EuGH grundsätzlich nur dann für auslegungskompetent gehalten, wenn eine internationale Zuständigkeit des europäischen Gesetzgebers zur Rechtsangleichung auch ausgeübt worden war und gleichzeitig das Handeln der Mitgliedstaaten nach außen diese interne Rechtssetzung der Gemeinschaft beeinträchtigt hätte, Gutachten des EuGH vom 15. November 1994, 1/94, Slg. 1994, I-5267. Dementsprechend war für den Bereich der Immaterialgüterrechte eine geteilte Zuständigkeit gegeben, EuGH, Rs. C-53/96, Slg. 1998, I-3603; BGHZ 136, 380 [385]; 141, 267 [272]; *Schack*, Urh-/ UrhVR, Rn. 883; *Drexl*, GRUR Int. 1994, 777 [783]. Nunmehr scheint sich der EuGH bereits zur Vorbeugung einer abweichenden Auslegung (der TRIPs-Bestimmungen) durch nationale Gerichte für zuständig zu halten, da die vom BGH vorgelegte Frage nach der Auslegung des Begriffs des „Rechts des geistigen Eigentums" in Art. 50 Abs. 1 TRIPs-Übereinkommen angenommen wurde, EuGH, EuZW 2001, 117 [119].

[897] Siehe hierzu *Jayme/Kohler*, IPRax 2000, 454 [463].

schriften selbst oder mit seiner Zustimmung in einem anderen Mitgliedstaat in Verkehr gebracht werden.[898]

Für eine kollisionsrechtliche Einordnung dieser Grundfreiheiten wurde allerdings auch außerhalb des Bereichs des Urheberrechts gestritten. Auslöser war hier eine weitere Entscheidung des EuGH,[899] derzufolge nationale Werbebeschränkungen als unvereinbar mit der Freiheit des Warenverkehrs nach Art. 28, 30 EG anzusehen sind.[900] Als Reaktion auf diese und andere vergleichbare spätere Entscheidungen des EuGH wurde z. T. die Ansicht vertreten, daß der Standpunkt des EuGH dahingehend zu interpretieren sei, daß den Art. 28 und 30 EG eine Anknüpfung des internationalen Wettbewerbsrechts an das Recht des Ursprungs- bzw. Herkunftslandes entnommen werden müsse bzw. nach dem Günstigkeitsprinzip das Recht des Ursprungs- oder des Marktortes über das Wettbewerbsverhalten entscheide.[901]

Demgegenüber wird aber eine derartige Auslegung der Rechtsprechung des EuGH nicht als zwingend betrachtet, da die kollisionsrechtliche Ebene durch die Frage nach Wettbewerbsverstößen nicht berührt werde.[902] Vielmehr sei auf der Ebene des berufenen nationalen Wettbewerbsrechts zu entscheiden, ob unter Beachtung der Grundfreiheiten des EG-Vertrages im europäischen Verkehr das materielle Recht einzuschränken sei.[903]

Letzterer Interpretation der Inhalte des EG-Vertrages ist aus den im folgenden genannten Gründen der Vorzug zu geben. So zielt Art. 28 EG gerade nicht auf den Ausschluß der Anwendbarkeit des Rechts des Bestimmungslandes. Vielmehr müssen in einem ersten Schritt internationalprivatrechtliche Vorschriften das anwendbare Recht des Bestimmungslandes berufen. Sodann kann in einem zweiten Schritt die Wertentscheidung des europäischen Gesetzgebers herangezogen werden, um endgültig unter Zugrundelegung dieser Maßstäbe zu entscheiden, ob die in Frage stehenden materiell-rechtlichen Vorschriften befolgt werden müssen. Daß es sich bei den Grundfreiheiten des EG-Vertrags demgemäß um Sachrecht und kein Kollisionsrecht handelt wird wiederum im Zusammenhang mit urheberrechtlichen Fragen deutlich.

---

[898] EuGH, Rs. 78/70, Slg. 1971, I-487.

[899] EuGH, Rs. C-362/88, Slg. 1990, I-667.

[900] Dazu: *Alt/Sack*, EuZW 1990, 311 [311 f.].

[901] *Sonnenberger*, in: MüKo, EGBGB, Einl. Rn. 142; *.Apel/Grapperhaus*, WRP 1999, 1247 [1250]; *Basedow*, RabelsZ 59 (1995), 1 [12]; *ders.*, NJW 1996, 1921 [1927]; *Grundmann*, RabelsZ 64 (2000), 457 [460].

[902] *Fezer*, in: Staudinger, BGB/IntWirtschR, Rn. 433; *Kreuzer*, in: MüKo, EGBGB, Art. 38 Rn. 227a; *Heldrich*, in: Palandt, BGB, Art. 40 EGBGB Rn. 11; *Jayme*, IPRax 1994, 354 [357]; *Roth*, RabelsZ 55 (1991), 623 [667]; *Sack*, WRP 2000, 269 [281]; *Sonnenberger*, ZVglRWiss 95 (1996), 3 [10].

[903] *V. Hoffmann*, in: Staudinger, EGBGB, Art. 40 Rn. 295.

So wird nämlich der eingangs erwähnte Erschöpfungsgrundsatz auf das Verwertungsrecht an der Verbreitung begrenzt, woraus ersehen werden kann, daß dieser Grundsatz als Schrankenbestimmung verstanden werden muß und es sich folglich um eine Ausgestaltung des national gewährten Urheberrechtsschutzes handelt. Hierdurch gelangt die Ausnahmevorschrift des Art. 28 EG zur Anwendung, derzufolge Einschränkungen der Freiheit des Waren- und Dienstleistungsverkehrs auf der Grundlage unterschiedlicher nationaler Vorschriften den Urheberrechtsschutz betreffend als gerechtfertigt anzusehen sind.[904] Indem also Ausnahmen von der europaweiten Erschöpfung aufgrund des speziellen Gegenstandes der Rechte zugelassen werden, wird deutlich, daß der EuGH vom Bestehen der Territorialität national gewährter Urheberrechte ausgeht und diese auch, zwar als Hindernis des freien Warenverkehrs,[905] ausdrücklich anerkennt.[906]
Aus dem Gesagten ergibt sich also, daß die Grundfreiheiten des EG-Vertrages erst auf materiell-rechtlicher Ebene ansetzen.

2. Kollisionsrechtlicher Gehalt des Diskriminierungsverbots
Spätestens seit der sog. „Phil Collins"-Entscheidung[907] des EuGH ist von einer Anwendbarkeit des Diskriminierungsverbots nach Art. 12 Abs. 1 EG auch auf urheberrechtliche Sachverhalte auszugehen. Diese Vorschrift wird insbesondere dann herangezogen, wenn der in den internationalen Konventionen enthaltene Inländerbehandlungsgrundsatz keine Wirkung entfaltet.[908]
Dabei verpflichtet Art. 12 Abs. 1 EG nicht lediglich zur Anwendung der gleichen IPR-Regeln, sondern außerdem zur Gewährung der gleichen Urheberrechte. Resultat ist damit nicht die bloß formale Gleichbehandlung, sondern eine Gleichbehandlung gerade auch in materieller Hinsicht. Die folglich von Art. 12 Abs. 1 EG ebenfalls erfaßte sog. mittelbare Diskriminierung[909] trifft indes typischerweise Staatsangehörige anderer Staaten. Aus diesem Grund findet sich die Überlegung, daß auch autonomes Kollisionsrecht, jedenfalls in Fällen, in denen eine Schlechterbehandlung des Ausländers nach dem Recht des Ursprungslandes hingenommen wird, dem Nichtdiskriminierungsgrundsatz unterworfen werden müsse.[910]
Dies ist jedoch abzulehnen, da die Frage, inwieweit sich die Anknüpfung an das Ursprungsland für einen ausländischen Rechtsinhaber im Vergleich zu einem

---

[904] EuGH, Rs. 62/79, Slg. 1980, I-881 („Coditel I"-Enscheidung).
[905] EuGH, Rs. 78/70, Slg. 1971, I-487; *Schack*, Anknüpfung des UrhR, Nr. 20; *Ulmer*, GRUR Int. 1962, 273 [273].
[906] So auch *Welser*, in: Wandtke/Bullinger, UrhR-K, vor §§ 120 ff. Rn. 3.
[907] EuGH, Rs. C-92/92 u. C-326/92, Slg. 1993, I-5145.
[908] BGH, GRUR 2000, 1020 [1020].
[909] *V. Bogdany*, in: Grabitz/Hilf, EU-K, Art. 6 EGV Rn. 12; *Callies*, in: Callies/Ruffert, EU-/EGV-K, Art. 6 EGV Rn. 15.
[910] *Drexl*, in: FS für Dietz, S. 461 [474].

inländischen ungünstiger auswirkt, erst dann beantworten werden kann, wenn die Lösung eines konkreten Falles feststeht. Demgegenüber besagt ein allgemeines Grundprinzip des IPR, daß das auf einen Sachverhalt mit Auslandsberührung anwendbare Recht ohne Blick auf das Ergebnis zu bestimmen ist.[911] Gerade dieses Prinzip würde aber ein kollisionsrechtliches Verständnis des in Art. 12 Abs. 1 EG enthaltenen Diskriminierungsverbots unterlaufen.
Daher darf diese Vorschrift ausschließlich auf das anzuwendende Sachrecht bezogen werden. Die Frage einer möglichen Diskriminierung eines ausländischen Rechtsinhabers stellt sich mithin erst, nachdem die maßgeblichen Vorschriften zur Anwendung berufen worden sind. Dem Diskriminierungsverbot kann infolgedessen lediglich fremdenrechtlicher Gehalt zugesprochen werden.

II. Europäisches Sekundärrecht

Grundsätzlich kann das europäische Sekundärrecht mangels unmittelbarer Außenwirkung kein Kollisionsrecht darstellen. Allerdings finden sich in verschiedenen Richtlinien kollisionsrechtliche Vorgaben für die einzelnen Mitgliedstaaten. So enthalten beispielsweise die Fernseh-Richtlinie,[912] die versicherungsrechtlichen Richtlinien,[913] die Richtlinie über mißbräuchliche Klauseln in Verbraucherverträgen[914] sowie die Fernabsatz-Richtlinie[915] Vorgaben für die Änderung nationalen Kollisionsrechts.[916] Inwieweit die für das Urheberrecht maßgeblichen Richtlinien in kollisionsrechtlicher Hinsicht Bedeutung erlangen, ist Gegenstand der folgenden Betrachtungen.

1. Satelliten-Richtlinie

Im Bereich der audiovisuellen Medien tauchte bereits vor Erlaß der Satelliten-Richtlinie die Frage auf, ob es eine mit Art. 49 ff. EG unvereinbare wirtschaftliche Abschottung des Film- und Fernsehmarkts und eine Behinderung des freien Dienstleistungsverkehrs darstellt,[917] wenn nationale Urheberrechte in einem Mitgliedstaat geltend gemacht werden, obwohl der betreffende Inhaber seine Zustimmung zur Sendung in einem anderen Mitgliedstaat bereits erteilt hat.[918]

---

[911] *Sonnenberger*, MüKo, EGBGB, Einl. Rn. 30; *Kegel/Schurig*, IPR, § 2 I.

[912] ABl. EG Nr. L 298 v. 17.10.1989, S. 23.

[913] ABl. EG Nr. L 172 v. 04.07.1988, S. 1; ABl. EG Nr. L 330 v. 29.11.1990, S. 50; ABl. EG Nr. L 228 v. 11.08.1992, S. 1.

[914] ABl. EG Nr. L 95 v. 21.04.1993, S. 29.

[915] ABl. EG Nr. L 144 v. 04.07.1997, S. 15.

[916] *Roth*, IPRax 1994, 165 [172].

[917] Die Veranstaltung von Rundfunksendungen unterliegt angesichts ihres Charakters als Dienstleistung Art. 49, 50 EG bzw. generell als selbständige Tätigkeit Art. 47 Abs. 2, 55 EG.

[918] *Dreier*, in: v. Lewinski/Walter/Blocher/Dreier/Daum/Dillenz, EuUrhR-K, Satelliten- und Kabel-RL, vor Art. 1 Rn 5.

Als Reaktion hierauf war zunächst Ziel der Fernseh-Richtlinie[919] einerseits und der Vermiet- und Verleihrecht-Richtlinie andererseits, stufenweise einen einheitlichen audiovisuellen Raum auf dem Gebiet der europäischen Gemeinschaft zu schaffen. Dieser sollte in Durchsetzung der für das Rundfunkwesen geltenden Freiheiten des Dienstleistungsverkehrs und unverfälschten Wettbewerbs angestrebt werden.[920] Es sollte ein Medienmarkt ohne Handelsbarrieren und wettbewerbsverzerrenden Bestimmungen aber mit einheitlichem Schutzniveau entstehen.[921]

Das Prinzip der Territorialität, internationale Verträge des Urheberrechts und nationale Urheberrechtsgesetze der Mitgliedstaaten bedingten nämlich eine territorial aufgespaltene Rechtevergabe innerhalb der Gemeinschaft.[922] Diese Situation wurde auch durch den EuGH bestätigt, der entschied, daß der Grundsatz gemeinschaftsweiter Erschöpfung auf die Verwertung in körperlicher Form zu beschränken und es damit mit dem EG vereinbar sei, daß sich der Rechtsinhaber für Werke, die der Öffentlichkeit durch beliebig oft wiederholbare Vorführungen zugänglich gemacht werden, auf ein territorial beschränktes Vorführrecht beruft.[923] Zwar reagierte die Kommission in ihrem „Grünbuch Fernsehen ohne Grenzen"[924] auf diese Entscheidung, die entsprechende Richtlinie wurde aber nach erheblicher Kritik der in dem Richtlinienvorschlag enthaltenen Konzepte schließlich ohne Lösung dieser urheberrechtlichen Problematik verabschiedet. Eine weitere Richtlinie, die Satelliten-Richtlinie, mußte daher folgen.

a) Vorüberlegungen zur Problematik der Satellitensendung

Die Ausgangslage hinsichtlich des Satellitenfernsehens war von einer nicht unerheblichen Rechtsunsicherheit darüber geprägt, welche Rechte für eine grenzüberschreitende Programmverbreitung über Satellit zu erwerben sind.[925] Diese Unsicherheit beruhte auf dem Umstand, daß mit der fortschreitenden Entwicklung der Satellitentechnologie[926] das Fernsehprogramm zunehmend in mehrere

---

[919] Richtlinie 89/552/EWG des Rates vom 3. Oktober 1989 zur Koordinierung bestimmter Rechts- und Verwaltungsvorschriften der Mitgliedstaaten über die Ausübung der Fernsehtätigkeit, ABl. EG Nr. L 298 v. 17.10.1989, S. 23.

[920] *Degenhardt*, ZUM 1992, 449 [451]; *Dreier*, GRUR Int. 1991, 13 [13].

[921] *Degenhardt*, ZUM 1992, 449 [449]; *Dreier*, GRUR Int. 1991, 13 [15].

[922] *Castendyk/Albrecht*, GRUR Int. 1993, 301 [301].

[923] EuGH, Rs. 62/79, Slg. 1980, I-881 (sog. „Coditel I"-Enscheidung).

[924] Grünbuch über die Errichtung des Gemeinsamen Marktes für den Rundfunk, insbesondere über Satellit und Kabel vom 14. Juni 1984, KOM (84) 300 endg.

[925] So auch die Erwägungsgründe (5), (7) und (14) der Satelliten-Richtlinie.

[926] Zunächst wurden Funk- und Fernsehsendungen über geostationäre Fernsehsatelliten (Fernmeldesatelliten) und schließlich von direkt empfangbaren Satelliten, bei denen kein Kabelsystem mehr zwischengeschaltet war (sog. Direktsatelliten), gesendet und empfangen, *Vinck*, in: Fromm/Nordemann, UrhG-K, § 20 Rn. 5; *Hohloch*, IPRax 1994, 387 [387].

Staaten „eingestrahlt“ wurde und nicht mehr nur auf das eigene nationale Gebiet beschränkt war. Da die über einen Satelliten ausgestrahlten Signale naturgemäß nicht allein im Sendeland, sondern darüber hinaus auch in einer mehr oder weniger großen Zahl von Empfangsstaaten – sog. Ausleuchtzone, „Sendekeule“ oder „footprint“ des Satelliten – empfangen werden können,[927] wurde eine wirtschaftliche Auswertung der ausgestrahlten Inhalte in jedem sich in der Ausleuchtzone befindenden Staat möglich. Hierin erblickten die Urheber und insbesondere die Film- und Videoindustrie eine erhebliche Gefahr für ihre Rechte.[928] Daß die Mitteilung eines Werkes an die Öffentlichkeit der Erlaubnis des Rechtsinhabers bedarf, war zwar in der RBÜ festgelegt. In welchem Land bei einer grenzüberschreitenden Satellitensendung dieser urheberrechtlich relevante Akt der öffentlichen Mitteilung aber stattfindet und damit auch die Frage, für welchen Staat bzw. Staaten die Sendeunternehmen Rechte zu erwerben hatten, blieb dagegen unklar

Aufgrund dieser Situation sollten mit Erlaß der Satelliten-Richtlinie[929] Vorschriften geschaffen werden, die eine Lokalisierung der Satellitensendung als potentielle Verletzungshandlung von Urheberrechten ermöglichen. Um hierbei auch das erklärte Ziel der Europäischen Kommission, einen homogenen Wirtschafts- und Kulturraum zu schaffen, umzusetzen, wurden drei Lösungsmodelle formuliert, die in Folge kurz umrissen werden.

aa) Die Bogsch-Theorie

Die sog. „Bogsch-Theorie“[930] beruht auf der Überlegung, daß Satellitensendungen eine Übermittlung von Inhalten an die Öffentlichkeit darstellen und diese immer dort stattfindet, wo sich die Öffentlichkeit befindet, d. h. die Fernsehzuschauer Sendungen empfangen können. Mithin finde die öffentliche Wiedergabe über Satellit nicht nur im Sendeland, sondern zugleich in allen Staaten statt, die in der Ausleuchtzone des Satelliten liegen (Empfangsländer).[931] Dies hat zur

[927] Die Ausleuchtzone läßt sich technisch, etwa durch eine besonders geformte Strahlenkeule (sog. „shaped beam“) nicht auf ein Staatsgebiet begrenzen, *Hohloch*, IPRax 1994, 387 [387].

[928] Vor allem die Inhaber von Filmrechten hatten ihr System der Verwertung auf einer territorialen Rechtevergabe und im Zusammenhang damit auf differenzierten nationalen Verwertungsregelungen und Besonderheiten aufgebaut. Andererseits waren viele Anbieter von Satellitenprogrammen noch mit zum Teil hohen Anlaufverlusten konfrontiert und klagten über einen allzu mühsamen und kostspieligen Erwerb der Rechte.

[929] Durch Gesetz vom 16. Juli 1998, BGBl. I S. 1822 in nationales Recht umgesetzt.

[930] Die Bezeichnung Bogsch-Theorie geht auf den ehemaligen WIPO-Generaldirektor Arpard Bogsch zurück, *Fiscor*, International Business Lawyer 1990, 258 [258].

[931] *Dietz*, UFITA 108 (1988), S. 73 [82]; *Katzenberger*, GRUR Int. 1983, 895 [913]. Die Bedeutung dieser kumulativen Anwendbarkeit des Rechts des Sendelandes und des Rechts der Empfangsstaaten zur Vermeidung einer Umgehung inländischen Rechts wurde jüngst in ei-

Folge, daß im Fall einer Verletzungshandlung die Urheberrechte aller Empfangsländer kumulativ zur Anwendung kommen.[932] Es genügt damit nicht, daß der Sendeveranstalter im Besitz des Senderechts für den Ort der Ausstrahlung ist. Vielmehr bedarf er zusätzlich der Rechte für alle Empfangsländer innerhalb der Ausleuchtzone.[933] Auf diese Weise wollte die Bogsch-Theorie in erster Linie verhindern, daß sich die z. T. erheblichen Lücken im nationalen urheberrechtlichen bzw. nachbarrechtlichen Schutz bei der grenzüberschreitenden Sendung über Satellit in weit größerem Ausmaß als bisher zu Lasten der Rechtsinhaber auswirken.[934]

bb) Die Theorie vom intendierten Abrufgebiet

Mit dem Ansatz der Bogsch-Theorie vergleichbar ist der Gedanke, auf dem die Theorie vom intendierten Abrufgebiet beruht. Danach findet auf die grenzüberschreitende Satellitensendung allerdings nicht das Recht eines jeden tatsächlichen Empfangslandes Anwendung, sondern ausschließlich diejenigen Rechtsordnungen, deren Geltungsgebiete in den vom Sendeunternehmen intendierten Empfangsbereich fallen.[935] Hierunter sind die Rechtsordnungen aller Länder zu verstehen, in denen Signale empfangen werden können und in denen der Empfang vom Sendeunternehmen zumindest beabsichtigt ist. Ermittelt werden sollen diese Länder anhand verschiedener Kriterien wie Sprachfassung der Programme, Zielpublikum der Werbung oder Verkauf von Entschlüsselungsgeräten für codierte Sendungen.[936] Diese Theorie hat sich in der internationalen Lizenzvertragspraxis durchgesetzt.[937]

---

ner Entscheidung des OLG Saarbrücken, IPRax 2003, 150 [152], verkannt. So auch *Schack*, IPRay 2003, 141 [142].

932 *Dreier*, in: v. Lewinski/Walter/Blocher/Dreier/Daum/Dillenz, EuUrhR-K, Satelliten- und Kabel-RL, vor Art. 1 Rn. 10.

933 Sofern das Ausstrahlungsland nicht innerhalb des Footprints liegt, muß auch die Rechtsordnung dieses Landes geklärt werden, *Castendyk/Albrecht*, GRUR Int. 1992, 734 [735].

934 *Dreier*, in: v. Lewinski/Walter/Blocher/Dreier/Daum/Dillenz, EuUrhR-K, Satelliten- und Kabel-RL, vor Art. 1 Rn. 10. Im Hinblick auf die RBÜ gilt die Bogsch-Theorie außerdem als korrekte Interpretation dieser Konvention, weshalb beispielsweise österreichische Gerichte sie ihren Entscheidungen über grenzüberschreitende Satellitensendungen zugrunde legten als die Satelliten-Richtlinie in ihrem Land noch nicht umgesetzt war, OGH, GRUR Int. 1991, 920 [922]; *Dietz*, E.I.P.R. 1996, 563 [564]; *Hohloch*, IPRax 1994, 387 [389].

935 Siehe OHG Wien, GRUR Int. 1989, 422 [425].

936 *Castendyk/Albrecht*, GRUR Int. 1992, 734 [735].

937 In sog. „Spill-over" Klauseln wird festgelegt, daß eine nicht intendierte, also technisch unvermeidliche Einstrahlung zulässig sein soll, siehe *Castendyk/Albrecht*, GRUR Int. 1992, 734 [735].

cc) Die Sendelandtheorie

Nach der Sendelandtheorie wird allein dasjenige Land als maßgeblich erachtet, von dem aus die Signale ausgesandt werden.[938]. Die Empfangsländer, ob tatsächliche oder intendierte, bleiben außer Betracht. So soll ausschließlich das Recht des Staates über grenzüberschreitende Satellitensendungen entscheiden, von dem aus das Fernsehprogramm an den Satelliten übermittelt wird (sog. Sendeland bzw. Ausgangsstaat[939]).[940]

dd) Die Lösung der Richtlinie

Der Satelliten-Richtlinie wurde schließlich die Sendelandtheorie zugrunde gelegt. Deren Ansatz erschien sowohl der Europäischen Kommission als auch den Mitgliedstaaten am ehesten dazu geeignet, das Ziel der Gemeinschaft, einen einheitlichen Wirtschaftsraum zu bilden, zu verwirklichen.[941] So sollte die grenzüberschreitende Verbreitung von Satellitensendungen dadurch erleichtert werden, daß hinsichtlich des Erwerbs entsprechender Rechte die Rechtsordnungen der Empfangsstaaten keine Berücksichtigung finden, sondern nur noch die Rechte in einem einzigen Mitgliedstaat erworben werden müssen, um eine rechtmäßige Sendung in allen Mitgliedstaaten sicherzustellen.

Nach der Bogsch-Theorie bzw. der Theorie vom intendierten Abrufgebiet hätten die Sendeunternehmen mit der Verbreitung von Inhalten erst dann beginnen können, wenn der Erwerb betreffender Rechte von den Rechtsinhabern in allen Staaten der Ausleuchtzone, zumindest aber des intendierten Abrufgebietes abgeschlossen gewesen wäre. Schon das Scheitern oder die Beendigung eines einzigen dieser Vielzahl von Verträgen hätte die gesamte Programmverbreitung gefährdet.[942] Ein Ausweg zur Beseitigung von einzelstaatlichen Urheberrechtsbefugnissen wurde in der alleinigen Relevanz des Sendelandes gesehen. Daß das Recht, geschützte Werke über Satellit grenzüberschreitend ausstrahlen zu dürfen, nur noch in einem Mitgliedstaat erworben werden mußte, sollte die vorher bestehenden Unsicherheiten der Programmanbieter beseitigen und den freien Austausch von Kulturgütern innerhalb der europäischen Gemeinschaft vereinfa-

---

[938] Dies wird auch im Fall der traditionellen terrestrischen Sendung angenommen, bei der zumindest das unbeabsichtigte Einstrahlen in das grenznahe Ausland (sog. „non-intentional Spill-over") unbeachtlich ist, *Dittrich*, ZUM 1988, 359 [359].

[939] Das Ausgangsland wird häufig auch als Ursprungsland bezeichnet. Für die vorliegende Arbeit wird allerdings der Begriff des Ursprungslandes ausschließlich im Zusammenhang mit der *lex originis* verwendet, um eine Verwechslung der unterschiedlichen Ansätze zu vermeiden.

[940] *Katzenberger*, in: Schricker, UrhR-K, vor §§ 120 ff. Rn. 89; *Castendyk/Albrecht*, GRUR Int. 1992, 734 [735].

[941] *Hohloch*, IPRax 1994, 387 [389].

[942] Selbst der bereits damals in einigen Bereichen zentral erfolgende Rechtserwerb hätte daran nichts Entscheidendes zu ändern vermocht, *Dreier*, GRUR Int. 1991, 13 [16].

chen.[943] Eine Analyse der rechtlichen Situation von Sendeunternehmen sollte nicht mehr anhand der Bestimmungen eines jeden einzelnen Empfangsstaates erfolgen müssen, sondern nur noch unter Berücksichtigung der Urheberrechtsordnung des Sendelandes bzw. Ausgangsstaates.[944]
Zudem wurde sowohl die Feststellung der Ausleuchtzone als auch die Ermittlung des intendierten Empfangsbereichs von der Kommission als problematisch angesehen.[945]
Ihren konkreten Niederschlag hat die Entscheidung für die Sendelandtheorie in der Umschreibung von Handlung und Ort der Satellitensendung in Art. 1 Abs. 2 lit. a), b) sowie d) (i) und (ii) gefunden.
Die die grenzüberschreitende Programmverbreitung über Satelliten behindernde Rechtsunsicherheit im Hinblick auf die zu erwerbenden Rechte soll danach dergestalt beseitigt werden, daß die öffentliche Wiedergabe geschützter Werke über Satellit auf Gemeinschaftsebene definiert wird, wodurch gleichzeitig auch eine Festlegung des Ortes der öffentlichen Wiedergabe erfolgt. Auf diese Weise soll die kumulative Anwendung von mehreren nationalen Rechten auf einen einzigen Sendeakt verhindert werden.
Aus urheberrechtlicher Sicht vermeidet diese Lösung allerdings nicht vollständig die Gefahr, daß Sendeunternehmen die Ausstrahlung ihrer Sendung gezielt von einem Staat mit geringem Schutzniveau aus vornehmen.[946] Dieser unerwünschten, da zugleich innerhalb der Gemeinschaft wettbewerbsverzerrenden Delokalisierung der Satellitenprogrammanbieter soll deshalb außerdem dadurch entgegengewirkt werden, daß ein urheberrechtliches Schutzgefälle innerhalb des europäischen Wirtschaftsraumes zwischen den einzelnen Mitgliedstaaten beseitigt wird.[947] Hierzu enthält einerseits die Richtlinie selbst mit den Art. 2-4 und 6 einige Mindestschutzvorgaben, andererseits wird auf bereits unternommene Aktivitäten der Kommission verwiesen.[948] Mit diesen das Abstellen auf den Ausgangsstaat flankierenden Maßnahmen trägt die Richtlinie wenigstens in ihrer

[943] Erwägungsgrund (7) und (14) zur Satelliten-Richtlinie, ABl. EG Nr. L 248 v. 6.10.1993, S. 16.

[944] *Castendyk/Albrecht*, GRUR Int. 1993, 734 [734]; *Roth*, IPRax 1994, 165 [172]; *Rumphorst*, GRUR Int. 1992, 910 [911].

[945] *Dreier*, in: v. Lewinski/Walter/Blocher/Dreier/Daum/Dillenz, EuUrhR-K, Satelliten- und Kabel-RL, Art. 1 Rn. 12.

[946] *Dreier*, in: Hugenholtz, Copyright, S. 57 [63].

[947] Siehe Erwägungsgrund (24) zur Satelliten-Richtlinie, ABl. EG Nr. L 248 v. 6.10.1993, S. 17; außerdem soll die Vergütung, die für den Erwerb des Senderechts im Sendeland gezahlt wird, der Bedeutung der Sendung insgesamt und nicht nur ihrer Konstruktion entsprechen, *Dreier*, ZUM 1995, 458 [458].

[948] So nivelliert z. B. die Schutzdauer-Richtlinie die Schutzdauer des Urheberrechtes europaweit auf 70 Jahre post mortem, Art. 1 Abs. 1. Die Computerprogramm-Richtlinie vereinheitlicht den Schutz von Computerprogrammen ebenso, wie die Vermiet- und Verleihrecht-Richtlinie die entsprechenden Verwertungsarten europaweit normiert.

Gesamtkonzeption dem Hauptanliegen der Bogsch-Theorie, den Interessen der Rechtsinhaber entgegenzukommen, Rechnung.
Der Möglichkeit der Fernsehunternehmen, den Aussendeort in einer sog. Urheberrechtsoase anzusiedeln und dennoch den Sitz des Unternehmens und dessen Schwerpunkttätigkeit in einem europäischen Mitgliedstaat zu belassen, soll des weiteren auch dadurch begegnet werden, daß die Bestimmung des Orts der öffentlichen Wiedergabe und damit des Sendelandes nicht allein nach technischen Kriterien erfolgt, sondern anhand der tatsächlichen Verantwortlichkeit des Veranlassers der Satellitensendung.[949] So definiert Art. 1 Abs.2 lit. b) der Richtlinie den Ort, an dem die öffentliche Wiedergabe stattfindet, als denjenigen, „in dem die programmtragenden Signale unter der Kontrolle des Sendeunternehmens und auf dessen Verantwortung in eine ununterbrochene Kommunikationskette eingegeben werden, die zum Satelliten und zurück zur Erde führt." Die Art. 1 Abs. 2 lit. d) i), ii) der Richtlinie binden auch öffentliche Wiedergaben, die aus Drittstaaten stammen, an die Vorgaben der Satelliten-Richtlinie, wenn die programmtragenden Signale von einer in einem Mitgliedstaat gelegenen aussendenden Erdfunkstation an den Satelliten geleitet werden. Die Satelliten-Richtlinie bleibt auch anwendbar, wenn zwar keine solche Erdfunkstation benutzt wird, aber ein Sendeunternehmen, das in einem Mitgliedstaat niedergelassen ist, die öffentliche Wiedergabe in Auftrag gegeben hat.
Auf alle anderen öffentlichen Wiedergaben über Satellit, die in Drittstaaten auftreten, erstreckt sich die Richtlinie der Europäischen Union jedoch nicht mehr. Im Verhältnis zu Drittstaaten muß nicht mehr das Sendeland als Ort der öffentlichen Wiedergabe angesehen werden. Es bleibt diesbezüglich jedem Mitgliedstaat der Europäischen Union überlassen, die Frage nach dem anwendbaren Recht nach der Bogsch-Theorie, der Theorie des intendierten Abrufgebietes oder anderen Anknüpfungsgrundsätzen zu regeln.[950]

b) Kollisionsrechtlicher Gehalt des Abstellens auf den Ausgangsstaat

Fraglich ist, inwieweit die Feststellung in Art. 1 Abs. 2 lit. b) der Richtlinie, daß bei der Programmverbreitung über Satelliten nur das Urheberrecht des Sendelandes bzw. des Ausgangsstaates betroffen ist, kollisionsrechtlichen Gehalt aufweist.[951]
Hierzu hat zunächst die Kommission selbst vor dem Hintergrund der zuvor im Europarat hinsichtlich des Übereinkommens über das grenzüberschreitende Fernsehen geführten Diskussion – anders als noch in den ersten Entwürfen der

---

[949] *Dreier*, ZUM 1995, 458 [460].
[950] *Castendyk/Albrecht*, GRUR Int. 1993, 300 [300]; *Dreier*, ZUM 1995, 458 [460]; *ders.*, in: Dellebeke, Copyright, S. 300 [304].
[951] Siehe dazu auch *Castendyk/Albrecht*, GRUR Int. 1993, 300 [301]; *Dreier*, in: Hugenholtz, Copyright, S. 57 [61]; *ders.*, in: Dellebeke, Copyright, S. 300 [303].

späteren Satellitenkonvention des Europarates[952] – erklärt, daß mit der Richtlinie kein neues Kollisionrecht geschaffen werden solle.[953] So werde nicht die kollisionsrechtliche Rechtsanwendungsfrage beantwortet, sondern vielmehr die Frage der Ausgestaltung des Senderechts des Urhebers. Es sollte verhindert werden, daß in jedem Staatsgebiet innerhalb der Ausleuchtzone eines Satelliten eine öffentliche Wiedergabe angenommen wird und damit von jedem Rechtsinhaber in jedem Abstrahlgebiet eine eigene Lizenz zur Satellitenausstrahlung erworben werden muß. Zu diesem Zweck wird nun in Art. 1 Abs. 2 lit. b) der Richtlinie bestimmt, wann eine grenzüberschreitende Sendung eine urheberrechtlich relevante und damit erlaubnisbedürftige Nutzungshandlung darstellt und daß es nicht auf die Empfangsstaaten und ihre Rechtsordnungen ankommen kann, sondern nur auf die des Ausstrahlungsortes. Dieser wird mithin definitorisch auf materiell-rechtlicher Ebene festgelegt.[954]

Die eigentliche internationalprivatrechtliche Frage, welches Recht auf den grenzüberschreitenden Sendevorgang „öffentliche Wiedergabe über Satellit" Anwendung finden soll, wird somit abgeschnitten.[955] Bestätigt wird dies außerdem durch Art. 8 Abs. 1 der Richtlinie.

Allerdings ergibt sich als mittelbare Folge für das Kollisionsrecht, daß eine Anknüpfungsregel auch nur soweit auf das Recht des Sendelandes verweisen kann, wie dessen alleinige materiell-rechtliche Betroffenheit reicht. Aus Sicht der Anknüpfung an die *lex loci protectionis* bedeutet dies, daß das Schutzland zwar das Empfangsland bleiben mag, es dort dann allerdings an einer senderechtlich relevanten Handlung fehlt. Als mittelbar kollisionsrechtliche Folge der materiellrechtlichen Regelung der Richtlinie ist somit festzuhalten, daß eine Verweisung auf das Recht eines anderen Landes als auf dasjenige, in dem das materielle Recht betroffen ist, ins Leere läuft.[956]

Hinsichtlich Sendungen aus Drittländern können die Mitgliedstaaten allerdings kollisionsrechtliche Normen abweichenden Inhalts vorsehen. Diese Sendungen unterfallen nämlich gemäß Art. 1 Abs. 2 lit. d) (i) und (ii) nicht der Richtlinie.

---

952 Anders noch in den ersten Entwürfen der späteren Satellitenkonvention des Europarates, BR-Drs. 377/95, S. 11.

953 Ziff. 4.1.13 des Anhangs des Grundsatzpapiers der EG-Kommission zu den urheberrechtlichen Fragen im Bereich der Satellitensendungen und der Kabelweiterverbreitung (1990), zit. nach *Dreier*, GRUR Int. 1991, 13 [16]; *Hohloch*, IPRax 1994, 387 [391].

954 KOM (95) 382 endg. v. 19.7.1995, S. 40; *Castendyk/Albrecht*, GRUR Int. 1992, 734 [734]; *Dreier*, in: Hugenholtz, Copyright, S. 57 [57]; *ders.*, in: Dellebeke, Copyright, S. 300 [303].

955 *Hohloch*, IPRax 1994, 387 [391].-

956 *Roth*, IPRax 1994, 165 [172].

Im Ergebnis handelt es sich also bei dem Abstellen auf den Ausgangsstaat gesetzestechnisch nicht um eine Kollisionsregel, sondern um die verbindliche Festlegung der Auslegung des materiellen Rechts.[957]

c) Zwischenergebnis

Nach der Satelliten-Richtlinie werden die Probleme, die sich aus einer grenzüberschreitenden Sendung mittels Satellit ergeben, durch die Harmonisierung des materiellen Rechts gelöst. So wurde hinsichtlich grenzüberschreitender Nutzungen die Schwierigkeit vor allem in der Bestimmung des Orts der Verletzungshandlung gesehen. Dieser wird nach der Richtlinie verbindlich für alle Mitgliedstaaten dort lokalisiert, von wo die grenzüberschreitende Sendung ausgeht. Damit die Sendeunternehmen nicht in sog. Urheberrechtsoasen ausweichen können, wird diese definitorische Festlegung von Mindestschutzmaßnahmen und anderen Absicherungen flankiert.

Ob es sich bei der Bestimmung über den Ausgangsstaat nur um eine solche des materiellen Rechts oder auch um eine Kollisionsnorm handelt, wird uneinheitlich gesehen. In jedem Fall bedarf die durch die Richtlinie gefundene Lösung einer Harmonisierung des europäischen Urheberrechts, will man die Situation der Urheber verbessern.[958] Für die Sendeunternehmen jedoch brachte die Richtlinie eine Erleichterung dahingehend, daß die Senderechte nur nach einer Rechtsordnung erworben werden müssen und die Regelungen in den anderen Empfangsstaaten unberücksichtigt bleiben können.

2. Exkurs: E-Commerce-Richtlinie

Bereits zu Beginn der achtziger Jahre waren erste Überlegungen zu dem Einfluß des Europarechts auf das Kollisionsrecht angestellt worden. Hierbei hatte vor allem der weite Anwendungsbereich der Waren- und Dienstleistungsfreiheit zu einem Überdenken bisher bewährter kollisionsrechtlicher Anknüpfungskriterien geführt.[959] Da allerdings im Zuge der sog. „Keck"- und „Mithouard"-Entscheidungen des EuGH[960] weite Teile beispielsweise des Wettbewerbsrechts aus den Grundfreiheiten herausgenommen worden waren, verlor diese Diskussion wieder an Vehemenz.[961] Mit der Einführung des sog. Herkunftslandprinzips

---

[957] So auch *Hoeren*, in: HdbMMR, 7.10 Rn. 37; *Dreier*, GRUR Int. 1991, 13 [16]; *Hohloch*, IPRax 1994, 387 [391].

[958] Siehe Erwägungsgrund (24) zur E-Commerce-Richtlinie, ABl. EG Nr. L 248 v. 6.10.1993, S. 17.

[959] *Spindler*, in: Baur/Mansel, Systemwechsel, S. 97 [97].

[960] EuGH, GRUR 1994, 296 [297].

[961] *Fezer*, in: Staudinger, BGB/IntWirtschR, Rn. 440.

durch die E-Commerce-Richtlinie[962] wurde daher überraschend eine Wiederaufnahme kollisionsrechtlicher Fragestellungen bewirkt.[963]

a) Zielsetzung der Richtlinie

Zunächst wird diesem in Art. 3 Abs. 1 und 2 der Richtlinie enthaltenen Prinzip eine zentrale Bedeutung bei der Verwirklichung des Zieles, das Angebot gewerblicher Leistungen im Internet von rechtlichen Hindernissen zu befreien, beigemessen.[964]
So hat nach Art. 3 Abs. 1 E-Commerce-Richtlinie jeder Mitgliedstaat dafür Sorge zu tragen, „...daß die Dienste der Informationsgesellschaft, die von einem in seinem Hoheitsgebiet niedergelassenen Diensteanbieter erbracht werden, den in diesem Mitgliedstaat geltenden innerstaatlichen Vorschriften entsprechen,...“ Des weiteren bestimmt Abs. 2, daß die Mitgliedstaaten den freien Verkehr von Diensten der Informationsgesellschaft aus einem anderen Mitgliedstaat nicht aus Gründen einschränken dürfen, die in den koordinierten Bereich[965] fallen.
Demnach ist für einen Anbieter von Diensten der Informationsgesellschaft allein das Recht des Staates seiner Niederlassung maßgeblich, nicht aber das Recht des Empfangsstaates, in dem seine Dienstleistung abgerufen werden kann.
Zwar ergibt sich aus den Ausnahmebestimmungen im Anhang zu Art. 3 der E-Commerce-Richtlinie, daß Art. 3 Abs. 1 und 2 keine Anwendung auf den Bereich des Urheberrechts findet. Dennoch bietet sich eine Auseinandersetzung mit diesen Regelungen an. So könnte nämlich das in der vorliegenden Richtlinie enthaltene Herkunftslandprinzip als Indikator eines Systemwechsels im europäischen Kollisionsrecht bewertet werden müssen, da erstmalig nicht nur straf- und öffentlich-rechtliche, sondern auch privatrechtliche Normen[966] hinsichtlich ihres Anwendungsbereiches einem derartigen Prinzip unterworfen werden.[967] Da das

---

[962] Richtlinie 2000/31/EG des Europäischen Parlaments und des Rates vom 8. Juni 2000 über bestimmte rechtliche Aspekte der Dienste der Informationsgesellschaft, insbesondere des elektronischen Geschäftsverkehrs, im Binnenmarkt („Richtlinie über den elektronischen Geschäftsverkehr“)(E-Commerce-Richtlinie), ABl. EG Nr. L 178 v. 17.7.2000, S. 1.

[963] *Spindler*, in: Baur/Mansel, Systemwechsel, S. 97 [97]. Siehe allgemein *Jayme/Kohler*, 2002, 461 [461 ff.].

[964] *Ahrens*, CR 2000, 835 [835]; *Ohly*, GRUR Int. 2001, 899 [900].

[965] Der sog. koordinierte Bereich, für den das Herkunftsland Geltung erhält, umfaßt nach Art. 2 lit. h) der Richtlinie diejenigen rechtlichen Anforderungen, die sowohl für die Aufnahme der Tätigkeit des Dienstes als auch seiner Ausübung maßgeblich sind (bspw. werden hiervon Online-Informationsdienste, Online-Werbeaktivitäten, Online-Verkäufe und Online-Vertragsabschlüsse erfaßt), Erwägungsgrund (21) zur E-Commerce-Richtlinie, ABl. EG Nr. L 178 v. 17.7.2000, S. 4.

[966] Sofern es sich um einen Anbieter von Diensten der Informationsgesellschaft und eine rechtliche Anforderung aus diesem Bereich handelt.

[967] Ein zivil- und insbesondere wettbewerbsrechtlich orientiertes Herkunftslandprinzip fand sich, sieht man von der wissenschaftlichen Diskussion über die Auswirkungen des europäi-

Herkunftsland mit dem Marktortrecht oder dem nach einem Vertragsstatut berufenen Recht nicht zwangsläufig übereinstimmt,[968] ist hierin zumindest eine Abkehr von den kollisionsrechtlichen Grundsätzen für Angebote über das Internet aus EU-Staaten zu sehen.

b) Kollisionsrechtlicher Gehalt des Herkunftslandprinzips

Die Frage, inwieweit der E-Commerce-Richtlinie kollisionsrechtlicher Gehalt beizumessen ist, wird weitgehend kontrovers diskutiert. Der Streit entzündet sich vornehmlich anhand eines zwischen der Zielsetzung der Richtlinie und einer einzelnen Vorschrift bestehenden Widerspruchs. So soll die Richtlinie einerseits zur Schaffung eines klaren rechtlichen Rahmens unter Berücksichtigung der Vereinbarkeit mit internationalen Regelungen dienen, um eine ungehinderte Entwicklung des elektronischen Geschäftsverkehrs und insbesondere die Wettbewerbsfähigkeit der europäischen Industrie zu gewährleisten.[969] Andererseits besagt Art. 1 Abs. 4 der E-Commerce-Richtlinie ausdrücklich, daß keine zusätzlichen Vorschriften im Bereich des Internationalen Privatrechts hervorgebracht werden sollten.

Dementsprechend wird unter Hinweis auf diesen klaren Wortlaut das Herkunftslandprinzip in Art. 3 Abs. 1 der Richtlinie zum Teil als rein sachrechtlich verstanden,[970] mit der Folge, daß eine kollisionsrechtliche Verweisung lediglich von nationalem Kollisionsrecht ausgesprochen würde.[971] Als Kehrseite dieses Verständnisses erweist sich jedoch der Umstand, daß im Wege der Anwendung nationalen Internationalen Privatrechts der Ort der Niederlassung materiellrechtlich an Bedeutung verliert und damit das Ziel der Richtlinie, Mehrfachanknüpfungen mit unterschiedlichen Schutzstandards im Interesse eines einheitlichen Euro-Marketings zu vermeiden, nicht erreicht wird.[972] Aus diesem Grund wird nach einer anderen Ansicht[973] eine kollisionsrechtliche Interpretation des Art. 3 Abs. 1 entgegen des Wortlauts des Art. 1 Abs. 4 befürwortet.

Da eine Überlagerung des nationalen Kollisionsrechts durch ein sekundärrechtliches Herkunftslandprinzip im europäischen Bereich eine große Umwälzung

---

schen Primärrechts auf das Kollisionsrecht ab, bisher nur in Art. 2 lit. a) der Richtlinie 97/36/EG des europäischen Parlaments und des Rates vom 19. Juni 1997 zur Änderung der Richtlinie 89/552/EWG des Rates zur Koordinierung bestimmter Rechts- und Verwaltungsvorschriften der Mitgliedstaaten über die Ausübung der Fernsehtätigkeit, ABl. EG Nr. L 202, S. 60.

968 *Spindler*, in: Baur/Mansel, Systemwechsel, S. 97 [98].

969 Erwägungsgrund (60) zur E-Commerce-Richtlinie, ABl. EG Nr. L 178 v. 17.7.2000, S. 7.

970 *Sack*, WRP 2000, 269 [283]; *ders.*, WRP 2002, 271 [274].

971 *Fezer/Koos*, IPRax 2000, 349 [353].

972 *Fezer*, in: Staudinger, BGB/IntWirtschR, Rn. 448.

973 *Mankowski*, ZVglRWiss 100 (2001), 137 [179]; *ders.*, IPRax 2002, 257 [258]; *Thünken*, IPRax 2001, 15 [20].

darstellen würde und zwar vor allem deshalb, weil das Prinzip auf sekundärrechtlicher Ebene eine weit strengere Wirkung erzielt als es dies auf primärrechtlicher Ebene tut,[974] bedarf Art. 3 Abs. 1 einer näheren Betrachtung.

aa) Das Herkunftslandprinzip als kollisionsrechtliche Norm

Das Verhältnis des Herkunftslandprinzips zum Kollisionsrecht ist seit jeher umstritten und auch bis jetzt wurde noch keine klare Lösung gefunden.[975] Die Richtlinie selbst weist in Art. 1 Abs. 4 sowie in den Erwägungsgründen darauf hin, daß keine zusätzlichen kollisionsrechtlichen Regeln geschaffen würden.[976] Eine kollisionsrechtliche Qualifizierung des Herkunftslandprinzips könnte deshalb von vornherein ausgeschlossen sein.[977] Würde also demzufolge zunächst die anwendbare Rechtsordnung mit Hilfe des Kollisionsrechts ermittelt und erst dann die auf diese Weise berufenen Normen der Prüfung des Art. 3 Abs. 2 der Richtlinie unterzogen werden, käme der Vorschrift lediglich die Rolle eines Korrektivs auf der Sachrechtsebene zu.

Einer ausschließlich sachrechtlichen Einordnung läßt sich jedoch entgegenhalten, daß im Zusammenhang mit den Ausnahmebestimmungen im Anhang zu Art. 3 die freie Rechtswahl vom Herkunftslandprinzip unberührt bleibt. Sinn macht diese Regelung dabei nur dann, wenn Art. 3 Kollisionsrecht betrifft und mithin letztlich doch als kollisionsrechtliche Norm anzusehen wäre.[978] Eine solche Qualifizierung brächte die Berufung ausschließlich des Sachrechts des Herkunftsstaates mit sich, sofern keine der Ausnahmen vorläge und es auf einen Günstigkeitsvergleich mit der durch das nationale Kollisionsrecht berufenen Rechtsordnung nicht mehr ankäme.[979]

Eine sachrechtliche Qualifizierung des Herkunftslandprinzips ist dennoch nicht zwingend ausgeschlossen. Vielmehr ist zu beachten, daß Art. 3 Abs. 2 der Richtlinie ausdrücklich festlegt, daß der (Empfangs-) Mitgliedstaat den freien Dienstleistungsverkehr im koordinierten Bereich nicht aus anderen als in der Richtlinie erwähnten Gründen einschränken darf. Hierin ist jedoch keine kollisionsrechtliche Verweisung zu sehen, sondern lediglich ein Verbot der Einschränkung, welches ähnlich wie die Grundfreiheiten des EG-Vertrages sachrechlich „inspiriert" ist.[980] Ein solches Verbot wird nämlich dadurch umgesetzt, daß na-

---

[974] Siehe *Mankowski*, ZVglRWiss 100 (2001), 137 [179]; allg.: *Basedow*, RabelsZ 59 (1995), 1 [15].

[975] *Spindler*, in: Baur/Mansel, Systemwechsel, S. 97 [100].

[976] Erwägungsgrund (23) zur E-Commerce-Richtlinie, ABl. EG Nr. L 178 v. 17.7.2000, S. 4; siehe hierzu *Ahrens*, CR 2000, 835 [837]; *Mankowski*, ZVglRWiss 100 (2001), 137 [142]; *Spindler*, MMR 2000, Beilage zu Heft 7, 4 [8].

[977] So *Ahrens*, CR 2000, 835 [837]; *Fezer/Koos*; IPRax 2000, 349 [352].

[978] So *Thünken*, IPRax 2001, 15 [20].

[979] *Thünken*, IPRax 2001, 15 [21].

[980] *Spindler*, in: Baur/Mansel, Systemwechsel, S. 97 [101].

tionalstaatliche Restriktionen des Dienstleistungsverkehrs den Anforderungen der Verhältnismäßigkeit – wie das Verfahren in Art. 3 Abs. 4 der Richtlinie bestätigt – entsprechen müssen. Wird also das Sachrecht eines Mitgliedstaates vom Kollisionsrecht eines anderen Staates berufen, so greift das Herkunftslandprinzip des Art. 3 Abs. 2 der Richtlinie dann ein, wenn das Recht des Mitgliedstaates strengere Bestimmungen enthält als das Recht des Herkunftslands des Diensteanbieters, mit der Folge, daß das strengere Recht ausgeschlossen wird.[981] Auf der Ebene des Sachrechts wird der Verweisungsbefehl des Kollisionsrechts nicht befolgt, sondern durch den Verweis auf das Sachrecht des Herkunftslandes ersetzt.[982] In diesem Vorgehen ist einerseits eine Prüfung nationalstaatlicher Normen und andererseits ein Verweis auf ein ausländisches Sachrecht enthalten, was wiederum dem Charakter einer kollisionsrechtlichen Norm entspricht. Dadurch wird deutlich, daß Art. 3 Abs. 1 und 2 der Richtlinie eine Konstruktion zwischen Kollisionsrecht und sachrechtlichem Korrektiv darstellt, die sich abschließend weder eindeutig kollisions- noch europarechtlich interpretieren läßt.[983] Jedenfalls die Komponente der Bestimmung, wonach das Recht des Herkunftslandes dann zur Anwendung kommt, wenn das nationale Sachrecht sich als strenger erweist als dasjenige des Herkunftslandes, ist als kollisionsrechtlich zu qualifizieren.[984]

bb) Verhältnis Herkunftslandprinzip und Kollisionsrecht des Herkunftslandes

Hinsichtlich des Art. 3 Abs. 1 und 2 der Richtlinie ist weiterhin zu klären, inwieweit das Herkunftslandprinzip nationales Kollisionsrecht tangiert. Art. 3 Abs. 1 und 2 der Richtlinie beruht auf dem Prinzip der gegenseitigen Anerkennung und damit auf der Anerkennung des gesamten Rechtssystems eines Mitgliedstaates als Herkunftsland, was auch die nationalen kollisionsrechtlichen Normen mit umfaßt.[985] Dies wird auch dadurch deutlich, daß Art. 3 Abs. 1 der Richtlinie, ohne Ausnahmen zu erwähnen, von den innerstaatlichen Rechtsvorschriften spricht.[986] Hieraus folgt, daß auch das Internationale Privatrecht des Herkunftslandes zur Anwendung kommen würde und nach den dort geltenden

---

[981] Siehe Erwägungsgrund (23) zur E-Commerce-Richtlinie, ABl. EG Nr. L 178 v. 17.7.2000, S. 4: „Vorschriften des anwendbaren Rechts, die durch Regeln des Internationalen Privatrechts bestimmt sind, dürfen die Freiheit zur Erbringung von Diensten der Informationsgesellschaft nicht im Sinne dieser Richtlinie einschränken."

[982] *Fezer*, in: Staudinger, BGB/IntWirtschR, Rn. 449; *Ahrens*, CR 2000, 835 [838]; *Fezer/Koos*, IPRax 2000, 349 [350]; *Spindler*, in: Baur/Mansel, Systemwechsel, S. 97 [101]; a.A.: *Mankowski*, ZVglRWiss 100 (2001), 137 [145].

[983] *Spindler*, in: Baur/Mansel, Systemwechsel, S. 97 [101].

[984] *Mankowski*, ZVglRWiss 100 (2001), 137 [179].

[985] A.A.: *Hoeren*, MMR 1999, 192 [195].

[986] *Hoeren*, MMR 1999, 192 [195]; *Spindler*, MMR 2000, Beilage zu Heft 7, 4 [7].

kollisionsrechtlichen Bestimmungen der Diensteanbieter ggf. doch wieder einer Vielzahl von möglicherweise anwendbaren Rechtsordnungen ausgesetzt wäre. Damit ist das Rechtsanwendungsrisiko nicht in dem Maße beschränkt, wie es Sinn und Zweck des Art. 3 der Richtlinie erfordern. Die Auslegung des Herkunftslandprinzips als reine Verweisung auf das Sachrecht ohne das jeweilige nationale Kollisionsrecht entspricht daher wohl eher dem Willen der Richtliniengeber.[987]

cc) Günstigkeitsprinzip

Zuletzt ist zu klären, ob in Art. 3 Abs. 1 und 2 der Richtlinie eine dem Günstigkeitsprinzip vergleichbare Regelung enthalten ist, wie sie mit § 4 Abs. 1 TDG im Zuge der Umsetzung der E-Commerce-Richtlinie ins deutsche Recht eingeführt wurde.[988] Danach wäre eine andere Rechtsordnung eines Mitgliedstaates als die des Staates der Niederlassung des Diensteanbieters – beispielsweise Deutschland bei einem deutschen Anbieter – anwendbar, sofern das deutsche Kollisionsrecht auf diese andere Rechtsordnung verweist und diese auch „günstiger" ist, als das, im vorliegenden Beispiel, deutsche Recht.

Dem Vorwurf, die Vorschrift des § 4 Abs. 1 TDG setze die Richtlinie nicht korrekt um, könnte dergestalt begegnet werden, daß Art. 3 Abs. 1 der Richtlinie auf die Einhaltung der „innerstaatlichen Vorschriften" verweist, wozu auch das Kollisionsrecht zu zählen ist.[989] Dieses wiederum bestimmt darüber, ob das eigene Sachrecht anzuwenden ist oder nicht. Für letzteren Fall könnte der entsprechende Staat, wenn er als der Staat der Niederlassung des Diensteanbieters anzusehen ist, nicht dazu verpflichtet werden, entgegen seiner Rechtsordnung das nationale Sachrecht anzuwenden.[990] Für die Berücksichtigung des nationalen Kollisionsrechts spricht außerdem, daß das Herkunftslandprinzip auf gegenseitiger Anerkennung beruhen soll.[991]

Allerdings darf nicht das Ziel der E-Commerce-Richtlinie, das diese mit ihrem Herkunftslandprinzip verfolgt, außer acht gelassen werden. Beabsichtigt ist nämlich die Minimierung von Rechtsrisiken für die Diensteanbieter, was der zuvor dargestellte Sichtweise entgegenstehen würde.[992] So konfrontieren Verweisungen, die auf nationalem Kollisionsrecht beruhen, den Diensteanbieter doch mit verschiedenen Rechtsordnungen, wodurch die erwünschte Sicherheit vor dem Rechtsanwendungsrisiko nicht erreicht werden kann. In Erwägungs-

---

[987] *Ahrens*, CR 2000, 835 [837]; *Mankowski*, ZVglRWiss 100 (2001), 137 [142]; *Spindler*, in: Baur/Mansel, Systemwechsel, S. 97 [102].

[988] Noch zum § 4 Abs. 1 TDG-Regierungsentwurf, *Spindler*, ZRP 2001, 203 [204].

[989] *Mankowski*, IPRax 2002, 257 [258].

[990] *Hoeren*, MMR 1999, 192 [195]; *Spindler*, MMR 2000, Beilage zu Heft 7, 4 [7].

[991] *Ahrens*, CR 2000, 835 [837]; *Mankowski*, ZVglRWiss 100 (2001), 137 [149].

[992] *Ahrens*, CR 2000, 835 [837]; *Fezer/Koos*, IPRax 2000, 349 [353]; *Härting*, CR 2001, 271 [273]; *Mankowski*, ZVglRWiss 100 (2001), 137 [141].

grund (22) der Richtlinie wird hierzu außerdem explizit ausgeführt, daß der Diensteanbieter aus Gründen der Rechtssicherheit der Rechtsordnung des Mitgliedstaates unterfallen soll, in dem er niedergelassen ist. Vorbehalte hiergegen können auch nicht unter kollisionsrechtlichen Aspekten angeführt werden, wie anhand des Erwägungsgrundes (23) der Richtlinie deutlich wird. Hiernach dürfen das Kollisionsrecht und die dadurch zur Anwendung berufenen Normen nicht den freien Dienstleistungsverkehr einschränken.
Einem Verständnis des Herkunftslandprinzips wie es der Vorschrift des § 4 Abs. 1 TDG zugrunde liegt, könnte dennoch der Vorzug zu geben sein, stellt man darauf ab, daß sich das Herkunftslandprinzip als solches hinsichtlich europarechtlicher Grundfreiheiten neutral verhält.[993] Erst das berufene Sachrecht könnte ggf. den Vorgaben des EG-Rechts nicht genügen, was als exportbeschränkende Maßnahme zu ahnden wäre. Die Überlegung, den Maßstab des Art. 49 EG unabhängig von der Ebene des primären Gemeinschaftsrechts auch auf zweiter Ebene an nationales Sachrecht anzulegen, findet sich auch bereits in Entscheidungen des EuGH.[994] Da demgemäß das Herkunftslandprinzip vor europarechtlichem Hintergrund ausgelegt nicht zwingend zu einer Unzulässigkeit des Günstigkeitsvergleichs in § 4 Abs. 1 TDG führt, ist die geplante Handhabung des deutschen Gesetzgebers durchaus eine mögliche Ausgestaltung des Herkunftslandprinzips.

c) Zwischenergebnis

Wie die vorherige Darstellung zeigt, kann nicht ohne Einwände das in der E-Commerce-Richtlinie enthaltene Herkunftslandprinzip als lediglich auf der Ebene des Sachrechts einsetzendes Korrektiv gegenüber der Rechtsordnung, die durch das nationale Kollisionsrecht an sich zur Anwendung berufen wäre, interpretiert werden.
Indes hat die Bestimmung des Art. 3 Abs. 1 und 2 der Richtlinie, ungeachtet ihres eventuell auch kollisionsrechtlichen Gehalts, keine direkten Auswirkungen auf den Bereich des Urheberrechts. Dieser wird gemäß Anhang zu Art. 3 der Richtlinie, wie eingangs erwähnt, von dem Anwendungsbereich des Art. 3 Abs. 1 und 2 der Richtlinie ausgenommen.

3. Informations-Richtlinie

Wie bereits an verschiedenen Stellen erwähnt, reichen die Aktivitäten der Europäische Kommission im Hinblick auf die Entwicklung und Verbreitung der Digitaltechnik und der daraus resultierenden Probleme im Bereich des geistigen Eigentums bis in die Mitte der neunziger Jahre zurück. Als eines dieser im Spannungsfeld Urheberrecht und neue Informationstechnologien zu Tage getre-

---

[993] *Spindler*, in: Baur/Mansel, Systemwechsel, S. 97 [105].
[994] EuGH, Rs. C-384/93, Slg. 1995, I-1141.

tenen Probleme wurde die Frage des auf die Verwertung geschützter Werke in Kommunikationsnetzen von globaler Reichweite anwendbaren Rechts aufgegriffen. Bis zum Erlaß der Informations-Richtlinie[995] in ihrer endgültigen Gestalt war diese Frage Gegenstand verschiedentlicher Erörterungen, die im folgenden kurz nachgezeichnet werden sollen.

a) Vorüberlegungen zur Frage des anwendbaren Rechts

Als einem der grundsätzlichen und wichtigen Themenkomplexe im Hinblick auf die digitale Übertragung urheberrechtlich geschützter Werke, widmete sich bereits das „Grünbuch Informationsgesellschaft" der Frage des auf grenzüberschreitende Nutzungshandlungen im Online-Bereich anwendbaren Rechts.[996]
Dort wird zunächst festgestellt, daß die im Internet bereitgehaltenen Daten regelmäßig von Nutzern aus verschiedenen Ländern abgerufen werden und daher auch im Falle eines urheberrechtlich relevanten Verwertungsvorgangs gleichzeitig mehrere Rechtsordnungen zur Anwendung gelangen können.[997] Als Lösung wird sodann nach dem Vorbild der Satelliten-Richtlinie erwogen, das Zurverfügungstellen geschützter Werke als maßgebliche Internet-Nutzung definitorisch dergestalt festzulegen, daß diese nur in einem Land der Europäischen Gemeinschaft stattfindet.[998] Hinsichtlich der Frage des anwendbaren Rechts sollte folglich nur auf die Rechtsordnung desjenigen Mitgliedstaates abgestellt werden, in dem die Leistung erbracht wird bzw. „in dem die Dienstleistung ihren Ursprung hat".[999]
Ob mit diesem Vorschlag allerdings eine kollisionsrechtliche Regelung geschaffen werden sollte oder ob das Ziel lediglich in einer Harmonisierung des materiellen Rechts bestand, blieb offen. Ebensowenig wurden die Begriffe der „Dienstleistung" und des „Ursprungs der erbrachten Leistung" näher erläutert.
Im Rahmen damaliger Stellungnahmen zu diesem Themenkomplex wird jedenfalls ein Verständnis der Erwägungen der Kommission dahingehend favorisiert, daß dem Grünbuch keine Aussage zu dem im Bereich des Urheberkollisionsrechts traditionellen Streit zwischen Vertretern des Schutzlandprinzips einerseits und denen des Ursprungslandprinzips andererseits zu entnehmen sei.[1000] Vielmehr sollte wohl lediglich der Ort des grenzüberschreitenden Verwertungsvor-

---

[995] Richtlinie 2001/29/EG vom 22. Mai 2001 zur Harmonisierung bestimmter Aspekte des Urheberrechts und der verwandten Schutzrechte in der Informationsgesellschaft (Informations-Richtlinie), ABl. EG Nr. L 167 v. 22.6.2001, S. 10.
[996] Grünbuch Urheberrecht und verwandte Schutzrechte in der Informationsgesellschaft, KOM (95) 382 endg. v. 19.7.1995.
[997] KOM (95) 382 endg. v. 19.7.1995, S. 38.
[998] KOM (95) 382 endg. v. 19.7.1995, S. 41.
[999] KOM (95) 382 endg. v. 19.7.1995, S. 41.
[1000] *Köster*, in: Götting, Mulitmedia, S. 153 [164]; *Dreier*, ZUM 1996, 69 [71]; *v. Lewinski*, GRUR Int. 1995, 831 [833]; *Schønning*, ZUM 1997, 34 [34].

gangs der Zugänglichmachung von digitalen Angeboten bestimmt werden.[1001] Mithin wurde das im Grünbuch vorgeschlagene „Ursprungslandprinzip“ als eine sachrechtliche Regelung interpretiert, der, ebensowenig wie dem Ansatz der Satelliten-Richtlinie, eine kollisionsrechtliche Aussage zu entnehmen sei.[1002]
In den Initiativen zum Grünbuch teilte die Kommission schließlich ausdrücklich mit, daß an der „Territorialitätsbezogenheit“, die dem Urheberrecht (und den verwandten Schutzrechten) innewohne und die außerdem den internationalen Verträgen im Bereich des geistigen Eigentums zu Grunde liege, festzuhalten sei.[1003] Hierzu wurde ausgeführt, daß zwar die weitreichende Verbreitung digitaler Informationstechnologien eine Zunahme von grenzüberschreitenden Verwertungen geschützter Werke mittels Waren und Dienstleistungen bedinge, die diesbezüglich in Frage stehenden Rechte aber dennoch für ein bestimmtes Land nach den dort geltenden Vorschriften gewährt werden.[1004] Der Grundsatz, demzufolge insbesondere hinsichtlich der Verletzung eines dem Urheber ausschließlich zustehenden Rechts die Regelungen desjenigen Staates zur Anwendung gelangen, die über Entstehung, Bestand, Umfang und Inhalt des betreffenden Rechts entscheiden und deren Schutz in Anspruch genommen wird, verliere damit auch nicht im Hinblick auf grenzüberschreitende Verwertungshandlungen ihre Gültigkeit.[1005] Hierbei wird auch ausdrücklich auf die Folge einer Anwendbarkeit des nationalen Rechts des Schutzlandes hingewiesen, die darin bestehe, daß bei einer Verwertung in digitalen Netzen die Rechtsordnungen mehrerer Staaten gleichzeitig zur Anwendung gelangen können.
In Anbetracht dieses Verständnisses bzw. der insoweit bestehenden „Komplexität der gegenwärtigen Rechtslage“ sah die Kommission ihre Aufgabe zum damaligen Zeitpunkt noch nicht in einem gesetzgeberischen Tätigwerden im Bereich des Kollisionsrechts, sondern darin, lediglich eine klarstellende Mitteilung herauszugeben.[1006]
Damit zählte die Frage des anwendbaren Rechts neben Fragen hinsichtlich eines Rechts der Rundfunkübertragung, der Wahrnehmung von Rechten, der Rechtsdurchsetzung und des Urheberpersönlichkeitsrechts, zu den Problembereichen,

---

[1001] *Köster*, in: Götting, Mulitmedia, S. 153 [164].

[1002] Krit. zu diesem Ansatz: *Kreile/Becker*, GRUR Int. 1996, 677 [689]; *v. Lewinski*, GRUR Int. 1995, 831 [833]; *Schønning*, ZUM 1997, 34 [34].

[1003] Mitteilung der Kommission, Initiativen zum Grünbuch über das Urheberrecht und verwandte Schutzrechte in der Informationsgesellschaft, KOM (96) 568 endg. v. 20.11.1996, S. 23.

[1004] KOM (96) 568 endg. v. 20.11.1996, S. 22.

[1005] So auch das Ergebnis der internationalen Konferenz über „Kreativität und geistige Eigentumsrechte: Szenarien und Perspektiven in der Entwicklung“, die von der Europäischen Kommission in Zusammenarbeit mit den österreichischen Behörden vom 12. - 14. Juli 1998 in Wien veranstaltet wurde, siehe *Reinbothe*, ZEuP 2000, 5 [16].

[1006] KOM (96) 568 endg. v. 20.11.1996, S. 24.

die zwar als bedeutsam für die urheberrechtliche Verwertung in der Informationsgesellschaft angesehen wurden, nicht jedoch als reif für gesetzgeberische Maßnahmen. Zur Beseitigung von Handelshindernissen bzw. Wettbewerbsverzerrungen zwischen den Mitgliedstaaten wurde vielmehr ein Handeln im Wege der Gesetzgebung vornehmlich in Bezug auf eine einheitliche Regelung der wichtigsten Verwertungsrechte der Urheber[1007] und die Gewährung von Rechtsschutz für die Integrität technischer Identifikations- und Schutzsysteme in Betracht gezogen.

b) Die Lösung der Richtlinie

Da die Kommission in der Folgezeit an ihrer Auffassung, die Frage des anwendbaren Rechts auf grenzüberschreitende Verwertungsakte noch nicht im Wege gesetzgeberischer Maßnahmen in Angriff nehmen zu wollen, festgehalten hatte,[1008] trifft die Informations-Richtlinie weder eine eindeutig kollisionsrechtliche Aussage, noch findet sich eine Regelung nach dem Vorbild der Satelliten-Richtlinie, die festlegt, daß die im Online-Bereich maßgebliche Nutzungshandlung des Angebots urheberrechtlich geschützter Werke ausschließlich in einem Staat zu lokalisieren ist.[1009]

So wird in der Begründung des Richtlinienvorschlags nochmals auf die im Rahmen der Initiativen zum Grünbuch bereits wiedergegebenen Stellungnahmen hinzugezogener Interessenvertreter verwiesen, denenzufolge im Ergebnis gerade auch der Problematik einer gleichzeitigen Anwendbarkeit mehrerer Rechtsordnungen im Falle grenzüberschreitender Nutzungen urheberrechtlich geschützter Werke im Internet mit den Instrumenten der Vertragsfreiheit und des geltenden autonomen Kollisionsrechts adäquat begegnet werden könne.[1010]

Zur Erläuterung scheint sich die Kommission den geäußerten Bedenken der angehörten Interessenvertreter gegen eine Änderung der bestehenden Gesetzeslage anzuschließen. Damit wird nachdrücklich eine Rechtsangleichung dahingehend abgelehnt, eine grenzüberschreitende Datenübermittlung als in einem einzigen Land stattfindend zu definieren, mit der Folge, daß allein das Recht des Landes zur Anwendung gelänge, das als Ursprungsland des digitalen Übertragungsakts zu betrachten wäre. Hiergegen spreche insbesondere die im Wesen der digitalen Übertragungsakte begründete Schwierigkeit, einen einzigen Ort zu bestimmen, von dem aus die Übertragung herrührt. Des weiteren berge eine Anwendung des

---

[1007] Eine einheitliche Gewährung des Vervielfältigungsrechts, des Rechts der öffentlichen Wiedergabe und des Verbreitungsrechts wurde als vorrangiges Thema für gesetzgeberische Maßnahmen auf Gemeinschaftsebene erkannt, KOM (96) 568 endg. 20.11.1996, S. 9.

[1008] Vorschlag für eine Richtlinie des Europäischen Parlaments und des Rates zur Harmonisierung bestimmter Aspekte des Urheberrechts und der verwandten Schutzrechte in der Informationsgesellschaft (Informations-Richtlinie), KOM (97) 628 endg. v. 10.12.1997, S. 11.

[1009] Siehe *v. Lewinski*, MMR 1998, 115 [115].

[1010] KOM (96) 568 endg. v. 20.11.1996, S. 23.

„Ursprungslandprinzips" im Sinne der Satelliten-Richtlinie die Gefahr in sich, daß der Urheber keinen angemessenen Schutz zumindest in den Fällen beanspruchen könne, in denen die Übertragung aus Drittländern erfolgt.[1011] Ebenso wird in diesem Zusammenhang auf das Risiko einer Verlagerung der angebotenen Dienstleistungen in das Land mit dem niedrigsten urheberrechtlichen Schutzstandard hingewiesen, was nicht nur ein Funktionieren des Binnenmarkts nachhaltig beeinträchtigen könne, sondern auch negative Auswirkungen auf Kreativität, Wachstum und Wettbewerb zur Folge hätte.
Damit blieb es bei der ausdrücklichen Ablehnung einer Lösung der kollisionsrechtlichen Problematik im Rahmen der Informations-Richtlinie nach dem Muster der Satelliten-Richtlinie. Ebensowenig trifft die Informations-Richtlinie eine sonstige Regelung zur Frage nach dem anwendbaren Recht bei Datenübermittlungen im Internet.

III. Zwischenergebnis

Die vorangegangenen Betrachtungen haben gezeigt, daß auf europäischer Ebene keine Normen mit kollisionsrechtlichem Gehalt existieren. Weder im europäischen Primär- noch im Sekundärrecht finden sich Regelungen, die eine unmittelbare Aussage zu der Frage des anwendbaren Rechts treffen.[1012]
So entfalten zunächst die Grundfreiheiten des EG-Vertrages lediglich materiellrechtliche Wirkung. Ebenso kann auch im Hinblick auf die neuere Rechtsprechung des EuGH zum Anwendungsbereich des Diskriminierungsverbots des Art. 12 Abs. 1 EG ein bloß fremdenrechtlicher Gehalt zugesprochen werden.
Gleichfalls kann den dargestellten Richtlinien bislang keine Aussage zum Urheberkollisionsrecht entnommen werden.[1013] So soll mit der in der Satelliten-Richtlinie enthaltenen Regelung der grenzüberschreitenden Satellitensendung lediglich sicherstellt werden, daß Sendeunternehmen die von ihnen benötigten Rechte an geschützten Werken nur für den Sendestaat erwerben müssen, wobei dieses Ziel nicht auf kollisionsrechtlichem Wege, sondern im Wege einer definitorischen Festlegung des Ortes der maßgeblichen Nutzungshandlung erreicht werden soll. Des weiteren führte die Europäische Kommission hinsichtlich der Informations-Richtlinie bereits im Rahmen der Vorarbeiten zur Frage des anwendbaren Rechts aus, daß auch eine grenzüberschreitende Verwertung im Internet nichts an der Territorialitätsbezogenheit der Urheberrechte ändere und

---

[1011] Eine Gefährdung des urheberrechtlichen Schutzes wird allerdings auch innerhalb der Europäischen Gemeinschaft für möglich gehalten, jedenfalls solange die Urheberrechtsordnungen der einzelnen Mitgliedstaaten noch Unterschiede aufweisen, wie z. B. bezüglich der Bestimmung des originären Rechtsinhabers, der Übertragung von Rechten und des Schutzumfangs einschließlich der Schranken und Ausnahmen, KOM (97) 628 endg. v. 10.12.1997, S. 11.
[1012] So auch *Drexl*, in: FS für Dietz, S. 461 [478]; *Regelin*, KollR der IGR, S. 34.
[1013] *Drexl*, FS für Dietz, S. 461 [475]; *Schack*, ZEuP 2000, 799 [814].

eine gesetzgeberische Maßnahme im Bereich des Kollisionsrechts nicht in Angriff genommen werde.
Demgegenüber wurden in der Literatur angesichts der seit Mitte der neunziger Jahre verstärkt unternommenen Aktivitäten des EU-Gesetzgebers auf dem Gebiet des Urheberrechts vor allem auch mit Blick auf die Entwicklung neuer Informationstechnologien immer wieder Zweifel an Sinn und Beibehaltung des Territorialitätsprinzips und einer Anknüpfung an das Schutzland erhoben.[1014] In diesem Zusammenhang wird nicht nur darauf verwiesen, daß aus einer Ablehnung der Privilegientheorie und der Anerkennung des geistigen Eigentums bzw. der originären Entstehung der Urheberrechte endlich internationalprivatrechtliche Konsequenzen zu ziehen seien, sondern auch auf das Unvermögen einer territorialitätsbezogenen Anknüpfungsregel, den Problemen des Internet und dessen globaler Reichweite angemessen begegnen zu können. Schließlich wurde mit dem „Vorpreschen" der E-Commerce-Richtlinie unter dem Vorwurf der Beeinträchtigung europäischer Grundfreiheiten die Vorherrschaft des Territorialitätsprinzips zusätzlich in Frage gestellt.
Doch auch wenn im Territorialitätsprinzip und der *lex loci protectionis* ein Widerspruch zur Schaffung eines funktionierenden Binnenmarkts erblickt werden kann, kann im Hinblick auf gemeinschaftsrechtliche Tendenzen im Kollisionsrecht an dieser Stelle bereits so viel gesagt werden, daß, jedenfalls für den Bereich des Urheberrechts,[1015] bislang ein Festhalten am Territorialitätsgrundsatz auszumachen ist. So begründete die Europäische Kommission, wie bereits erwähnt, ihren Vorschlag einer Richtlinie zur Harmonisierung des Urheberrechts damit, daß an der den Urheberrechten innewohnenden und im internationalen Konventionsrecht vorgesehenen Territorialitätsbezogenheit nichts zu ändern sei und darüber hinaus einer Lösung der Problematik grenzüberschreitender Verwertungen im Online-Bereich nach dem Muster der Satelliten-Richtlinie die Gefahr von Schutzlücken entgegenstehe.[1016] Darüber hinaus wird die Beibehaltung einer Anknüpfung an das Schutzland auf europäischer Ebene dadurch deutlich, daß der EuGH die Befugnis der Mitgliedstaaten, die Gewährung urheberrechtlicher Ausschließlichkeitsrechte eigenmächtig für ihr Staatsgebiet zu gestalten, ausdrücklich anerkannt und sogar unterstrichen hat.[1017] So wird nämlich beispielsweise die europaweite Erschöpfung des ausschließlichen Rechts der Ver-

---

[1014] Siehe *Intveen*, IntUrhR, UFITA 171 (1999), S. 85 ff.; *Muth*, Urheberrechtsverletzungen im Internet, S. 173 ff.; *Regelin*, KollR der IGR, S. 311.
[1015] Tatsächlich wurde das Urheberrecht (und die verwandten Schutzrechte) von der in der E-Commerce-Richtlinie gewählten „Ursprungslandlösung" ausgenommen, *Walter*, in: v. Lewinski/Walter/Blocher/Dreier/Daum/Dillenz, EuUrhR-K, Info-RL, VI. Kap. Rn. 141.
[1016] Mitteilung der Kommission, Initiativen zum Grünbuch über Urheberrecht und verwandte Schutzrechte in der Informationsgesellschaft vom 20. November 1996, KOM (96) 568 endg. v. 20.11.1996, S. 23.
[1017] *Drexl*, in: FS für Dietz, S. 461 [479].

breitung abgelehnt, soweit die nationalen Urheberrechtsordnungen Unterschiede in ihrer Ausformung aufweisen und den freien Warenverkehr beschränken. Demgegenüber würde das „Ursprungslandprinzip“ zu einer vehementen Beeinträchtigung dieser nationalen Regelungsbefugnis führen und das Risiko eines Systemwettbewerbs der Rechtsordnungen nach unten in sich bergen.[1018]
Als dringlichstes gesetzgeberisches Ziel auf europäischer Ebene wird daher – auch als Basis weitergehender kollisionsrechtlicher Überlegungen – die Schaffung eines einheitlichen europäischen Urheberrechts formuliert. Denn trotz eines zusätzlichen, allerdings faktischen Ausgleichs durch die „Phil-Collins“-Entscheidung,[1019] sind es in erster Linie die unterschiedlichen Urheberrechtsordnungen, die zur Aufspaltung der Märkte führen. Diese Situation steht aber jeglichem universellen Ansatz entgegen, weshalb erst nach abgeschlossener vollständiger Harmonisierung der materiell-rechtlichen Vorschriften über alternative Lösungsansätze im Urheberkollisionsrecht oder gar über einen Verzicht des IPR[1020] zwischen den Mitgliedstaaten nachgedacht werden kann.

[1018] Mitteilung der Kommission, Initiativen zum Grünbuch über Urheberrecht und verwandte Schutzrechte in der Informationsgesellschaft vom 20. November 1996, KOM (96) 568 endg. v. 20.11.1996, S. 23.

[1019] *Loewenheim*, NJW 1994, 375 [375].

[1020] *Dietz*, E.I.P.R. 1985, 215 [215].

§ 4 Autonomes Kollisionsrecht: Deutschland

Sofern sich Urheberrechtsverletzungen auf das inländische Territorium beschränken, findet deutsches Recht Anwendung.[1021] Welches Recht berufen ist, sobald die Urheberrechtsverletzung grenzübergreifend stattfindet, bestimmt die Kollisionsnorm für das internationale Urheberrecht.

Zunächst ist in Art. 3 Abs. 1 S. 1 EGBGB festgelegt, daß allgemein bei Sachverhalten mit einer Verbindung zum Recht eines ausländischen Staates die folgenden Vorschriften des EGBGB bestimmen, welche Rechtsordnungen anwendbar sind. Jedoch findet sich dort keine spezielle Anknüpfungsregel für internationale Urheberrechtsfragen. Art. 38 EGBGB beispielsweise beschränkt nur den Haftungsumfang bei unerlaubten Handlungen, die deutsche Staatsangehörige im Ausland begangen haben (Inländerschutzklausel) und stellt somit auch keine Verweisungsnorm dar.[1022] Es fehlen also geschriebene Kollisionsnormen im Bereich des Urheberrechts.[1023]

Lediglich im Urheberrechtsgesetz selbst werden in den §§ 120-123 UrhG Aussagen zu urheberrechtlichen Sachverhalten mit Auslandsberührung getroffen, so daß zu fragen ist, ob diese Normen kollisionsrechtlichen Gehalt aufweisen.

C. Der kollisionsrechtliche Gehalt der §§ 120-123 UrhG

I. Der Regelungsinhalt der §§ 120-123 UrhG

In den §§ 120-123 UrhG wird der persönliche Geltungsbereich des Urheberrechtsgesetzes geregelt. Es wird unterschieden zwischen einerseits deutschen Staatsangehörigen und Staatsangehörigen anderer EU- und EWR-Staaten (§ 120 UrhG)[1024] und andererseits ausländischen Staatsangehörigen (§ 121 UrhG), Staatenlosen (§ 122 UrhG) und ausländischen Flüchtlingen (§ 123 UrhG). Die §§ 122, 123 UrhG verweisen auf die Regelungen der §§ 120 und 121 UrhG und bedürfen insoweit hier keiner gesonderten Berücksichtigung.

Zunächst werden in § 120 UrhG die Werke deutscher Staatsangehöriger, wie die der EU- und EWR-Angehörigen unter den Schutz des Urheberrechtsgesetzes gestellt und zwar unabhängig davon, ob sie ihr Werk zum ersten Mal im In- oder im Ausland veröffentlicht haben.

Das geistige Eigentum ausländischer Künstler hingegen wird gemäß § 121 Abs. 1 S. 1 UrhG zunächst nur dann vom deutschen Urheberrechtsgesetz geschützt, wenn die Erstveröffentlichung des Werkes selbst oder einer Übersetzung im In-

---

[1021] Zur Streitfrage, ob durch eine Kollisionsnorm berufen oder aus eigener Kraft, siehe: *Kegel/Schurig*, IPR, § 1 III.; *Kropholler*, IPR, § 1 IV.

[1022] *Kreuzer*, in: MüKo, EGBGB, Art. 38 Rn. 303.

[1023] *Schack*, ZUM 1989, 267 [275]; *Kegel*, in: Soergel, EGBGB, Anh. Art. 12 Rn. 26.

[1024] Die in § 120 Abs. 2 UrhG erfolgte Regelung stellt die ausdrückliche Verankerung der sich aus der „Phil-Collins"-Entscheidung ergebenden Gleichstellung von Staatsangehörigen von Mitgliedsländern mit Inländern dar, *Braun*, GRUR Int. 1996, 790 [790].

land stattgefunden hat. Darüber hinaus ist in den §§ 120 und 121 UrhG keine Bestimmung darüber enthalten, ob auch eine urheberrechtliche Position in anderen Staaten entsteht.[1025] Damit die §§ 120-123 UrhG also überhaupt zur Anwendung gelangen, muß deutsches Sachrecht durch das Kollisionsrecht eines Staates erst berufen sein.[1026] Daraus folgt, daß die §§ 120-123 UrhG bereits voraussetzen, daß deutsches Urhebersachrecht anwendbar ist.[1027]

II. Zwischenergebnis

Im Gegensatz zum Kollisionsrecht, das über die anwendbare Rechtsordnung bei einem Sachverhalt mit Auslandsberührung entscheidet, setzen fremdenrechtliche Bestimmungen fast ausschließlich auf der Ebene des Sachrechts ein.[1028] D. h. während das Fremdenrecht bestimmt, welche Urheberrechte in einem bestimmten Gebiet anerkannt werden[1029] bzw. ob Ausländer im Inland Rechtsschutz genießen, regelt das Kollisionsrecht, welche Rechtsordnung für diesen Schutz maßgeblich ist. Folglich wird das Fremdenrecht auch als die Gesamtheit aller Rechtssätze verstanden, die Ausländer und Staatenlose anders behandelt als Inländer.[1030]

Da, wie ersichtlich wurde, die §§ 120-123 UrhG die Anwendbarkeit deutschen Urheberrechts bereits voraussetzen, sind sie dem Fremdenrecht zuzuordnen.[1031] Zu diesem Ergebnis gelangt auch der BGH in zwei Entscheidungen, in denen er sich zur Rechtsnatur der §§ 120-123 UrhG geäußert hat.[1032]

Überdies wird das rein fremdenrechtliche Gepräge der §§ 120-123 UrhG auch durch den Umstand deutlich, daß sie eine unterschiedliche und schlechtere Behandlung von Ausländern vorsehen. Dies spiegelt sich in den eingangs erwähnten Regelungen wieder, wonach der ausländische Urheber den Schutz des Urheberrechtsgesetzes nur dann genießen kann, wenn er die Erstveröffentlichung seines Werkes in Deutschland realisiert hat, wohingegen bei inländischen und denen gleichgestellten Urhebern deren Staatsangehörigkeit ausreicht, um unter den Schutz des Urheberrechts zu fallen.

Im Ergebnis stellen also die §§ 120-123 UrhG keine Kollisionsnormen dar, sondern regeln den Anwendungsbereich des deutschen Urheberrechtsgesetzes le-

---

[1025] *V. Bar*, UFITA 108 (1988), S. 27 [41].

[1026] *Kreuzer*, in: MüKo, EGBGB, nach Art. 38 Anh. II. Rn. 109; *Schack*, Anknüpfung des UrhR, Nr. 8; *Ulmer*, IGR, S. 18.

[1027] *V. Bar*, UFITA 108 (1988), S. 27 [32].

[1028] *Kropholler*, IPR, § 1 VI. 2.; *v. Bar*, IPR, Bd. 1, Rn. 225.

[1029] *Kegel*, in: Soergel, EGBGB, Anh. Art. 12 Rn. 23.

[1030] *Sonnenberger*, in: MüKo, EGBGB, Einl. Rn. 239; *Kropholler*, IPR, § 1 VI. 2.; *v. Bar*, IPR, Bd. 1, Rn. 225.

[1031] *V. Hoffmann*, in: Staudinger, EGBGB, Art. 38 Rn. 573; *Schack*, Urh-/UrhVR, Rn. 889; *Siehr*, IPR, S. 284.

[1032] BGH, GRUR Int. 1986, 802 [804]; BGH, NJW 1986, 1253 [1254].

diglich in personaler Hinsicht. Dabei wird die Beantwortung der internationalprivatrechtlichen Frage, ob deutsches Urhebersachrecht zur Anwendung gelangt, bereits vorausgesetzt.

D. Die Anknüpfungsregel: *Lex loci protectionis*

Das deutsche Urheberrechtsgesetz gilt, wie soeben dargelegt, nur für das Gebiet der Bundesrepublik Deutschland.[1033] Darüber hinaus findet sich im deutschen internationalen Privatrecht wie auch in vielen anderen Staaten keine geschriebene Kollisionsnorm hinsichtlich der Frage, welches Urheberrecht in Fällen mit Auslandsberührung anzuwenden ist.[1034]

Jedoch geht in Deutschland nach wie vor die Rechtsprechung ebenso wie – im Anschluß an *Ulmer* – der Großteil der Literatur von der Geltung des Territorialitätsprinzips im Bereich des Urheberrechts aus.[1035] So hat der BGH hinsichtlich des Schutzumfangs,[1036] sowie hinsichtlich der Entstehung, dem Fortbestand und der Übertragbarkeit[1037] des Urheberrechts an der *lex loci protectionis* festgehalten und beispielsweise noch im Jahr 1997 ausdrücklich auch die Bestimmung der Urheberschaft an das Recht des Schutzlandes angeknüpft.[1038]

Wie dargelegt läßt sich nach der Neuregelung des internationalen Deliktsrechts mit Wirkung zum 1. Juni 1999 die uneingeschränkte Geltung des Rechts des Schutzlandes über Art. 41 EGBGB auch dogmatisch begründen.[1039]

[1033] *Katzenberger*, in: Schricker, UrhR-K, vor §§ 120 ff. Rn. 2.

[1034] *Kegel*, in: Soergel, EGBGB, Anh. Art. 12 Rn. 26; *Schack*, ZUM 1989, 267 [275].

[1035] BVerfGE 81, 208 [222]; BGHZ 64, 183 [191]; 126, 252 [256]; *Nordemann*, in: Fromm/Nordemann, UrhG-K, vor § 120 Rn. 1; *Kreuzer*, in: MüKo, EGBGB, nach Art. 38 EGBGB Anh. II. Rn. 7; *Heldrich*, in: Palandt, BGB, Art. 38 EGBGB Rn. 15; *Katzenberger*, in: Schricker, UrhR-K, vor §§ 120 ff. Rn. 72; *Kegel*, in: Soergel, EGBGB, Art. 12 Anh. Rn. 16; *v. Bar*, IPR, Bd. 2, Rn. 708; *Kropholler*, IPR, § 58 VII. 2.; *Rehbinder*, UrhR, Rn. 472; *Schack*, Urh-/UrhVR, Rn. 887; *Ulmer*, IGR, S. 14; *ders.* RabelsZ 41 (1977), 479 [479].

[1036] BGHZ 118, 394 [397]; 126, 252 [255]; 136, 380 [389]; 141, 267 [273]

[1037] BGHZ 136, 380 [386].

[1038] BGHZ 136, 380 [386]; *Schricker*, MMR 1998, 35 [37].

[1039] Siehe Kap. IV. § 2 A. III. 2.

§ 5 Ergebnis

Wie die Untersuchung bis hier gezeigt hat, wird das internationale Urheberrecht von dem Territorialitätsprinzip beherrscht. Es liegt sowohl den maßgeblichen internationalen Verträgen als auch vielen nationalen Urheberrechtsordnungen, der gerichtlichen Praxis und weitgehend auch dem Schrifttum zugrunde. Außerdem bildet es die Basis für die Harmonisierung des Urheberrechts innerhalb der europäischen Gemeinschaft. Insbesondere wurde im Rahmen der Vorarbeiten zur Informations-Richtlinie, die ja gerade im Hinblick auf die zunehmende grenzüberschreitende Verwertungstätigkeit mittels neuer Informationstechnologien erlassen wurde, darauf hingewiesen, daß sich an der Territorialitätsbezogenheit der Urheberrechte nichts geändert habe.[1040]

Im Hinblick auf die Systematik des Urheberkollisionsrechts gilt dabei der Grundsatz, daß sich die Frage des anwendbaren Rechts zunächst nach den internationalen Konventionen bestimmt, soweit diesen auch kollisionsrechtliche Bedeutung zukommt. Wird also in einem Verbandsstaat gegen eine urheberrechtlich relevante Nutzungshandlung mit ausländischem Bezug geklagt, müßte nach dessen autonomem Kollisionsrecht, modifiziert durch die auf internationaler Ebene getroffenen Regelungen, das anwendbare Recht berufen werden. Wenngleich die internationalen Verträge im Bereich des Urheberrechts keine ausdrückliche, das Gebiet des IPR betreffende Norm enthalten und ihre Aussagen teilweise sogar nur in einem rein fremdenrechtlichen Sinne verstanden werden, nehmen sie doch das Territorialitätsprinzip zumindest zum Ausgangspunkt.

Auf diesen Regelungsgehalt der internationalen Vorgaben aufbauend, wird in vielen Staaten zur Beurteilung eines urheberrechtlichen Sachverhalts, der mehrere Rechtsordnungen berührt, eine Anknüpfung an die *lex loci protectionis* (Schutzlandprinzip) vorgenommen.[1041] Hierbei bestimmt sich nicht nur der Frage des Schutzumfang eines Urheberrechts, sondern auch seine Entstehung, sein Bestand und sein Inhalt nach der Rechtsordnung desjenigen Landes, für dessen Territorium Schutz beansprucht wird. Die auf diese Weise zur Anwendung berufene Rechtsordnung wird zudem um das nationale Fremdenrecht erweitert, wonach der ausländische Rechtsinhaber Zugang zum inländischen Urheberrechtsschutz erhält.

[1040] KOM (97) 628 endg. v. 10.12.1997, S. 11.

[1041] Außerhalb der Konventionen, das heißt im Rechtsverkehr mit Nichtmitgliedern bei gleichzeitiger Nichtanwendbarkeit konventioneller Vorschriften – Art. 3 Abs. 2 RBÜ stellt z. B. die Staatsangehörigen von Nichtmitgliedstaaten, die ihren Wohnsitz in einem Mitgliedstaat haben, Staatsangehörigen von Verbandsländern gleich –, kann die Frage nach dem anwendbaren Recht von jedem Staat durch sein eigenes, autonomes Kollisionsrecht völlig unabhängig beantwortet werden. *Regelin*, KollR der IGR, S. 84 und 150. Allerdings wird die Zahl solcher Fälle inzwischen angesichts der Mitgliederzahlen der großen Konventionen und der Vielzahl bilateraler Abkommen außerordentlich gering sein.

Demgegenüber befürworten Anhänger des Universalitätsprinzips eine Anknüpfung an die *lex originis*, um dem Urheberrecht weltweit universale Geltung zu verschaffen (Ursprungslandprinzip). Hierbei herrscht allerdings Uneinigkeit, was den Umfang der Verweisung anbelangt. So wird einerseits gefordert, das Recht des Ursprungslandes lediglich über die urheberrechtliche Erstinhaberschaft oder auch über die gesamte Entstehung des Urheberrechts entscheiden zu lassen, andererseits sollen weitere oder sogar alle Fragen hinsichtlich der Rechte von Urhebern an die *lex publicationis* oder aber an das Heimatrecht des Urhebers angeknüpft werden.
Von dieser alternativen Anknüpfungsregel streng zu trennen ist allerdings das sog. europäische „Ursprungslandprinzip" (bzw. Herkunftslandprinzip). Dieses zwar im Hinblick auf grenzüberschreitende Urheberrechtsverletzungen im Bereich neuer Informationstechnologien noch abgelehnte, in anderen Regelungsmaterien, wie beispielsweise die des E-Commerce, aber für den Bereich des europäischen Binnenmarktes vermehrt angewandte Lösungsmodell[1042] entfaltet seine Wirkung nämlich erst auf sachrechtlicher Ebene, ohne neue kollisionsrechtliche Normen zu schaffen. Dennoch kann ein Einfluß der Rechtssetzungsakte auf europäischer Ebene, auch wenn diese bloß punktuell erscheinen mögen, auf das bestehende System des internationalen Urheberrechts nicht gänzlich geleugnet werden. So läßt sich eine gewisse Schwächung des tradierten Prinzips der Anknüpfung an die *lex loci protectionis* wenigstens hinsichtlich ihrer Konsequenzen feststellen.
Von dem Grundsatz einer Anknüpfung an das Schutzland wurde allerdings bis jetzt für den Bereich des Urheberrechts auch auf europäischer Ebene noch nicht abgewichen.

[1042] Siehe *Roth*, RabelsZ 56 (1991), S. 623 ff.; *ders.*, IPRax 1994, 165 ff.

Fünftes Kapitel: Geeignetheit der Anknüpfungspunkte unter Berücksichtigung neuer Informationstechnologien

Die im folgenden vorzunehmende Untersuchung soll aufzeigen, inwieweit zum einen der im internationalen Urheberrecht sowohl auf internationaler Ebene als auch in vielen nationalen Rechtsordnungen vorzufindenden tradierten Anknüpfung an die *lex loci protectionis* vor dem Hintergrund der Entwicklung neuer Informationstechnologien noch Berechtigung zukommt. Zum anderen soll erörtert werden, ob das alternativ diskutierte Ursprungslandprinzip hinsichtlich der zunehmend grenzüberschreitenden Werkverwertung Lösungsansätze bereithält, die gegenüber der jedenfalls derzeit noch vorherrschenden Rechtslage vorzuziehen wären. Zuletzt soll aufgrund der zuvor dargestellten einschlägigen Aktivitäten des EU-Gesetzgebers und unter Berücksichtigung der in diesem Zusammenhang aufgekommenen Konzeptionen überlegt werden, inwieweit das Schutzlandprinzip in modifizierter Form geeignet wäre, den Gegebenheiten neuer Informationstechnologien adäquat zu begegnen.

§ 1 Aufgabe einer Kollisionsnorm im Bereich neuer Informationstechnologien

Zu Beginn dieser Arbeit wurden die Besonderheiten aufgezeigt, denen man sich bei einem Aufeinandertreffen der Bereiche IPR und Urheberrecht einerseits und deren Handhabung vor dem Hintergrund eines Kommunikationsnetzes von globaler Reichweite andererseits gegenüber sieht. So darf vor allem der Umstand der Unbelegenheit des Urheberrechts, der Territorialität des IPR und der Überallerhältlichkeit von urheberrechtlich geschützten Werken über das Internet nicht aus den Augen verloren werden, soll das auf urheberrechtlich relevante Sachverhalte mit Bezug zu einer ausländischen Rechtsordnung anwendbare Recht gefunden werden. Des weiteren muß eine Kollisionsnorm im Bereich neuer Informationstechnologien einen geeigneten Interessenausgleich zwischen den Rechtsinhabern einerseits und den Nutzern und Anbietern von urheberrechtlich geschützten Inhalten andererseits ermöglichen. Hierbei gilt es, sowohl die Verkehrsfähigkeit als auch die Schutzbedürftigkeit des geistigen Eigentums zu berücksichtigen

Zentraler Gegenstand der nachfolgend zu untersuchenden Geeignetheit der Anknüpfungspunkte im internationalen Urheberrecht sollen, wie mehrfach schon erwähnt, Urheberrechtsverletzungen sein, die durch widerrechtliche grenzüberschreitende Verwertungshandlungen im Internet erfolgen. Daneben soll jedoch auch der Umstand Berücksichtigung finden, daß die widerstreitenden Prinzipien im Urheberkollisionsrecht einerseits sämtliche urheberrechtlichen Fragen, wie Entstehung, Bestand, Inhalt und Schutzumfang, zum Gegenstand der Anknüpfung nehmen,[1043] andererseits aber auch für eine Differenzierung hinsichtlich des

[1043] Siehe Kap. IV. § 2 A. IV.

Umfangs der kollisionsrechtlichen Verweisung – beispielsweise zwischen der Vorfrage und der Verletzung des Urheberrechts – plädiert wird.[1044]

[1044] Siehe Kap. IV. § 2 B. IV.

§ 2 Geeignetheit der Anknüpfung an die *lex loci protectionis*

Vor dem Hintergrund einer zunehmenden Werkverwertung im Bereich neuer Informationstechnologien wird eine Anknüpfung an die im Urheberkollisionsrecht traditionell vorherrschende *lex loci protectionis* aus verschiedenen Gründen in Frage gestellt. So treten zu den bereits in den siebziger Jahren geäußerten grundsätzlichen Bedenken Zweifel am Sinn einer Beibehaltung der Schutzlandregel hinzu, die auf internetspezifische Schwierigkeiten oder zumindest auf nachteilige Umstände gründen, welche im digitalen Kontext an Präsenz gewinnen (C.).

Darunter besonders hervorzuheben sind zum einen die bei der Bestimmung des Schutzlandes zu Tage tretenden Probleme einschließlich der Konsequenzen einer Anknüpfung an das Schutzland (A.). Zum anderen ist zu untersuchen, inwieweit sich die typischerweise im Bereich des Internet vorkommenden Streudelikte das internationale Verfahrensrecht sowie auf das materielle Urheberrecht der einzelnen Länder auswirken (B.)

A. Zur Problematik der Bestimmung des Schutzlandes

Da im Fall einer Anknüpfung an die *lex loci protectionis* nur das Recht des Staates für die Beurteilung von Urheberrechtsverletzungen maßgeblich ist, auf dessen Territorium eine Verletzungshandlung in Form einer Verwertungs- oder sonstigen Eingriffshandlung stattgefunden hat, muß dieser als Schutzland zu qualifizierende Ort lokalisiert werden.[1045] Diesbezüglich ist der Umstand, daß eine im Ausland vorgenommene Verwertungshandlung ein inländisches Urheberrecht nicht verletzen kann,[1046] von zentraler Bedeutung. Die in Frage stehende Verletzungshandlung muß also einen hinreichenden Inlandsbezug zu dem Staat aufweisen, an dessen Recht die Anknüpfung erfolgen soll.[1047]

Hierbei erfordert allerdings nicht nur die Territorialitätsbezogenheit der Urheberrechte insofern eine Lokalisierung der Verwertungshandlung, als daß das Recht des Schutzlandes seinen eigenen räumlichen Geltungsbereich bestimmt.[1048] Vielmehr führt im Falle einer Anknüpfung an die *lex loci protectionis* die Frage, ob überhaupt eine bestimmte Nutzungshandlung einen Eingriff in die dem Urheber vorbehaltende Werkverwertung darstellt, dazu, festlegen zu müssen, an welchem Ort die zu ahndende Verwertungshandlung vorgenommen worden ist.[1049] Indem nämlich als Anknüpfungspunkt einer beanstandeten Rechtsbeeinträchtigung ausschließlich derjenige Ort als maßgeblicher Hand-

---

[1045] *Kreuzer*, in: MüKo, EGBGB, Art. 38 Rn. 44; *Ulmer*, IGR, S. 9; *Geller*, GRUR Int. 1993, 526 [530]; *Spindler*, ZUM 1996, 533 [557]. Siehe außerdem Kap. IV. § 2 A. III. 2.

[1046] BGHZ 126, 252 [256]; *Katzenberger*, in: Schricker, UrhR-K, vor §§ 120 ff. Rn. 135; *Schack*, MMR 2000, 59 [64].

[1047] *Katzenberger*, GRUR Int. 1992, 567 [573]; *Martiny*, RabelsZ 40 (1976), 218 [228].

[1048] *Siehr*, UFITA 108 (1988), S. 9 [18].

[1049] *Katzenberger*, ZUM 1992, 332 [334].

lungsort in Betracht kommt, an dem eine Verletzungshandlung auch tatsächlich stattgefunden hat,[1050] muß anhand materiell-rechtlicher Vorschriften festgestellt werden, ob eine konkrete Verwertungshandlung und insbesondere auch die Verwirklichung eines Teilaktes der Werkverwertung ausreicht, um eine Urheberrechtsverletzung auf einem bestimmten Territorium zu begründen. Es kann folglich nur der Staat als Schutzland herangezogen werden, der nach seinem Recht innerhalb seiner Grenzen eine Urheberrechtsverletzung bejaht.
Indem also nicht alle Handlungen einen selbständigen Handlungsort im Sinne des Urheberkollisionsrechts begründen können, sondern nur solche, die die Schwelle über die bloße Vorbereitungsmaßnahme hinaus bereits überschritten haben[1051] und hierüber das Recht des Begehungsortes des potentiellen Schutzlandes entscheidet,[1052] muß im Bereich des internationalen Urheberrechts auf das materielle Recht zurückgegriffen werden. Der Handlungsort einer Vervielfältigung oder öffentlichen Wiedergabe kann also nicht unabhängig von der Eigenart der Verwertungsrechte bestimmt werden.[1053] Vielmehr müssen die Verwertungstatbestände nach den nationalen Urheberrechtsgesetzen ausgelegt werden.[1054] Die Aussage, welches Land als Schutzland anzusehen ist, kann folglich nicht allein anhand der internationalprivatrechtlichen Vorschriften getroffen werden, sondern setzt eine vorherige Befragung des Sachrechts des kollisionsrechtlich zu berufenden Staates voraus.[1055] Demgemäß lassen sich die Qualifikation eines Rechtsverhältnisses und die Lokalisierung relevanter Handlungen in Abweichung von den Grundprinzipien des Internationalen Privatrechts, denenzufolge die materiell-rechtliche Ebene strikt von der kollisionsrechtlichen Ebene unterschieden werden muß bzw. das anwendbare Recht über das Kollisionsrecht zu berufen ist,[1056] nicht mehr kategorisch voneinander trennen. Beide dieser methodischen Schritte[1057] sind vielmehr eng miteinander verbunden.
Es muß daher die bloße Behauptung einer Rechtsbeeinträchtigung bzw. ein entsprechender Vortrag des Klägers ausreichen, will man schlußendlich zu den an-

---

[1050] *V. Bar*, UFITA 108 (1988), S. 27 [48]; *Regelin*, KollR der IGR, S. 96.

[1051] BGH, MDR 1957, 31 [32]; *Kreuzer*, in: MüKo, EGBGB, Art. 38 Rn. 44; *Hohloch*, in: Schwarze, Medien, S. 93 [103]; *Katzenberger*, in: Schricker, UrhR-K, vor § 120 ff. Rn. 83.

[1052] BGH, MDR 1957, 31 [32]; *Katzenberger*, in: Schricker, UrhR-K, vor §§ 120 ff. Rn. 75

[1053] *Geimer*, IZPR, Rn. 1515.

[1054] *Katzenberger*, GRUR Int. 1992, 567 [571].

[1055] Im 19. Jahrhundert hingegen lag bspw. der Lehre *v. Savigny* die Annahme zugrunde, daß sich Rechtsverhältnisse zwar innerhalb eines geographischen Raums entwickelten, jedoch ohne Einfluß auf diesen blieben. Folglich wurde keine Wechselwirkung zwischen materiellrechtlicher Qualifikation und Lokalisierung des Anknüpfungspunktes gesehen, *v. Savigny*, System des heutigen römischen Rechts, Bd. 8, S. 10.

[1056] BGHZ 126, 252 [255]; *Katzenberger*, in: Schricker, UrhR-K , vor §§ 120 ff. Rn. 123; *Geller*, GRUR Int. 2000, 659 [660].

[1057] Allg. zu dem kollisionsrechtlichen Vorgehen der Anknüpfung siehe Kap. IV. § 1.

wendbaren Normen gelangen.[1058] Dabei muß das Gericht die fragliche Handlung räumlich zuordnen noch bevor es weiß, um welchen Ort es sich dabei handelt. Wenngleich diese Vorgehensweise als Unstimmigkeit gegenüber der klassischen Prämisse, daß der geographische Raum einen festen Bezugsrahmen für die kollisionsrechtliche Analyse darstellt, wahrgenommen wird,[1059] ist sie als typisches Resultat der territorialen Aufsplitterung des Urheberrechts anzusehen. Diese läßt sich allerdings nicht auf den Bereich der internationalen Kommunikationsnetze beschränken, die lediglich eine zunehmende Vieldeutigkeit des Begriffs der Territorialität bewirken.[1060]
Im folgenden soll nun die auf materiell-rechtlicher Ebene zu verortende Frage, ob ein Handlungsort als Schutzland im Sinne der *lex loci protectionis* in Betracht kommen kann, anhand der deutschen Rechtsordnung entschieden werden. Als Grundlage dient hierbei die bereits an anderer Stelle vorgenommene Einordnung der gängigsten Internet-Nutzungen in ein System an Verwertungsrechten.[1061]

I. Vom Vervielfältigungsrecht erfaßte Nutzungshandlungen

Die Bestimmung des Schutzlandes fällt zunächst für die Verwertungshandlung der unerlaubten Vervielfältigung im Sinne des § 16 Abs. 1 UrhG verhältnismäßig leicht. So erfolgt die Lokalisierung des Handlungsortes anhand des Standortes der Geräte (z. B. Drucker, Kopierer oder Computer), mit deren Hilfe die Vervielfältigung vorgenommen wird.[1062] Die Vervielfältigung unterfällt also unproblematisch dem Recht des Landes, in dem sie stattfindet. Im Folgenden soll dieser Ort für die Internet-Nutzungen der Speicherung von Daten auf der Festplatte eines Computers, des „Browsing" und des „Downloading" kurz benannt werden.
Für diejenigen Vervielfältigungen, die zwar anläßlich der genannten Nutzungshandlungen stattfinden, aber rein technisch bedingt und bloß vorübergehender Natur sind,[1063] wie beispielsweise die temporäre Kopie im Arbeitsspeicher oder Cache eines Computers, erübrigt sich dagegen eine Lokalisierung des Handlungsortes.[1064] Zwar werden nach dem sog. store-and-forward-Prinzip in kleine Datenpakete aufgeteilte Inhalte mittels Zwischenspeicherungen von einem Rechner grenzüberschreitend zu einem anderen weitergeleitet. Auswirkungen solcher Zwischenspeicherungen treten allerdings, auch wenn häufig nicht nur die Leitungen des Absende- und Ziellandes, sondern auch die weiterer Staaten

---

[1058] *Hoeren*, in: HdbMMR, 7.10 Rn. 12.
[1059] *Hoeren/Thum*, in: Dittrich, UrhR, S. 78 [85]; *Intveen*, IntUrhR, UFITA 171 (1999), S. 47.
[1060] Siehe hierzu auch *Geller*, GRUR Int. 2000, 659 [660].
[1061] Siehe Kap. III. § 2.
[1062] *Hoeren/Thum*, in: Dittrich, UrhR, S. 78 [85].
[1063] Siehe Kap. III. § 2 C.
[1064] Siehe *Koch*, CR 1999, 121 [123].

durchlaufen werden,[1065] lediglich in den Absende- und Empfangsstaaten direkt zu Tage.[1066] Nur dort muß ein entsprechender Ausgleich der Urheber- und Verwerter- bzw. Nutzerinteressen gefunden werden, wohingegen in den Durchgangsstaaten die Gefahr einer wirtschaftlichen Verwertung nicht gegeben ist. Das bloße Durchlaufen von Knotenpunkten auf dem Gebiet weiterer Staaten kann nur als Teil eines technischen Verfahrens angesehen werden, das ausschließlich dem Zweck dient, die Übertragung von geschützten Werken von einem Absender an einen Empfänger in einem Kommunikationsnetz zu ermöglichen.[1067] Auch wenn materiell-rechtlich eine Vervielfältigung anzunehmen ist, wird der innerhalb einer nationalen Rechtsordnung entwickelte Interessenausgleich durch technisch bedingte Vervielfältigungen nicht beeinträchtigt. Dieser Wertung wird nunmehr durch in Art. 5 der Informations-Richtlinie enthaltene Regelungen Rechnung getragen, denenzufolge die beschriebenen Vervielfältigungsvorgänge von dem in Art. 2 der Informations-Richtlinie gewährten Vervielfältigungsrecht auszunehmen sind. Als problematisch erweist sich diesbezüglich allerdings der Umstand, daß eine Ausnahme nur in dem Fall angenommen wird, in dem eine Übertragung im Netz, sofern sie nicht zwischen Dritten durch einen Vermittler erfolgt, eine rechtmäßige Nutzung ermöglicht.
In jedem Fall besteht aber aus internationalprivatrechtlicher Sicht das Problem der Zufälligkeit der automatisch produzierten Kopien.[1068] Die ggf. urheberrechtlich relevanten Informationen werden als Datenpakete automatisch in kleine Segmente zerteilt und durchqueren auf verschiedenen Routen das Netz. Auf diese Weise fehlt es an der Vorhersehbarkeit des Ortes, an dem eine Vervielfältigung stattfindet. Qualifizierte man dies als zu sanktionierende Verwertungshandlung, würde sowohl Urhebern als auch Verwertern kein Vertrauensschutz mehr zukommen.
Ohne Bedeutung für die kollisionsrechtliche Beurteilung einer grenzüberschreitenden Verletzung von Urheberrechten sind die rein technisch bedingten Nutzungen letztlich aber deshalb, weil das Entstehen temporärer Vervielfältigungen nicht auf ein willentliches Tun, Dulden oder Unterlassen einer Person zurückzuführen ist. Ein Handlungsort kann nur dann begründet werden, wenn das Tätigwerden eines potentiellen Verletzers festzustellen ist.
Die Bestimmung des Schutzlandes im Falle einer Vervielfältigungshandlung beschränkt sich daher im Folgenden auf die Nutzungshandlungen „Uploading", „Browsing" und „Downloading".

[1065] *Hugenholtz*, in: Hugenholtz, Copyright, S. 81 [88].
[1066] *Hoeren*, CR 1996, 517 [518]; *Koch*, GRUR 1997, 417 [425]; *ders.*, CR 1999, 121 [123]; *Zscherpe*, MMR 1998, 404 [406].
[1067] *Dreier*, in: Dellebeke, Copyright, S. 300 [305]; *Schwarz*, GRUR Int. 1996, 836 [840]; *Muth*, Urheberrechtsverletzungen, S. 85.
[1068] *Spindler*, ZUM 1996, 533 [555].

1. Die Speicherung von Daten auf der Festplatte eines Computers

Als erste Verwertungshandlung, für die das Schutzland bestimmt werden soll, wird hier die Speicherung von Daten auf der Festplatte eines Computers betrachtet. Dieser Vorgang wird, wie bereits erläutert, von dem des Bereithaltens von Daten zum späteren Abruf getrennt betrachtet, um die häufig von dem Begriff des „Uploading" umfaßten Komponenten der Nutzungshandlung der Einspeicherung von geschützten Materialien auf einem mit dem Internet vernetzten Rechner zum späteren Abruf präzise zu erfassen. Als diejenige Komponente, die vom Vervielfältigungsrecht erfaßt wird, ist mithin die Digitalisierung eines Werkes zur Ablage auf einem Server zu betrachten.

Hierbei kopiert der Betreiber die geistige Schöpfung von dem ursprünglichen Datenträger, beispielsweise einer Diskette, auf die Festplatte eines Rechners. Eine Vervielfältigung bzw. die Verletzungshandlung findet damit an einem räumlich abgrenzbaren Punkt, dem Standort des Servers, statt (Punktdelikt). Der Handlungsort der Urheberrechtsverletzung ist folglich dort zu suchen, wo der Rechner, auf dem geschütztes Material abgelegt wurde, geographisch positioniert ist. Das dort geltende Recht findet sodann Anwendung.[1069]

Nach dem Schutzlandprinzip läßt sich also die Speicherung von Daten auf der Festplatte eines Computers in dem Land lokalisieren, in dem sich der betreffende Rechner befindet. Sofern aber die Handlungskomponente des Anbietens der Daten zum Abruf in Frage steht, gestaltet sich die Bestimmung des Schutzlandes etwas schwieriger.[1070]

2. „Browsing"

Das „Browsing" bezeichnet, wie bereits dargelegt, den Abruf von Informationen aus dem Internet, bei dem, je nach Browsertyp, neben der Bildschirmanzeige eine temporäre Kopie im Arbeitsspeicher oder auf der Festplatte des Empfängerrechners (im sog. Cache(-Speicher)) entsteht. Die Lokalisierung einer Verletzung des dem Urheber ausschließlich zustehenden Rechts der Vervielfältigung im Bezug auf die Bildschirmanzeige[1071] könnte sowohl an dem Standort des Servers des Anbieters als auch an dem Standort des Rechners des Nutzers in Betracht kommen.[1072]

Zunächst ist darauf abzustellen, daß der Nutzer von seinem Rechner aus eine Vervielfältigung in Gang gesetzt und damit eine willentlich gesteuerte Tätigkeit vorgenommen hat, die zwar zu einer bloß temporären Kopie führt, jedoch auf-

---

[1069] *Hoeren*, HdbMMR, 7.10 Rn. 15; *ders./Thum*, in: Dittrich, UrhR, S. 78 [85]; *Koch*, CR 1999, 121 [123]; *Schønning*, ZUM 1997, 34 [36]; *Thum*, in: Bartsch/Lutterbeck, Neue Medien, S. 117 [132].

[1070] Siehe hierzu § 2 A. II.

[1071] Wie dargelegt bedürfen die rein technisch bedingten Vervielfältigungsvorgänge mangels wirtschaftlicher Bedeutung hier keiner weiteren Untersuchung, siehe Kap. V. § 2 A. I.

[1072] *Dieselhorst*, ZUM 1998, 293 [300].

grund der tatsächlich erfolgenden Nutzung wirtschaftliche Bedeutung erlangt.[1073] Da sich der Handlungsort im Bereich der immateriellen Güter danach bestimmt, wo eine Verletzung stattgefunden hat, ist damit auch auf den Rechnerstandort des Nutzers abzustellen.[1074]
Denkbar wäre allerdings ebenso ein Abstellen auf den Serverstandort des Anbieters. Dieser ermöglicht nämlich durch das Bereithalten von geschützten Werken die von dem Nutzer getätigte widerrechtliche Vervielfältigung.[1075] Da es im Bereich der Urheberrechtsverletzungen als deliktische Handlungen ebenso Formen der Mittäterschaft und Teilnahme gibt, könnte das Anbieten von Materialien wenigstens als Mitwirkungshandlung qualifiziert werden.
Hiergegen ist jedoch einzuwenden, daß der Anbieter nicht weiß, welche Information von welchem Nutzer abgerufen wird. Eine konkrete Urheberrechtsverletzung kann somit nicht wissentlich unterstützt oder hervorgerufen werden. Die Annahme eines zweiten Handlungsortes im Hinblick auf den Anbieter würde überdies zu einer zweifachen Sanktionierung von dessen Tätigkeit führen, da das neu geschaffene Recht der öffentlichen Zugänglichmachung das Bereithalten urheberrechtlich geschützten Materials bereits erfaßt. Dieses wiederum deckt seinerseits die wohl einschneidendste Verwertungshandlung im Online-Bereich ab, da urheberrechtswidriges Material ja erst durch eine vom Anbieter vorgenommene Einspeisung ins Netz in den Verkehr gelangt.
Betrachtet man dagegen den Vorgang des „Browsing“ isoliert, so werden die Interessen des Urhebers erst dadurch gefährdet, daß der Nutzer das geschützte Werk an seinem Bildschirm betrachten kann. Nur diese letzte Vervielfältigung ist für den Nutzer sichtbar. Auf andere, technisch bedingte Kopien ist ein Zugriff nicht möglich. Im Rahmen der Nutzungshandlung des „Browsing“ ist folglich die relevante Vervielfältigungshandlung an dem Ort zu lokalisieren, an dem sich der Standort des Rechners des Nutzers befindet.[1076]

3. „Downloading“

Beim „Downloading“, dem Herstellen einer dauerhaften Kopie, nimmt die Vervielfältigungshandlung ihren Ausgang wiederum beim Nutzer. Dieser stellt ein neues Werkstück dadurch her, daß er über das Netz geladenes Material auf der Festplatte seines Rechners oder auf einer Diskette speichert bzw. auf Papier festhält.[1077] Handlungsort im Rahmen des „Downloading“ ist damit das Land, in

---

[1073] *V. Hoffmann*, in: Staudinger, EGBGB, Art. 38 Rn. 114.
[1074] *Koch*, CR 1999, 121 [123]; *Thum*, in: Bartsch/Lutterbeck, Neue Medien, S. 117 [131].
[1075] *Dieselhorst*, ZUM 1998, 293 [300].
[1076] Die Festlegung des Handlungsortes auf den Staat, von dem aus ein Abruf vorgenommen wird, muß auch für die neuere Push-Technologie des Internets gelten, *Koch*, NJW-CoR 1998, 45 [45]; *Zscherpe*, MMR 1998, 404 [408].
[1077] *Spindler*, ZUM 1996, 533 [543].

dem sich der Nutzer, bei dem die neuen körperlichen Vervielfältigungsstücke entstehen, befindet.[1078]
Auch hier könnte wie beim „Browsing“ erneut gefragt werden, inwieweit der Anbieter als Teilnehmer der Verletzung des dem Urheber zustehenden Vervielfältigungsrechts in Betracht kommt.[1079] Dies ist aus den genannten Gründen jedoch zu verneinen.

II. Vom Recht der öffentlichen Zugänglichmachung erfaßte Nutzungshandlungen

Die bisherigen Ausführungen haben ergeben, daß die oftmals als „Uploading“ bezeichnete Nutzungshandlung neben der Speicherung von Daten auf der Festplatte eines Computers die Komponente des Bereitstellens von Daten zum Abruf enthält, dessen Sanktionierung zudem als Mitwirkungshandlung an dem Tätigwerden des Nutzers im Rahmen des „Browsing“ und „Downloading“ erwogen wurde. Erfaßt wird das Angebot von urheberrechtlich relevanten Materialien im Rahmen von Websites, Datenbanken, Newsgroups und FTP-Diensten inzwischen von einem als Recht der öffentlichen Zugänglichmachung bezeichneten Recht der öffentlichen Wiedergabe. Fraglich ist mithin, wo sich das Schutzland bei der Verletzung dieses Rechts befindet.

1. Der Rechnerstandort des Anbieters als Schutzland

Als erster möglicher Handlungsort im Rahmen der widerrechtlichen Zugänglichmachung von Werken an die Öffentlichkeit könnte zunächst der Ort in Betracht kommen, an dem sich der Server befindet, auf dem der Anbieter die geschützten Werke ablegt. Dieser Ort kann nämlich von dem Ort verschieden sein, an dem die Schnittstelle zur Öffentlichkeit auszumachen ist, wo also das digitale Angebot tatsächlich abgerufen werden kann.[1080] Damit nun der Ort, an dem urheberrechtlich relevante Materialien belegen sind, überhaupt als Anknüpfungspunkt im kollisionsrechtlichen Sinne herangezogen werden kann, dürfte das Herrichten des digitalen Angebots nach der dort geltenden Rechtsordnung nicht bloß vorbereitenden Charakter haben. Vielmehr müßte diese Handlung zumindest als Teilakt der öffentlichen Zugänglichmachung zu qualifizieren sein, um einen relevanten Handlungsort und auf diese Weise auch das Schutzland begründen zu können.[1081]

[1078] *Hoeren/Thum*, in: Dittrich, UrhR, S. 78 [85]; *Thum*, in: Bartsch/Lutterbeck, Neue Medien, S. 117 [139]; *Koch*, CR 1999, 121 [123].

[1079] *Dieselhorst*, ZUM 1998, 293 [300].

[1080] *Flechsig*, CR 1998, 225 [228]; *Spindler*, GRUR 2002, 105 [109]; *Schack*, MMR 2000, 59 [64].

[1081] Wie zuvor dargelegt, kann das Speichern von urheberrechtlich relevanten Informationen auf der Festplatte eines Rechners das Recht der Vervielfältigung verletzen. An dieser Stelle

Im Geltungsbereich des deutschen Urheberrechtsgesetzes wird das Anbieten digitalisierter Werke im Internet dem Urheber zwar unabhängig davon vorbehalten, ob ein Zugriff Dritter auf das urheberrechtlich relevante Material auch tatsächlich erfolgt. Da das Recht der Zugänglichmachung von Werken aber als Recht der öffentlichen Wiedergabe anzusehen ist,[1082] muß zumindest die Möglichkeit eröffnet sein, daß Mitglieder der Öffentlichkeit die Werke verwerten können. Sofern Dritte also noch keinen Zugang zu den geschützten Materialien haben, ist das Stadium der Vorbereitung noch nicht überschritten.
Hieraus folgt, daß die Handlungen des Anbieters, soweit diese lediglich das Ablegen von Information, beispielsweise mittels einer fertig erstellten Homepage, auf einem Server umfassen, keinen kollisionsrechtlich relevanten Handlungsort im Rahmen der öffentlichen Zugänglichmachung von Werken begründen können.[1083] Ein Staat ist deshalb erst dann als Schutzland in Betracht zu ziehen, wenn nicht lediglich Aktivitäten, die als reine Vorbereitungshandlungen einzustufen sind, auf seinem Territorium stattfinden, sondern die Verwertungshandlung selbst dort lokalisiert werden kann. Im Hinblick auf die öffentliche Zugänglichmachung von Werken ist dies der Fall, wenn die urheberrechtlich relevanten Daten auch abgerufen werden können.

2. Der Angebotsstaat als Schutzland

Aus dem Vorangegangenen folgt, daß im Hinblick auf die öffentliche Zugänglichmachung von Werken ein Handlungsort im Sinne des Urheberkollisionsrechts dort gegeben ist, wo sich der Server befindet, von dem aus urheberrechtlich relevante Inhalte zum Abruf angeboten werden. Nachdem eine Aufnahme dieser Nutzungshandlung in §§ 15 Abs. 2, 19a UrhG erwartet werden kann,[1084] kommt Deutschland dann als Schutzland in Betracht, wenn sich der Standort des Servers, über den die Werke der Öffentlichkeit zugänglich gemacht werden, auf deutschem Staatsgebiet befindet.

3. Der Rechnerstandort des Nutzers als Schutzland

Ob im Rahmen der Zugänglichmachung geschützter Inhalte neben dem Ort, an dem der Server, von dem aus das digitale Angebot bereitgehalten wird, positio-

---

soll jedoch hiervon unabhängig gefragt werden, ob dieser Vorgang auch im Rahmen der öffentlichen Zugänglichmachung von Werken Bedeutung erlangt.

1082 Siehe §§ 15 Abs. 2, 19a UrhG nach dem Entwurf eines Gesetzes zur Regelung des Urheberrechts in der Informationsgesellschaft, BT-Drs. 15/38, S. 5.

1083 *Dieselhorst*, ZUM 1998, 293 [294].

1084 Siehe Entwurf eines Gesetzes zur Regelung des Urheberrechts in der Informationsgesellschaft, BT-Drs. 15/38, S. 5.

niert ist, noch andere Orte als Handlungsorte qualifiziert werden können, wird in der Literatur uneinheitlich beantwortet.[1085]

Denkbar wäre es, neben dem Angebotsstaat noch auf denjenigen Staat abzustellen, auf dessen Gebiet der Nutzer urheberrechtlich relevante Daten, sei es zur bloßen Ansicht oder aber zum „Downloading", abruft.[1086] Hierfür sprechen folgende Erwägungen:

Die alleinige Lokalisierung der Nutzungshandlung der öffentlichen Zugänglichmachung an dem Ort, von wo aus geschützte Werke zum Abruf angeboten werden, greift angesichts der wirtschaftlichen und rechtlichen Dimensionen dieser Handlung zu kurz. Zum einen erfolgt nämlich die Positionierung des Servers häufig in einem anderen Staat als dem der Niederlassung oder des gewöhnlichen Aufenthaltes des verantwortlichen Anbieters. Dieser Umstand ist entweder durch die Organisationsstrukturen des Providers bedingt, der u. U. selbst gar nicht weiß, von welchem Staat aus er seine Homepage anbietet, oder aber beispielsweise mit Blick auf ein niedriges Urheberrechtsschutzniveau beabsichtigt. Der Standort des Servers, der zur dezentralen Ablage dient, wird beliebig und nach Gutdünken ausgewählt.

Zum anderen muß bei wertender Betrachtung ein weiterer Handlungsort als der des Serverstandpunktes deshalb festgelegt werden, weil sich die Auswirkungen der Zugänglichmachung von digitalisierten geschützten Materialien nicht nur auf den Staat beschränken, in dem sich der maßgebliche Server befindet. Die Tragweite der Handlung des Anbieters manifestiert sich vor allem dann, wenn das urheberrechtswidrige Angebot auch genutzt bzw. wenigstens die Möglichkeit geschaffen wird, es zu nutzen. Da eine entsprechende Zugriffsmöglichkeit durch die Internetteilnehmer inzwischen in sämtlichen Staaten der Erde besteht, entfaltet die Handlung des Zurverfügungstellens auch über die Grenzen des Serverstandorts des Anbieters hinaus ihre Wirkung. Die Verletzungshandlung berührt mithin unzählige Staatsgebiete und deren Rechtsordnungen, so daß der Qualität der Zugänglichmachung erst dann vollständig Rechnung getragen wird, wenn mit jeder Berührung eines weiteren Territoriums auch ein weiterer Handlungsort begründet wird.[1087]

[1085] Für den Rechnerstandort des Nutzers als Handlungsort: *Katzenberger*, in: Schricker, UrhR-K, vor §§ 120 ff. Rn. 145; *Hohloch*, in: Schwarze, Medien, S. 93 [106]; *Regelin*, KollR der IGR, S. 285; *Reinbothe*, GRUR Int. 2001, 733 [736]; *Sack*, WRP 2000, 269 [277]; *Thum*, in: Bartsch/Lutterbeck, Neue Medien, S. 117 [130]; dagegen: *Flechsig*, CR 1998, 225 [228]; *Koch*, CR 1999, 121 [123]; *Spindler*, GRUR 2002, 105 [109]. Z. T. wird dafür plädiert, der Verantwortlichkeit des Providers dadurch Rechnung zu tragen, indem dieser ggf. als Mittäter, Anstifter oder Gehilfe heranzuziehen sei, *Hoeren* zit. nach *Nack*, GRUR Int. 2000, 893 [896].

[1086] *Dieselhorst*, ZUM 1998, 293 [299]; *Hoeren/Thum*, in: Dittrich, UrhR, S. 78 [89].

[1087] KG, NJW 1997, 3321; OLG Frankfurt/Main, CR 1999, 450.

Überdies wurde mit der Neuschaffung des Rechts der öffentlichen Zugänglichmachung von Werken auf europäischer Ebene einer definitorischen Festlegung des Ortes, wo diese Verwertungshandlung stattfindet, deutlich eine Absage erteilt.[1088] Hierbei erfolgte sogar ausdrücklich der Hinweis, daß im Falle grenzüberschreitender Verwertungshandlungen das Recht mehrerer Länder gleichzeitig zur Anwendung gelangen kann.[1089] Zudem setzt das neue Recht im Online-Bereich auch nicht voraus, daß ein Abruf tatsächlich stattgefunden hat.[1090] Vielmehr ist im Hinblick auf eine Gefährdung bzw. Verletzung von Urheberrechten allein das Anbieten von geschützten Materialien mit der Möglichkeit des Abrufs („may access") beachtlich,[1091] wie es bereits der Wortlaut des Art. 8 WCT nahelegt. Die internationale Dimension der öffentlichen Zugänglichmachung hat hierin ihren Niederschlag insofern gefunden, als sich die Möglichkeit der Sanktionierung eines weltweit abrufbaren Angebots urheberrechtswidriger Inhalte nicht auf ein Land beschränken darf. Hinzu tritt die Intention der Vorschrift, dem Urheber das Recht vorzubehalten, zu entscheiden, in welchem Land ein Werk der Öffentlichkeit angeboten wird. Erfolgt aber das Angebot via Internet weltweit, ist die wirtschaftliche Verwertung eines geschützten Werkes in sämtlichen Staaten, in denen dieses Werk abgerufen werden kann, allenfalls noch mit erheblichen Einschränkungen möglich. Dieser Problematik würde nur unzulänglich begegnet werden, wenn lediglich das Recht desjenigen Staates zur Anwendung gelangte, auf dessen Gebiet der Server positioniert ist, auf dem das in Frage stehende Material abgelegt wurde.
Zuletzt darf im Rahmen der Entscheidung, wo im Falle einer Verletzung des Rechts der öffentlichen Zugänglichmachung von urheberrechtlich geschützten Werken das Schutzland zu lokalisieren ist, die Ratio des immaterialgüterrechtlichen Handlungsortes nicht außer Betracht bleiben. Die am Handlungsort geltende Rechtsordnung soll nämlich potentielle Verletzer davon abhalten, unerlaubte Handlungen zu begehen bzw. Verletzungshandlungen mittels eines Abschreckungseffekts steuerbar zu machen, indem die Möglichkeit geschaffen wird, ggf. gefährdendes Verhalten den geltenden gesetzlichen Bestimmungen anzupassen.[1092] Dieses Ziel wird aber nur erreicht, wenn das Handlungsortrecht das

---

[1088] KOM (97) 628 endg. v. 10.12.1997, S. 11.

[1089] KOM (97) 628 endg. v. 10.12.1997, S. 11.

[1090] KOM (97) 628 endg. v. 10.12.1997, S. 29. Der Verzicht auf das Erfordernis eines tatsächlichen Abrufs wird auch als Argument dafür verwendet, daß im Rahmen einer öffentlichen Zugänglichmachung von Werken der Ort, von dem aus auf das digitale Angebot zugegriffen wird, nicht als Handlungsort in Betracht kommen kann, *Spindler*, GRUR 2002, 105 [109]. Dem ist jedoch entgegen zu halten, daß auf diese Weise gerade eine Abgrenzung zu den Senderechten erfolgen sollte, insbesondere unter Ablehnung einer Lösung nach dem Vorbild der Satellitensendung, KOM (97) 628 endg. v. 10.12.1997, S. 11.

[1091] *V. Lewinski*, MMR 1998, 115 [116].

[1092] *V. Hoffmann*, in: Staudinger, EGBGB, Art. 38 Rn. 113.

Recht des Staates ist, in dem sich der Verletzer im Zeitpunkt der Vornahme der Verletzungshandlung aufhält.
Dieses Ergebnis wird außerdem durch den im Diskussionsentwurf zur Änderung des Urheberrechtsgesetzes enthaltenen Gedanken bestätigt, wonach sowohl „pull media" – also Abrufdienste, die durch den Empfänger veranlaßt werden – als auch „push media" – d. h. Dienste, bei denen der Werkverwerter den Akt des Zugänglichmachens steuert[1093] – demselben, die digitale Übertragung erfassenden Verwertungsrecht unterstellt werden sollen.[1094]

4. Zwischenergebnis

Was die Nutzungshandlung der Zugänglichmachung von geschützten Materialien übers Internet anbelangt, ist Deutschland zunächst dann als Handlungsort zu qualifizieren, wenn sich dort der Server befindet, von dem aus urheberrechtlich geschütztes Material zum Abruf bereitgehalten wird. Des weiteren ist deutsches Recht auch dann zur Anwendbarkeit berufen, wenn auf das in Frage stehende digitale Angebot von Deutschland aus zugegriffen werden kann.
Damit bleibt auch nach Aufnahme des neuen Verwertungsrechts der öffentlichen Zugänglichmachung von Werken in die nationalen Urheberrechtsordnungen der häufigste Kritikpunkt an der Schutzlandregel bestehen. Sofern nämlich die Anknüpfung an die *lex loci protectionis* zum Ausgangspunkt der Betrachtung genommen wird, bleibt aufgrund vieler verschiedener Verletzungsorte und damit vieler potentieller Handlungsorte das Problem der Anwendbarkeit mehrerer Rechtsordnungen gleichzeitig bestehen. Hierauf wird auch im Rahmen der Vorarbeiten zu dem jüngsten Regelwerk im Bereich des Urheberrechts, der Informations-Richtlinie, ausdrücklich hingewiesen. Allerdings findet sich in diesem Zusammenhang auch die Überlegung, daß eine ausschließliche Anknüpfung an den Angebotsstaat – nach dem Vorbild der Satelliten-Richtlinie – die Gefahr nach sich ziehen würde, daß die Anbieter den Standort ihrer Server in ein Land verlagern, der ein nur geringes Schutzniveau bereithält.
Im Ergebnis kommt daher im Falle der öffentlichen Zugänglichmachung von Werken über das Internet als Handlungsort sowohl der Staat in Betracht, von dem aus der Nutzer auf das digitale Angebot zugreifen kann, als auch der Staat, in dem der Anbieter geschützte Materialien zum Abruf bereithält.

[1093] Dabei ginge der Eindruck, daß im Rahmen der „Push"-Medien der Anbieter die Vorgänge steuert, fehl, da lediglich ein automatischer Abgleich der abonnierten Seite erfolgt, *Koch*, Internet-Recht, S. 557.

[1094] Information des BMJ zum Diskussionsentwurf eines Fünften Gesetzes zur Änderung des Urheberrechtsgesetzes unter http://www.bmj.bund.de/misc/urh_98.htm (Stand: November 2001).

III. Zusammenfassung

Hinsichtlich der Verletzung des Vervielfältigungsrechts im Rahmen der Speicherung von Daten auf der Festplatte eines Computers, der weiteren Nutzungshandlungen des „Browsing“ und „Downloading“, ist das Schutzland dort zu lokalisieren, wo sich der Standort des Rechners befindet, auf dem die urheberrechtswidrigen Vervielfältigungen vorgenommen werden.

Im Hinblick auf vorübergehende, meist technisch bedingte Vervielfältigungen ist festzustellen, daß zumindest Zwischenspeicherungen, die bei der Übertragung urheberrechtlich relevanter Daten via Internet entstehen, noch keinen Handlungsort begründen.[1095] Vielmehr werden hierbei die Rechtsordnungen verschiedener Staaten rein zufällig und weder für die Anbieter noch die Nutzer erkennbar tangiert, so daß sich in diesem Zusammenhang kein Schutzland ermitteln läßt.

Wird dagegen das Recht der öffentlichen Zugänglichmachung verletzt, so gelangt im Falle einer Anknüpfung an die *lex loci protectionis* nicht lediglich das Recht des Landes zur Anwendung, von dem aus das urheberrechtlich relevante Material zum Abruf bereitgehalten wird, sondern gleichfalls die Rechtsordnung des Staates, auf dessen Gebiet sich der Rechner des Nutzers befindet.[1096] Resultat dieser Sichtweise, die zwar nicht einheitlich vertreten wird, für die aber, wie dargelegt, gewichtige Argumente sprechen, ist mithin die gleichzeitige Anwendbarkeit mehrerer Rechtsordnungen, d. h. die territoriale Zersplitterung des Urheberrechts. Hieraus ergeben sich einerseits zahlreiche Probleme, auf die noch einzugehen sein wird.[1097] Andererseits hält sich so die Gefahr einer Flucht in Länder mit geringem Urheberrechtsschutzstandard, was den häufigsten Kritikpunkt an einer Anknüpfung an die *lex loci protectionis* darstellt, in Grenzen.[1098] Gelangt nämlich neben dem Recht des Angebotsstaates auch das Recht all der Staaten zur Anwendung, von deren Gebiet aus auf das digitale Angebot zugegriffen werden kann, hat es nicht allein der Anbieter in der Hand, den Verletzungsort und damit das Schutzland zum Nachteil des Urhebers zu bestimmen. Aufgrund einer hieraus resultierenden potentiellen Anwendung verschiedener Rechtsordnungen weltweit kann der Anbieter die Berufung eines Landes als Schutzland nicht dadurch manipulieren, daß er den Server, der als Schnittstelle zur Öffentlichkeit dient, in eine sog. „Urheberrechtsoase“ verlagert.[1099]

[1095] *Klett*, UrhR im Internet, UFITA 149 (1998), S. 123; *Koch*, Internet-Recht, S. 429.

[1096] *Hoeren*, MMR 1998, 297 [298]; *Hoeren/Thum*, in: Dittrich, UrhR, S. 78 [89]; *Strömer*, Online-Recht, S. 124; *Rehbinder/Staehlin*, TRIPS-Abkommen, UFITA 127 (1995), S. 5 [7].

[1097] Siehe Kap. V. § 2 B.

[1098] *Intveen*, IntUrhR , UFITA 171 (1999), S. 47.

[1099] Begriffe wie „Urheberrechts- oder Haftungsoasen“, „Urheberrechtsparadiese“ sowie „Piratenländer“ bezeichnen Staaten, die ein geringes urheberrechtliches Schutzniveau deshalb aufweisen, weil sie entweder „schwache“ oder gar keine Urheberrechte gewähren, *Intveen*, IntUrhR, UFITA 171 (1999), S. 26 f. In diesem Zusammenhang wird auch betont, daß diese

Diese auch als „race to the bottom"[1100] bezeichnete Problematik, der die Ergebnisse einer Anknüpfung an das Schutzland anderenfalls wenig gewachsen wären,[1101] bleibt allerdings im Bereich anderer Verwertungshandlungen bestehen. So kann der Anbieter beispielsweise urheberrechtlich relevante Vervielfältigungen gezielt an dem Ort vornehmen, an dem er ein niedriges Urheberrechtsschutzniveau vorfindet. Eine Ausnutzung dieser durch die rechtliche Lage überhaupt erst ermöglichten Situation wird zudem durch die technischen Gegebenheiten des Internet, wie z. B. die Spiegelung von Inhalten auf verschiedene Server, gefördert.

B. Zur Problematik von Streudelikten

Wie gesehen, resultiert aus der Anknüpfung an die *lex loci protectionis* insbesondere im Fall der für das Internet charakteristischen grenzübergreifenden Verwertung der öffentlichen Zugänglichmachung von Werken, die gleichzeitige Anwendbarkeit unzähliger Rechtsordnungen.

Läßt sich beispielsweise noch für (wirtschaftlich relevante) Vervielfältigungsvorgänge der maßgebliche Handlungsort in einem Land lokalisieren, gelingt dies nicht mehr für das in der Regel weltweit abrufbare digitale Angebot geschützter Materialien in Kommunikationsnetzen von entsprechender Reichweite. Vielmehr wird potentiell das Territorium verschiedener Staaten tangiert, deren jeweilige Rechtsordnung selbst bestimmt, ob die Nutzung des Werkes eine Urheberrechtsverletzung darstellt und ob überhaupt das eigene Staatsgebiet als maßgeblicher Handlungsort in Betracht zu ziehen ist.[1102]

Berührt also eine Verwertungshandlung die Rechtsordnung mehrerer Länder, handelt es sich um ein sog. Multi-State- oder Streudelikt.[1103] Dabei umfaßt die kollisionsrechtliche Problematik solcher Delikte nicht nur die unbeabsichtigten Auswirkungen von Handlungen in einem anderen als dem Zielstaat[1104], sondern auch die für mehrere Staaten gezielt bestimmte Tätigkeit. Typisches Merkmal

---

in Anbetracht zunehmender grenzübergreifender Verwertungen befürchteten Fluchtorte nicht lediglich theoretischer Natur seien, *Hoeren*, MMR 1998, 297 [298]; *Cigoj*, in: FS für Firsching, S. 53 [57]; *Strömer*, Online-Recht, S. 124; *Rehbinder/Staehlin*, TRIPS-Abkommen, UFITA 127 (1995), S. 5 [7]. Vielmehr zählen hierzu z. B. San Marino, Brunei, Hongkong, *Hoeren*, MMR 1998, 297 [297].

1100 „...that is, pirates will seek to upload from the least protective country possible.", *Schack*, Urh-/UrhVR, Rn. 895; *Ginsburg*, J.C.S. USA 42 (1995), 318 [323].

1101 *A. Nordemann/Goddar/Tönhardt/Czychowski*, CR 1996, 645 [647]; *Hoeren/Thum*, in: Dittrich, UrhR, S. 78 [79]; *Hilty*, in: Hilty, Information Highway, S. 21 [39].

1102 *Koumantos*, in: Dellebeke, Copyright, S. 257 [264]; *Lehmann*, in: Lehmann, Cyberlaw, S. 25 [31]; *Seignette*, in: Dellebeke, Copyright, S. 309 [314].

1103 *Kreuzer*, in: MüKo, EGBGB, Art. 38 Rn. 39; *Kort*, GRUR Int. 1994, 594 ff.; *Kreuzer/Klötgen*, IPRax 1997, 90 [91].

1104 So z. B. bei der Einstrahlung von Satellitensendungen in nicht intendierte Empfangsstaaten (sog. Spill-over), *Fezer*, in: Staudinger, BGB/IntWirtschR, Rn. 499.

eines Streudelikts ist damit der Umstand, daß einem Handlungsort mehrere Erfolgsorte gegenüberstehen. Eben dieser Fallkonstellation entspricht, wie erwähnt, das Ergebnis einer Anknüpfung an das Schutzland, sofern nicht die Nutzungshandlung der Vervielfältigung im Bereich neuer Informationstechnologien, sondern diejenigen Kommunikationsprozesse, bei denen an mehreren Orten Rechte verletzt werden, rechtlich beurteilt werden sollen. Da hierbei widerrechtlich über das Internet zur Verfügung gestellte geschützte Inhalte gleichzeitig von Nutzern in verschiedenen Staaten abgerufen werden, infolgedessen immer auch ein neuer Handlungsort begründet wird und so die Gefahr der Anwendbarkeit sämtlicher Rechtsordnungen weltweit droht, sehen sich sowohl die Anbieter als auch die Rechtsinhaber selbst prozessualen wie auch materiellrechtlichen Problemen gegenüber.

Da nämlich nach dem Territorialitätsprinzip die von einer nationalen Rechtsordnung gewährten Urheberrechte auf das jeweilige Staatsgebiet beschränkt sind, kann der Rechtsinhaber anders als im allgemeinen Deliktsrecht nach dem Ubiquitätsprinzip nicht den für ihn günstigen Handlungsort auswählen, um einen umfassenden Schutz zu erreichen.[1105] Lediglich gegen inländische Verwertungshandlungen können nach der jeweils berufenen Rechtsordnung Maßnahmen ergriffen werden. Wenn aber das Internet-Angebot in zahlreichen Staaten abgerufen werden kann, so liegt immer auch eine ausländische Verletzungshandlung vor, die aus Gründen der völkerrechtlichen Souveränität von Staaten nicht nach der inländischen Rechtsordnung geahndet werden kann. Eine weltweite Unterlassung eines widerrechtlichen Angebots kann mithin nicht nach einem nationalen Recht erreicht werden. Problematisch hierbei ist insbesondere, daß im Bereich neuer Informationstechnologien die Sperrung von urheberrechtlich geschützten Inhalten immer für alle Länder erfolgen muß, da aus technischen Gründen das digitale Angebot nicht lediglich für bestimmte Staatsgebiete ausgeschlossen werden kann.[1106]

Für die Anbieter ergibt sich hieraus die Schwierigkeit, daß sich ihre Aktivitäten an sämtlichen Urheberrechten weltweit messen lassen müssen und dabei in sämtlichen Staaten Urheberrechtsverletzungen begangen werden können. Für die Rechtsinhaber bringt dies die weltweite Einklagbarkeit ihrer aus diesen Verletzungen resultierenden Ansprüche mit sich. Das Nebeneinander von Handlungsorten bereitet mithin sowohl auf dem Gebiet des internationalen Verfahrensrechts[1107] als auch auf sachrechtlicher Ebene Schwierigkeiten, die im folgenden kurz dargestellt werden sollen.

[1105] *Katzenberger*, in: Schricker, UrhR-K, vor §§ 120 ff. Rn. 81; *Katzenberger*, in: FG für Schricker, S. 225 [239].

[1106] *Hoeren*, NJW 1998, 2849 [2851].

[1107] Die Problematik der internetbezogenen internationalen Zuständigkeitskonflikte kann im Rahmen dieser Arbeit nur im Überblick dargestellt werden.

I. Auswirkungen auf das gerichtliche Verfahren

Im Bereich des Verfahrensrechts bereitet die globale Wirkung des Internet vor allem hinsichtlich der internationalen Zuständigkeit der Gerichte Probleme.[1108] Hierbei liegen den für Urheberrechtsverletzungen maßgeblichen prozessualen Vorschriften dieselben Voraussetzungen zugrunde, wie den im Bereich des internationalen Urheberrechtes geltenden Anknüpfungsregeln. So richtet sich die internationale Zuständigkeit gemäß Art. 5 Nr. 3 EuGVVO[1109] und § 32 ZPO nach dem Gerichtsstand des Begehungsortes, wobei wenigstens ein Teilakt der rechtswidrigen Verletzungshandlung im Bezirk des angerufenen Gerichts begangen worden sein muß (sog. „fliegender Tatortgerichtsstand“).[1110]

Indem sich also die Zuständigkeit eines Gerichts an dem Ort begründen läßt, an dem das schädigende Ereignis eingetreten ist bzw. die Handlung begangen wurde, bereitet die Bestimmung des unter verfahrensrechtlichen Gesichtspunkten relevanten Handlungsortes die gleichen Schwierigkeiten, wie sie die Lokalisierung des Schutzlandes mit sich brachte. Ein Handlungsort und damit eine internationale Zuständigkeit ist nämlich überall dort anzunehmen, von wo aus auf im Internet bereitgehaltene Daten zugegriffen werden kann.[1111] Damit korrespondieren die weltweiten Nutzungsmöglichkeiten der Urheberrechte im Online-Bereich mit der (theoretisch) weltweiten Gerichtspflichtigkeit des Beklagten bzw. der weltweiten Einklagbarkeit von Urheberrechtsverletzungen durch den

---

1108 *Bachmann*, IPRax 1998, 179 [179]. Zum Zusammenhang des IPR und des internationalen Zivilprozeßrechts siehe außerdem, *Pichler*, in: Hoeren/Sieber, HdbMMR, 3.1 Rn. 1; *Koch*, CR 1999, 121 [121]; *Kuner*, CR 1996, 453 [453].

1109 Nach der Rechtsprechung des EuGH (noch zu der in der bis zum Inkrafttreten der EuGVVO am 1. März 2002 geltenden entsprechenden Vorschrift des EuGVÜ) unterstehen dieser Norm alle schadenshaftungsrechtlichen Ansprüche, die außerhalb des vertraglichen Zusammenhangs des Art. 5 Nr. 1 EuGVÜ stehen, EuGH, Rs. 189/87, Slg. 1988, I-5565; *Geimer/Schütze*, EuZVR, Art. 5 Rn. 146; *Lundstedt*, GRUR Int. 2001, 103 [106]. Diese Ansprüche sind bei dem Gericht des Ortes zu erheben, an dem das schädigende Ereignis eingetreten ist, mithin am Ort des ursächlichen Geschehens oder am Ort der Verwirklichung des Schadenserfolges, EuGH, Rs. 21/76, Slg. 1976, I-1735; *Geimer*, in: Zöller, ZPO, Anh. I, Art. 5 GVÜ Rn. 15. Dies entspricht weitestgehend der Handlungs- und Erfolgsortanbindung im deutschen Recht, *Bachmann*, IPRax 1998, 179 [182]. Weder Vorbereitungshandlungen noch Folgeschäden genügen hierbei für eine Begründung der internationalen Zuständigkeit, EuGH, Rs. C-364/93, Slg. 1995, I-2719; *Geimer/Schütze*, EuZVR, Art. 5 Rn. 191. Zu einem weltweiten Vollstreckungs- und Gerichtsstandsübereinkommen siehe *Kur*, GRUR Int. 2001, 908 ff.

1110 *Hoeren*, Internetrecht, S. 337. Zur selbständigen Bedeutung der örtlichen Zuständigkeit unter Verweis auf die Notwendigkeit deren Einschränkung siehe *Thum*, GRUR Int. 2001, 9 [27].

1111 KG Berlin, CR 1997, 685 [685]; *Kuner*, CR 1996, 453 [455]. Hierbei ist zu beachten, daß nur der in dem jeweiligen Abrufstaat entstandene Schaden eingeklagt werden kann, *Hoeren*, Internetrecht, S. 337.

Rechtsinhaber (sog. Gleichlauf zwischen internationalem Verfahrensrecht und IPR).[1112]

Ist nun der Verletzte gezwungen, vorhandene Unterlassungs- und Schadensersatzansprüche vor einer Vielzahl von Gerichten in verschiedenen Ländern geltend zu machen, stellt sich in diesem Zusammenhang die Frage, ob die Entscheidung des international zuständigen Gerichts lediglich für das eigene Staatsgebiet seine Wirkung entfaltet oder vielmehr auch für sämtliche Staaten, innerhalb deren Grenzen dieselbe urheberrechtlich relevante Verletzungshandlung vorgenommen wurde. Sollte sich hierbei ein Gericht im Falle einer grenzüberschreitenden Verwertungshandlung ausschließlich für den Teilakt für zuständig erklären, der auch tatsächlich auf dem eigenen Territorium stattgefunden hat, würde dies eine Aufspaltung der geltend gemachten und an sich einheitlichen Urheberrechtsverletzung nach sich ziehen.[1113] Diese sog. Mosaikbetrachtung würde dazu führen, daß der Rechtsinhaber zur Geltendmachung seiner Ansprüche die Gerichte in unzählig vielen verschiedenen Staaten anrufen müßte.[1114] Ein solches Vorgehen erweist sich als kaum praktikabel und stellt daher für den verletzten Urheber eine erhebliche Belastung dar.[1115]

Entscheidet sich demgegenüber ein zuständiges Gericht für eine Gesamtbeurteilung der in Frage stehenden grenzüberschreitenden Verwertung, bringt dies zwar eine entscheidende Erleichterung für die prozeßführenden Beteiligten mit sich, die Probleme treten aber an anderer Stelle zu Tage. Neben einer distributiven Rechtsanwendung, die eine Beurteilung von Vorgängen, die sich in mehreren Staaten abgespielt haben, beinhaltet,[1116] würde sich die gerichtliche Praxis beispielsweise der Schwierigkeit des sog. „forum shopping" gegenüber sehen,[1117] demzufolge dem Kläger die Wahl darüber zusteht, in welchem *forum* über die geltend gemachte Beeinträchtigung seiner Rechte letztendlich entschieden werden soll. Besitzt der Verletzte die Möglichkeit, seine Klage dort einzureichen, wo beispielsweise die Durchsetzung seiner Unterlassungsansprüche am effektivsten erscheint oder die Dauer des Verfahrens als nicht all zu lang erwar-

---

[1112] *Ginsburg*, International Law Aspects, S. 20; *Klett*, UrhR im Internet, UFITA 149 (1998), S. 57.

[1113] *Spindler*, ZUM 1996, 533 [559].

[1114] *Ginsburg*, Private International Law Aspects, S. 20; *Schack*, MMR 2000, 59 [64].

[1115] Der Umstand, daß bei Streudelikten zu einem Gesamtschaden nur solche Interessen addiert werden können, die im jeweiligen Schutzland rechtlich geschützt sind, soll durch eine Anknüpfung (zumindest der Fragen hinsichtlich der Entstehung und Inhaberschaft des Urheberrechts) an die *lex originis* vermieden werden, *Schack*, MMR 2000, 59 [64]. Zu den sich hieraus wiederum ergebenden Schwierigkeiten siehe Kap. V. § 3 B.

[1116] So bspw. ÖGH, GRUR Int. 1994, 638 [639].

[1117] *Dreier*, in: Dellebeke, Copyright, S. 300 [305]; *Ginsburg*, J.C.S. USA 42 (1995), 318 [320].

tet wird,[1118] droht die Gefahr, daß Staaten mit entsprechend günstigen prozessualen Bedingungen als zentrale Anlaufstelle in Konfliktfällen mit urheberrechtlichem Bezug dienen. Auf diese Weise würden bestimmte Gerichte ungeachtet dessen, ob überhaupt die schwerwiegendsten Verstöße in dem Staat, in dem sich die Gerichte befinden, auch zu lokalisieren wären, in Anspruch genommen werden. In einer derartigen Situation käme als einziges Korrektiv das Instrument des *forum non conveniens*[1119] in Betracht, mit dessen Hilfe die Erklärung der internationalen Zuständigkeit abgewiesen werden kann. Steht einem Richter diese Möglichkeit jedoch nicht offen und wird infolgedessen über die grenzübergreifende Verwertung eines geschützten Werkes verhandelt und entschieden, stellt sich daran anschließend die Frage der Anerkennung und Vollstreckung des Urteils.

Ordnet beispielsweise ein deutsches Gericht an, ein bestimmtes Angebot im Internet nicht nur in Deutschland, sondern auch in einer Vielzahl weiterer Staaten zu unterlassen, bedarf das Urteil der Anerkennung und Vollstreckung in diesen fremden Staaten. Im umgekehrten Fall, wenn also eine ausländische gerichtliche Entscheidung in Deutschland durchgesetzt werden soll, ergibt sich hierbei beispielsweise aus § 328 Abs. 1 Nr. 1 ZPO, daß das Gericht, dessen Entscheidung in Frage steht, nach den deutschen Gesetzen zuständig sein muß. Würde nun die internationale Zuständigkeit eines ausländischen Gerichts nach deutschem Recht von dem Erfordernis abhängig sein, daß im Rahmen der öffentlichen Zugänglichmachung von Werken der Server, auf dem das angebotene Material abgelegt wurde, sich auch in dem Staat befindet, dem das ausländische Gericht angehört,[1120] wäre dessen internationale Zuständigkeit dann nach § 328 Abs. 1 Nr. 1 ZPO ausgeschlossen, wenn sich der Server in einem anderen Staat befände. Dies würde des weiteren gemäß §§ 723 Abs. 2 S. 2, 722 Abs. 1 ZPO die Ablehnung der Vollstreckbarkeit bedingen.[1121]

II. Materiell-rechtliche Auswirkungen

Da bei der grenzübergreifenden Verwertungshandlung der öffentlichen Zugänglichmachung von Werken über das Internet von einem möglichen Abruf geschützter Materialien in sämtlichen Staaten ausgegangen werden muß und infol-

---

1118 *Dreier*, in: Dellebeke, Copyright, S. 300 [305]; *Kropoller*, IPR, § 58 IV 1, S. 514 f.; *Schack*, MMR 2000, 135 [135].

1119 *Kropholler*, IPR, § 58 II. 4.; *Schack*, MMR 2000, 135 [138]. Von der Möglichkeit der Ablehnung der internationalen Zuständigkeit wegen *forum non conveniens* machen insbesondere Gerichte im anglo-amerikanischen Rechtskreis Gebrauch, *Hoeren*, Internetrecht, S. 337.

1120 So entgegen der hier vertretenen Auffassung: *Flechsig*, CR 1998, 225 [228]; *Koch*, CR 1999, 121 [123]; *Spindler*, GRUR 2002, 105 [109].

1121 *Dreier*, in: Dellebeke, Copyright, S. 300 [305]; *Ginsburg*, J.C.S. USA 42 (1995), 318 [320].

gedessen im Rahmen einer Anknüpfung an die *lex loci protectionis* das Recht all dieser Staaten potentiell zur Anwendung gelangt, ergeben sich sowohl für die Rechtsinhaber als auch für die Anbieter Schwierigkeiten unter materiellrechtlichen Gesichtspunkten. Wie bereits an anderer Stelle deutlich wurde, unterscheiden sich die nationalen Urheberrechtsordnungen auch nach den geschilderten Harmonisierungsaktivitäten auf internationaler Ebene immer noch in einigen, teils wesentlichen Punkten voneinander. Dies stellt jedoch nicht nur ein Hindernis für den Urheber, beispielsweise anläßlich einer Ermittlung des Gesamtschadensersatzes, dar, sondern bringt vor allem auch für den Anbieter geschützter Gegenstände Nachteile mit sich. So muß dieser sich theoretisch mit sämtlichen Rechtsordnungen auseinandersetzen, die in denjenigen Staaten gelten, von denen aus auf das digitale Angebot zugegriffen werden kann. Nur auf diesem Wege könnte er sich endgültig Klarheit darüber verschaffen, ob ein Land für sein Territorium eine bestimmte Verwertungshandlung als Rechtsverletzung bewertet. Diese Bewertung kann nämlich von Staat zu Staat immer noch unterschiedlich ausfallen. Zwar haben die internationalen Verträge und auch die Richtlinien im Bereich des Urheberrechts zu einem Mindestschutz, zur Inländergleichbehandlung, zu einem Verbot der Diskriminierung und zu einer Rechtsangleichung geführt, eine vollständige Rechtsvereinheitlichung wurde hierdurch aber noch nicht erreicht.

Wie die Betrachtung der einzelnen Regelwerke auf supranationaler Ebene in den vorangegangenen Kapiteln gezeigt hat, finden sich Unterschiede zwischen den einzelnen Staaten insbesondere hinsichtlich der Fragen, denen rechtspolitische Wertentscheidungen oder auch Rechtstraditionen zugrunde liegen. Hierzu zählen, wie bereits angedeutet,[1122] die Entstehung des Rechts, die Bestimmung des originären Rechtsinhabers und die Rechtsübertragung, der Inhalt und Umfang der Verwertungsrechte, das Urheberpersönlichkeitsrecht sowie die Schutzdauer. Inwieweit sich in diesen Bereichen in erster Linie die Anbieter bei einer Anknüpfung an die *lex loci protectionis* mit Unterschieden konfrontiert sehen, soll im folgenden nochmals kurz skizziert werden.

1. Schutzgegenstand

Im Rahmen der Darstellung der auf internationaler und europäischer Ebene zur Angleichung des urheberrechtlichen Schutzes getroffenen Maßnahmen, wurde deutlich, daß es den nationalen Gesetzgebern bislang überlassen bleibt, die Anforderungen an die Gestaltungshöhe von Werken selbst festzulegen. So läßt beispielsweise die RBÜ, dessen Schutzgegenstände gemäß Art. 1 RBÜ Werke der Literatur und Kunst sind, das Erfordernis der Originalität der Werke offen. Auch die konkrete inhaltliche Ausgestaltung und systematische Einordnung der in Art. 2 RBÜ aufgeführten Werkarten fällt in die Zuständigkeit der Verbandsstaa-

---

[1122] Siehe Kap. III. § 1 B. III.

ten.[1123] Doch auch in Bezug auf letztere obliegt es den Verbandsstaaten, deren Inhalt und systematische Einordnung konkret auszugestalten.[1124] Wenngleich dagegen zumindest auf europäischer Ebene die Tendenz zu einem einheitlichen Originalitätsstandard ausgemacht werden kann,[1125] fällt die Entscheidung, ob ein Werk in den Genuß urheberrechtlichen Schutzes eines bestimmten Staates gelangt, dennoch bis jetzt weltweit nicht einheitlich aus.
Integriert also beispielsweise ein Anbieter Material in seine Homepage, für das sein Heimatstaat keinen Urheberrechtsschutz vorsieht, und wird diese Homepage in einem Land aufgerufen, dessen Rechtsordnung dieses Material als schutzwürdig ansieht, verletzt der Anbieter das dem Urheber ausschließlich zustehende Recht der öffentlichen Zugänglichmachung von Werken. Eine Orientierung an einer dem Anbieter bekannten oder zumindest am einfachsten zu erschließenden Rechtslage, und zwar der seines eigenen Landes, bewahrt folglich den Handelnden nicht davor, Urheberrechtsverletzungen zu begehen.

2. Originärer Erwerb des Urheberrechts und Rechtsübertragung

Des weiteren wurde am Rande bereits deutlich,[1126] daß in den einzelnen Ländern die Frage, in welcher Person das Urheberrecht entstehen soll, uneinheitlich beantwortet wird.[1127] In erster Linie finden sich Unterschiede zwischen den gegebenenfalls kumulativ anwendbaren Rechtsordnungen[1128] im Hinblick auf Arbeitnehmerschöpfungen, also Werke, die im Rahmen eines Arbeitsverhältnisses[1129] oder als kollektive Produktion[1130] erstellt werden. So gilt beispielsweise nach § 7 UrhG stets der geistige Schöpfer als Urheber – wobei nach § 43 UrhG der Arbeitgeber derivative Rechte aus dem Urheberrecht erlangen kann – , wohingegen im anglo-amerikanischen Rechtskreis[1131] das Urheberrecht originär beim Arbeitgeber entsteht und dem geistigen Schöpfer lediglich Vergütungsansprüche zugebilligt werden. Demzufolge weisen die einzelnen nationalen Urheberrechtsgesetze unterschiedlichen Personen, ob juristischen oder natürlichen, die Urheberschaft an ein und demselben Werk zu. Da die im digitalen Kontext

---

[1123] Siehe Kap. III. § 1 A. I. 3. a).

[1124] Bspw. werden Tonträger meist als Gegenstände von Leistungsschutzrechten angesehen. Demgegenüber nehmen die USA eine Einordnung in das System des Copyright vor, *Ginsburg*, J.C.S. USA 41 (1994), 322 [323].

[1125] Siehe Kap. III. § 1 B. III. Zu den Tendenzen auf internationaler Ebene, siehe Kap. III. § 3.

[1126] Siehe Kap. III. § 3; Kap. IV. § 2 B. IV.

[1127] *Drobnig*, RabelsZ 40 (1976), 195 [199]; *Seignette*, in: Dellebeke, Copyright, S. 309 [310].

[1128] Siehe Art. 6 ital. Urheberrechtsgesetz, Art. L 111-1 frz. Urheberrechtsgesetz.

[1129] *Drobnig*, RabelsZ 40 (1976), 195 [202]. Dazu allgemein *v. Olenhusen*, GRUR 2002, 11 ff.

[1130] *Ulmer*, RabelsZ 41 (1977), 495 [503].

[1131] USA: §§ 101, 201 U. S. Copyright Act; Großbritannien: Copyright, Designs and Patent Act von 1988, Part I, Chap. I § 11 Abs. 2.

häufig vorkommenden Multimediaprodukte oftmals unter Mitarbeit verschiedener Personen oder durch Zusammenfügen verschiedener Werke zustande kommen, werden Probleme hinsichtlich der originären Rechtsinhaberschaft an einem abgerufenen Werk nicht selten auftreten und dabei insbesondere ein Hindernis für die Länder darstellen, deren Urheberrechtsnormen den Erwerb der Inhaberschaft an Urheberrechten ausschließlich bei natürlichen Personen zulassen.[1132] Ebenso weisen die verschiedenen nationalen Urheberrechtsgesetze, was die erste Inhaberschaft an Urheberrechten anbelangt, mangels internationaler Vorgaben nicht unerhebliche Diskrepanzen unter dem Aspekt der Miturheberschaft auf.[1133] Dieser Umstand ist vor allem im Bereich der Filmproduktionen und der Musikwerke, soweit Text und Musik von unterschiedlichen Personen stammen, Gegenstand seit langem erhobener Kritik.[1134] So wird in Deutschland lediglich eine Verbindung, jedoch keine Miturheberschaft an Musikwerken angenommen,[1135] wohingegen zum Beispiel in Frankreich Komponist und Texter als Miturheber eines musik-dramatischen Werkes angesehen werden.[1136] Hieraus ergibt sich ein weltweit unterschiedlicher Eintritt der Gemeinfreiheit, da die Schutzfristen[1137] im Falle einer Miturheberschaft einerseits und bei verbundenen Werken andererseits von ungleicher Dauer sind. Auf diese Weise könnte die Schutzfrist für einen Teil eines verbundenen Werkes beispielsweise in Deutschland bereits abgelaufen sein, wohingegen für das gleiche Werk die Frist in Frankreich immer noch liefe.

Des weiteren sind für Filmwerke auf internationaler Eben zwar in Art. 14bis Abs. 2 lit. a) RBÜ Sonderregelungen enthalten.[1138] Diese betreffen aber lediglich einen Vorbehalt zur Bestimmung des originären Erwerbs des entsprechenden Urheberrechts zugunsten des Landes, in dem Schutz beansprucht wird, nicht je-

---

[1132] Insbesondere sind auch innerhalb der EU Unterschiede zwischen den die Inhaberschaft und die Übertragung des Urheberrechts betreffenden nationalen Regelungen verblieben, *Ginsburg*, GRUR Int. 2000, 97 [102]; *Thum*, GRUR Int. 2001, 9 [15].

[1133] *Ginsburg*, GRUR Int. 2000, 97 [102]; *Thum*, GRUR Int. 2001, 9 [15].

[1134] *Schack*, Anknüpfung des UrhR, Nr. 61; *Ulmer*, IPR, S. 39; *Drobnig*, RabelsZ 40 (1976), 195 [199].

[1135] *Rehbinder*, Urh-/VerlR, Rn. 168; *Ulmer*, Urh-/VerlR, §§ 34, 35; *Ulmer*, RabelsZ 41 (1977), 479 [495].

[1136] Art. L 113-3 frz. Urheberrechtsgesetz.

[1137] Im übrigen bestehen auch bei den Schutzfristen als solchen weltweit Unterschiede zwischen den einzelnen Staaten. Trotz zunehmender Harmonisierung (Schutzdauer-Richtlinie) und Schutzfristenvergleichs nach Art. 7 Abs. 8 RBÜ hat jeder Staat weiterhin die Möglichkeit, ausländischen Werken einen längeren Schutz zu gewähren, was wiederum zu einer Durchbrechung der internationalen Vorgabe führt.

[1138] Gesetzgeberische Motivation war dabei, eine Kompromißlösung in Anbetracht der stark divergierenden nationalen Regelungen zu schaffen, *Ulmer*, IGR, S. 54. Im übrigen siehe Kap. IV. § 3 A. II.

doch, welche Person hierfür konkret in Betracht kommt.[1139] Infolgedessen sehen zum einen die kontinentaleuropäischen Staaten überwiegend den Regisseur als Urheber an, zum anderen steht im anglo-amerikanischen Rechtskreis dem Produzenten die Urheberschaft zu.[1140] Dieser Aspekt erlangt im digitalen Kontext vornehmlich im Bereich des entgeltlichen Abrufs von Filmen (sog. „video-on-demand") Bedeutung. Da nämlich ein Abruf weltweit möglich ist und somit das Publikum nicht mehr nach bestimmten Kriterien abgrenzbar ist, genügt auch die Rechtevergabe nicht mehr länger nur für bestimmte Rechtsgebiete. Folglich erweisen sich die Divergenzen der urheberrechtlichen Normen einzelner Staaten bezüglich der Inhaberschaft an Urheberrechten auch bei der Filmverwertung als Erschwerung der Verkehrsfähigkeit urheberrechtlich geschützter Güter. Theoretisch müßte nämlich aufgrund der Entstehung des fraglichen Urheberrechts in möglicherweise verschiedenen Personen immer für das jeweilige Land, von dem aus ein Film angefordert werden kann, ermittelt werden, wem die Verwertung des filmischen Werkes vorbehalten ist, d. h. von welcher Person der Anbieter des „video-on-demand" die Zustimmung einholen muß.
Doch auch wenn eine territoriale und rechtliche Zersplitterung des Urheberrechts aufgrund der beschriebenen Divergenzen eine grenzüberschreitende, weltweite Nutzung geistiger Schöpfungen vor allem durch Lizenzverträge erschwert,[1141] würde ein Ausbleiben einer Anknüpfung an die *lex loci protectionis* nicht nur Wettbewerbsvorteile mit sich bringen, sondern auch bewußte nationale Wertungen für den Bereich des Urheberrechts unterlaufen.[1142]

3. Inhalt und Schutzumfang des Urheberrechts

Zu dem Inhalt eines Urheberrechts und dessen Schutzumfang zählen die Einzelbefugnisse (Vermögens- und Verbietungsrechte) der Urheber, die jeweiligen Sanktionsmöglichkeiten im Fall einer Verletzung, die Ausnahmen und Schranken des Urheberrechts sowie sein Erlöschen.[1143]
Dieser Bereich ist, wie eine Untersuchung der maßgeblichen Regelwerke auf internationaler Ebene gezeigt hat,[1144] durch Mindestrechte im Kern zwar vorgegeben, jedoch gerade hinsichtlich des Umfangs von Verwertungsrechten nicht abschließend.[1145] So überlassen die internationalen Vorgaben den nationalen Ge-

---

[1139] *Schack*, Anknüpfung des UrhR, Nr. 60; *Ulmer*, IGR, S. 39.
[1140] *Ulmer*, RabelsZ 41 (1977), 479 [502].
[1141] So insbesondere *Braun*, Coproduktion, S. 137, 186; *Schack*, Anknüpfung des UrhR, Nr. 61, 102; *ders.*, Urh-/UrhVR, Rn. 905.
[1142] Hierzu ausführlicher sogleich unter Kap. V. § 2 B. II. 4.
[1143] Das Erlöschen eines Urheberrechts umfaßt die Verwirkung, den Verlust und Ablauf der Schutzdauer. Zu letzterem siehe Kap. V. § 2 B. II. 2.
[1144] Siehe Kap. III. § 1.
[1145] Z. B. können nach Art. 19 RBÜ die Verbandsländer einen über die Mindestrechte der RBÜ hinausgehenden Schutz vorsehen.

setzgebern bei der Ausgestaltung insbesondere von Schrankenbestimmungen und Ausnahmeregelungen einen gewissen Spielraum. Im Ergebnis können daher unterschiedliche Systeme der Einschränkung urheberrechtlicher Befugnisse nebeneinander existieren.[1146] Auf diese Weise soll dem Gedanken der Souveränität der einzelnen Staaten Rechnung getragen werden, da gerade der Inhalt der Verwertungsrechte in besonderem Maße mit dem Staat verbunden ist, auf dessen Territorium das Werk genutzt werden soll. Es sollen dabei vor allem die einzelstaatlichen Regelungen respektiert werden, die aus Gründen politischer Rücksichtnahme und der Notwendigkeit der Subventionierung zugunsten von nationalen Verwertern getroffen wurden.[1147] Im Bereich des Internet ist in diesem Zusammenhang vor allem aus Nutzersicht die Frage von Bedeutung, ob innerstaatliche Vorschriften die Vervielfältigung zum privaten Gebrauch vorsehen.[1148] Die Anbieter urheberrechtlich geschützter Materialien hingegen müssen darüber informiert sein, ob ihr Angebot der Einwilligung des Urhebers bedarf oder ob die Zahlung einer Vergütung an eine Verwertungsgesellschaft ausreicht. Insgesamt zeigt diese Betrachtung, daß auch unter Berücksichtigung der besonderen Gegebenheiten neuer Informationstechnologien gewichtige Argumente für die Anwendung der jeweiligen nationalen Urheberrechtsgesetze desjenigen Landes sprechen, innerhalb dessen Grenzen die unerlaubte Verwertung stattfindet und damit für eine Anknüpfung an die *lex loci protectionis*.[1149] Zwar läßt sich dem Umstand, daß die internationalen Regelwerke auf dem Gebiet des geistigen Eigentums im Ergebnis Divergenzen zwischen den innerstaatlichen Bestimmungen zulassen, noch keine Aussage darüber entnehmen, ob jeder Staat die eigenen Normen auch im Falle grenzüberschreitender Verwertungen tatsächlich anwenden sollte.[1150] So muß unter dem Aspekt der Souveränität einzelner Staaten nämlich zunächst gefragt werden, ob der Abrufstaat bezüglich der Ausnahmen und Schranken des geltend gemachten Urheberrechts seine eigenen Normen ohne Rücksicht auf das Recht des Landes anwenden können sollte, das im Sinne der *lex originis* – oder aber auch im Sinne des europäischen „Ursprungslandprinzips“ – als Ursprungsland anzusehen wäre. Gleichfalls ließe sich aber auch umgekehrt die Frage stellen, ob der als Ursprungsland ermittelte Staat

---

1146 Diesbezüglich findet sich oftmals der Vergleich mit der grundsätzlich flexiblen fair-use-Doktrin des US-Rechts, § 107 U. S. Copyright Act, und der dezidierten Schrankenregelung des Art. 5 Informations-Richtlinie bzw. des deutschen UrhG, *Rehbinder*, UrhR, Rn. 82; *Spoendlin*, Int. Schutz, UFITA 107 (1988), S. 11 [21].

1147 Siehe hierzu *Ginsburg*, GRUR Int. 2000, 97 [109].

1148 Bspw. überläßt Art. 5 Abs. 2 lit. b) Informations-Richtlinie trotz erbitterter Widerstände den Mitgliedstaaten die Entscheidung darüber, Vervielfältigungen zum Privatgebrauch von dem Erlaubnisvorbehalt des Urhebers auszunehmen.

1149 So auch: *Ginsburg*, GRUR Int. 2000, 97 [109].

1150 *Ginsburg*, GRUR Int. 2000, 97 [109].

seine Urheberrechtsschranken den Ländern aufdrängen darf, von denen aus ein Abruf erfolgt.
Einerseits spricht, wie an verschiedenen Stellen bereits erwähnt, angesichts einer Zunahme grenzübergreifender Verwertungshandlungen die Verkehrsfähigkeit der Urheberrechte dafür, im konkreten Fall eine einzige nationale Schrankenbestimmung als maßgeblich zu erachten. Andererseits ist es aber nicht nur logisch konsequent, für den Fall, daß ein Werk über das Internet gleichzeitig in zahlreichen Ländern zugänglich gemacht wird, auch gleichzeitig die verschiedenen nationalen Ausnahme- und Schrankenregelungen zu respektieren. Vielmehr sollte der Abrufstaat die Normen anwenden dürfen, denen kulturelle und politische Wertentscheidungen zugrunde liegen. Hierfür spricht nicht zuletzt auch der Umstand, daß ein solches Vorgehen anderen Ländern nicht die Befolgung fremder gesetzlicher Ausgestaltungen einzelner Urheberrechte aufdrängt, wie dies sowohl eine kollisionsrechtliche als auch eine sachrechtliche „Ursprungslandlösung" täte.[1151]

4. Urheberpersönlichkeitsrechte

Die Urheberpersönlichkeitsrechte sind als gesetzlich normierte Konkretisierung des allgemeinen Persönlichkeitsrechts anzusehen[1152] und gegenüber den vermögensbezogenen Urheberrechten im Hinblick auf eine Übertragung jedenfalls nach der monistischen Betrachtungsweise, die z. B. dem deutschen Urheberrechtsgesetz zugrunde liegt,[1153] dem Rechtsverkehr entzogen.[1154] Im Bereich des Internet kann sich eine Verletzung der Urheberpersönlichkeitsrechte beispielsweise dadurch ergeben, daß an einem geschützten Werk vorgenommene Veränderungen dieses entstellen oder die Namensnennung des geistigen Schöpfers nicht gewährleistet ist.
Ergeben sich nun infolge einer Anknüpfung an die *lex loci protectionis* von Schutzland zu Schutzland Unterschiede in Bestand und Wirkung eines Urheberpersönlichkeitsrechts,[1155] wird der Anbieter von urheberrechtlich relevanten Materialien wiederum mit der Schwierigkeit konfrontiert, daß die Rechtsordnungen einer Vielzahl verschiedener Staaten kumulativ zur Anwendung gelangen könnten. Will er nicht Gefahr laufen, daß sein angebotenes Material einen

---

[1151] *Ginsburg*, GRUR Int. 2000, 97 [110].

[1152] Die Besonderheit der Urheberpersönlichkeitsrechte gegenüber dem allgemeinen Persönlichkeitsrecht liegt in der Werkbezogenheit und der Begrenzung auf die Person des Urhebers, *Schack*, UFITA 108 (1988), S. 51 [57]; *Ulmer*, Urh-/VerlR, § 6.

[1153] Siehe Kap. III. § 1 A.

[1154] Für Deutschland: § 29 Abs. 2 UrhG. Diese Vorschrift macht deutlich, daß Urheberpersönlichkeitsrechte lediglich in der in § 39 UrhG festgelegten Weise Gegenstand von Rechtsgeschäften sein können.

[1155] *erhebliche Variationen zwischen den nationalen Urheberrechtsordnungen selbst innerhalb der EU, da keine Richtlinie sich auf Urheberpersönlichkeitsrechte bezieht,*

Urheber in seinen besonderen Persönlichkeitsrechten verletzt, müßte die Rechtslage in sämtlichen Ländern weltweit und insbesondere in dem Land mit dem höchsten Schutzstandard überprüft werden. Erst nach einem solchen Vorgehen wäre sichergestellt, daß die in Frage stehenden geschützten Werke ohne rechtliche Bedenken öffentlich zugänglich gemacht werden können. Diese Situation gewährleistet zwar einen maximalen Schutz der Urheber, von den Anbieter hingegen fordert sie einen immensen Arbeitsaufwand sowie erhebliche finanzielle Ausgaben.[1156]
Dennoch sprechen verschiedene Überlegungen dafür, auch Fragen, die im Bereich der Urheberpersönlichkeitsrechte aufgeworfen werden, anhand der nationalen Bestimmungen des jeweils betroffenen Landes zu beantworten.[1157] So umfassen diese Rechte „höchstpersönliche" Interessen des Urhebers, von denen z. B. Art. 6bis RBÜ Ruf und Ehre nennt. Zwar könnte im Fall einer Beeinträchtigung des Urhebers in diesen Punkten zunächst ebenso eine Anknüpfung an den Wohnsitz des Rechtsinhabers erwogen werden, sofern man als ausschlaggebend erachtet, daß die Beeinträchtigung der Person dort empfunden wird. Allerdings besteht eine Rufschädigung stets darin, daß das Ansehen des Geschädigten in den Augen Dritter herabgesetzt wird und daher nur am Ort der behaupteten Verletzung des Urheberpersönlichkeitsrechts beurteilt werden kann. Sachgerecht ist daher die Anknüpfungsregel der *lex loci protectionis*.
Hierfür spricht des weiteren die Tatsache, daß sich in der Ausgestaltung der Urheberpersönlichkeitsrechte nationale kulturpolitische Entscheidungen des Staates widerspiegeln, der diese Rechte gewährt und hierbei zum Ausdruck bringen will, in welcher Weise er die Urheberschaft und die Integrität eines Werkes wertschätzt. Soweit diesbezüglich Beeinträchtigungen hingenommen werden, sollten andere Staaten, die den Wert derselben Rechte höher bemessen, nicht dazu gezwungen werden, innerhalb ihrer Grenzen und für ihre Kulturindustrie ebenfalls entsprechende Beeinträchtigungen zu akzeptieren.
Demzufolge sollte jedes Land für sein eigenes Territorium über die Gewährung eines Anspruchs aus den Urheberpersönlichkeitsrechten und dessen materiellrechtliche Beurteilung auch hinsichtlich einer grenzüberschreitenden Verwertung entscheiden.

III. Zwischenergebnis

Als Fazit ist festzuhalten, daß das Nebeneinander von Handlungsorten im Falle einer öffentlichen Zugänglichmachung von Werken sowohl auf dem Gebiet des internationalen Verfahrensrechts als auch auf sachrechtlicher Ebene Schwierigkeiten bereitet. Weder die Rechtsinhaber noch die Anbieter geschützter Inhalte können darauf vertrauen, daß nur eine Rechtsordnung über eine zwar einheitli-

---

[1156] *Muth*, Urheberrechtsverletzungen, S. 111.
[1157] *Ginsburg*, GRUR Int. 2000, 97 [109].

che, aber grenzübergreifende Verwertungshandlung entscheidet. Für beide Parteien ist das anwendbare Recht nicht mehr vorhersehbar oder kalkulierbar.
Zunächst droht aus Sicht des Verwerters ein Haftungspotential, das für die künftige kommerzielle Nutzung internationaler Datennetze ein Hemmnis darstellt.[1158] Die Verkehrsfähigkeit des Urheberrechts wird insbesondere unter dem Aspekt des Arbeitsaufwands und der Kosten, die eine umfassende Prüfung der rechtlichen Situation verursacht, vehement erschwert. So muß der Anbieter geschützter Werke, will er das Risiko eines Verstoßes ausschalten, die Rechtsordnungen sämtlicher Länder überprüfen, von denen aus ein Abruf seines Angebots möglich ist. Dabei muß nicht nur im Ergebnis anhand der strengsten Urheberrechtsordnung ausgeschlossen werden, daß keine Urheberpersönlichkeitsrechte verletzt werden, sondern es müssen auch die Rechte der öffentlichen Zugänglichmachung von Werken überall dort erworben werden, von wo aus auf das digitale Angebot zugegriffen werden kann. Das Schutzlandprinzip stellt demgemäß die Internetanbieter im Fall von Verwertungshandlungen, die sich in vielen Staaten auswirken, aufgrund einer gleichzeitigen Anwendbarkeit zahlreicher unterschiedlicher Rechtsordnungen vor praktische Probleme.
Doch auch aus der Sicht des Urhebers gestaltet sich die Anknüpfung an die *lex loci protectionis* schwierig. So führt eine Aufspaltung der urheberrechtlichen Ansprüche zu einer anteiligen Bemessung der Unterlassungs-, Schadensersatz- und Vernichtungsansprüche, wofür der Umfang der Urheberrechtsverletzung in jedem einzelnen Schutzstaat ermittelt werden muß. Es muß also das Gericht für jedes betroffene Land feststellen, ob das Urheberrecht in der Person des Schöpfers entstanden ist und welche Rechte ihm neben den international festgelegten Mindestrechten noch zustehen. Zusätzlich müssen der Schutzumfang und die Urheberpersönlichkeitsrechte in ihrer jeweiligen nationalen Ausgestaltung erfaßt werden, damit sodann über die Frage, ob auch tatsächlich eine Urheberrechtsverletzung stattgefunden hat, entschieden werden kann.[1159] Die Erörterung der Rechtslage gestaltet sich folglich nicht nur für den Anbieter geschützter Werke, sondern auch für deren Schöpfer bzw. die Gerichte problematisch.
Im Ergebnis bereitet daher sowohl für den Urheber als auch den Anbieter bzw. im jeweiligen Fall für die Gerichte eine Anknüpfung an die *lex loci protectionis* im Hinblick auf Streudelikte große praktische Schwierigkeiten.

C. Sonstige Einwände gegen eine Anknüpfung an die *lex loci protectionis*

Neben den schon seit den siebziger Jahren vorgebrachten grundsätzlichen Bedenken gegen die Anknüpfung des Urheberrechts an die *lex loci protectionis* ist zu fragen, inwieweit sich diese Kritik im Bereich neuer Informationstechnologien erhärtet.

[1158] *Lehmann*, in: Lehmann, Cyberlaw, S. 25 [31].
[1159] *Seignette*, in: Dellebeke, Copyright, S. 309 [313].

Zunächst wird in dogmatischer Hinsicht gegen eine Anknüpfung an die *lex loci protectionis* vorgebracht, daß die historische Grundlage für die Territorialitätsbezogenheit der Urheberrechte überholt sei und sich dies auch im Kollisionsrecht niederschlagen müsse.[1160] So fehle der ebenfalls dem deutschen Urheberrechtsgesetz zugrundeliegenden naturrechtlichen Idee des geistigen Eigentums eine Entsprechung auf internationaler Ebene. Stattdessen werde bei internationalen Sachverhalten des modernen Urheberrechtsverkehrs an der Vorstellung der territorialen Begrenzung des subjektiven Urheberrechts festgehalten, obwohl sich dieser aus der Zeit des Privilegienwesens herrührende Widerspruch letztlich nicht auflösen ließe.[1161]
Diese seit mehreren Jahrzehnten angeführte Kritik[1162] wird nunmehr in jüngerer Zeit wieder aufgegriffen und insoweit als bestätigt angesehen, als die durch die Anwendung der Schutzlandregel notwendige Lokalisierung von Verwertungshandlungen nicht nur zu den zuvor geschilderten praktisch schwer zu bewältigenden Problemen führt, sondern auch dem Wesen nach der globalen Reichweite internationaler Kommunikationsnetze widerspreche.[1163] So sei insbesondere den Anbietern schwer zu vermitteln, daß es bei einer weltweiten Nutzung des Internet für die Bestimmung von Urheberrechtsverletzungen auf die Lokalisierung einer Verwertungshandlung ankommen soll. Zudem werde die quasi wesens-immanente Widersprüchlichkeit zwischen neuen Informationstechnologien und ihrer globalen Wirkung einerseits und der territorial beschränkten Anknüpfungsregel des Schutzlandprinzips andererseits besonders dann offenkundig, wenn das Recht der öffentlichen Zugänglichmachung von Werken auch am Ort des Abrufs lokalisiert werde.[1164] Ebenso liegt der Vorwurf eines naturgemäßen Widerspruchs dem Einwand zugrunde, das Territorialitätsprinzip sei im Bereich neuer Informationstechnologien faktisch außer Kraft gesetzt, indem Staatsgrenzen keine Grenzen für den internationalen Datenaustausch mehr darstellten bzw. ein System territorial begrenzter Verbietungsrechte bei nicht mehr „nationalisierbaren" Verwertungshandlungen versage.[1165]

D. Zusammenfassung

Eine Anknüpfung an die *lex loci protectionis* hinsichtlich Werkverwertungen in grenzübergreifenden Kommunikationsnetzen bereitet zunächst Schwierigkeiten bei der Bestimmung des Schutzlandes. Lassen sich Vervielfältigungshandlungen, noch ähnlich wie im Bereich analoger Medien, verhältnismäßig einfach lo-

---

1160 *Neuhaus*, RabelsZ 40 (1976), 191 [193].
1161 *Drobnig*, RabelsZ 40 (1976), 195 [197]; *Siehr*, UFITA 108 (1988), S. 9 [24].
1162 *Deringer*, NJW 1985, 513 [513]; *Neuhaus*, RabelsZ 40 (1976), 191 [195].
1163 *Schack*, GRUR Int. 1985, 523 [524]; *Siehr*, UFITA 108 (1988), S. 9 [24].
1164 *Hoeren/Thum*, in: Dittrich, UrhR, S. 78 [89]; *Intveen*, IntUrhR, UFITA 171 (1999), S. 37.
1165 *Bechtold*, ZUM 1997, 427 [427].

kalisieren, gestaltet es sich für die öffentliche Zugänglichmachung von Werken schwieriger.

Dieses für den Bereich neuer Informationstechnologien wichtigste Verwertungsrecht wird dem Urheber zwar auf internationale Initiative hin (künftig) weitgehend einheitlich gewährt. Unter dem Aspekt des drohenden Verlustes eines angemessenen Urheberrechtsschutzes darf hieraus jedoch nicht gefolgert werden, daß nur noch die Rechtsordnung eines Staates zur Anwendung gelangt.[1166] Doch auch wenn bezüglich der Zugänglichmachung geschützter Inhalte über das Internet nicht nur vor dem Hintergrund jüngster gesetzgeberischer Entscheidungen auf europäischer Ebene, sondern zumindest aus Wertungsgesichtspunkten im Ergebnis überall dort eine Verletzungshandlung angenommen werden muß, von wo aus auf das digitale Angebot zugegriffen werden kann, bleibt als nachteilige Folge die gleichzeitige Anwendbarkeit der Rechtsordnungen verschiedener Länder (territoriale Zersplitterung des Urheberrechts) bestehen.[1167] Dadurch, daß auf eine einheitliche grenzübergreifende Verwertung das Recht sämtlicher Staaten weltweit theoretisch anwendbar ist, wird zwar die Gefahr einer Flucht in Länder mit niedrigem Urheberrechtsschutz in Grenzen gehalten. Für die Frage der internationalen Zuständigkeit sowie in materieller Hinsicht bereitet dieses Ergebnis allerdings diverse Schwierigkeiten.

So vermag der Anbieter angesichts einer Vielzahl möglicher Handlungsorte die Konsequenzen seines Tuns nicht vorherzusehen oder einzuschätzen, was auch im Hinblick auf ein immenses Haftungspotential zur Schmälerung der internationalen Verkehrsfähigkeit des geistigen Eigentums beiträgt. In diesem Zusammenhang ist vor dem Hintergrund der Aufrechterhaltung eines funktionierenden Binnenmarktes auch auf das Problem der Beeinträchtigung europäischer Grundfreiheiten und das Diskriminierungsverbot hinzuweisen.[1168]

Des weiteren sehen sich die Rechtsinhaber sowie die angerufenen Gerichte dem Problem der weltweiten Einklagbarkeit urheberrechtlicher Verletzungstatbestände und deren praktischer Handhabung gegenüber.[1169]

Gleichzeitig kommt die für den Urheber zu begrüßende Wirkung eines Nebeneinanders der Urheberrechtsordnungen verschiedener Länder in Form eines maximalen urheberrechtlichen Schutzes nicht immer zum Tragen. Vielmehr kann dieser Schutz, was urheberrechtlich relevante Vervielfältigungen anbelangt, dadurch unterlaufen werden, daß der Anbieter diese gezielt an einem bestimmten Ort vornimmt. Werden nämlich – z. B. auf dem einfachen und kostengünstigen

---

[1166] KOM (97) 628 endg. v. 10.12.1997, S. 11.

[1167] *Hilty*, in: Hilty, Information Highway, S. 21 [39].

[1168] *Schack*, Anknüpfung des UrhR, Nr. 19; *ders.*, Urh-/UrhVR, Rn. 805; *ders.*, GRUR Int. 1985, 523 [524]. Näher hierzu Kap. V. § 4.

[1169] *Intveen*, IntUrhR, UFITA 171 (1999), S. 48; *Klett*, UrhR im Internet, UFITA 149 (1998), S. 57.

Wege einer Spiegelung – geschützte Materialien auf einem Server, dessen Standort sich in einer sog. „Urheberrechtsoase" befindet,[1170] abgelegt und anschließend vervielfältigt, kann der für eine widerrechtliche Vervielfältigungshandlung maßgebliche Handlungsort und damit das zu berufende Recht zum Nachteil der Rechtsinhaber manipuliert werden.[1171]
Für den Nutzer hingegen erscheint die Anwendung des Schutzlandprinzips auf Vervielfältigungshandlungen zweckmäßig bzw. vorteilhaft.[1172] Er wird nur mit derjenigen Rechtsordnung konfrontiert, die an dem Ort Geltung beansprucht, an dem das urheberrechtlich geschützte Material abgerufen, gespeichert oder kopiert wird. Hierbei wird der Nutzer das anwendbare Recht in der Regel kennen oder aber er wird es zumindest vorhersehen können und zwar ungeachtet dessen, ob das in Frage stehende Material aus dem Ausland stammt.
Zuletzt werden berechtigterweise[1173] Einwände dahingehend erhoben, daß die historische Grundlage des der Anknüpfung an die *lex loci protectionis* zugrundeliegenden Territorialitätsprinzips weggefallen sei und in Anbetracht der Territorialitätsbezogenheit der Urheberrechte bzw. einer territorial beschränkten Anknüpfungsregel einerseits und der überwiegend grenzüberschreitend stattfindenden Verwertungshandlungen (bzw. der globalen Wirkung des Internet) andererseits ein Widerspruch sich nicht leugnen lasse. Dem stehen der Gedanke der Souveränität einzelner Staaten und die Berücksichtigung nationaler Wertentscheidungen im kulturpolitischen Bereich gegenüber, die sich oftmals auf eine traditionelle Betrachtungsweise des Urheberrechts zurückführen lassen und die für das Staatsgebiet Geltung beanspruchen, für das sie getroffen wurden. Gerade diesen Überlegungen trägt die Anknüpfung an die *lex loci protectionis* Rechnung.

[1170] *V. Bar*, IPR, Bd. 2, Rn. 705; *Hilty*, in: Hilty, Information Highway, S. 21 [39]; *Hoeren/Thum*, in: Dittrich, UrhR, S. 78 [78]; *Kegel/Seidl-Hohenveldern*, in: FS für Ferid, S. 233 [236]; *Nordemann/Goddar/Tönhardt/Czychowski*, CR 1996, 645 [651].
[1171] Dies ist jedoch kein Phänomen des Internet, sondern wird u. a. bei der Herstellung von CDs und anderen Tonträgern bereits praktiziert.
[1172] *Muth*, Urheberrechtsverletzungen, S. 98.
[1173] Siehe Kap. IV. § 2 A.

§ 3 Geeignetheit der Anknüpfung an die *lex originis*

Die Diskussion einer Anknüpfung an die *lex originis* als Alternative zu der im Urheberkollisionsrecht vorherrschenden Schutzlandanknüpfung wird gerade in jüngerer Zeit mit dem Ziel geführt, den Problemen einer Zunahme grenzüberschreitender Verwertungen vor dem Hintergrund der Entwicklung neuer Informationstechnologien adäquat zu begegnen.[1174] Von zentraler Bedeutung ist dabei die Überlegung, daß das nach dem Universalitätsprinzip international anzuerkennende Urheberrecht sich nach dem Recht eines Landes richten soll und zwar dem seines Ursprungs.[1175] Dadurch, daß mithin das Urheberrecht nach einer einzigen Rechtsordnung entsteht, sollen die Schwierigkeiten, die sich aus der schwerwiegendsten Konsequenz der Anknüpfung an die *lex loci protectionis* ergeben, nämlich der gleichzeitigen Anwendbarkeit verschiedener Rechtsordnungen einer Vielzahl von Ländern, vermieden werden.[1176]

Ob diese auf den ersten Blick für den internationalen Urheberrechtsverkehr modern und zweckmäßig erscheinende Lösung auch bei näherer Betrachtung ausschließlich Vorzüge in sich zu vereinen mag, gilt es im folgenden zu erörtern.

A. Zur Problematik der Bestimmung des Ursprungslandes

Damit die Möglichkeit besteht, den von einem Urheber zu erwerbenden Rechten weltweit Geltung zu verschaffen, sollen sich diese nach der Rechtsordnung des Landes richten, in dem die geistige Schöpfung ihren Ursprung hat (*lex originis*).[1177] Vertretern des Universalitätsprinzips zufolge soll nämlich ein Anknüpfungspunkt gefunden werden, der dem Wesen des Urheberrechts entspricht und sich auch durch spätere Entwicklungen nicht mehr verändert.[1178] Diesbezüglich wird zwischen bereits veröffentlichten und nicht veröffentlichten Werken unterschieden,[1179] wobei im ersten Fall an die Rechtsordnung des Staates angeknüpft wird, in dem die Erstveröffentlichung des in Frage stehenden urheberrechtlichen Schutzgegenstandes stattgefunden hat (*lex publicationis*),[1180] im zweiten Fall

---

[1174] *Intveen*, IntUrhR, UFITA 171 (1999), S. 85 ff.; *Muth*, Urheberrechtsverletzungen, S. 139 ff. Für die Anknüpfung der Vorfrage: *Regelin*, KollR der IGR, S. 150 ff.

[1175] *Katzenberger*, in: Schricker, UrhR-K, vor §§ 120 ff. Rn. 71; *Schack*, Urh-/UrhVR, Rn. 905; *ders.*, Anknüpfung des UrhR, Nr. 66; *Neuhaus*, RabelsZ 40 (1976), 191 [193].

[1176] *Katzenberger*, in: Schricker, UrhR-K, vor §§ 120 ff. Rn. 121; *Schricker*, MMR 1998, 35 [39].

[1177] Siehe *Katzenberger*, in: Schricker, UrhR-K, vor §§ 120 ff. Rn. 71; *Schack*, Anknüpfung des UrhR, Nr. 46; *Neuhaus*, ZUM 1989, 267 [278].

[1178] Siehe Kap. IV. § 2 B. III.

[1179] Das Land, in dem ein Werk hergestellt worden ist, wird aus Praktikabilitätsgründen abgelehnt, *Intveen*, IntUrhR, UFITA 171 (1999), S. 89; *Schack*, Anknüpfung des UrhR, Nr. 72; *ders.*, Urh-/UrhVR, Rn. 902; *Françon*, RIDA 1972, 3 [29].

[1180] Siehe dazu *v. Hoffmann*, IPR, § 8 Rn. 34.

hingegen das Recht des Landes zur Anwendung gelangen soll, dem der Urheber angehört.[1181]
Indem also entweder der Heimatstaat des Rechtsinhabers oder aber das Land, in dem das geschützte Werk zum ersten Mal veröffentlicht wurde, als maßgebliches Ursprungsland herangezogen wird, ist zu fragen, inwieweit diese Kriterien der Ursprungslandbestimmung den besonderen Gegebenheiten neuer Informationstechnologien gewachsen sind.
Zur Bestimmung der *lex publicationis* muß zunächst beachtet werden, daß ein Werk in Anlehnung an § 6 Abs. 1 UrhG dann als veröffentlicht gilt, wenn es mit Zustimmung des Berechtigten der Öffentlichkeit zugänglich gemacht worden ist.[1182] Wird dieser Grundsatz auf den Bereich des Internet übertragen, ergeben sich dann keine neuartigen Problemstellungen, wenn sich das digitale Angebot aus bereits veröffentlichten Werken zusammensetzt.[1183] Als Ursprungsland ist dann ebenso wie im Fall einer Veröffentlichung mittels analoger Medien das Land anzusehen, in dem das geschützte Material zum ersten Mal von einem über den privaten Bereich hinausgehenden Kreis an Rezipienten wahrgenommen werden konnte.[1184]
Als schwieriger hingegen gestaltet sich die Situation, wenn ein noch unveröffentlichtes Werk im Wege der Zugänglichmachung über das Internet zum ersten Mal der Öffentlichkeit zur Verfügung gestellt wird.[1185] Hierbei könnte dasjenige Land als Ort der Erstveröffentlichung und damit als Ursprungsland in Betracht zu ziehen sein, von dem aus ein Nutzer auf das digitale Angebot zum ersten Mal Zugriff nimmt. Damit wäre aber die Bestimmung des Erstveröffentlichungsortes und damit der im Fall einer Anknüpfung an die *lex originis* maßgebliche Anknüpfungspunkt ein „Produkt des Zufalls".[1186] Einer solchen Betrachtungsweise widerspricht aber nicht nur die gängige Definition einer Veröffentlichung urheberrechtlich geschützter Werke, derzufolge auf die Zustimmung des geistigen Schöpfers nicht verzichtet werden kann, sondern vor allem auch das von den Vertretern des Universalitätsprinzips verfolgte Ziel, der zentralen Rolle des Ur-

---

1181 Siehe dazu *Ginsburg*, Private International Law Aspects, S. 41. Als Grundlage dieser Differenzierung dienen die Regelungen in Art. 3, Art. 5 Abs. 4 RBÜ, siehe Kap. IV. § 2 B. III.
1182 *Schack*, Anknüpfung des UrhR, Nr. 95.
1183 *Muth*, Urheberrechtsverletzungen, S. 143.
1184 *Schack*, Anknüpfung des UrhR, Nr. 89. Zu den Werken, die ausschließlich bzw. vorab im Internet angeboten werden könnten, sind bspw. Online-Zeitschriften, sog. E-Books, Computerprogramme, Datenbanken, Fotografien etc. zu zählen.
1185 Grundsätzlich genügt wohl ein digitales Angebot zum „Downloading", um den Anforderungen an eine Veröffentlichung im Sinne des Art. 3 Abs. 2 S. 1 RBÜ zu entsprechen. Siehe hierzu *Ginsburg*, Private International Law Aspects, S. 2; *Katzenberger*, in: Lehmann, Cyberlaw, S. 219 [226].
1186 *Muth*, Urheberrechtsverletzungen, S. 143.

hebers auch im Kollisionsrecht Geltung zu verschaffen.[1187] Entscheidet nämlich letztendlich derjenige Nutzer, der als erster das in einem internationalen Kommunikationsnetz bereitgehaltene urheberrechtlich relevante Material abruft, über die *lex publicationis*, wäre dem Urheber die Entscheidung, welcher Rechtsordnung sein Werk unterfallen soll, abermals entzogen.

Im Sinne der Befürworter des Universalitätsprinzips ist daher zu fragen, auf welche Weise dem geistigen Schöpfer die Bestimmung des Ursprungslandes vorbehalten bleibt. Die einzige Möglichkeit, die hierbei in Betracht kommen könnte, wäre die, denjenigen Ort für maßgeblich zu erachten, von dem aus der Urheber selbst sein Werk der Öffentlichkeit zugänglich macht. Wenngleich sich dieser Ansatz durchaus auf den Inhalt des Begriffs der Veröffentlichung stützen ließe,[1188] bleibt neben der Problematik der Bestimmung dieses Ortes – die auf den technischen Bedingungen einer Datenübertragung im Internet gründet –[1189] in erster Linie die Schwierigkeit bestehen, daß diese Lösung bei fehlender Zustimmung des Urhebers ins Leere liefe. So würde nämlich kein Wechsel[1190] vom Personalstatut zur *lex publicationis* erfolgen, sondern das Heimatrecht des geistigen Schöpfers zur Anwendung gelangen. Diese Situation würde sich zunächst für den Nutzer nachteilig auswirken, da derjenige, der solches Material abruft, nicht erkennen kann, aus welchem Land dieses stammt bzw. welches Land als Ursprungsland zu qualifizieren ist. Infolgedessen könnte der Rezipient sein Verhalten auf keine bestimmte Rechtsordnung bzw. auf die am Ort seines Abrufs geltende Rechtsordnung ausrichten.

Darüber hinaus erschwert die Anwendbarkeit des Heimatrechts des geistigen Schöpfers in solchen Fällen eine klare Grenzziehung zwischen veröffentlichten und unveröffentlichten Werken. Gerade diese Unterscheidung wird aber auch von den Befürwortern einer Anknüpfung an die *lex originis* für notwendig erachtet, da sich die Relevanz des Personalstatuts nur für unveröffentlichte Werke rechtfertigen lasse. Denn nur in diesem Stadium ist der engen Verbindung des geistigen Schöpfers zu seinem Werk in besonderem Maße Rechnung zu tragen. Hat dagegen eine Veröffentlichung bereits stattgefunden, erlangt der zu schützende Gegenstand im Rechtsverkehr eine eigenständige Bedeutung.[1191]

[1187] *Schack*, Anknüpfung des UrhR, Nr. 85.

[1188] Siehe *Muth*, Urheberrechtsverletzungen, S. 143.

[1189] Zu der in diesem Punkt vergleichbaren Situation im Falle einer Anwendung des europäischen „Ursprungslandprinzips" siehe unten Kap. V. § 4 A. I.

[1190] Zum Statutenwechsel siehe *Ulmer*, RabelsZ 41 (1977), 479 [496].

[1191] *Intveen*, IntUrhR, UFITA 171 (1999), S. 91; *Schack*, Anknüpfung im UrhR, Nr. 76; *ders.*, Urh-/UrhVR, Rn. 902.

In diesem Zusammenhang erweist sich auch eine zeitgleiche Speicherung[1192] urheberrechtlich bedeutender Materialien auf verschiedenen Servern zum Abruf als problematisch. Auch wenn dies eher den geringeren Teil der im Internet vorkommenden Programmablagen auf Rechnern ausmachen dürfte, bedarf es einer Entscheidung, welcher der betroffenen Server für die Bestimmung des Ursprungslandes für ausschlaggebend erachtet werden sollte. Anderenfalls stünden für ein und dasselbe Werk unterschiedliche Erstveröffentlichungsorte zur Verfügung, wodurch eine eindeutige Bestimmung der anwendbaren Rechtsordnung wieder unmöglich würde. Genau das soll eine Anknüpfung an die *lex originis* vermeiden.

Ein Blick auf die Handhabung einer solchen Konstellation im Bereich analoger Medien scheint zunächst weiterzuhelfen. Hier wird nämlich von den Orten, an denen zur gleichen Zeit ein Werk der Öffentlichkeit präsentiert wird, der Ort für maßgeblich erachtet, der mit der Nationalität des Urhebers oder der Sprache des (Original-) Werkes übereinstimmt.[1193] Da allerdings im Bereich des Internet oftmals Informationen ohne Rücksicht auf ihre Herkunft in englischer Sprache weitergegeben werden, muß zur Bestimmung des Ursprungslandes im Falle eines zeitgleichen digitalen Angebots wiederum auf das Heimatrecht des geistigen Schöpfers zurückgegriffen werden, will man ein verläßlicheres Kriterium zur Hand haben. Damit verliert auch an dieser Stelle die *lex publicationis* an Bedeutung, weshalb auch hier die von Vertretern des Universalitätsprinzips aufgestellte Abgrenzung von unveröffentlichten und veröffentlichten Werken in Frage gestellt wird. Erschwerend tritt in Fällen, in denen die Staatsangehörigkeit des Urhebers als maßgeblich erachtet wird, der Umstand hinzu, daß es auch gemeinsame Schöpfungen mehrerer Personen mit unterschiedlicher Nationalität geben kann. Für diese Werke läßt sich das Ursprungsland nur schwerlich bestimmen.[1194]

B. Auswirkungen auf das gerichtliche Verfahren

Im Hinblick auf das gerichtliche Verfahren würde eine Anknüpfung an die *lex originis* zunächst dazu führen, daß die *lex fori* mit dem anwendbaren Recht weitaus seltener übereinstimmen würde, als bei einer Anknüpfung an die *lex loci protectionis*. Wird nämlich die internationale Zuständigkeit eines angerufenen Gerichts bejaht, was aufgrund des Gleichlaufs zwischen internationalem Verfahrensrecht und IPR stets an dem Ort getan wird, an dem eine Verletzungshand-

---

[1192] Eine solche wird bspw. dazu genutzt, ein Programm möglichst zeitnah zu seiner jeweiligen Aktualisierung den Nutzern wieder zur Verfügung zu stellen, *Muth*, Urheberrechtsverletzungen, S. 144.

[1193] *Schack*, Anknüpfung des UrhR, Nr. 88.

[1194] Siehe *Geller*, in: Hugenholtz, Copyright, S. 27 [47].

lung stattgefunden hat,[1195] und soll das Recht des Ursprungslandes zur Anwendung gelangen, so wird dies häufig eine andere Rechtsordnung sein als diejenige des Gerichtsstaates.[1196] Müßte beispielsweise ein deutscher Richter über die in Deutschland erfolgte Verletzung von Urheberrechten an einem in den USA zum ersten Mal veröffentlichten Werk entscheiden, würde hierbei nach dem Universalitätsprinzip amerikanisches Recht zur Anwendung gelangen, sofern von der Anknüpfung an das Ursprungsland auch Verletzungshandlungen umfaßt wären.[1197] Dann nämlich müßte eine auf deutschem Territorium vorgenommene Verwertungshandlung der amerikanischen Rechtsordnung unterstellt werden – ein Ergebnis, das eine Anknüpfung an die *lex loci protectionis* zu vermeiden hilft.

Als besonders problematisch erweist sich in diesem Zusammenhang die Lösung einer Anknüpfung an die *lex originis* aus folgenden Gründen: Wie im zuvor genannten Fall müßten bezüglich einer inländischen Verletzungshandlung ausländische Urheberrechtsgesetze zur Anwendung berufen werden. Diese können, insbesondere wenn im Rahmen eines Verfahrens zwei unterschiedliche Rechtskreise tangiert werden, auf unterschiedlichen Wertentscheidungen beruhen.[1198] Abgesehen von den sich hieraus ergebenden Konsequenzen[1199] stellt es bei Sachverhalten mit Auslandbezug keine Besonderheit dar, daß Gerichte fremde Gesetze anwenden müssen. Gegenstand der Kritik im Rahmen der Diskussion um eine geeignete Anknüpfungsregel im Hinblick auf die Entwicklung neuer Informationstechnologien ist vielmehr die Tatsache, daß der einzelne Richter bei multinationalen Urheberrechtsverletzungen wiederum eine Vielzahl von Rechtsordnungen heranziehen muß.[1200] So sollen zwar für das einzelne Urheberrecht nach dem Universalitätsprinzip weltweit die Vorschriften nur eines Landes maßgeblich sein, eine einzelne Verwertungshandlung kann jedoch wiederum das Recht mehrerer Staaten tangieren. Wird beispielsweise im Internet auf eine Datenbank zugegriffen, deren Bestandteile in unterschiedlichen Ländern zum ersten Mal veröffentlicht wurden, würde dies zu einer Anwendbarkeit all derjenigen Rechtsordnungen führen, die an dem jeweiligen Ort der Erstveröffentlichung Geltung beanspruchen. Infolgedessen müßte der mit einer solchen Fallkonstellation befaßte Richter organisatorische Hürden überwinden, um die erforderlichen Gesetzestexte, die dazugehörige Kommentierung sowie deren Übersetzung zu erhalten, weshalb die Rechtsfindung mit einem großen Aufwand verbunden wäre und sich äußerst zeitintensiv gestalten würde.[1201]

[1195] Siehe Kap. V. § 2 B. I.

[1196] *Spoendlin*, Int. Schutz, UFITA 107 (1988), S. 11 [23].

[1197] So vertreten von *Intveen*, IntUrhR, UFITA 171 (1999), S. 97 ff.

[1198] Siehe Kap. V. § 2 B. II. 3.

[1199] Siehe Kap. V. § 3 D.

[1200] *Ginsburg*, J.C.S. USA 42 (1995), 318 [336].

[1201] *Muth*, Urheberrechtsverletzungen, S. 149; *Dreier*, ZUM 1996, 69 [70].

Derartige Schwierigkeiten werden vermieden, wenn das zur Anwendung berufene Recht nicht im Widerspruch zur Rechtsordnung des Forums steht. Dies wird, wie zuvor bereits erwähnt, aufgrund der durch einen Gleichlauf zwischen internationalem Verfahrensrecht und IPR bedingten häufigen Überschneidung der *lex fori* mit der *lex loci protectionis* im Falle einer Anknüpfung an das Schutzland erreicht. Hierbei können die Richter oftmals das ihnen vertraute Recht anwenden.[1202]

C. Materiell-rechtliche Auswirkungen

Wie die folgenden Ausführungen verdeutlichen werden, wirkt sich eine Anknüpfung an das Recht des Ursprungslandes für die an einer grenzüberschreitenden Verwertungshandlung im Bereich neuer Informationstechnologien Beteiligten in materiell-rechtlicher Hinsicht in unterschiedlicher Weise aus.

I. Umfassender Schutz des Urhebers

Auch wenn, wie dargelegt, die Bestimmung des Ursprungslandes im digitalen Kontext einige Schwierigkeiten bereiten würde, ergäben sich zunächst für den Urheber einige Vorteile, würde das Universalitätsprinzip im Urheberkollisionsrecht seinen Niederschlag finden.

Zum einen wäre die wirtschaftliche Auswertung geschützter Werke besser zu handhaben als im Falle einer Anknüpfung an das Schutzland. Die Rechtslage würde sich nämlich für den Rechtsinhaber dergestalt vereinfachen, daß dieser im Hinblick auf grenzübergreifende Verwertungshandlungen nicht ein „Bündel" nationaler Urheberrechte in den Händen hielte, sondern lediglich die Rechtsordnung des Ursprungslandes anrufen müßte.[1203] Das nach dem Recht des Erstveröffentlichungsortes bzw. des Heimatstaates entstandene Urheberrecht würde weltweite Geltung beanspruchen, wodurch eine für den Urheber vereinfachte, vorhersehbare und praktikablere Rechtslage geschaffen würde. Dadurch, daß auf diese Weise die Rechtsposition des geistigen Schöpfers unabhängig von den unterschiedlichen Ausgestaltungen urheberrechtlicher Befugnisse in den einzelnen Staaten gefestigt wäre, würden sich gerade die im Hinblick auf die Entwicklung neuer Informationstechnologien besonders offenkundig gewordenen Probleme lösen. So würde die im Rahmen einer öffentlichen Zugänglichmachung von Werken im Internet berührte Vielzahl von Staatsgebieten bzw. unterschiedlichen Rechtsordnungen kein Hindernis für die Einklagbarkeit urheberrechtlicher Ansprüche und die Bemessung ihrer Höhe darstellen, da durch eine einheitliche Anknüpfung die Vorhersehbarkeit der anwendbaren Rechtsordnung

---

[1202] *Schack*, UFITA 108 (1988), S. 51 [69]; *Ulmer*, IGR, S. 15.

[1203] *Schack*, Anknüpfung des UrhR, Nr. 109; *ders.*, UFITA 108 (1988), S. 51 [56].

für den Berechtigten gewährleistet wäre.[1204] Dies würde sich auch auf die internationale Verkehrsfähigkeit des Urheberrechts positiv auswirken.
Zum anderen besäße der Urheber die Möglichkeit, über das anwendbare Recht zu bestimmen, indem er das fragliche Werk der Öffentlichkeit an einem gezielt ausgewählten Ort zum ersten Mal zur Verfügung stellen würde. Damit würden sich die Entstehungsvoraussetzungen des Urheberrechts, dessen Schutzumfang etc. nicht mehr mit dem jeweiligen Ort der Verletzungshandlung, die entweder von den Anbietern oder aber von den Nutzern vorgenommen wird, verändern.[1205] Indem damit vor allem auch der Anbieter keinen Einfluß mehr auf die anwendbare Rechtsordnung hätte, wäre die Gefahr einer Umgehung eines angemessenen urheberrechtlichen Schutzes beseitigt.[1206] Vielmehr würde wohl der Rechtsinhaber, dem die Entscheidung über den Ort der Veröffentlichung seiner geistigen Schöpfung obliegen würde, das Land wählen, dessen Gesetze den höchsten Schutzstandard bereithalten würden.

II. Fehlende Rechtssicherheit

Wenngleich eine Anknüpfung an die *lex originis* aus Sicht des Urhebers Schwierigkeiten zu beseitigen scheint, die auf eine Zunahme grenzüberschreitender Verwertungshandlungen im digitalen Kontext zurückzuführen sind, stellt sich die Situation als eine andere dar, betrachtet man die sich für den Anbieter sowie für den Nutzer ergebenden Konsequenzen.
Macht nämlich ein Anbieter urheberrechtlich relevantes Material übers Internet der Öffentlichkeit zugänglich oder ruft ein Nutzer solche Daten ab, müßten beide im Falle einer Anknüpfung an das Recht des Ursprungslandes eine Rechtsordnung beachten, die in der Regel nicht derjenigen entspräche, die an dem Ort der jeweiligen Handlungen Geltung beanspruchen würde. Damit käme ein Recht zur Anwendung, das den potentiellen Verletzern fremd ist.[1207] Infolgedessen wären diese nicht länger in der Lage einzuschätzen, ob ihr Tun Sanktionen auslösen könnte. Dadurch, daß auf diese Weise weder der Anbieter noch der Nutzer seine Handlung nach seiner eigenen Rechtsordnung ausrichten kann, wird gegen ihre Interessen in einschneidender Weise verstoßen.[1208] Die Vorhersehbarkeit der anwendbaren Rechtsordnung dient der Rechtssicherheit und -klarheit und stellt damit einen wesentlichen Bestandteil des Verkehrsschutzes dar.[1209] Dementsprechend ist im Rahmen jeglicher Gesetzgebung von zentraler Bedeutung,

---

1204 *Drobnig*, RabelsZ 40 (1976), 201 [202]; *Schack*, UFITA 108 (1988), 51 [56].
1205 *Schack*, GRUR Int. 1985, 523 [524].
1206 *Ginsburg*, J.C.S. USA 42 (1995), 318 [327].
1207 *Hoeren*, in: Hoeren/Sieber, HdbMMR, 7.10 Rn. 35.
1208 *V. Bar*, IPR, Bd. 2, Rn. 706; *ders.*, UFITA 108 (1988), S. 27 [41]; *Schack*, Urh-/ UrhVR, Rn. 889.
1209 BGH, NJW 1977, 1590 [1591]; *Sonnenberger*, in: MüKo, EGBGB, Einl. Rn. 78; *Schack*, UFITA 108 (1988), S. 51 [56].

daß innerhalb der Grenzen eines bestimmten Gebietes das Verhalten einzelner dadurch beeinflußt werden kann, daß die auf diesem Territorium geltenden Handlungsmaximen vorgegeben werden. Insbesondere sollen Verletzungshandlungen zu deren Vermeidung oder Sanktionierung nach diesen Maßgaben ausgerichtet und bemessen werden können. Diese Zweckbestimmung liefe allerdings ins Leere, wenn die Gesetze eines Landes zur Anwendung gelängen, in dem sich der Handelnde gar nicht aufhält, bzw. wenn unbekannte Normen das Verhalten des Handelnden beeinflussen sollten.[1210]

Zu fragen ist damit, inwieweit für einen Anbieter oder Nutzer von geschützten Werken im Falle einer Anknüpfung an die *lex originis* das anzuwendende Recht vorhersehbar ist. Beide müßten ermitteln, in welchem Land die von den jeweiligen Verwertungshandlungen betroffenen Werke zum ersten Mal veröffentlicht wurden. Dies gestaltet sich allerdings zunächst für den Anbieter deswegen als schwierig, weil seit dem Beitritt der USA zur RBÜ, die bei der Anerkennung eines Urheberrechts auf Förmlichkeiten verzichtet, die Kennzeichnung von Werken weltweit nicht gebräuchlich ist.[1211] Ohne eine dem amerikanischen Copyrightvermerk – welcher Informationen über den Urheber, das Erscheinungsjahr und den -ort enthält – vergleichbaren Markierung gestaltet sich aber die Ermittlung des Erstveröffentlichungsortes urheberrechtlich relevanter Materialien und damit deren Ursprungsland als schwierig.

Des weiteren ist es dem Nutzer noch viel weniger möglich, die Herkunft eines Werkes zu ermitteln, da in den seltensten Fällen beispielsweise die Adressen von Websites mit dem Ort der ersten Veröffentlichung übereinstimmen und daher einen Hinweis auf einen als Ursprungsland zu qualifizierenden Staat enthalten.[1212] Erschwerend tritt hinzu, daß sich die meisten digitalen Angebote aus einer Vielzahl verschiedener Schutzgegenstände zusammensetzen und infolgedessen eine einzige Verwertungshandlung u. U. mehrere verschiedene Werke berühren kann. Wird z. B. eine Datenbank abgerufen, deren Bestandteile an verschiedenen Orten zum ersten Mal veröffentlicht worden sind, gelangt das Recht aller Ursprungsländer zur Anwendung. Als besonders problematisch würde sich dabei der Umstand erweisen, daß eine fremde Rechtsordnung dann auch im Hinblick auf die Ausnahmen und Schranken eines Urheberrechts entscheiden müßte.[1213] Eine Auswertung sämtlicher Schrankenbestimmungen unterschiedlicher Urheberrechtsordnungen könnte sodann ergeben, daß beispielsweise ein einziger Vervielfältigungsakt das eine Mal als rechtmäßig und ein anderes Mal

---

[1210] *Hohloch*, ZUM 1986, 165 [177].

[1211] Siehe Kap. III. § 1 A. I. 3. b)

[1212] Internet-Adressen bieten lediglich Aufschluß über den Server, von dem das Angebot abgerufen wird. Sie führen dagegen nicht zu den Servern, auf denen die Erstveröffentlichung stattgefunden hat. Siehe *Muth*, Urheberrechtsverletzungen, S. 148.

[1213] *Spoendlin*, Int. Schutz, UFITA 107 (1988), S. 11 [21].

als rechtswidrig eingestuft werden müßte. Dies wäre dann der Fall, wenn ein als Ursprungsland qualifizierter Staat Vervielfältigungen zum Privatgebrauch von dem Erlaubnisvorbehalt des Urhebers nicht ausnimmt ein anderer dies jedoch tut.

Darüber hinaus würde eine Anknüpfung an die *lex originis* diese Vorgehensweise sogar bei einem Verwertungsakt erforderlich machen, der auf ein Land beschränkt ist. D. h. ein Nutzer, der auf Informationen zugreift, die von einem Server aus bereitgehalten werden, dessen Standort sich im gleichen Staat befindet wie der Rechnerstandort des Nutzers, müßte gegebenenfalls die Gesetze eines anderen Landes beachten, obwohl die gesamte Übertragung das eigene Staatsgebiet nicht verlassen hat.

D. Sonstige Einwände gegen eine Anknüpfung an die *lex originis*

Der wohl schwerwiegendste Einwand, der gegen eine Anknüpfung an das Recht des Ursprungslandes vorgebracht werden kann, ist der, daß die von deren Vertretern vorausgesetzte bzw. verlangte Anerkennung ausländischer Urheberrechte[1214] keine Selbstverständlichkeit darstellt. Zwar ist dem IPR die Anerkennung ausländischer Vorgaben nicht fremd, sondern es wird beispielsweise im Sachenrecht eine *lex rei sitae* anerkannt.[1215] Allerdings sind unter den Immaterialgüterrechten nicht lediglich die gewerblichen Schutzrechte[1216] mit dem Wirtschaftssystem und der Wirtschaftspolitik des jeweiligen Landes eng verbunden, sondern gerade auch die Urheberrechte. Diese spiegeln in vergleichbarer Weise die kulturpolitischen Wertentscheidungen und zunehmend auch wirtschaftliche Überlegungen wieder,[1217] was insbesondere die unterschiedlichen nationalen Ausgestaltungen der Urheberrechte zeigen.[1218]

Wie sehr und aus welchen Gründen an dieser Territorialitätsbezogenheit festgehalten wird, hat auch die Untersuchung der Entwicklung des materiellen Urheberrechts auf internationaler Ebene verdeutlicht. So erscheint eine Anknüpfung an das Ursprungsland deshalb als unrealistisch, weil kein Staat bereit sein wird,

---

1214 *Schack*, Anknüpfung des UrhR, Nr. 66.

1215 *Schack*, Anknüpfung des UrhR, Nr. 45; *ders.*, MMR 2000, 59 [61]. In diesem Zusammenhang wird darauf hingewiesen, daß im Kollisionsrecht die Frage nach dem Bestand eines Rechts methodisch stets von der Hauptfrage nach seiner Verletzung zu unterscheiden sei, *Schack*, UFITA 108 (1988), S. 51 [52]. Dem folgend wird eine Anknüpfung an das Ursprungsland bezüglich der ersten Inhaberschaft an Urheberrechten diskutiert, *Drobnig*, RabelsZ 40 (1976), 195 [200]; *Neuhaus*, RabelsZ 40 (1976), 191 [193]; *Regelin*, KollR der IGR, S. 183; *Schack*, Anknüpfung des UrhR, Nr. 61, 66 und 107.

1216 *Vischer*, GRUR Int. 1987, 670 [676]; *Beier*, GRUR Int. 1983, 339 [342].

1217 Die Suche nach dem „Sitz“ des Rechtsverhältnisses im Sinne eines Verständnisses nach v. Savigny erfährt zunehmend auch für das Urheberrecht handelspolitische Prägung, *Drexl*, in: FS für Dietz, S. 461 [462]; *Vischer*, GRUR Int. 1987, 670 [678].

1218 Siehe Kap. V. § 2 B. II.

ohne staatsvertragliche Verpflichtung ein in einem anderen Land begründetes Urheberrecht zu übernehmen. Dies hätte nämlich zur Folge, daß dieses im Ausland möglicherweise unter leichteren Voraussetzungen erworbene Recht mit derselben Ausschlußmacht ausgestattet werden müßte wie die im Inland entstandenen Rechte.[1219] Doch allein die Gleichbehandlung von In- und Ausländern bedurfte internationaler Verträge, die im Wege einer Inländerbehandlung Ausländern den Zugang zu inländischem Schutz ermöglichen.[1220]
Wie im Rahmen der Betrachtung einer Anknüpfung an die *lex loci protectionis* aber bereits deutlich wurde, kann die Übernahme und Anerkennung ausländischer Urheberrechte dort am wenigsten erwartet werden, wo die Divergenz zwischen den Rechtsordnungen des Ursprungslandes einerseits und desjenigen Landes, für das Schutz beansprucht wird, andererseits auf einer signifikant unterschiedlichen Wertentscheidung beruht.
In diesem Zusammenhang würde zunächst eine Anknüpfung an die *lex originis* bei der Bestimmung der ersten Inhaberschaft zu Konflikten führen. So wird nämlich in den USA die originäre Rechtsinhaberschaft von juristischen Personen anerkannt,[1221] wohingegen nach dem kontinentaleuropäischen „droit d'auteur"-Denken ein Urheberrecht ausschließlich in einer natürlichen Personen zur Entstehung gelangt.[1222] Würden in einem solchen Falle Gerichte nach dem Ursprungslandprinzip über das zu berufende Recht entscheiden, müßte in bestimmten Ländern eine Zuordnung der Urheberschaft vorgenommen werden, die der eigenen Urheberrechtsordnung zuwider liefe. Auf sachrechtlicher Ebene entstünde infolgedessen ein Wertungswiderspruch, der vor allem im Musik- und Filmbereich als kaum hinnehmbar erscheint.[1223] Demgemäß dürfte eine Forderung nach dem Universalitätsprinzip gerade dann auf Ablehnung stoßen, wenn dem amerikanischen Urheberrechtsverständnis insbesondere im Hinblick auf die „works made for hire"-Doktrin nicht gefolgt wird.[1224]
Darüber hinaus finden sich aber auch im Bereich der Werkarten widersprüchliche Regelungen. So werden beispielsweise in Deutschland[1225] im Gegensatz zu Großbritannien Sounds und Baßläufe mangels ausreichender Gestaltungshöhe

---

[1219] *Ulmer*, RabelsZ 41 (1977), 479 [493].
[1220] Siehe Kap. III. § 1 A. I. 1. a).
[1221] Z. B. entsteht in den USA das Urheberrecht an einer Musikproduktion originär bei der Plattenfirma und nicht bei den Komponisten, *Reimer/Westerholt*, in: Möhring, UrhQuellen, USA Einf. S. 9. Siehe außerdem Kap. V. § 2 B. II. 2.
[1222] Siehe *Dietz*, in: FS für Dietz, S. 461 [462].
[1223] *Dietz*, in: FS für Dietz, S. 461 [462]. Damit ist fraglich, ob ein dem IPR grundsätzlich nicht fremder Wertungswiderspruch, siehe bspw. Art. 6 EGBGB, hingenommen werden würde.
[1224] *Dietz*, GRUR Int. 1989, 627 [627]; *Drexl*, in: FS für Dietz, S. 461 [462].
[1225] *Vinck*, in: Fromm/Nordemann, UrhG-K, § 2 Rn. 49.

nicht als geistige Schöpfungen anerkannt.[1226] Müßten nun deutsche Gerichte über die Verletzung von Urheberrechten an diesen musikalischen Teilstücken entscheiden – und das auf der Grundlage britischen Rechts, weil dort die Erstveröffentlichung stattgefunden hat – müßte einem Gegenstand urheberrechtlicher Schutz gewährt werden, den die eigene Urheberrechtsordnung gerade nicht aussprechen wollte.
Ähnliche Schwierigkeiten würden sich im Hinblick auf die Gestaltungsform von Werken ergeben, da einige Urheberrechtsgesetze eine körperliche Festlegung des Schutzgegenstandes verlangen, andere wiederum nicht.[1227] Ein solches Vorgehen würde nicht zuletzt auch wettbewerbsrechtliche Konflikte auslösen.

E. Zusammenfassung

Eine Anknüpfung an die *lex originis* hätte zunächst den Vorteil, daß nicht gleichzeitig die Rechtsordnungen vieler verschiedener Staaten zur Anwendung gelangen würden, sondern nur das Recht eines Staates. Je nach Auffassung, welche urheberrechtlichen Fragen nach dem Recht des Ursprungslandes gelöst werden sollten,[1228] müßte nicht mehr länger jeder Handlungsort im Sinne des tradierten Urheberkollisionsrechts als maßgeblich erachtet werden, sondern bei bereits veröffentlichten Werken die *lex publicationis*, bei unveröffentlichten das Heimatrecht des Urhebers. Wenngleich die Bestimmung des Ursprungslandes im digitalen Kontext (noch) Schwierigkeiten bereiten würde, ließen sich jedenfalls die Unsicherheiten vermeiden, die mit einer Lokalisierung des Schutzlandes verbunden sind.[1229] Unter diesem Aspekt würde sich die Klärung der Frage des auf einen konkreten urheberrechtlichen Sachverhalt anwendbaren Rechts sowohl für den Urheber als auch den Anbieter erleichtern.
Eine nähere Betrachtung führt jedoch zu dem Schluß, daß eine Anknüpfung an nur eine Rechtsordnung weltweit zwar die Verkehrsfähigkeit des Urheberrechts im Hinblick auf ein einzelnes Werk erhöhen würde,[1230] der mit einem entsprechenden Sachverhalt betraute Richter allerdings eine Vielzahl von anzuwendenden Rechtsordnungen prüfen müßte, wenn eine Verwertung gleichzeitig die Rechte an verschiedenen Werken beeinträchtigen würde.[1231] Da derartige Ver-

---

[1226] *Cornish*, in: Möhring, UrhQuellen, GB Einf. S. 3; *Ulmer*, RabelsZ 41 (1977), 479 [496].

[1227] *Cornish*, in: Möhring, UrhQuellen, GB Einf. S. 5. Hiervon wären z. B. Live-Übertragungen erfaßt, die abhängig vom Ursprungsland ggf. auch dann geschützt werden müßten, wenn die eigene Urheberrechtsordnung dies eigentlich für das eigene Staatsgebiet anders entschieden hat.

[1228] So wird teilweise zwischen einer Anknüpfung der sog. Vorfrage und der Frage der Verletzung eines Urheberrechts differenziert, siehe Kap. IV. § 2 B. IV.

[1229] Siehe *Intveen*, IntUrhR, UFITA 171 (1999), S. 108.

[1230] *Schack*, UFITA 108 (1988), S. 51 [56].

[1231] *Ginsburg*, J.C.S. USA 42 (1995), 318 [320].

letzungshandlungen aber gerade im digitalen Kontext häufig vorkommen,[1232] relativieren sich die Vorzüge des Ursprungslandprinzips, indem die Problematik der Anwendbarkeit verschiedener Urheberrechtsordnungen nur auf eine andere Ebene verlagert wird.
Demgegenüber scheint aus Sicht des Urhebers eine Anknüpfung an die *lex originis* den Gegebenheiten neuer Informationstechnologien und deren globalen Wirkung eher gewachsen zu sein, als die Territorialitätsbezogenheit des bisherigen Urheberkollisionsrechts es war. Vertreter des Ursprungslandprinzips rücken den Schutz des Rechtsinhabers in den Mittelpunkt, und zwar dadurch, daß nicht mehr derjenige, der das Urheberrecht verletzt, über die anwendbare Rechtsordnung „bestimmt" bzw. im ungünstigsten Fall diese zum Nachteil des Rechtsinhabers sogar manipuliert, sondern der geistige Schöpfer selbst im Wege einer gezielten Erstveröffentlichung das anwendbare Recht wählen kann. Der hieraus resultierenden günstigen Lage des Rechtsinhabers muß jedoch die Situation des Nutzers gegenübergestellt werden.
Für diesen bringt nämlich die Berufung des Rechts des Ursprungslandes einen schwerwiegenden Nachteil mit sich, der darin besteht, daß ein ihm in den meisten Fällen fremdes Recht zur Anwendung gelangen könnte. Der Nutzer, der in der Regel in seinem Heimatstaat oder am Ort seines gewöhnlichen Aufenthalts urheberrechtlich relevantes Material abruft, müßte mit einer Sanktionierung auf der Grundlage der am Ort der Erstveröffentlichung geltenden Gesetze rechnen. Da digital zur Verfügung gestellte Informationen in der Regel keinen Verweis auf ihre Herkunft enthalten, wäre das Recht, auf das ein Handelnder eigentlich sein Verhalten ausrichten müßte, für diesen nicht vorhersehbar.
Doch auch wenn sich diese Schwierigkeiten beseitigen ließen und damit dem Interesse der Allgemeinheit an Rechtssicherheit und Rechtsklarheit wieder Genüge getan wäre, bliebe das Problem der Anerkennung ausländischer Urheberrechtsvorschriften bestehen.[1233] So kann insbesondere die Anerkennung eines ausländischen Urheberrechts, das unter leichteren Bedingungen erworben wurde als im Inland, von den einzelnen Staaten nicht erwartet werden.[1234] Als problematisch erweisen sich in diesem Zusammenhang jedoch nicht nur die Divergenzen zwischen dem anglo-amerikanischen Rechtskreis und dem kontinentaleuropäischen Rechtsdenken hinsichtlich der originären Rechtsinhaberschaft, sondern auch die unterschiedlichen Ausgestaltungen des Schutzumfangs eines Urheberrechts. Trotz einer anderen als der in der eigenen nationalen Urheberrechtsordnung zum Ausdruck gekommenen Wertentscheidung müßte ein Staat beispielsweise einer juristischen Person urheberrechtlichen Schutz gewähren

---

[1232] *Ginsburg*, J.C.S. USA 42 (1995), 318 [320].
[1233] *Schack*, Anknüpfung des UrhR, Nr. 66; *Vischer*, GRUR Int. 1997, 670 [676].
[1234] *Beier*, GRUR Int. 1983, 339 [342]; *Ulmer*, RabelsZ 41 (1977), 479 [484]; *Vischer*, GRUR Int. 1987, 670 [676].

oder diesen auf unbekannte Schutzgegenstände erstrecken, oder sogar Verwertungen sanktionieren, die innerhalb der eigenen Grenzen aufgrund entsprechender Schrankenbestimmungen erlaubt wären.

§ 4 Geeignetheit der Anknüpfung an die *lex loci protectionis* unter Zuhilfenahme des europäischen „Ursprungslandprinzips"

Wie dargelegt wurde im Rahmen der Vorarbeiten zur Informations-Richtlinie die Möglichkeit zur Diskussion gestellt, das Sendelandprinzip der Satelliten-Richtlinie[1235] auf neue Dienste der Informationsgesellschaft zu übertragen.[1236] Angesichts der Zunahme grenzüberschreitender Verwertungen urheberrechtlich relevanter Materialien insbesondere im Bereich des Internet, sollte der hieraus resultierenden erhöhten Relevanz der Frage nach dem anwendbaren Recht begegnet werden.[1237] Dabei wurde der Umstand, daß vor allem auf die öffentliche Zugänglichmachung von Werken gleichzeitig eine Vielzahl divergierender Rechtsordnungen zur Anwendung gelangen können und daher kollisionsrechtliche Überlegungen nicht mehr zu klaren und eindeutigen Ergebnissen führen, als Handelshindernis und Hemmnis von Kreativität, Wachstum und Wettbewerb angesehen. Mit dem Ansatz, daß für grenzüberschreitende Urheberrechtsverletzungen nur das Recht des Staates von Bedeutung sei, in dem die Leistung des Anbieters geschützter Werke ihren Ursprung habe („Ursprungsland" im europäischen Sinne),[1238] sollte die Rechtssicherheit und Rechtskohärenz im gesamten EU-Gebiet für die den Erwerb von Rechten regelnden Gesetze gewährleistet werden. Statt eines „Bündels" verschiedener einzelstaatlicher Urheberrechte sollte ein einziges nationales Recht für die unionsweite Verwertung von geistigen Schöpfungen maßgeblich sein, so daß die Zustimmung der Rechtsinhaber sichergestellt worden wäre.

In den Initiativen zum Grünbuch befaßte sich die Europäische Kommission diesbezüglich vor allem mit den ablehnenden Stellungnahmen der beteiligten Kreise und kam zu dem Ergebnis, daß die bestehende Rechtslage im Urheberkollisionsrecht durchaus Lösungen bereithalte.[1239] Ein Bedürfnis nach mehr Transparenz und für praktikable, den neuen globalen Marktstrukturen Rechnung tragende Konzepte, wurde aber dennoch nicht geleugnet.[1240]

Im Ergebnis würde daher eine Rechtsangleichung dahingehend, daß als Ursprungsland der öffentlichen Zugänglichmachung von Werken das Land zu gel-

[1235] Siehe Kap. IV. § 3 B. II. 1.

[1236] KOM (95) 382 endg. v. 19.7.1995, 41 f.; *Gaster*, ZUM 1995, 740 ff.; *v. Lewinski*, GRUR Int. 1995, 831 ff.

[1237] KOM (96) 568 endg. v. 20.11.1996, S. 22.

[1238] Das Ursprungsland im europäischen Sinne, in dem internetspezifische, grenzüberschreitende Verwertungen ihren Ausgang nehmen, ist von dem Ursprungsland zu unterscheiden, aus dem das Werk herrührt und das dem Universalitätsprinzip und der Anknüpfung an die *lex originis* zuzuordnen ist, siehe Kap. IV. § 2 B. und Kap. V. § 3.

[1239] KOM (96) 568 endg. v. 20.11.1996, S. 23. So auch das Ergebnis der Konferenz von Wien im Jahr 1998, siehe Kap. IV. § 3 B. II. 3. a).

[1240] Siehe *Walter*, in: v. Lewinski/Walter/Blocher/Dreier/Daum/Dillenz, EuUrhR-K, Stand der Harmonisierung, X. Kap. Rn. 113, *Reinbothe*, ZEuP 2000, 5 [17].

ten habe, das die digitale Übertragung zum Ausgang nehme, und daß dessen Recht allein Anwendung finden solle, nachdrücklich abgelehnt.[1241] Daß damit die Informations-Richtlinie keine der grenzüberschreitenden Satellitensendung vergleichbare Regelung enthalten werde, wurde zuletzt nochmals in der Begründung des Richtlinienvorschlages bestätigt.[1242]
Die Gründe, die hierfür ausschlaggebend waren, sollen im folgenden kurz umrissen werden.

A. Unterschiede zur Satellitensendung

Gegenstand der Kritik an einer Übertragung des Sendelandprinzips auf grenzübergreifende Verwertungen im Internet war zunächst die Frage, ob Satellitensendungen überhaupt mit interaktiven Diensten zu vergleichen seien.
Hierbei erschien zwar nicht schon die unterschiedliche Art der Übermittlung – einerseits über Satellit und daher kabellos und andererseits über das Internet überwiegend kabelgebunden – einem Vergleich entgegenzustehen.[1243] Bedenken ergaben sich jedoch in anderer Hinsicht. So wurde vor allem darauf verwiesen, daß für eine Satellitensendung die sequentielle vom Anbieter festgelegte und vom Empfänger passiv wahrgenommene Abfolge der einzelnen Progammteile charakteristisch sei (sog. Punkt-zu-Mehrpunkt-Kommunikation)[1244], wohingegen der Nutzer auf das Angebot in internationalen Datennetzen aktiv und individuell, unabhängig von einer bestimmten Sendezeit zugreifen könne (sog. Punkt-zu-Punkt-Kommunikation).[1245]
Des weiteren sei es in Anbetracht der Begrenztheit des Empfangsgebiets einer über Satellit ausgestrahlten Sendung noch möglich, die Verbreitung urheberrechtlich geschützter Materialien mit national begrenzter Wirkung zu untersagen, da den Programmanbietern alle im sog. Footprint[1246] liegenden Staaten bekannt seien.[1247] Ein entsprechendes Vorgehen im Bereich des Internet sei angesichts dessen globaler Wirkung jedoch ausgeschlossen.[1248] Hier sehe sich der Anbieter einem potentiellen Zugriff aus allen Ländern weltweit gegenüber,[1249]

1241 KOM (96) 568 endg. v. 20.11.1996, S. 23; dazu auch *Dreier*, in: Hugenholtz, Copyright, S. 57 [57].

1242 KOM (97) 628 endg. v. 10.12.1997, S. 11.

1243 Die Form der Datenübermittlung hängt stets von den technischen Entwicklungen ab, wobei auch im Internet bereits zwischen Netzleitungen und Satellitensendungen hin- und hergeschaltet wird, *Muth*, Urheberrechtsverletzungen, S. 120.

1244 *Katzenberger*, GRUR Int. 1983, 895 [915].

1245 *Dixon/Hansen*, E.I.P.R. 1996, 604 [607]; *Geller*, in: Hugenholtz, Copyright, S. 27 [46]; *Schønning*, ZUM 1997, 34 [38].

1246 Siehe Kap. IV. § 3 B. II. 1.

1247 *Schønning*, ZUM 1997, 34 [38].

1248 *Regelin*, KollR der IGR, S. 285; *Schønning*, ZUM 1997, 34 [38].

1249 *Katzenberger*, GRUR Int. 1983, 895 [915].

weshalb auch eine Vergütung des Rechtsinhabers als Maßnahme, die einen Rechteerwerb ausschließlich für das Sendeland kompensieren solle, schwieriger umzusetzen sei als im Falle von Satellitensendungen.[1250]
Wenngleich dem entgegengehalten werden muß, daß sowohl die Satellitensendung als auch die Zugänglichmachung von Werken im Internet jeweils eine öffentliche Wiedergabe darstellen, die ihren Ursprung in nur einem Staat hat, gleichzeitig aber die Rechtsordnungen mehrerer Länder berührt, und deshalb eine vergleichbare Situation nicht kategorisch abgelehnt werden kann, erweist sich das europäische „Ursprungslandprinzip" vor allem in zweierlei Hinsicht als besonders problematisch.[1251]
So begründete auch die Europäische Kommission selbst ihre ablehnende Haltung in erster Linie damit, daß sie es zum einen als schwierig ansehe, einen einzigen Ort zu bestimmen, der als „Ursprungsland" einer digitalen Übertragung in Frage komme (I.). Zum anderen wurde die Gefahr der Entstehung von Lücken im urheberrechtlichen Schutz als nicht hinnehmbar angesehen (II.).[1252]

I. Zur Problematik der Bestimmung des „Ursprungslandes" im europäischen Sinne

Was die Bestimmung des „Ursprungslandes" im Sinne des Vorschlags im Grünbuch anbelangt, läßt sich den Ausführungen der Europäischen Kommission zunächst entnehmen, daß als „Ursprungsland" dasjenige Land in Betracht kommt, in dem die Dienstleistung des Anbieters ihren Ursprung hat bzw. von dem die digitale Übertragung ausgeht.[1253] Damit wird gerade nicht wie im Falle einer Anknüpfung an die *lex originis* auf dasjenige Land abgestellt, in dem das geschützte Werk seinen Ursprung hat,[1254] sondern auf den Staat, in dem internettypische Verwertungshandlungen ihren Ausgang nehmen.[1255] Anhand welcher Merkmale dieses Land allerdings ermittelt werden kann, bleibt offen.[1256]

1250 KOM (96) 596 endg. v. 20.11.1996, S. 23. Eine angemessene Vergütung erscheint im Internet im Gegensatz zur Übertragung via Satellit derzeit noch nicht realisierbar. So fehlt es an technischen Vorkehrungen und an einer lückenlosen, internationalen Zusammenarbeit der Verwertungsgesellschaften, *Dreier*, in: Dellebeke, Copyright, S. 300 [306].

1251 *Schønning*, ZUM 1997, 34 [37].

1252 KOM (97) 628 endg. v. 10.12.1997, S. 11.

1253 KOM (95) 382 endg., 19.7.1995, S. 168; KOM (96) 568 endg. v. 20.11.1996, S. 23; *v. Lewinski*, MMR 1998, 115 [116]; *Hoeren/Thum*, in: Dittrich, UrhR, S. 78 [90].

1254 Siehe Kap. V. § 3 A.

1255 Insoweit ist auch nur auf die Verwertungshandlung der öffentlichen Zugänglichmachung von Inhalten abzustellen, da wie dargelegt eine Lokalisierung des Handlungsortes bspw. für Vervielfältigungshandlungen keine internetspezifischen Schwierigkeiten bereitet, siehe Kap. V. § 2 A. I.

1256 *Seignette*, in: Dellebeke, Copyright, S. 309 [316].

Entsprechend dem Sendeland im Sinne der Satelliten-Richtlinie könnte der Staat erwogen werden, in dem sich der Standort des Servers befindet, von dem aus urheberrechtlich relevantes Material der Öffentlichkeit zugänglich gemacht wird. Unter dieser Prämisse ließe sich das „Ursprungsland" einer digitalen Übertragung verhältnismäßig einfach, wenn lediglich von einem einzigen Server aus ins Netz gestelltes, ggf. sogar mit einer Länderkennung (z. B. „de")[1257] versehenes Material in Frage stünde.[1258]
Schwieriger hingegen würde sich die Bestimmung des für eine öffentliche Zugänglichmachung maßgeblichen Ortes erweisen, wenn das bereitgestellte Material auf mehreren Server abgelegt und angeboten würde. So stellt sich in diesem Zusammenhang vor allem die Frage, inwieweit sich eine Verantwortlichkeit des Anbieters tatsächlich begründen ließe oder ob stattdessen eine rein technisch bedingte Zwischenspeicherung anzunehmen wäre.[1259]
Als für eine Qualifikation als Ursprungsland in diesem Sinne maßgeblicher Standort eines Servers könnte der Standort eines für längere Zeit bewußt zur Entlastung der Netzkapazitäten eingerichteten Proxy-Servers ebenso wie der Standort eines FTP-Servers in Betracht zu ziehen sein. Gerade letzterer Server-Typ, der gezielt für Spiegelungen ausländischer Angebote eingesetzt wird, um sodann den mit dem ursprünglichen Angebot identischen Inhalte im Inland bereitzuhalten, dient der unmittelbaren Zugänglichmachung von Werken in eigenständiger Weise. Demzufolge müßte auch für den Standort dieses Servers ein Rechteerwerb verlangt werden.[1260]
Als ebenfalls problematisch erscheint die Einordnung sämtlicher Staaten als Ursprungsländer, wenn urheberrechtlich relevante Materialien auf mehrere Rechner in verschiedenen Staaten gleichzeitig aber in Einzelteilen verteilt sind. Der Ursprung dieses Angebots könnte nun in all jenen Staaten angesiedelt sein, in denen ein Teil des relevanten Angebots gespeichert ist. Es bietet sich aber auch an, ausschließlich dasjenige Land als Ursprungsland heranzuziehen, in dem der Anbieter seinen Sitz hat.

[1257] Siehe Kap. I. § 2 B. II. 1.

[1258] *Muth*, Urheberrechtsverletzungen, S. 122; *Seignette*, in: Dellebeke, Copyright, S. 309 [317].

[1259] In letzterem Sinne muß bspw. das sog. „Caching" verstanden werden, das automatisch und zufällig veranlaßt wird und nur von vorübergehender Natur ist. Hierbei wird nämlich zur Erhöhung der Schnelligkeit einer erneuten Abfrage, die schon einmal abgerufene Information statt auf dem ursprünglichen Server auf einem Proxy-Server zwischengespeichert. Sofern der Proxy-Server sich in einem anderen Staat befinden würde als der Server, auf dem das in Frage stehende urheberrechtlich relevante Material abgelegt wurde, käme dennoch aufgrund mangelnder Verantwortlichkeit des Anbieters für die Zwischenspeicherung nur der Standort des ursprünglichen Servers als Ursprungland in Betracht, so auch *Muth*, Urheberrechtsverletzungen, S. 122 f.

[1260] *Muth*, Urheberrechtsverletzungen, S. 123.

Wenngleich es auch im Hinblick auf die Bestimmung des Ursprungslandes durchaus als möglich erscheint, die dargelegten Unsicherheiten zu beseitigen, bleibt – abgesehen von der unklaren Rechtslage im Falle einer Einspeisung aus Nichtmitgliedsstaaten der Europäischen Union –[1261] dennoch ein weiterer Schwachpunkt des europäischen „Ursprungslandprinzips" bestehen.

II. Gefahr urheberrechtlicher Schutzlücken

Mit den technischen Gegebenheiten des Internet, auf die die Schwierigkeiten bei der Bestimmung des „Ursprungslandes" zurückzuführen sind, eng verbunden, ist die Gefahr, daß Urheber nicht in den Genuß eines angemessenen Schutzes gelangen.
Zwar wird dadurch, daß die Zugänglichmachung von Werken nur im „Ursprungsland" lokalisiert wird und daher Verletzungen von Urheberrechten ausschließlich nach dem dort geltenden Recht zu beurteilen sind, die rechtliche Situation sowohl für den Urheber als auch für den Anbieter vereinfacht. Zum einen müssen nämlich die Rechtsinhaber ihre Position nicht länger mit Hilfe eines „Bündels" verschiedener nationaler Rechte, sondern nur noch auf der Grundlage der Rechtsordnung eines Staates verteidigen. Zum anderen kommt den Anbietern die mit der europäischen „Ursprungslandlösung" geschaffene Rechtssicherheit dergestalt zugute, daß sie die Rechte für ihre Inhalte nur noch nach den Maßgaben einer Rechtsordnung erwerben müssen.
Genau dieser Umstand bietet aber auch die Möglichkeit, daß ein Anbieter sich ein in einem bestimmten Land bestehendes niedriges urheberrechtliches Schutzniveau nutzbar machen kann, indem er den Standort des Servers, von dem aus geschütztes Material zum Abruf angeboten wird, in dieses Land verlagert. Auf diese Weise gefährdet die Anwendung des europäischen „Ursprungslandprinzips" die Rechtsposition des Urhebers vor allem bei einer digitalen Übertragung aus Nicht-EU-Staaten. Doch auch innerhalb der Gemeinschaft können sich trotz einer Harmonisierung der Verwertungsrechte Nachteile für den Urheber aufgrund national unterschiedlicher Schrankenbestimmungen ergeben. Die hieraus resultierenden Wettbewerbsverzerrungen und die Verringerung des tatsächlichen Werts der gewährten Rechte in Staaten mit einem hohen Schutzstandard ergeben sich zwar auch im Anwendungsbereich der Satelliten-Richtlinie. Allerdings ist die gezielte Manipulation der anwendbaren Rechtsordnung durch ein Sendeunternehmen in der Regel nicht zu erwarten. Im Gegensatz zu einem Anbieter im Internet, der für die öffentliche Zugänglichmachung geschützter Werke lediglich einen Rechner benötigt, wäre die Verlagerung des für das anzuwendende Recht maßgeblichen Sitzes einer Sendestation mit einem hohen organisatorischen und technischen Aufwand verbunden. Die Nutzung eines Servers, dessen Standort in

---

[1261] KOM (95) 382 endg. v. 19.7.1995, S. 42; KOM (96) 596 endg. v. 20.11.1996, S. 23; KOM (97) 628 endg. v. 10.12.1997, S. 11.

einer sog. Urheberrechtsoase zu lokalisieren wäre, bereitet demgegenüber, beispielsweise im Wege der Spiegelung oder Weiterleitung, keine größeren Schwierigkeiten.[1262]
Angesichts dieser Möglichkeiten kommt dem Urheber der eingangs erwähnte Vorteil einer klaren Rechtslage erst dann zugute, wenn sämtliche Länder weltweit von einer hinreichenden Harmonisierung der nationalen Urheberrechtsordnungen erfaßt sind und somit der Umgehung eines angemessenen Urheberrechtsschutzes die Grundlage entzogen ist.[1263]
Wie die Untersuchung bis hier allerdings ergeben hat, konnten die bisherigen Harmonisierungsmaßnahmen trotz erheblicher Fortschritte insbesondere im Hinblick auf die Entwicklung neuer Informationstechnologien noch kein einheitliches Schutzniveau erreichen. So bieten sich immer noch Fluchtmöglichkeiten in Staaten mit einer günstigeren Ausgestaltung urheberrechtlicher Befugnisse und Positionen oder in Staaten, die einer internationalen Konvention noch nicht beigetreten sind, an.[1264]

B. Auswirkungen auf das gerichtliche Verfahren

Für das angerufene Gericht würde die europäische „Ursprungslandlösung" zunächst mangels Gleichlaufs von internationaler Zuständigkeit und materieller Rechtslage die Auswertung einer dem *forum* in der Regel fremden Rechtsordnung mit sich bringen.[1265] Im Gegensatz zu einer Anknüpfung an die *lex loci protectionis* ohne definitorische Festlegung des maßgeblichen Handlungsortes einer öffentlichen Zugänglichmachung könnte nämlich eine Verletzung dieses Verwertungsrechts nicht länger überall dort lokalisiert werden, von wo aus auf das urheberrechtswidrige Angebot zugegriffen wird, sondern nur noch in dem Land, in dem die Zugänglichmachung ihren Ursprung hat. Daß infolgedessen häufiger der Ort der Klageerhebung und der Verletzungsort auseinanderfallen würden und daher der mit dem streitigen Sachverhalt befaßte Richter fremdes Recht anwenden müßte, stellt allerdings keine Besonderheit in Fällen mit Auslandsbezug dar. Augenfälliger hingegen ist die Tatsache, daß bezüglich eines Schutzgegenstandes verschiedene Rechtsordnungen zur Anwendung gelangen würden, sobald der Anbieter sich in verschiedenen Ländern eines Servers be-

---

[1262] *Geller*, in: Hugenholtz, Copyright, S. 27 [46]; *Seignette*, in: Dellebeke, Copyright, S. 309 [316]; *Schack*, MMR 2000, 59 [63].

[1263] KOM (95) 382 endg. v. 19.7.1995, S. 42; KOM (96) 596 endg. v. 20.11.1996, S. 23; *Dreier*, in: Dellebeke, Copyright, S. 300 [306]; *Ginsburg*, J.C.S. USA 42 (1995), 318 [330]; *Seignette*, in: Dellebeke, Copyright, S. 309 [316]; *Vandoren*, Hugenholtz, Copyright, S. 153 [159].

[1264] KOM (96) 596 endg. v. 20.11.1996, S. 22; *Intveen*, IntUrhR, UFITA 171 (1999), S. 92; *Muth*, Urheberrechtsverletzungen, S. 126; *Köster*, in: Götting, Multimedia, S. 153 [167]; *Schønning*, RIDA 170 (1996), 21 [49]. Siehe außerdem Kap. V. § 2.

[1265] *Dreier*, in: Dellebeke, Copyright, S. 300 [306]; *Kropholler*, IPR, § 7 III. 1.

diente. Doch auch dieses Resultat bereitet keine größeren Schwierigkeiten als die gleichzeitige Anwendbarkeit einer Vielzahl unterschiedlicher Rechtsordnungen im Fall einer Anknüpfung an das Schutzland ohne die „Korrektur" durch das „Ursprungslandprinzip" im europäischen Sinne.

C. Zusammenfassung

Zwar sprechen zunächst logische Gründe für ein Abstellen auf das Recht des Ausstrahlungs- bzw. Herkunftslandes hinsichtlich einer Zugänglichmachung urheberrechtlich relevanter Materialien im Internet. So bietet es sich nämlich an, einheitliche Verwertungshandlungen grundsätzlich auch einheitlich nur einer einzigen Rechtsordnung zu unterwerfen. Des weiteren könnte eine solche Vorgehensweise eine größere Vorhersehbarkeit des anwendbaren Urheberrechts bewirken und dadurch zur Gewährleistung einer ungestörten Entwicklung der Informationsgesellschaft beitragen.
Im Ergebnis allerdings sind die von der Europäischen Kommission geäußerten Bedenken an einer Aufnahme des „Ursprungslandprinzips" in die Informations-Richtlinie jedenfalls derzeit noch zu bestätigen.[1266] So bringt die definitorische Festlegung des für eine öffentliche Zugänglichmachung von Werken maßgeblichen Handlungsortes – in der Form wie sie im Grünbuch zur Diskussion gestellt wurde – keine akzeptable Lösung der bestehenden Probleme im Urheberkollisionsrecht mit sich.[1267]
Zum einen bietet die Problematik der Bestimmung des „Ursprungslandes" Anlaß zur Kritik, da unklar bleibt, anhand welcher Merkmale ein Server und damit dessen Standort bei der Lokalisierung einer Urheberrechtsverletzung durch eine internetspezifische Verwertungshandlung von Bedeutung ist.[1268] Zum anderen wird dem Anbieter die Möglichkeit eröffnet, einen angemessenen Schutz des Urhebers dadurch zu umgehen, daß er urheberrechtlich relevante Materialien über einen Server bereithält, der sich im Geltungsbereich einer Rechtsordnung befindet, die einen niedrigen Schutzstandard aufweist. Wenngleich sich die Flucht in ein aus diesen Gründen gezielt ausgesuchtes Land innerhalb der Europäischen Gemeinschaft noch als weniger schwerwiegend darstellen mag,[1269] muß zumindest der Gefahr einer Verlagerung bzw. Nutzung eines Servers in ei-

---

[1266] *Hoeren* spricht von „religiösen Befindlichkeiten", die allein eine Ausdehnung des Ursprungslandprinzips auch auf den Bereich des Urheberrechts im Rahmen der E-Commerce-Richtlinie verhindert hätte, *Hoeren*, MMR 1999, 192 [192]. Dem wird entgegengehalten, daß der Ablehnung einer „Ursprungslandlösung" eine intensive und jahrelange Beschäftigung der Europäischen Kommission mit dem Thema des auf das Urheberrecht anwendbaren Rechts vorangegangen sei, *Reinbothe*, ZEuP 2000, 5 [17].

[1267] KOM (97) 628 endg. v. 10.12.1997, S. 11; *v. Lewinski*, MMR 1998, 115 [116].

[1268] KOM (96) 568 endg. v. 20.11.1996, S. 23.

[1269] *Dietz*, ZUM 1998, 438 [451]; *Rehbinder/Staehlin*, TRIPS-Abkommen, UFITA 127 (1995), S. 5 [7].

nem Drittstaat begegnet werden.[1270] Konnte im Hinblick auf eine grenzüberschreitende Satellitensendung noch der Schwerpunkt der Ausstrahlung eines Satelliten ermittelt werden, läßt sich das Abrufgebiet eines digitalen Angebots in Kommunikationsnetzen von globaler Reichweite nicht mehr ohne weiteres auf eine bestimmte Region begrenzen.[1271]

Daher stellen sich insbesondere mangels eines vereinheitlichten Urheberrechtsschutzniveaus derzeit die Ergebnisse einer europäischen „Ursprungslandlösung" im Bereich des Internet für den Urheber als unzumutbar dar.

[1270] *Mankowski*, GRUR Int. 1999, 909 [914]; *Schack*, JZ 1998, 753 [761].

[1271] *Dreier*, in: Dellebeke, Copyright, S. 300 [306]; *Vandoren*, in: Hugenholtz, Copyright, S. 153 [159]; *Muth*, Urheberrechtsverletzungen, S. 131.

§ 5 Ergebnis

Die vorangegangene Untersuchung hat deutlich gemacht, daß nicht allein das tradierte Schutzlandprinzip vor dem Hintergrund grenzüberschreitender Datenflüsse Schwierigkeiten bereitet, sondern die bisher gefundenen Alternativen gleichfalls zahlreiche neue Probleme aufwerfen. Angesichts der Tatsache also, daß es weder einer Anknüpfung an die *lex loci protectionis*, noch einer Anknüpfung an die *lex originis* und auch nicht der europäischen „Ursprungslandlösung“ gelingt, das anwendbare Recht zu berufen, ohne nicht auch Anlaß zur Kritik zu geben, stellt sich schlußendlich die Frage, welcher Anknüpfungsregel bzw. welchem Lösungsmodell der Vorzug zu geben ist.

A. Abwägung

Bei der Suche nach einer Antwort darf, wie bereits mehrfach erwähnt,[1272] auch unter Berücksichtigung der Gegebenheiten neuer Informationstechnologien nicht außer acht gelassen werden, daß ein bestmöglicher Interessenausgleich zwischen den Betroffenen aufrechterhalten bzw. hergestellt werden muß.[1273] Neben den Belangen der Urheber, Anbieter und Nutzer gilt es ebenso, grundlegenden Rechtsprinzipien bzw. allgemeinen Grundsätzen des IPR, beispielsweise der Vorhersehbarkeit des anwendbaren Rechts und damit dem Bedürfnis nach Rechtssicherheit, in ausreichendem Maße Beachtung zu schenken. Doch auch die Erfordernisse der Praktikabilität und der internationalen Konsensfähigkeit gelten als Gradmesser eines gangbaren Weges.

Im Hinblick auf das Schutzlandprinzip hat die unternommene Betrachtung ergeben, daß nicht allein die bei der Bestimmung des maßgeblichen Handlungsorts bestehenden Unsicherheiten Nachteile mit sich bringen, sondern die Schwäche einer Anknüpfung an die *lex loci protectionis* im Bereich neuer Informationstechnologien primär darin besteht, daß sie zur gleichzeitigen Anwendung einer Vielzahl verschiedener Rechtsordnungen führt. Folge der daraus resultierenden territorialen Zersplitterung des Urheberrechts ist die Tatsache, daß dieses vehement an Verkehrsfähigkeit einbüßt. Einerseits wird nämlich eine grenzübergreifende, weltweite Nutzung im Hinblick auf den Erwerb von Rechten aus Sicht der Anbieter erschwert.[1274] Andererseits muß der Urheber seine Ansprüche in unzähligen Staaten geltend machen, wobei aufgrund einer sog. Mosaikbetrachtung[1275] eine Kompensation seines Schadens in angemessener Höhe nur unter erheblichem Aufwand zu erreichen ist. Eben diese durch die im Internet häufig vorkommenden Streudelikte bedingte Mosaikbetrachtung erweist sich auch für

---

[1272] Z. B. Kap. II. § 2 B. I. u. Kap. V. § 1.
[1273] Siehe Kap. II. § 2 B. I. u. Kap. V. § 1.
[1274] Siehe *Schack*, MMR 2000, 59 [60].
[1275] Siehe Kap. V. § 2 B. I.

die angerufenen Gerichte als ein Hindernis bei der Rechtsanwendung. Im Grundsatz allerdings bedeutet eine Anknüpfung an das Recht des Schutzlandes aufgrund des Gleichlaufs zwischen dem internationalen Verfahrensrecht und dem IPR eine Erleichterung. So stimmt nämlich in der Regel die *lex fori* mit der *lex loci protectionis* überein.[1276]
Ganz anders hingegen wirken sich die Ergebnisse einer Berufung der anwendbaren Rechtsordnung auf die gerichtliche Praxis nach dem Ursprungslandprinzip aus. Der Umstand, daß eine Anknüpfung an die *lex originis* zur Anwendbarkeit nur einer Rechtsordnung führt, bringt nämlich erhebliche Schwierigkeiten bei der rechtlichen Prüfung grenzüberschreitender Verletzungshandlungen mit sich. Dadurch, daß ein Verwertungsakt im Internet regelmäßig die Rechte an verschiedenen Werken beeinträchtigen kann, gelangen, auch wenn man das Ursprungsland als maßgeblich erachtet, die Gesetze mehrerer Staaten zur Anwendung. Zudem werden diese Vorschriften mangels eines entsprechenden im Falle einer Anknüpfung an die *lex loci protectionis* bestehenden Gleichlaufs dem betroffenen Richter meist fremd sein. Infolgedessen verlagert das Ursprungslandprinzip bereits insoweit die Problematik des Umgangs mit einer großen Zahl an berufenen Rechtsordnungen lediglich auf eine andere Ebene. Darüber hinaus scheint aber auch die Bestimmung des Ursprungslandes insbesondere vor dem Hintergrund neuer Informationstechnologien nicht zu vernachlässigende Schwierigkeiten zu bereiten.[1277]

Aus Sicht der Urheber ergeben sich allerdings aus einer Anknüpfung an die *lex originis* beträchtliche Vorteile. So könnte der geistige Schöpfer eines Werkes im Wege einer Wahl des Erstveröffentlichungsortes selbst darüber bestimmen, nach welchen nationalen Vorgaben sich seine Befugnisse – abhängig davon, ob und inwiefern eine Aufspaltung der Anknüpfungsgegenstände befürwortet wird – in Bezug auf sein Werk bemessen. Gleichermaßen wäre die Gefahr beseitigt, daß ein Anbieter urheberrechtlich relevanter Materialien seine Verletzungshandlungen gezielt an einem Ort vornimmt, an dem er ein niedriges Urheberrechtsschutzniveau antrifft.
Ein solches Vorgehen hätte insbesondere die Einführung der europäischen „Ursprungslandlösung“ zur Folge gehabt, die deshalb auch zu recht mangels eines weltweit einheitlichen Schutzstandards verworfen wurde.[1278] Werden allerdings die sich aus dem Schutzlandprinzip ergebenden Konsequenzen nicht in entspre-

---

[1276] Siehe Kap. V. § 2 B. I.
[1277] Siehe Kap. V. § 3 A. Angesichts der Probleme bei einer Erstveröffentlichung im Internet ist fraglich, ob dieses Kriterium im Hinblick auf eine Anknüpfung an die *lex originis* dem Praktikabilitätserfordernis sowie der Bedeutung eines Anknüpfungspunktes gerecht zu werden vermag.
[1278] Siehe Kap. IV. § 3 C. 3. u. Kap. V. § 4 II.

chender Weise auf sachrechtlicher Ebene „korrigiert", gelingt es gerade einer Anknüpfung an die *lex loci protectionis*, das Ausmaß einer negativen Beeinflussung der anwendbaren Gesetze einzudämmen. Wird nämlich die Zahl der anwendbaren Rechtsordnungen nicht auf diejenige reduziert, die an dem Ort, von dem aus urheberrechtlich relevantes Material angeboten wird, gilt, wird eine Flucht der Anbieter in sog. Urheberrechtsoasen auch nicht herausgefordert.

Den Interessen der Nutzer vermag schließlich, zumindest mangels einer bislang noch nicht für den Rezipienten erkennbaren hinreichenden Kennzeichnung geschützter Werke, lediglich das Schutzlandprinzip gerecht zu werden. Unter dem Aspekt der Rechtssicherheit und Rechtsklarheit und damit des Verkehrsschutzes müssen nämlich für denjenigen, der z. B. auf ein urheberrechtlich relevantes Online-Angebot zugreift, die Folgen seines Handelns vorhersehbar sein. Eine solche Situation ist dann hergestellt, wenn das Recht des jeweiligen Landes als maßgeblich erachtet wird, in dem sich der aktiv gewordene Nutzer auch aufhält. Ein kollisionsrechtlicher Verweis auf die *lex publicationis* oder das Heimatrecht des Urhebers, der nach dem Ursprungslandprinzip ausgesprochen werden müßte, könnte diese Gegebenheit nur rein zufällig schaffen.
Zuletzt steht einer Anknüpfung an die *lex originis* der Gedanke der Souveränität einzelner Staaten in entscheidender Weise entgegen. So kann die Anerkennung von Rechten, die auf der Grundlage ausländischer Vorgaben entstanden oder erworben wurden, nicht unproblematisch vorausgesetzt werden. Oftmals spiegelt die Ausgestaltung des Urheberrechts nationale kulturpolitische Wertentscheidungen oder Rechtstraditionen wider, die zumindest im Kern nicht ohne weiteres aufgegeben werden. Dies hat die ausführliche Betrachtung der auf internationaler und gemeinschaftsrechtlicher Ebene angestrengten Harmonisierungsaktivitäten auf dem Gebiet des materiellen Urheberrechts offenkundig werden lassen.[1279]
Wenngleich ein universales Verständnis des Urheberrechts mit den Gegebenheiten grenzübergreifender Kommunikationsnetze und deren globaler Reichweite zunächst eher übereinstimmen mag, kann aufgrund der gewichtigen Argumente, die für eine Beibehaltung des Schutzlandprinzips, jedenfalls was den Inhalt und Umfang eines Urheberrechts anbelangt, sprechen, im Ergebnis einer Anknüpfung an die *lex originis* nicht der Vorzug gegeben werden. Überdies stellt sich aber auch bei näherer Betrachtung der spezifische Charakter des Bereithaltens von urheberrechtlich relevanten Materialien zum Abruf vielmehr als (zugegebenermaßen) schwierig denn als widersprüchlich dar. So erscheint die Beurteilung einer Verwertungshandlung, deren Auswirkungen, wie dargelegt,[1280] in zahlreichen Ländern zutage treten, auf der Grundlage der jeweils

---

[1279] Siehe Kap. III.
[1280] Siehe Kap. V. § 2 II. 3.

geltenden Rechtsordnung eher als logisch zwingende Folge, denn als hinreichender Anlaß für eine gänzliche Abkehr von dem bestehenden System des Urheberkollisionsrechts.[1281] Hierfür kann kein Argument der Vertreter einer Anknüpfung an die *lex originis* letztendlich überzeugen.

Gleichfalls muß aber auch einer Verweisung auf das Ursprungsland für die Frage der ersten Inhaberschaft und weiterer Anknüpfungsgegenstände[1282] ablehnend begegnet werden, zumindest dann, wenn dem den anglo-amerikanischen Urheberrechtsdoktrinen zugrundeliegenden Verständnis Vorbehalte entgegengebracht werden.[1283] So wird nämlich gerade im Rahmen der kollisionsrechtlichen Behandlung der Entscheidung darüber, wer für die Geltendmachung einer Urheberrechtsverletzung aktivlegitimiert sein soll, in besonderem Maße offenkundig, daß die internationalprivatrechtlichen Regelungen eines Landes nicht als bloße „abstrakte technische Rechtsanwendungsregeln"[1284] verstanden werden dürfen, sondern in vielerlei Hinsicht auch die nationalen Wertentscheidungen des eigenen materiellen Rechts widerspiegeln. Infolgedessen kann die Frage der Anknüpfung der Erstinhaberschaft und Übertragbarkeit urheberrechtlicher Befugnisse nicht losgelöst von einer Auseinandersetzung mit der je nach Rechtskreis[1285] unterschiedlichen Bewertung und Absicherung der Stellung des natürlichen Werkschöpfers beantwortet werden.[1286] Soweit dieser Aspekt für bedeutsam erachtet wird, erlangt das Schutzinteresse des Werkschöpfers gegenüber dem Rechtssicherheitsinteresse des Verwerters an einer von nationalen Regelungen unbeeinträchtigten Einräumung eines universellen Urheberrechts gerade für den Fall, daß das Werk aus einem Land stammt, in dem die Position des geistigen Schöpfers schwächer ausgestaltet ist als im Forumstaat,[1287] noch zusätzliches Gewicht.[1288] Eben dieser Gedanke offenbart sich beispielsweise in Gerichtsurteilen, deren Entscheidungsgründen das Streben zugrunde liegt, diejeni-

---

[1281] So auch *Lucas*, Private International Law Aspects, S. 26.

[1282] Zu der unterschiedlichen Reichweite der verschiedenen Ansätze einer Anknüpfung an die *lex originis* siehe Kap. IV. § 2 B. IV.

[1283] Siehe Kap. V. § 3 D. Insbesondere steht die monistische Betrachtungsweise einem Auseinanderreißen des Urheberpersönlichkeitsrechts und der Verwertungsrechte entgegen, so auch *Schack*, MMR 2000, 59 [61]; *ders.*, UFITA 108 (1988), 51 [57]..

[1284] *Thum*, GRUR Int. 2001, 9 [19].

[1285] Wie bereits mehrfach deutlich wurde, stehen sich in erster Linie das anglo-amerikanische Copyright-System und das kontinentaleuropäische Droit d'auteur-System gegenüber, siehe bspw. Kap. V. § 2 B. II. 2.

[1286] So auch *Walter*, in: v. Lewinski/Walter/Blocher/Dreier/Daum/Dillenz, EuUrhR-K, Stand der Harmonisierung, Rn. 111.

[1287] Hierbei soll der Regelfall, daß der prozeßführende Urheber im Schutzland seine Ansprüche geltend macht und infolgedessen das Urhebersachrecht des Forums über eine Anknüpfung an die *lex loci protectionis* zur Anwendbarkeit gelangt, zugrunde gelegt werden.

[1288] *Ginsburg*, Private International Law Aspects, S. 31 m. w. N.

gen Ziele, die im Rahmen des nationalen Sachrechts verfolgt und festgeschrieben werden, auch im Bereich des Kollisionsrechts zu verwirklichen.[1289]
So wird vor allem im Hinblick auf die praktische Handhabung einer selbständigen Anknüpfung der Erstinhaberschaft an die *lex originis* deutlich, wie stark eine solche Vorgehensweise die Kohärenz eines Urheberrechtssystems beeinträchtigen würde. Insbesondere für den Fall, daß das Urheberpersönlichkeitsrecht innerhalb einer nationalen Urheberrechtsordnung untrennbar mit den von dieser gewährten Verwertungsrechten verbunden ist, erscheint die Beurteilung eines in Frage stehenden einheitlichen grenzüberschreitenden Verwertungsvorgangs anhand verschiedener Rechtsordnungen als kaum durchführbar, wenn urheberrechtliche Vorschriften, die eigentlich auf eine natürliche Person als geistigen Schöpfer und Urheber „zugeschnitten" sind, auf eine juristische Person angewendet werden müßten.[1290]
Sofern unter dem Aspekt der Gewährleistung der internationalen Verkehrsfähigkeit des Urheberrechts für eine Aufspaltung der Anknüpfungsgegenstände plädiert wird,[1291] bleibt zuletzt der Einwand, daß bestehende rechtliche Unsicherheiten in zahlreichen Fällen nicht auf die Konsequenzen einer kollisionsrechtlichen Beurteilung, sondern auf komplexe, meist weit in die Vergangenheit reichende Vertragsverhältnisse zurückzuführen sind.[1292]

B. Lösungsansatz

Dadurch, daß aus den vorgenannten Gründen zum einen an einer Anknüpfung an die *lex loci protectionis* auch im Bereich der neuen Informationstechnologien festzuhalten ist, zum anderen aber der Begehungsort einer öffentlichen Zugänglichmachung von Werken zum Abruf nicht auf den Ort beschränkt werden darf, von wo aus das urheberrechtlich relevante Material ins Internet eingespeist wird,

---

[1289] U.S. Court of Appeals, 2nd Circuit, „Corcovado Music Pub. v. Hollis Music Inc." zit. nach *Ginsburg*, Private International Law Aspects, S. 32; *Thum*, GRUR Int. 9 [19].

[1290] So insbesondere *Lucas*, Private International Law Aspects, S. 18

[1291] *Schack*, MMR 2000, 59 [63] außerdem mit Verweis auf die „Itar-Tass"-Entschei-dung des U.S. Court of Appeals, 2nd Circuit, die einer Anknüpfung der Frage nach der Erstinhaberschaft an das Recht des Ursprungslandes in den USA zum „Durchbruch" verholfen haben solle. Eine nähere Betrachtung der Entscheidungsgründe läßt allerdings eher darauf schließen, daß eine flexible, einzelfallbezogene Anknüpfungsregel favorisiert wurde, derzufolge nach dem Land mit der engsten Verbindung zu suchen ist. So auch *Ginsburg*, GRUR Int. 2000, 97 [108]. Entscheidung abgedruckt in GRUR Int. 1999, 639 ff.

[1292] *Lucas*, Private International Law Aspects, S. 16. Aus diesem Grund wird bspw. für die Beurteilung der Rechtsinhaberschaft vor dem Hintergrund einer Zunahme grenzüberschreitender Werkverwertungen als „Ausweg aus dem Dilemma" auf eine nicht territorial geprägte vertragsstatutakzessorische Anknüpfung verwiesen, *ders.*, Private International Legal Aspects, S. 19 unter Rückgriff auf *Ulmer*, IGR, S. 121.

verbleibt vor allem für diese Fallgestaltung die Hauptproblematik der potentiell gleichzeitigen Anwendung sämtlicher Rechtsordnungen weltweit.
Wie dargelegt ist nämlich das Bereithalten von Daten im Internet als einheitlicher Vorgang zu verstehen, der am Standort des Content-Providers seinen Ausgang nimmt und an dem Ort endet, von dem aus der Nutzer Informationen abruft.[1293] Insbesondere unter wirtschaftlichen Gesichtspunkten und der Gefahr einer gezielten Ausnutzung urheberrechtlicher Schutzlücken kann eine ausschließliche Anwendbarkeit des Rechts des Landes, in dem diese Verwertungshandlung der öffentlichen Zugänglichmachung ihren Ursprung hat, nicht als interessengerecht empfunden werden.[1294]
Andererseits stellt sich die Kritik an der Vielzahl anwendbarer Rechtsordnungen in erster Linie aus Gründen mangelnder Vorhersehbarkeit und einer hieraus resultierenden erschwerten Umlauffähigkeit des Urheberrechts insbesondere aus Verwertersicht als durchaus berechtigt dar.[1295] Der notwendige Erwerb von Verwertungsrechten überall dort, wo ein Abruf in Frage stehender Materialien möglich ist, bringt in der Tat unkalkulierbare Risiken mit sich. Der Grundgedanke, demzufolge einer Nutzung internationaler Datennetze von globaler Reichweite auch die Inkaufnahme „globaler" Probleme folgen muß, bedarf einer angemessenen Einschränkung.
Infolgedessen muß eine Lösung des verbleibenden Konflikts auf eine Reduktion der potentiell anwendbaren Rechtsordnungen zielen, die allerdings nicht *per se* sämtliche Rechtsordnungen derjenigen Staaten ausschließen darf, von deren Gebiet aus ein Zugriff auf das Online-Angebot erfolgt. Dieser Ansatz, der ebenso wie das europäische „Ursprungslandprinzip" eine Korrektur der kollisionsrechtlichen Anknüpfung an die *lex loci protectionis* auf sachrechtlicher Ebene darstellt, wurde zunächst im Hinblick auf die grenzüberschreitende Satellitensendung entwickelt.[1296] Ziel hierbei war, den Begehungsort der Eingriffshandlung nicht nur dort zu lokalisieren, wo die Sendung ihren Ausgangspunkt nimmt, sondern auch überall dort, wo Signale bestimmungsgemäß empfangen werden können (sog. Theorie vom intendierten Abrufgebiet).
Zwar finden sich inzwischen entsprechende Überlegungen auch im Hinblick auf die Verwertungshandlung der öffentlichen Zugänglichmachung urheberrechtlich geschützter Werke übers Internet. Allerdings wurden diese bislang weitgehend verworfen.[1297]

[1293] Siehe Kap. V. § 2 A. II.
[1294] Siehe Kap. V. § 4 II.
[1295] Siehe Kap. V. § 2 B.
[1296] Siehe Kap. IV. § 3 C. II. 1. a) bb).
[1297] Zu den Gründen siehe sogleich Kap. V. § 5 B. II.

I. Grundkonzept

Der vorliegend empfohlene Lösungsansatz basiert auf der im Rahmen der Vorarbeiten zur Satelliten-Richtlinie diskutierten sog. Theorie vom intendierten Abrufgebiet unter Anpassung an die tatsächlichen Gegebenheiten im Online-Bereich.[1298]

Hiernach soll die internetspezifische Verwertungshandlung der öffentlichen Zugänglichmachung neben dem Ort der Einspeisung geschützter Werke gleichfalls dort stattfinden, wo deren Abruf nach dem Willen des Anbieters auch möglich sein soll. Auf diese Weise müßte ein im Rahmen dieser Nutzungshandlung erfolgender Eingriff in urheberrechtliche Befugnisse nur noch in einer begrenzten Zahl von Staaten lokalisiert werden. Dadurch würde der Kreis der potentiell anwendbaren Rechtsordnungen und damit der Staaten, für deren Gebiet die Verwerter entsprechende Rechte erwerben müßten, enger gezogen werden. Damit eine solche Vorgehensweise allerdings den Grad an Rechtssicherheit in der gewünschten Form zu erhöhen vermag, bedarf es geeigneter Kriterien zur Abgrenzung der Gebiete, die von dem in Frage stehenden Online-Angebot ausgeschlossen sein sollen.

II. Umsetzung

Auch wenn die Funktions- und Wirkungsweise internationaler Datennetze zunächst einer geographischen Zuordnung der dort stattfindenden Vorgänge entgegen stehen mag, hat die Untersuchung bis hier verdeutlicht, daß in zahlreichen Fällen Probleme gerade auch in rechtlicher Hinsicht an einem konkreten Ort zutage treten. So kann beispielsweise eine Vervielfältigung geschützter Materialien deshalb lokalisiert werden, weil sich diese auf einem bestimmten Speichermedium manifestieren. [1299] Im Hinblick auf den Verwertungsvorgang des Bereithaltens geschützter Werke im Internet erfolgt die als problematisch herausgearbeitete geographische Zuordnung hingegen v. a. dort, von wo aus der Nutzer auf das Online-Angebot zugreift. Die Schwierigkeiten, die sich bei der Übertragung der Theorie vom intendierten Abrufgebiet auf den Bereich des Internet ergeben, konzentrieren sich folglich in erster Linie auf eine Eingrenzung des Gebietes, von dem aus ein Zugriff auf ein entsprechendes digitales Angebot erfolgen kann.

Erste Erwägungen zu der Möglichkeit, die Theorie vom intendierten Abrufgebiet auf den Bereich des Internet zu übertragen, wurden mangels geeigneter Ab-

---

[1298] Zur Vergleichbarkeit der Satellitensendung und des Online-Angebots zum Abruf siehe Kap. V. § 4 A.

[1299] Siehe insbesondere Kap. V. § 2 A. I.

grenzungskriterien bislang verworfen.[1300] Insbesondere wurden die Sprache[1301] sowie die Marktpräsenz[1302] als unzulängliche Merkmale diskutiert, um diejenigen Länder zu ermitteln, die von dem digitalen Angebot bestimmungsgemäß erreicht werden sollen. Inwieweit sich (nunmehr) dennoch Anhaltspunkte abzeichnen, ein geographisches Gebiet auf einen von dem Anbieter intendierten Raum eingrenzen zu können, soll im folgenden kurz umrissen werden.

1. Heranziehen wettbewerbsrechtlicher Kriterien

Zunächst wäre es denkbar, den Kreis der Staaten, die der Anbieter mit den von ihm zur Verfügung gestellten Materialien erreichen will, anhand derjenigen Kriterien einzugrenzen, die der sog. Spürbarkeitsregel im Bereich des internationalen Wettbewerbsrechts zugrunde liegen. Diese Regel dient der Einschränkung des dem Schutzlandprinzip entsprechenden Marktortprinzips,[1303] das bei wettbewerbsrechtlichen Multi-State-Delikten[1304] zu vergleichbaren Schwierigkeiten führt. So hat nämlich eine Anwendung des Marktortprinzips[1305] auf Wettbewerbshandlungen, die das Gebiet mehrerer Länder berühren, zur Folge, daß das Recht all derjenigen Staaten zur Anwendung gelangt, in denen in entsprechender Weise auf die Marktgegenseite eingewirkt wird.[1306] Dieses Ergebnis

---

[1300] *Intveen*, IntUrhR, UFITA 171 (1999), S. 83; *Muth*, Urheberrechtsverletzungen, S. 137; *Regelin*, KollR der IGR, S. 291, 300; *Mankowski*, RabelsZ 63 (1999), 203 [272]; *Schønning*, ZUM 1997, 34 [36]; *Spindler*, ZUM 1996, 533 [557].

[1301] Da geschützte Materialien häufig gerade Bild- oder Musikwerke umfassen, auch zu Recht abgelehnt, *Muth*, Urheberrechtsverletzungen, S. 135; *Regelin*, KollR der IGR, S. 291; *Kort*, GRUR Int. 1994, 594 [599]; *Spindler*, ZUM 1996, 533 [557].

[1302] Im Wettbewerbsrecht zur Bestimmung der Zielgerichtetheit von Werbemaßnahmen in dem beworbenen Staat verwendet, *Dieselhorst*, ZUM 1998, 293 [295]; *Spindler*, ZUM 1996, 533 [561].

[1303] Dieses findet auf sog. marktbezogene Wettbewerbshandlungen Anwendung, von denen bei der Konkretisierung der Tatortregel im Bereich des internationalen Wettbewerbsrechts die betriebsbezogenen Wettbewerbshandlungen zu unterscheiden sind. Letztere wenden sich unmittelbar gegen ein betroffenes Unternehmen ohne das ein Abnehmer oder Lieferant dieses Unternehmens beeinträchtigt sein müßte. Als Erfolgsort ist in diesem Zusammenhang der Sitz des Unternehmens anzusehen, wohingegen der Handlungsort an dem Ort festzulegen ist, von dem die betriebsbezogene Wettbewerbshandlung ausgeht, BGHZ 14, 286 [292]; *Kreuzer*, MüKo, EGBGB, Art. 38 Rn. 236.

[1304] Als klassische Beispielsfälle gelten in diesem Zusammenhang Werbeankündigungen in international verbreiteten Printmedien oder in grenzüberschreitenden Rundfunk- und Fernsehsendungen, BGH, GRUR 1971, 153 ff.; NJW 1998, 2531 [2532]

[1305] Dem Marktortprinzip zufolge ist der Markt- bzw. Begehungsort grundsätzlich dort festzustellen, wo wettbewerbsrechtliche Interessen der Mitbewerber kollidieren, BGHZ 35, 329 [333]; 40, 391 [395]; *v. Hoffmann*, in: Staudinger, EGBGB, Art. 38 Rn. 515; *Kreuzer*, in: MüKo, EGBGB, Art. 38 Rn. 234. Dort fallen letztlich auch Handlungs- und Erfolgsort zusammen, *v. Bar*, IPR, Bd. 2, Rn. 696; *Sack*, WRP 2000, 269 [272].

[1306] BGH, GRUR 1971, 153 [155]; *Sack*, GRUR Int. 1988, 320 [328].

erfährt im Bereich des Wettbewerbsrechts eine Begrenzung durch den sog. „Spill-over" bzw. die Spürbarkeitsregel.[1307] Hiernach soll lediglich das Recht derjenigen Länder zu berücksichtigen sein, innerhalb deren Grenzen die zu beurteilenden Wettbewerbshandlungen den Wettbewerb spürbar beeinflussen, wohingegen anderenfalls das erforderliche Rechtsanwendungsinteresse fehle.[1308] Abgegrenzt werden diese Gebiete in erster Linie nach der Quantität des Spill-over, aber auch nach der Sprache[1309] und der Verfügbarkeit der angebotenen Ware[1310]. Ebenso finden sich Überlegungen, dem Inhalt und der Präsentation einer Homepage zu entnehmen, welche Nutzergruppe von dem digitalen Angebot angesprochen werden soll.[1311]

Demgemäß könnte auch für die im urheberrechtlichen Kontext zu stellende Frage nach dem intendierten Abrufgebiet auf eine entsprechende Gestaltung des Online-Angebots ggf. auch unter Gesamtbetrachtung der verwendeten Sprache, der Top-Level-Domain,[1312] der Zahlungsmodalitäten und der sonstigen vertriebsspezifischen Gestaltung, der Werbeaktivität und ähnlicher Merkmale[1313] abgestellt werden.[1314]

[1307] Vgl. im Zusammenhang mit der urheberrechtlichen Behandlung der Satellitensendung Kap. IV. § 3 C. II. 1. a) bb).

[1308] BGH, GRUR 1971, 151 [154]; *v. Hoffmann*, in: Staudinger, EGBGB, Art. 28 Rn. 546; *Sack*, GRUR Int. 1988, 320 [328]. Insbesondere für den Bereich des Internet, *Mankowski*, GRUR Int. 1999, 909 [915]; *Spindler*, ZUM 1996, 533 [561]; *Wegner*, CR 1998, 676 [681].

[1309] So wird bspw. im Hinblick auf Pressedelikte auf einen intendierten Sprachraum abgestellt, *v. Bar*, IPR, Bd. 2, Rn. 662; *Sack*, GRUR Int. 1988, 320 [328]. Ebenfalls für den Bereich des Internet, *Mankowski*, GRUR Int. 1999, 909 [917]; *Sack*, WRP 2000, 269 [278].

[1310] *Mankowski*, GRUR Int. 1999, 909 [917]; *Wegner*, CR 1998, 676 [681].

[1311] OLG Frankfurt, K&R 1999, 138 [138].

[1312] So im Rahmen einer kennzeichenrechtlichen Fragestellung, LG Düsseldorf, NJW-CoR 1997, 304 [305]; LG Mannheim, CR 1996, 353 [354]; LG Köln GRUR 1997, 377 [377]. Zum Begriff der Top-Level-Domain siehe Kap. I.

[1313] Dem Einsatz sog. „Disclaimer", also dem ausdrücklichen Hinweis darauf, daß ein bestimmtes Angebot nur an einen bestimmten Nutzerkreis gerichtet sei, kann allerdings unter dem Aspekt des Urheberrechtsschutzes nicht mehr als eine bloß „rhetorische" Bedeutung beigemessen werden. So mag eine solche Vorgehensweise zwar als Anhaltspunkt dafür dienen, um die Täterschaft des Anbieters im Hinblick auf eine Handlung des Nutzers ausschließen zu können, siehe *Hoeren*, zit. nach *Nack*, GRUR Int. 2000, 893 [896]. Wird allerdings, wie vorliegend, eine Lokalisierung der Verwertungshandlung der öffentlichen Zugänglichmachung grundsätzlich auch für überall dort als interessengerecht erachtet, von wo aus ein Zugriff erfolgen kann, bedarf es wirksamerer Maßnahmen, um einen Ausschluß bestimmter Nutzergruppen auch tatsächlich zu erreichen, siehe sogleich Kap. V. B.

[1314] Hierbei müßte allerdings aus Billigkeitsgründen wohl auf die für die Auslegung von Willenserklärungen und Verträgen maßgebenden Rechtsgrundsätze zurückgegriffen werden. Einer Ableitung des willentlich zu erreichenden Nutzerkreises von bestimmten Gestal-

Zwar läßt sich zunächst allgemein sagen, daß sich trotz des globalen Charakters einer Nutzung des Internet der Inhalt sämtlicher Websites nicht unterschiedslos und stets an alle Nutzer weltweit richtet. So finden sich auch Angebote, wie beispielsweise diejenigen staatlicher Institutionen und internationaler Unternehmen, die nach bestimmten Ländergruppen unterteilt präsentiert werden.[1315] Ebenso kann bei der Wahl einer Sprache, die weniger weit verbreitet ist als beispielsweise Englisch, nicht mehr ohne weiteres davon ausgegangen werden, daß von jedem Staat aus ein Zugriff bestimmungsgemäß erfolgen soll.[1316] Gleichfalls kann im Falle von auf bestimmte Länder begrenzten Waren- oder Dienstleistungsangeboten ein Abruf in von diesen Angeboten ausgeschlossenen Ländern nicht mehr als intendiert angesehen werden.[1317]
Dennoch kann nicht geleugnet werden, daß Anbieter das Internet vielfach gerade wegen der globalen Reichweite dieses Mediums nutzen und daher entsprechende Aktivitäten auch darauf zielen, einen sich immer weiter ausbreitenden Absatzmarkt zu erschließen. Den genannten Kriterien kann daher letztendlich nicht mehr als eine bloße Indizwirkung hinsichtlich eines bestimmungsgemäßen Abrufgebiets zuerkannt werden.[1318]

2. Technische Maßnahmen

Bereits zu Beginn der Untersuchung wurde deutlich, daß der Schutz urheberrechtlicher Befugnisse zunehmend des Einsatzes technischer Schutzmaßnahmen bedarf.[1319] Dieser Gedanke findet nun auch im vorliegenden Zusammenhang seinen Niederschlag. So wäre nämlich die sicherste Methode, den Abruf eines Online-Angebots auf ein bestimmtes Gebiet zu begrenzen, die, einen Zugriff von anderen Orten aus zu sperren. Im folgenden soll daher eine sich abzeichnende Möglichkeit der technischen Umsetzung einer solchen Vorgehensweise vorgestellt werden.

a) „IP-Tracking"

Der Anbieter urheberrechtlich relevanter Materialien im Internet könnte den Kreis derjenigen, an die sich sein Angebot richten soll, dadurch eingrenzen und kontrollieren, daß er sich des sog. „IP-Tracking" bedient. Hierunter ist das Fil-

---

tungskomponenten müßte deshalb der objektive Empfängerhorizont und nicht die Sicht des Anbieters zugrunde gelegt werden, so auch *Junker*, Anwendbares Recht, S. 359.

1315 Siehe bspw. http://europa.eu.int; http://www.microsoft.com.

1316 So auch *Junker*, Anwendbares Recht, S. 363.

1317 So unter wettbewerbsrechtlichen Aspekten OLG Bremen, JurPC Web-Dok. 205/ 2000, http://www.jurpc.de/rechtspr/20000205.htm (Stand: November 2001).

1318 Ebenso im Ergebnis unter Hinweis auf ein Bedürfnis der Konkretisierung des bestimmungsgemäßen Abrufgebiets durch die Bildung von Fallgruppen seitens der Rechtsprechung und des Schrifttums, *Junker*, Anwendbares Recht, S. 366.

1319 Siehe Kap. II. § 2 B.

tern bestimmter IP-Adressen[1320] zu verstehen, indem eine Software mit entsprechenden Erkennungsmöglichkeiten zum Einsatz gelangt. So enthält nämlich jede IP-Adresse u. a. einen Hinweis auf ihre geographische Herkunft. Wird nun diese Komponente gesperrt, beispielsweise für diejenigen Länder, für deren Gebiet die entsprechenden Verwertungsrechte nicht erworben wurden, sind lediglich noch diejenigen Nutzer zu einem Zugriff in der Lage, die das betreffende Angebot von einem nicht ausgeschlossenen Gebiet aus abrufen. Über die Entwicklung und den Einsatz solcher Computerprogramme finden sich inzwischen gerade auch unter dem Aspekt des urheberrechtlichen Schutzes[1321] verschiedene Nachweise.[1322] Insbesondere soll auch die Vergabe von Zugriffsberechtigungen dergestalt möglich sein, daß lediglich die geographische Lokalisierung des ansonsten anonymen Nutzers über die Berechtigung entscheidet.[1323]

b) Zulässigkeit unter datenschutzrechtlichen Aspekten

In diesem Zusammenhang bleibt zu prüfen, inwieweit das zur technischen Umsetzung des dargestellten Lösungsansatzes notwendige Filtern von IP-Adressen datenschutzrechtliche Relevanz aufweist. Eine solche wäre, zumindest aus deutscher Sicht, grundsätzlich dann gegeben, wenn die Nutzung entsprechender Filtersysteme bzw. Software sog. personenbezogene Daten[1324] tangieren würde. Im Hinblick auf Datennetze, die auf der Verwendung von IP-Nummern basieren, scheint noch nicht abschließend geklärt zu sein, inwieweit mit Hilfe einer IP-Adresse ein entsprechender Personenbezug von bestimmten Informationen hergestellt werden könnte.[1325]

So erscheint unter diesem Gesichtspunkt beispielsweise problematisch, daß bei Abruf einer bestimmten Website sowohl der Anbieter der abgerufenen Materia-

---

[1320] Die IP-Adresse besteht aus einem vierstelligen Zahlencode und kann zur Identifikation des Rechners dienen, über den ein Nutzer die Einwahl ins Internet vornimmt, *Schulz*, in: Roßnagel, MMD-K, § 1 Rn. 31; *Kröger/Kuner*, Internet, S. 353.

[1321] http://news.zdnet.co.uk/story/0,,t269-s2107260,00.html (Stand: April 2003).

[1322] http://www.artisan.com/company/press/2000/20000811.html; http://www.computerworld.com/governmenttopics/government/legalissues/story/0,10801,53869,00.html; http://www.seibert-media.net/ (Stand: Januar 2003).

[1323] http://www.atnewyork.com/news/print.php/8471_717371; http://www.megatracker.com/demo_vip.html (Stand: Januar 2003).

[1324] Im allgemeinen umfassen nach § 1 Abs. 1 TDDSG i. V. m. § 3 Abs. 1 BDSG sog. personenbezogene Daten grundsätzlich Einzelangaben über persönliche oder sachliche Verhältnisse einer bestimmten oder bestimmbaren Person. Hierbei müssen diese Daten entweder unmittelbar zur Identifizierung einer Person ausreichen oder es muß der datenverarbeitenden Stelle mit Hilfe zusätzlicher ihr zulässigerweise zur Verfügung stehenden Kenntnisse die Herstellung des Personenbezugs unter verhältnismäßigem Aufwand möglich sein, *Schulz*, in: Roßnagel, MMD-K, § 1 Rn. 26, 28.

[1325] *Schulz*, in: Roßnagel, MMD-K, § 1 Rn. 31 m. w. N.

lien als auch der Access-Provider[1326] über spezielle Software die IP-Adresse desjenigen, der ein entsprechendes Angebot angefordert hat, zurückverfolgen können, um auf diese Weise dessen Nutzungsverhalten zu protokollieren.[1327]
Die im Hinblick auf den Bereich des Datenschutzes letztendlich maßgebliche Möglichkeit der Identifizierung einer einzelnen Person über eine bestimmte IP-Adresse wird allerdings lediglich für den Access-Provider im Falle der sog. statischen Vergabe[1328] von IP-Adressen angenommen. So verfügt nämlich ausschließlich – zumindest legal –[1329] die Stelle, die auch die IP-Adressen vergibt, über weitere unmittelbar personenbezogene Daten, die einer bereits vergebenen IP-Adresse derart zugeordnet werden können, daß eine datenschutzrechtlich relevante Verbindung zu einer konkreten Person zur Entstehung gelangt (sog. Zusatzwissen des Netzadministrators).[1330]
Im Falle einer sog. dynamischen Vergabe[1331] von IP-Adressen hingegen stellen diese für Dritte, so z. B. auch für Inhaber einer Homepage, keine personenbezogenen Daten dar. Des weiteren ist im Rahmen dieser nunmehr vorherrschenden Vergabeform selbst der Access-Provider dazu verpflichtet, die für eine Identifizierung einzelner Personen notwendigen zusätzlichen Informationen nach einer bloß vorübergehenden, zu Abrechnungszwecken vorgenommenen Speicherung zu löschen.[1332]
Vor diesem Hintergrund erscheint die Verwendung einer Software, mit deren Hilfe ein Anbieter urheberrechtlich geschützter Materialien lediglich die geographische Herkunft von IP-Adressen ermitteln kann, nicht dazu geeignet, einen konkreten Personenbezug im Sinne des § 3 Abs. 1 BDSG i. V. m. § 1 Abs. 1 TDDSG herstellen zu können. Folglich ist davon auszugehen, daß die angesprochenen technischen Möglichkeiten zur Umsetzung der hier erwogenen Vorgehensweise mit datenschutzrechtlichen Vorgaben in Einklang zu bringen sind.[1333]

[1326] Der Access-Provider ist derjenige unter den Anbietern von Internetdienstleistungen, der den Zugang zum Internet vermittelt, *Kröger/Kuner*, Internet, S. 359.

[1327] Diese Protokolldateien (sog. Log-Files) werden standardmäßig von den meisten Web-Servern und Routern unterstützt, *Schulz*, in: Roßnagel, MMD-K, § 1 Rn. 32.

[1328] Die sog. statische Vergabe von IP-Adressen bezeichnet die feste Zuordnung einer bestimmten Adresse zu einem bestimmten Rechner, wobei diese Zuordnung erst dann aufgehoben wird, wenn der Systemadministrator dem Rechner eine andere Nummer zuweist, *Schulz*, in: Roßnagel, MMD-K, § 1 Rn. 33; *Bizer*, DuD 1998, 277 [278].

[1329] Vgl. für Dtl.: § 4 Nr. 3 u. 4 TDDSG.

[1330] Siehe *Bizer*, DuD 1998, 277 [278]

[1331] Bei der sog. dynamischen Vergabe wird eine IP-Adresse aus einem Nummernblock des Access-Providers nach dem Zufallsprinzip ausgewählt und dem Nutzer lediglich für die Dauer der Verbindung zugeordnet, *Schulz*, in: Roßnagel, MMD-K, § 1 Rn. 33; *Ihde*, CR 2000, 413 [416].

[1332] Siehe für Dtl. §§ 6 Abs. 3 und 4 TDSV.

[1333] So auch *Junker*, Anwendbares Recht, S. 354.

III. Ergebnis

Auf den ersten Blick mag der hier verfolgte Ansatz dem größten Vorzug neuer Informationstechnologien, der in einer grenzenlosen, weltweiten Verbreitung von Daten zu sehen ist, diametral entgegenzustehen.[1334] So beeinträchtigt die Verwendung technischer Zugangskontrollen zur Begrenzung bzw. Bestimmbarkeit eines Nutzerkreises den freien Datenfluß in einem internationalen Kommunikationsnetz. Dennoch, soll der Schutz geistiger Schöpfungen nicht aufgegeben werden, bietet sich als gangbarer Weg an, zwar nicht sämtliche Informationsübermittlungen von globaler Reichweite zu beschränken, aber doch zumindest diejenigen von urheberrechtlicher Relevanz für die Gebiete zu sperren, für die es an einem entsprechenden Rechteerwerb fehlt. Dieser Grundsatz korrespondiert zudem mit zahlreichen gerichtlichen Entscheidungen, die auf der praktischen Umsetzung einer territorial differenzierenden Abhilfe basieren.[1335] In diesem Zusammenhang finden sich inzwischen ebenfalls Aussagen in Sachverständigengutachten, denenzufolge z. B. einer Verpflichtung zur Sperrung einer amerikanischen Website für französische Nutzer nachgekommen werden könne.[1336]
Der Kritik, daß eine Lösung unter Zuhilfenahme technischer Maßnahmen immer auch die Schwäche einer Umgehungsgefahr innewohne,[1337] kann zuletzt insofern relativiert werden, daß zumindest unter dem Aspekt einer kommerziellen Nutzbarmachung des Internet die Beseitigung noch bestehender Lücken bei Zugriffsbeschränkungen eine Beschleunigung erfahren müßte. Schließlich bedingt eine Veränderung von Markstrategien im Bereich des Internet, derzufolge die bisherigen Angebote zum kostenlosen „Downloading" sukzessive durch kostenpflichtige virtuelle Vertriebssysteme ersetzt werden, eine rasche Weiterentwicklung der hierbei erforderlichen technischen Schutzsysteme. In diesem Zusammenhang erscheint auch das Potential einer solchen Lösung, den Interessen aller Beteiligten gerecht werden zu können, als begünstigender Faktor.

[1334] So *Muth*, Urheberrechtsverletzungen, S. 133.

[1335] Hier noch als Problem angesprochen, daß im Falle eines Unterlassungsanspruchs eine unteilbare Multi-state-Handlung faktisch nur insgesamt untersagt werden könne, *Sack*, WRP 2000, 269 [278].

[1336] Siehe Nachweise bei *Junker*, Anwendbares Recht, S. 357.

[1337] So wird bspw. auf die Möglichkeit der Verschleierung der Identität und einer Einwahl bei einem ausländischen nicht gesperrten Access-Provider hingewiesen, *Mankowski*, GRUR Int. 1999, 909 [916].

Sechstes Kapitel: Fazit

§ 1 Zusammenfassung

1. Die Entwicklung der neuen Informationstechnologien[1338] als grenzüberschreitende Medien von globaler Reichweite bedingt, daß diese sich ihrem Wesen und insbesondere ihrer Funktionsweise nach zunächst einer räumlichen Zuordnung und nationalen gesetzgeberischen Maßnahmen entziehen.[1339] Daher wurde in den Anfängen der Verbreitung des Internet als der wohl bahnbrechendsten und unter rechtspolitischen Gesichtspunkten am wichtigsten einzustufenden neuen Informationstechnologie sogar gefragt, ob nicht der sog. „Cyberspace" zum rechtsfreien oder zumindest zu einem eigenständigen Raum erklärt werden müsse.[1340] In diesem Zusammenhang erschien insbesondere die von territorialen Maximen geprägte Konzeption des IPR als Normengefüge, das der Berufung der auf einen internationalen Sachverhalt anwendbaren Rechtsordnung dient, den technischen Gegebenheiten entgegenzustehen.[1341] Eine nähere Betrachtung der Situation in internationalen Datennetzen zwingt jedoch zu der Schlußfolgerung, daß auch Konflikte, die in einer virtuellen Umgebung auftreten, einer „realen" Lösung bedürfen. Sollen beispielsweise grenzüberschreitende Rechtsverletzungen wirksam und interessengerecht sanktioniert werden, kann dies nicht auf der Grundlage privater Ordnungsmaßnahmen geschehen, sondern nur anhand staatlich legitimierter Vorschriften. Diese für einen konkreten Sachverhalt, der eine Auslandsberührung aufweist, zu bestimmen, ist aber gerade Aufgabe des Kollisionsrechts. Dessen Bedeutung bleibt folglich nicht nur fortbestehen, sondern gewinnt in Anbetracht einer Zunahme internationaler Sachverhalte zusätzlich an Gewicht.[1342]

2. Doch nicht nur das Aufeinandertreffen von neuer Technik und internationalprivatrechtlichen Grundsätzen hat ein Spannungsfeld erschaffen, das des rechtlichen Diskurses bedurfte und immer noch bedarf, sondern auch die Rolle des Urheberrechts muß in einer neuen als Informationsgesellschaft bezeichneten Wirtschafts- und Gesellschaftsform neu bestimmt werden.[1343] In diesem Zusammenhang ist zunächst einerseits zu beachten, daß der Bereich, in dem urheberrechtlich geschützte Werke geschaffen und verwertet werden, inzwischen einen erheblichen wirtschaftlichen Stellenwert eingenommen hat.[1344] Dies wird

[1338] Zum Begriff der neuen Informationstechnologien siehe Kap. I. § 2 A.
[1339] Siehe hierzu Kap. I. § 2.
[1340] Siehe die Nachweise in Kap. I. § 3.
[1341] Siehe hierzu Kap. I. § 1.
[1342] Siehe hierzu Kap. I. § 3.
[1343] Zu den grundlegenden Merkmalen der Informationsgesellschaft siehe
[1344] Siehe hierzu Kap. I. § 2 A. und B. III.

nicht zuletzt anhand des Umstandes deutlich, daß sich der Schutz geistiger Schöpfungen nicht mehr länger nur auf die Person des Urhebers beschränkt, sondern zunehmend im Rahmen investitionspolitischer Erwägungen Berücksichtigung findet.[1345] Andererseits bringt jedoch eine Nutzung urheberrechtlich geschützter Gegenstände nicht mehr allein als Kultur-, sondern in gesteigertem Umfang auch als Wirtschaftsgüter gleichfalls die Gefahr der Zunahme von Urheberrechtsverletzungen mit sich.[1346] So schafft die als wichtigste Erscheinungsform jüngerer technischer Innovationen zu nennende Digitalisierung nicht nur die Voraussetzung für neue Dienstleistungsangebote, die sich oftmals durch eine multimediale Gestaltung auszeichnen,[1347] sondern auch die Möglichkeit der Veränderung eines Originalwerkes oder dessen (nicht genehmigter) Vervielfältigung in einer vormals unbekannten Qualität, Geschwindigkeit, Dimension und geographischen Reichweite. Lassen sich neue, im digitalen Kontext anzutreffende Werkarten noch in bereits bestehende Werkkataloge[1348] einordnen, ist das Urheberrecht, dessen Entwicklung immer auch schon von dem Erfordernis einer Reaktion auf technische Veränderungen geprägt war,[1349] allein nicht mehr geeignet, die Interessen der Rechtsinhaber in angemessener Weise zu wahren. Darüber hinaus gestaltet sich eine effiziente Nutzung herkömmlicher Abrechnungs- und Vergütungssysteme, derer sich etwa Verwertungsgesellschaften bedienen, im Bereich der neuen Informationstechnologien als schwierig.[1350] Vor diesem Hintergrund wird zunehmend der Ansatz verfolgt, einen adäquaten Urheberrechtsschutz auf vorwiegend technischem Wege zu erzielen.[1351]

3. Eine Entwicklung hin zu einem vermehrten Einsatz technischer Schutzmechanismen darf jedoch nicht darüber hinwegtäuschen, daß die Herausforderungen der Informationsgesellschaft nicht auch von rechtlicher Seite angenommen werden müßten. So lassen technische Maßnahmen, die immer auch die Gefahr ihrer Umgehung bergen, gesetzgeberische Aktivitäten nicht obsolet werden, sondern schaffen gerade auch das Bedürfnis nach einer rechtlichen Grundlage und Absicherung. Denn nur auf diesem Wege kann gewährleistet werden, die oftmals widerstreitenden Interessen der Urheber, Verwerter und Rezipienten

---

[1345] Diesen Umstand spiegelt vor allem das TRIPs-Übereinkommen wider, welches das Urheberrecht zur Regelungsmaterie der WTO gemacht hat. Näher hierzu Kap. III. § 1 A. I. 3. c).

[1346] Zu den Einzelheiten siehe Kap. II. § 2 B.

[1347] Näher zu den Phänomenen der Digitalisierung und der multimedialen Gestaltung siehe Kap. II. § 1 A. u. B. I.

[1348] So z. B. in den Werkkatalog des deutschen Urheberrechtsgesetzes, Kap. II. § 1 B. I.

[1349] Siehe dazu Einl. § 1 A.

[1350] Zu einer sich abzeichnenden Ergänzung oder auch Ablösung überkommener Systeme der Verwertungsgesellschaften durch sog. „Digital Rights Management"-Systeme siehe Kap. II. § 2 B. I. 3.

[1351] Siehe Kap. II. § 2 B. I. 2.

schöpferischer Werke in einen gerechten Ausgleich zu bringen.[1352] Diesem für das Urheberrecht grundlegenden Zielkonflikt muß gerade auch das Urheberkollisionsrecht bei der Beantwortung der Frage nach geeigneten Anknüpfungen im Bereich der neuen Informationstechnologien in angemessener Weise Rechnung tragen.

4. Die Tatsache, daß in einem digitalen Umfeld vor allem die grenzüberschreitende Nutzung urheberrechtlich relevanter Materialien in besonderem Maße zugenommen hat, machte besonders in jüngerer Zeit die Schaffung internationaler Urheberrechtsnormen notwendig.[1353]
Als Ausgangspunkt diente hierfür ein auf das 19. Jahrhundert zurückgehendes internationales Urheberrechtsschutzregime, dem die Grundprinzipien des Grundsatzes der Inländerbehandlung, z. T. der Meistbegünstigung und einer Garantie von Mindestrechten zugrunde liegen. Letztere zu erweitern und an die Erfordernisse der Informationsgesellschaft anzupassen sowie die Angleichung voneinander abweichender nationaler Urheberrechtsordnungen voranzutreiben, war zentraler Gegenstand der in jüngerer Zeit erlassenen Regelwerke. Hierbei sollten im Zuge einer möglichst weitreichenden Harmonisierung der dem Urheber ausschließlich zuerkannten Rechte (Verwertungsrechte),[1354] die im Rahmen von internetspezifischen Nutzungshandlungen auftretenden urheberrechtsrelevanten Verletzungen erfaßt werden.[1355] Ein wesentlicher Schritt wurde in diesem Zusammenhang in erster Linie mit der Einführung eines neuen Rechts der öffentlichen Zugänglichmachung als Recht der öffentlichen Wiedergabe und der Klarstellung der Inhalts des Vervielfältigungsrechts unter Einbeziehung vorübergehender Vervielfältigungen im Rahmen des WCT und der europäischen Informations-Richtlinie vollzogen.[1356] Nach Umsetzung dieser internationalen Vorgaben in nationales Recht wird damit die bislang konfliktträchtigste materiell-rechtliche Qualifikation des Angebots urheberrechtlich relevanter Materialien im Internet zum (weltweiten) Abruf und deren Einordnung in bestehende Systeme von Verwertungsrechten nunmehr einheitlich erfolgen können.

[1352] Näher dazu Kap. II. § 2 B. I.

[1353] In diesem Zusammenhang wurde die RBÜ, das WUA, das TRIPs-Übereinkommen und der WCT als die für den Bereich des Urheberrechts maßgeblichen Verträge vorgestellt sowie die europäische Computerprogramm-, Vermiet- und Verleihrecht-, Satelliten-, Datenbank- und Informations-Richtlinie, Kap. III. § 1 A. und B.

[1354] In diesem Zusammenhang sind die Rechte der Vervielfältigung, der Verbreitung der Vermietung und die Rechte der öffentlichen Wiedergabe besonders hervorzuheben. Näher dazu Kap. III. § 1 II.

[1355] Zu den Schwierigkeiten, die es hinsichtlich der urheberrechtlichen Qualifikation typischer Internetnutzungen wie die des „Uploading", „Browsing" und „Downloading" zu beseitigen galt, siehe im einzelnen Kap. III. § 2.

[1356] Siehe Kap. III. § 1 A. II. 1. u. 4. bzw. B. II. 1. u. 4.

5. Trotz umfangreicher und angesichts der großen internationalen Beteiligung auch beachtlicher Neuerungen und Angleichungen im Rahmen und aufgrund von internationalen Urheberrechtsnormen, wurden Unterschiede zwischen den nationalen urheberrechtlichen Vorschriften nicht gänzlich beseitigt.
Zwar brachten sowohl das TRIPs-Übereinkommen als auch der WCT eine zunehmende Spezifizierung des internationalen Mindeststandards für Schutzgegenstände und Rechte mit sich,[1357] dennoch ist auch nach diesen jüngeren Urheberrechtskonventionen Raum für nationale Erwägungen geblieben. In gleichem Maße kommt den europäischen Mitgliedstaaten ein gewisser Gestaltungsspielraum bei der Umsetzung der urheberrechtlich relevanten Richtlinien in nationales Recht zu, der sich insbesondere im Bereich der Ausnahmen und Schranken von Urheberrechten bemerkbar gemacht hat und noch machen wird.[1358] Diese nationalen Divergenzen vermag auch das Prinzip der Inländerbehandlung, das seinerseits nur auf nationale Urheberrechte Bezug nimmt, nicht zu beseitigen.[1359] Allerdings sind die infolgedessen verbleibenden Schutzlücken nicht lediglich auf mangelnden politischen Willen zurückführen, sondern beruhen vielmehr vor allem auch im Bereich der Urheberschaft auf einer bewußten Respektierung nationaler kulturpolitischer Entscheidungen.
Der kollisionsrechtlichen Frage nach dem auf grenzüberschreitende Urheberrechtsverletzungen anwendbaren Recht kommt daher auch weiterhin erhebliche Bedeutung zu.

6. Aufgrund einer besonders im klassischen internationalen Urheberrecht auftretenden engen Verbindung zwischen dem Sachrecht einerseits und dem Kollisionsrecht andererseits spielt die Qualifikation internationalprivatrechtlich zu beurteilender Sachverhalte unter Rückgriff auf das materielle Recht eine entscheidende Rolle.[1360] So kann ohne eine nähere Betrachtung der in diesem Bereich in jüngerer Zeit in Gang gesetzten Rechtsangleichung auf internationaler und supranationaler Ebene keine Aussage darüber getroffen werden, inwieweit gerade die traditionellen Anknüpfungsregeln vor dem Hintergrund technischer Neuerungen noch Bestand haben. Des weiteren bleibt eine Abwägung der zur Debatte stehenden Prinzipien im Bereich des Urheberkollisionsrechts ohne Betrachtung des aktuellen Standes der Vereinheitlichung des Sachrechts als zu un-

---

[1357] Siehe im einzelnen Kap. III. § 1 A. II.

[1358] So setzen die EU-Richtlinien zwar nicht wie die internationalen Verträge eine Mindestgrenze sondern eine Obergrenze des urheberrechtlichen Schutzniveaus fest. Dennoch führen beide Regelungssysteme (potentiell) zu Unterschieden zwischen den nationalen Urheberrechtsordnungen. Siehe im einzelnen Kap. III. § 3.

[1359] Näher zu Inhalt und Zielsetzung des Grundsatzes der Inländerbehandlung siehe Kap. III. § 1 A. I. 1. a).

[1360] Näher hierzu insbesondere Kap. V. § 2 A.

bestimmt.[1361] Zudem verdeutlicht eine Analyse der bereits verwirklichten Harmonisierungsbestrebungen auf materiell-rechtlicher Ebene und deren Zustandekommen zum einen die verbleibende Relevanz des Urheberkollisionsrechts. Zum anderen wird erkennbar, in welchem Umfang das Sachrecht hinsichtlich seines Beitrages zu einer Lösung der durch den Einsatz neuer Informationstechnologien bedingten Konflikte an seine Grenzen stößt und damit Alternativansätzen, die auf der Prämisse von idealerweise weltweit einheitlichen Urheberrechtsordnungen aufbauen, ggf. die Grundlage entzogen ist.

7. Im Bereich des Urheberkollisionsrechts stehen sich zunächst zwei grundlegende Anknüpfungsregeln gegenüber.

a) So wird zumindest traditionell insbesondere auch in Deutschland der Geltungsbereich der Urheberrechte als territorial begrenzt angesehen, mit dem Ergebnis, daß inländische Urheberrechte nicht durch ausländische Handlungen verletzt werden können. Diese Kernaussage des sog. Territorialitätsprinzips vermag allerdings allein noch nicht die Frage nach dem anwendbaren Recht zu beantworten.[1362] Solches gelingt erst aufgrund der Schlußfolgerung, daß die Rechtsordnung desjenigen Staates zur Anwendbarkeit zu berufen ist, für dessen Gebiet Schutz begehrt wird (sog. Schutzlandprinzip). Damit wird eine Anknüpfung an die *lex loci protectionis* vorgenommen, die insbesondere nach überwiegender Ansicht der das autonome deutsche IPR betreffenden Literatur und Rechtsprechung nicht nur Fragen hinsichtlich der Verletzung und damit hinsichtlich Inhalt, Umfang und Schranken eines Urheberrechts, sondern ebenso Fragen hinsichtlich seiner Entstehung und Übertragung mit umfaßt.[1363] Als im deutschen Recht ungeschriebene Kollisionsregel findet sich deren dogmatische Rechtfertigung auch nach der am 1. Juni 1999 in Kraft getretenen EGBGB-Novelle in Art. 40 Abs. 1 bzw. Art. 41 EGBGB.[1364]
Im Ergebnis erlangt der Urheber unter Zugrundelegung des Territorialitätsprinzips und unter Anknüpfung an die *lex loci protectionis* kein einheitliches weltumfassendes Urheberrecht, sondern ein „Bündel"[1365] territorial beschränkter, inhaltlich unterschiedlicher Rechte.

[1361] So wird insbesondere angesichts der die Erstinhaberschaft und Übertragbarkeit von Urheberrechten betreffende Fragen deutlich, daß die Suche nach einer geeigneten Anknüpfungsregel eine inhaltliche Prägung im Hinblick auf die unterschiedliche Bewertung und Sicherung der Stellung des natürlichen Werkschöpfers aufweist. Siehe Kap. V. § 5 A.

[1362] Näher zur Begrifflichkeit, Entstehungsgeschichte und Inhalt des Territorialitätsprinzips siehe Kap. IV. § 2 A. II.

[1363] Näher zum Umfang und Inhalt einer kollisionsrechtlichen Anknüpfung siehe Kap. IV. § 1.

[1364] Siehe Kap. IV. § 2 A. III. 2. Allg. zur Neuregelung des internationalen Deliktsrechts im Verhältnis zum Gemeinschaftsrecht, *Schaub*, RabelsZ 66 (2002), S. 18 ff.

[1365] Sog. „Kegel'sche Bündeltheorie", *Kegel*, in: Soergel, EGBGB, Art. 12 Anh. Rn. 16.

b) Dieses Resultat einer Anknüpfung an das Schutzland stieß bereits vor mehreren Jahrzehnten auf Widerspruch. Mit Hinweis darauf, daß dem menschenrechtlich geschützten Kern des Urheberrechts und dem Bedürfnis nach seiner internationalen Verkehrsfähigkeit ausschließlich ein universales Verständnis gerecht werden könne, plädierten Vertreter des sog. Universalitätsprinzips für die Bestimmung eines einheitlichen Urheberrechts. Dieses sollte anhand des im Ursprungsland des zu schützenden Werkes geltenden Rechts bestimmt werden (*lex originis*). Auf diese Weise sollte die auf einem überkommenen Privilegienwesen beruhende Territorialitätsbezogenheit des klassischen Urheberkollisionsrechts überwunden werden. Anstatt nach einem Bündel nationaler, inhaltlich verschieden ausgestalteter Rechte, sollte der weltweite Schutz eines schöpferischen Werkes sich in erster Linie nach der Urheberrechtsordnung des Landes der Erstveröffentlichung bemessen.
Vor dem Hintergrund der Entwicklung neuer Informationstechnologien wurde dieses Streben nach einer alternativen Anknüpfungsregel erneut aufgegriffen, da ein territorial begrenzter Geltungsbereich urheberrechtlicher Befugnisse als Anachronismus zu der globalen Reichweite internationaler Datennetze empfunden wurde.
So wurden differenzierende Ansätze hinsichtlich einzelner Anknüpfungsgegenstände, insbesondere hinsichtlich der ersten Inhaberschaft und der Übertragbarkeit urheberrechtlicher Befugnisse, entwickelt.[1366]

8. Als Quellen des Urheberkollisionsrechts können jedoch nicht ausschließlich die autonomen internationalprivatrechtlichen Vorschriften der einzelnen Staaten, sondern gerade auch Normen auf internationaler und supranationaler Ebene in Betracht kommen.[1367] Hinsichtlich der Frage, inwieweit internationalen Regelwerken ein kollisionsrechtlicher Gehalt beigemessen werden kann, hat eine Untersuchung der für den Bereich des Urheberrechts maßgeblichen Konventionen und gemeinschaftsrechtlichen Regelungen zunächst ergeben, daß diese jedenfalls keine ausdrückliche und eindeutige Aussage zur Frage des auf grenzüberschreitende Urheberrechtsverletzungen anwendbaren Rechts enthalten.

a) Allerdings herrscht hinsichtlich des in Art. 5 Abs. 2 S. 2 RBÜ enthaltenen und von Art. 3 WCT übernommenen Inländerbehandlungsgrundsatzes Uneinigkeit darüber, inwieweit diesem neben einer fremdenrechtlichen auch eine kollisionsrechtliche Komponente innewohnt.

[1366] Siehe Kap. IV. § 2 B. IV.
[1367] Soweit völkerrechtliche Vereinbarungen als unmittelbar anwendbares Recht anzusehen sind und kollisionsrechtlichen Gehalt aufweisen genießen diese bspw. nach Art. 3 Abs. 2 S. 1 EGBGB Vorrang.

Wenngleich weder grammatikalische noch historisch-genetische Aspekte zweifelsfrei auf einen kollisionsrechtlichen Regelungsgehalt hindeuten, so legen Sinn und Zweck der internationalen Vertragswerke es nahe, daß die klassische Prämisse, derzufolge der geographische Raum einen festen Bezugsrahmen für die kollisionsrechtliche Analyse darstellt, nicht in Frage gestellt werden soll.[1368]

b) Eine nähere Betrachtung des europäischen Primärrechts ergibt, daß auch die Grundsätze eines einheitlichen Binnenmarktes der Annahme der territorialen Begrenzung des Geltungsbereichs der Urheberrechte nicht entgegenstehen, da die Territorialität der Reichweite des urheberrechtlichen Schutzes vom spezifischen Gegenstand dieser Rechte als gedeckt angesehen wird. Dementsprechend ist die für das Wettbewerbsrecht zum Teil vertretene Auffassung, die Art. 28, 30 und 49 ff. EG (Art. 30, 36 und 59 ff. EGV a. F.) schrieben das Herkunftslandprinzip als europäische Kollisionsnorm vor, abzulehnen.[1369] Zunächst wird nämlich der überwiegende Teil des grenzüberschreitenden Waren- und Dienstleistungsverkehrs durch die Schranken des Art. 30 EG gerechtfertigt. Darüber hinaus sind auch im Falle eines Verstoßes gegen die Verbote des Art. 28 und 49 ff. bzw. 30 EG die sich aus der Berücksichtigung des Herkunftslandprinzips ergebenden Resultate nicht zwingend kollisionsrechtlicher Natur. Vielmehr ist das Herkunftslandprinzip als bloße Rechtsfolge der Anwendung sachrechtlicher Normen unter Berücksichtigung der europäischen Grundfreiheiten zu verstehen.

c) Hinsichtlich der Frage, inwieweit eine Anpassung des territorial geprägten Urheberkollisionsrechts an die Gegebenheiten internationaler Datennetze bereits erfolgt ist bzw. inwiefern eine alternative Anknüpfungsregel bereits in internationalen oder supranationalen Regelwerken ihren Niederschlag gefunden hat, boten vor allem die jüngeren Entwicklungen im Bereich des europäischen Sekundärrechts Anlaß für eine eingehende Betrachtung.
Diesbezüglich konnte eine Tendenz ausgemacht werden, derzufolge gesetzgeberische Maßnahmen der Europäischen Union mehr und mehr eine Aufnahme von Vorschriften zum Gegenstand haben, die hinsichtlich grenzüberschreitender Handlungen auf das Recht des jeweiligen Staates abstellen, in dem eine solche Handlung ihren Ursprung hat. So wurde beispielsweise im Rahmen der Satelliten-Richtlinie eine entsprechende

---

[1368] Siehe im einzelnen dazu Kap. IV. § 3 B. I.
[1369] Siehe Kap. IV. § 3 C. I.

Sonderregelung für Satellitensendungen zum Zweck der Vereinfachung des Rechtserwerbs seitens der Verwerter eingeführt.[1370]

Derartige Konzeptionen können jedoch nicht als kollisionsrechtliche Anknüpfung verstanden werden. Vielmehr handelt es sich hierbei um materiellrechtliche Varianten des Herkunftsland- bzw. Ursprungslandprinzips, die erst auf sachrechtlicher Ebene zum Tragen kommen.[1371]

d) Im Ergebnis liegt daher sowohl den internationalen Verträgen als auch dem primären und sekundären Gemeinschaftsrecht im Bereich des Urheberrechts die Annahme zugrunde, daß die territoriale Begrenztheit der Wirkung von Urheberrechten kollisionsrechtlich aufzugreifen ist. Dieser Ansatz entspricht damit der klassischen Anknüpfungsregel im Bereich des Urheberkollisionsrechts.

Da die einschlägigen internationalen Regelwerke folglich nach wie vor vom Prinzip der Territorialität beherrscht werden, kann im Ergebnis nicht gesagt werden, daß eine Anknüpfung an die *lex originis* im Begriff wäre, eine Anknüpfung an die *lex loci protectionis* abzulösen. Selbst die in der E-Commerce-Richtlinie enthaltene, am weitesten gehende und kontrovers diskutierte Festschreibung des Herkunftslandprinzips läßt nach der hier vertretenen Auffassung das nationale Kollisionsrecht im Grundsatz unberührt, wobei allerdings das vom nationalen IPR berufene materielle Recht modifiziert, d. h. auf eine EU-konforme Verantwortlichkeitsgrenze reduziert wird. Wenngleich man folglich eine Auflockerung des Territorialitätsprinzips im Bereich des E-Commerce insofern bejahen kann, als dem Bedürfnis einer materiell-rechtlichen „Korrektur" der Schutzlandanknüpfung jedenfalls hinsichtlich bestimmter Handlungen nachgekommen wurde, ist dies jedenfalls bislang nicht auf den Bereich des Urheberrechts übertragen worden.

9. Aufgrund der engen Verbindung des Kollisionsrechts mit dem Sachrecht im Bereich des Urheberrechts stellt sich allerdings in Anbetracht der erörterten gesetzgeberischen Aktivitäten auf sachrechtlichem Gebiet die Frage, ob eine entsprechende Entwicklung auch aus kollisionsrechtlicher Sicht geboten ist. Ob und inwieweit das internationale Urheberrecht in dieser Hinsicht an die Realität einer zunehmend globalisierten Werkverwertung in weltweiten Datennetzen

---

[1370] Zu Inhalt und Geltungsbereich dieser Sonderregelung sowie zu den im Rahmen der Vorarbeiten zu der Satellitenrichtlinie diskutierten alternativen Ansätzen siehe im einzelnen Kap. IV. § 3 C. II. 1.

[1371] Zu der damit notwendigen Unterscheidung des Herkunfts- bzw. Ursprungslandprinzips im europäischen Sinne von einer Anknüpfung an das Recht des Ursprungslandes (*lex originis*) nach dem Verständnis der Vertreter des Universalitätsprinzips siehe insbesondere Kap. IV. § 3 C. II. 3. a) u. Kap. V. § 3 u. § 4.

angepaßt werden kann bzw. muß, hängt maßgeblich von der Frage der Geeignetheit der gefundenen Anknüpfungen bzw. Lösungen ab.

a) Die tradierte Anknüpfung an die *lex loci protectionis* wird vor dem Hintergrund der Entwicklung neuer Informationstechnologien zunächst deshalb in Frage gestellt, weil sich diese kollisionsrechtliche Vorgehensweise im Widerspruch zu dem Wesen der Datennetze befinde, die eine Zunahme grenzüberschreitender Urheberrechtsverletzungen bedingten und denen eine globale Reichweite zukomme.[1372]

So bereite die Lokalisierung des Handlungsortes als zentraler Bezugspunkt der Schutzlandregel, insbesondere im Hinblick auf Verletzungshandlungen, die mehrere Rechtsordnungen berühren, erhebliche Schwierigkeiten. Zwar wird nunmehr nach der auf internationale Initiative hin erfolgten Anpassung das Urhebersachrechts an die Gegebenheiten der Informationsgesellschaft eine materiell-rechtliche Qualifikation des Online-Angebots urheberrechtlich geschützter Materialien als öffentliche Zugänglichmachung gewährleistet sein. Dennoch bleibt im Hinblick auf diese Werkverwertung das Problem einer gleichzeitigen Anwendbarkeit der Rechtsordnungen praktisch aller Länder weltweit bestehen. Dieses konfliktträchtige Resultat beruht auf dem Verständnis der öffentlichen Zugänglichmachung als einheitlichem Verwertungsvorgang, der am Ort der Einspeisung geschützter Werke beginnt und am Ort deren Abrufs durch einen Nutzer endet.[1373]

Würde der für das Kollisionsrecht relevante Handlungsort lediglich auf den Standort des Servers, von dem aus ein Anbieter urheberrechtlich relevante Daten im Internet bereit hält, festgelegt werden, entspräche dies der im Rahmen der Vorarbeiten zur Informations-Richtlinie erwogenen europäischen „Ursprungslandlösung".[1374] Abgesehen davon, daß eine Auslegung der Verwertungshandlung der öffentlichen Zugänglichmachung in letzterem Sinne gerade nicht deren Unrechtsgehalt zu erfassen vermag,[1375] brächte dieser Ansatz weitere Nachteile mit sich. So birgt das alleinige Abstellen auf das Recht des Landes, von dessen Gebiet aus die in Frage stehende Verwertungshandlung ihren Ausgang nimmt, die Gefahr der Ausnutzung urheberrechtlicher Schutzlücken durch gezielte Delokalisierung des maßgeblichen Servers in Staaten mit niedrigem Urheberrechtsschutzniveau.[1376]

1372 Siehe insbesondere Kap. V. § 3 D.

1373 Siehe Kap. V. § 2 II. 3.

1374 Siehe hierzu Kap. V. § 4.

1375 So kann vor allem unter wirtschaftlichen Gesichtspunkten die urheberrechtsverletzende Handlung des Providers, die sich via Internet in sämtlichen Staaten entfaltet, von einer von dem Provider verschiedenen Person, nämlich der des Nutzers, nicht kompensiert werden kann. Dazu näher siehe Kap. V. § 3 II.

1376 Näher hierzu Kap. V. § 4 A. II.

Des weiteren führt eine Schutzlandanknüpfung grenzüberschreitender Nutzungsvorgänge (sog. Multi-State-Delikte) zu einer insbesondere in prozessualer Hinsicht problematischen sog. Mosaikbetrachtung. Der Umstand, daß folglich für das Internet typische Werknutzungen nach dem Recht sämtlicher Staaten, von denen ein Zugriff erfolgen kann, zulässig sein muß, steht zudem der Verbreitung urheberrechtlich geschützter Werke bzw. der (internationalen) Umlauffähigkeit des Urheberrechts entgegen.

b) Dieser Situation adäquat zu begegnen und eine praktikable Lösung zu finden ist Hauptanliegen der in jüngerer Zeit wiederaufgenommenen Debatte um eine Anknüpfung an die *lex originis* (Ursprungslandprinzip).
Für diese kollisionsrechtliche Regel wird vorgebracht, daß durch die Gewährung eines weltweit einheitlichen Urheberrechts in erster Linie die Bestimmung des Ortes der Verletzungshandlung entfiele, die entweder zur Schaffung von Zufluchtsorten für Urheberrechtspiraten führe oder aber den weltweiten Handel bzw. Datenfluß erschwere. Demgegenüber komme die Berufung des Rechts des Ursprungslandes des geschützten Werkes nicht nur den Interessen der Verwerter, sondern insbesondere auch den Interessen der Rechtsinhabern entgegen. Allerdings vermag die Bestimmung des urheberrechtlichen Deliktsstatuts allein nach dem Recht des Ursprungslandes den Interessen der Nutzer bzw. Rezipienten geschützter Werke nicht gerecht werden. Bestimmen sich Ausnahmen und Schranken eines Urheberrechts nicht länger nach dem Recht des Ortes, an dem das in Frage stehende Recht verletzt wird, besteht für den Handelnden keinerlei Rechtssicherheit mehr.

c) Indem beide widerstreitenden Prinzipien des Urheberkollisionsrechts vor dem Hintergrund der Entwicklung neuer Informationstechnologien im einzelnen Schwierigkeiten bereiten, weist allein eine Abwägung der Vor- und Nachteile unter Berücksichtigung eines gerechten Ausgleichs der Interessen sämtlicher Beteiligten und unter Beachtung tangierter rechtlicher und insbesondere kollisionsrechtlicher Grundsätze den Weg zu einer insgesamt zufriedenstellenden Lösung.[1377]
Diese hat ergeben, daß, auch wenn das tradierte System territorial begrenzter Urheberrechte und die darauf aufbauende Anknüpfung an die *lex loci protectionis* im Hinblick auf die Gegebenheiten in einem Kommunikationsnetz von globaler Reichweite als veraltet und widersprüchlich erscheinen mögen, dennoch die besseren Gründe für eine Beibehaltung des Schutzlandprinzips sprechen.
So führt zwar die bislang vorherrschende Anknüpfungsregel im Falle grenzüberschreitender Datenübertragungen und damit verbundener Verwertungshandlungen in praktischer Hinsicht zu dem Problem der gleichzeitigen Anwendung einer

---

[1377] Im einzelnen hierzu Kap. V. § 5 A.

Vielzahl von Rechtsordnungen weltweit. Der hierdurch bedingten mangelnden Vorhersehbarkeit der rechtlichen Situation insbesondere für die Verwerter zu begegnen, ist dementsprechend auch Hauptziel der Anhänger des Ursprungslandprinzips. Die Verkehrsfähigkeit des Urheberrechts kann jedoch nur dann aufrechterhalten bzw. erhöht werden, wenn eine Anknüpfung an die *lex originis* die erwünschte Rechtssicherheit auch ihrerseits gewährleisten kann. Da allerdings das Ursprungsland, dessen Recht zur Anwendung gelangen soll, weder einfach noch eindeutig lokalisiert werden kann, ist dies nicht der Fall.[1378]
Gleichermaßen werden die vorhandenen Schwierigkeiten im Rahmen einer gerichtlichen Geltendmachung von aus einer Verletzung urheberrechtlicher Befugnisse resultierenden Ansprüchen nicht vollständig beseitigt, sondern lediglich auf eine andere Ebene verlagert.[1379]
Ebensowenig vermag eine gesonderte und damit selbständige Anknüpfung der die Rechtsinhaberschaft und Übertragbarkeit von Urheberrechten betreffenden Fragen an die *lex originis*[1380] zu überzeugen. Zunächst treten nämlich im Zusammenhang mit diesen Anknüpfungsgegenständen die Unterschiede zwischen den Urheberrechtsordnungen der einzelnen Länder in besonderem Maße zutage, wobei sich in erster Linie das anglo-amerikanische Copyright-System und das kontinentaleuropäisches Droit d'auteur-System gegenüberstehen.[1381] Müßten nun urheberrechtliche Vorschriften, die eine natürliche Person als geistigen Schöpfer zum Ausgangspunkt nehmen, auf eine juristische Person Anwendung finden, wäre dies eine vehemente Beeinträchtigung der Kohärenz bestehender nationaler Urheberrechtsregime.[1382] Derartige Schwierigkeiten dürfen aber im Rahmen kollisionsrechtlicher Fragestellungen nicht außen vor bleiben, soll eine Anknüpfungsregel den Erfordernissen der internationalen Konsensfähigkeit und der Praktikabilität genügen.
Einer demgemäß problematischen Unterwerfung ein und desselben Verwertungsvorgangs unter verschiedene Rechtsordnungen kann aber auch nicht dadurch begegnet werden, daß im Falle einer Verletzung urheberrechtlicher Befugnisse und der damit einhergehenden notwendigen Beantwortung der Frage, wer für die Geltendmachung entsprechender Ansprüche aktivlegitimiert sei, die Tatbestandsvoraussetzungen und Rechtsfolgen einer Urheberrechtsverletzung ebenfalls nach der *lex originis* beurteilt werden. So läßt sich nämlich die Geltung des Ursprungslandprinzips im Hinblick auf die letzteren Anknüpfungsgegenstände erst recht unter keinen Umständen befürworten. Solches stünde näm-

---

[1378] Näher hierzu Kap. V. § 3 A.
[1379] Siehe dazu Kap. V. § 2 B. I u. § 3 B.
[1380] So der differenzierende Vorschlag einiger Anhänger des Ursprungslandprinzips, Kap. IV. § 2 B. IV. Siehe hierzu auch Kap. V. § 2 B. II. 2.
[1381] Siehe dazu Kap. V. § 2 B. II. 2.
[1382] Siehe im einzelnen Kap. V. § 3 D.

lich nicht allein im Widerspruch zum Gedanken der Souveränität der jeweils betroffenen Staaten, deren nationale kulturpolitische Wertentscheidungen zumindest innerhalb der eigenen Grenzen Vorrang haben sollten. Vielmehr wäre eine Anknüpfung an das Recht des Ursprungslandes vor allem auch für die Nutzer unzumutbar, die ihr Handeln nicht mehr nach der Rechtsordnung ausrichten könnten, die an dem Ort Geltung beansprucht, an dem die in Frage stehende Nutzungshandlung vorgenommen wird. Diesem Verkehrsschutzinteresse kann ausschließlich durch eine Berufung des Rechts des Schutzlandes Genüge getan werden, das Inhalt, Schranken und Erlöschen urheberrechtlicher Befugnisse festlegt.
Damit läßt die mit dem Internet einhergehende „Entmaterialisierung"[1383] der Werknutzung die territoriale Anknüpfung letztlich keineswegs obsolet werden.[1384]

10. Da sich das Problem der Anwendbarkeit unzähliger Rechtsordnungen in erster Linie für die Verwertungshandlung der öffentlichen Zugänglichmachung von Werken stellt, bietet sich vielmehr eine geeignete Korrektur dieses Ergebnisses auf sachrechtlicher Ebene an. So bereiten nämlich andere urheberrechtliche Fragestellungen, wie beispielsweise die einer Rechtsverletzung aufgrund unerlaubter Vervielfältigungshandlungen, im Vergleich zu den analogen Medien keine neuartigen Schwierigkeiten kollisionsrechtlicher Natur. Infolgedessen würde auch ein vollständiger Austausch der Anknüpfungspunkte im Urheberkollisionsrecht bedeuten, „das Kind mit dem Bade auszuschütten." Da, wie eingangs erwähnt,[1385] das Internet keinen neuen eigenständigen Rechtsraum darstellt, sondern diesem Medium lediglich ein Potential an neuen Konflikten innewohnt, auf die es zu reagieren gilt, muß eine geeignete Lösung auch nicht zwangsläufig darauf zielen, eine Anknüpfung an die *lex loci protectionis* im Ganzen durch eine Anknüpfung an die *lex originis* zu ersetzen.

11. Vorliegend wird eine Lösung dahingehend favorisiert, die Zahl der potentiell anwendbaren Rechtsordnungen durch die Festlegung des Gebiets einzugrenzen, von dem aus ein Abruf bestimmungsgemäß erfolgen soll.[1386] Dieser auf die im Hinblick auf die urheberrechtliche Beurteilung von Satellitensendungen bereits schon einmal diskutierte Theorie vom intendierten Abrufgebiet[1387] zurückge-

---

[1383] Auch als „Dematerialisierung" der Wirtschaftsgüter allgemein bezeichnet, *Hoeren*, NJW 1998, 2849 [2849].
[1384] *Thum*, GRUR Int. 2001, 9 [18].
[1385] Siehe Kap. I. § 3.
[1386] Siehe Kap. V. § 5 B.
[1387] Siehe Kap. IV. § 3 C. II. 1. a) bb).

hende Ansatz stellt ebenso wie die europäische „Ursprungslandlösung" eine Korrektur der kollisionsrechtlichen Ergebnisse auf materiell-rechtlicher Ebene dar. Dadurch, daß die Anbieter urheberrechtlich relevanter Materialien nur noch Verwertungsrechte für das von ihnen intendierte Abrufgebiet erwerben müßten, soll deren Interesse an einer Vorhersehbarkeit der rechtlichen Situation mit einem hinreichenden Schutz der Urheber und der Rechtssicherheit für die Nutzer in Einklang gebracht werden. Die hierfür erforderliche Abgrenzung der bestimmungsgemäß erreichten Staaten von den übrigen Staaten gelänge, wenngleich übertragbaren Kriterien aus dem Bereich des Wettbewerbsrechts wohl lediglich Indizwirkung zukommt, so doch zumindest durch den Einsatz technischer Maßnahmen.[1388] Diese Vorgehensweise steht zudem in Einklang mit der Entwicklung einer zunehmenden Nutzung des Internet als Vertriebsweg und beispielsweise der Notwendigkeit der Umsetzung von gerichtlich angeordneten Sperrverfügungen.

[1388] Siehe im einzelnen Kap. V. § 5 B. II. 2.

§ 2 Ausblick

Zuletzt bleibt die Frage, welche weiteren Aussagen sich zu einem zukünftigen Vorgehen im Hinblick auf die hier untersuchte Anknüpfungsproblematik im Bereich des internationalen Urheberrechts treffen lassen.

1. Angesichts der Tatsache, daß sich die kollisionsrechtliche Behandlung grenzüberschreitender urheberrechtlich relevanter Verwertungsvorgänge im Bereich neuer Informationstechnologien weltweit auswirkt, muß eine international anerkannte und einheitliche Lösung gefunden werden. Unter diesem Aspekt muß darauf hingewiesen werden, daß sich auf Dauer die Suche nach einem „sinnvollen internationalen Urheberrechtsregime für das 21. Jahrhundert"[1389] nicht auf einen kollisionsrechtlichen Beitrag zu einem Ausgleich der Unterschiede zwischen den einzelnen nationalen Urheberrechtsordnungen beschränken darf.[1390] So wurde zwar im Rahmen der vorangegangenen Untersuchung verschiedentlich deutlich, daß das Für und Wider der zur Debatte stehenden Grundprinzipien im Bereich des Urheberkollisionsrechts nicht unwesentlich von den Konsequenzen der jeweiligen Anknüpfung auf materiell-rechtlicher Ebene beeinflußt werden. Darüber hinaus muß allerdings auch der Umstand Berücksichtigung finden, daß in gleichem Maße die nationalen kollisionsrechtlichen Ansätze teils erheblich divergieren.[1391] Diesbezüglich sieht sich ein System starrer Anknüpfungsregeln[1392] einer flexibleren Vorgehensweise nach US-amerikanischem Recht gegenüber.[1393] Eine Auseinandersetzung mit der letzteren kollisionsrechtlichen

---

[1389] *Thum*, GRUR Int. 2001, 9 [27].

[1390] Siehe auch Kap. IV. § 3 B. III.

[1391] Siehe hierzu insbesondere *Ginsburg*, International Law Aspects, S. 44.

[1392] Diese kollisionsrechtliche Vorgehensweise findet sich vor allem in internationalprivatrechtlichen Regelwerken kontinentaleuropäischer Rechtsordnungen, die auf *v. Savigny* zurückzuführen sind, *Geller*, GRUR Int. 2000, 659 [659]; *Thum*, GRUR Int. 2001, 9 [27]. In diesem Zusammenhang finden sich zudem Überlegungen zu einem weiteren alternativen Anknüpfungsmodell. So wird zum einen erwogen, im Falle einer internetspezifischen Verletzungshandlung stets das Sachrecht des Gerichtsortes (*lex fori*) zur Anwendung zu berufen, *Hoeren*, in: Hoeren/Sieber, HdbMMR, 7.10 Rn. 40 ff.; *Muth*, Urheberrechtsverletzungen, S. 155 ff. Hiernach würde der Forumstaat das Urheberrechtsstatut auf die jeweilige *lex fori* begrenzen, nach der sodann die Fragen eines urheberrechtlichen Schutzes zu beantworten wären. Diese Vorgehensweise würde allerdings ebenso wie die auf sachrechtlicher Ebene zum Tragen kommende europäische „Ursprungslandlösung" die Gefahr in sich bergen, daß ein angemessener Urheberrechtsschutz unterlaufen werden könnte. Durch die gezielte Anrufung eines bestimmten Gerichts in einem bestimmten Staat („forum shopping") könnte nämlich die Anwendbarkeit einer Rechtsordnung, die lediglich ein geringes Schutzniveau für Werkschöpfer vorsieht, herbeigeführt werden. Infolgedessen bietet dieser Ansatz keine geeignete Alternative zu den hier gefundenen Ergebnissen.

[1393] Die Flexibilität resultiert hierbei aus einer größeren Zahl verschiedener einzelfallbezogener „approaches", siehe *Thum*, GRUR Int. 2001, 9 [16] m. w. N. Diese Methode klingt z. B.

Methode wird daher in Zukunft auf internationaler Ebene nicht ausbleiben können.[1394]

2. Da allerdings die nationalen Vorbehalte gegenüber der Anwendung kollisionsrechtlich berufener ausländischer Urheberrechtsvorschriften dort am stärksten bestehen, wo ein Unterlaufen der inländischen urheberrechtlichen Konzeption droht und sich dies oftmals auch auf die Entscheidung der Gerichte für eine bestimmte Anknüpfungsregel auswirken kann,[1395] bedarf es ergänzend einer weiteren Vereinheitlichung des Sachrechts. Da in diesem Zusammenhang allerdings ebenso Grenzen erreicht werden, zumindest soweit es um eine vollständige Beseitigung des Schutzgefälles zwischen den nationalen Urheberrechtsordnungen weltweit geht,[1396] sollten zukünftige Harmonisierungsbestrebungen in erster Linie auf eine weitergehende Vereinheitlichung der Beurteilungsmaßstäbe für internetspezifischer Nutzungshandlungen zielen. Die internationale Festschreibung des Rechts der öffentlichen Zugänglichmachung könnte beispielsweise um einen Katalog geeigneter Abgrenzungskriterien derjenigen Gebiete ergänzt werden, von denen aus ein Abruf als bestimmungsgemäß zu betrachten wäre.

3. Schlußendlich ist besonderes Augenmerk auf die Schaffung eines weltweit möglichst lückenlosen Systems von Rechtsmitteln zu legen. Solches erlangt vor allem dann Bedeutung, wenn die Gerichte die Höhe der für erlittene Verluste zu

---

auch in der von *Ginsburg* entwickelten Anknüpfungsregel zur Frage des auf Urheberrechtsverletzungen im Internet anwendbaren Rechts an, *Ginsburg*, in: Hugenholtz, Copyright, S. 189 [218]; *dies.*, J.C.S. USA 42 (1995), 318 [338]; *dies.*, Private International Law Aspects, S. 45. Mit Verweis darauf, daß ein großer Teil der Schwierigkeiten bei der Suche einer geeigneten Anknüpfung darauf beruhe, daß ausschließlich ein Anknüpfungspunkt als maßgeblich erachtet wird, wird eine Berufung des sowohl im Forum- als auch in dem Staat geltenden Rechts vorgeschlagen, von dem ein urheberrechtlich relevantes Angebot im Internet ausgeht. Je nach Fallkonstellation soll sodann die Rechtsordnung des einen oder des anderen Staates über die in Frage stehende Urheberrechtsverletzung entscheiden. Dieser unterschiedliche Anknüpfungspunkte kombinierende Methode gelingt es allerdings ebensowenig, die Gefahr einer Flucht des Anbieters in sog. Urheberrechtsoasen zu beseitigen. Lediglich die Anzahl der Möglichkeiten einer Manipulation der anwendbaren Vorschriften wird eingeschränkt, *Hoeren/Thum*, in: Dittrich, UrhR, S. 78 [95]; *Intveen*, IntUrhR, UFITA 171 (1999), S. 78; *Muth*, Urheberrechtsverletzungen, S. 159.

[1394] So auch *Walter*, in: v. Lewinski/Walter/Blocher/Dreier/Daum/Dillenz, EuUrhR-K, Stand der Harmonisierung, Rn. 111; *Thum*, GRUR Int. 2001, 9 [28].

[1395] Siehe Kap. V. § 5 A. a. E.

[1396] *Drexl*, in: FS für Dietz, S. 461 [479]; *Ginsburg*, GRUR Int. 2000, 97 [108]. Siehe außerdem Kap. III. § 3. So erscheint auch nach der hier vertretenen Ansicht die kühne Erwägung, daß „nationale Urheberrechtsnormen Spuren einer bald vergangenen analogen Welt darstellen (könnten)", *Tilmann*, GRUR Int. 2001, 673 [677], als zu weitgehend.

gewährenden Geldentschädigung festlegen müssen.[1397] So hat eine Betrachtung der Auswirkungen einer Anknüpfung an die *lex loci protectionis* auf das gerichtliche Verfahren ergeben,[1398] daß nicht allein die Frage, in welchem Land eine im digitalen Kontext begangene Rechtsverletzung geltend gemacht werden kann, beantwortet werden muß. Vielmehr muß erwogen werden, wie sich die Geltendmachung möglichst vieler Ansprüche gegen möglichst viele Verletzter in einer Klage vor einem Gericht zusammenfassen läßt.[1399] Diesbezüglich wird ebenfalls für eine differenzierende Lösung plädiert, die aufgrund der Schwierigkeit einer konkreten rechtlichen Ausgestaltung gerichtlicher Sanktionen die Vielzahl anwendbarer Rechtsordnungen mitberücksichtigt.[1400]

[1397] Hierbei lassen sich zwei Arten von Geldentschädigungen unterscheiden. Zum einen wird ein reiner Schadensersatz gewährt, der den tatsächlich erlittenen Schadens ausgleichen soll, und zum anderen eine Entschädigung, die vor künftigen Verletzungshandlungen abschrekken soll, z. B. Art. 41 Abs. 1 TRIPs-Übereinkommen.

[1398] Siehe Kap. V. § 2 B. I.

[1399] *Thum*, GRUR Int. 2001, 9 [23].

[1400] Siehe hierzu *Geller*, GRUR Int. 2000, 659 [664]. In diesem Zusammenhang wird darauf hingewiesen, daß zur Vermeidung widersprüchlicher Entscheidungen eine internationale Regelung der Zuständigkeits- und vollstreckungsrechtlichen Fragen mit dem kollisionsrechtlichen Vorgehen korrespondieren müsse, *Thum*, GRUR Int. 2001, 9 [27]. Ziel sei daher eher eine Erweiterung denn eine Einschränkung bestehender Gerichtsstände, *Thum*, GRUR Int. 2001, 9 [23]. Zu den sich hieraus ergebenden Schwierigkeiten siehe *Junker*, Anwendbares Recht, S. 311 ff.

ABKÜRZUNGSVERZEICHNIS

- A -

a. A.	anderer Ansicht
a. a. O.	am angegebenen Ort
abl.	ablehnend
ABl. EG	Amtsblatt der Europäischen Gemeinschaften
Abs.	Absatz
a. F.	alte Fassung
AfP	Archiv für Presserecht
AIF	Audio Intercharge File
ALAI	Association littéraire et artistique internationale
allg.	allgemein
Alt.	Alternative
am.	amerikanisch
amtl.	amtlich
Anh.	Anhang
Anm.	Anmerkung
ARPA	Advanced Research Project Agency
ARPANET	Advanced Research Project Agency pocket-swichet network
Art.	Artikel

- B -

BB	Betriebs-Berater
BBS	Bulletin Board System
BDSG	Bundesdatenschutzgesetz vom 20. Dezember 1990 (BGBl. I S. 2954)
BGB	Bürgerliches Gesetzbuch vom 18. August 1896 (RGBl. S. 195)
Bd.	Band
Begr.	Begründung
BGBl.	Bundesgesetzblatt
BGH	Bundesgerichtshof
BGHZ	Entscheidungen des Bundesgerichtshofs in Zivilsachen
BMJ	Bundesministerium der Justiz
BR-Drs.	Bundesratsdrucksache
brit.	britisch
bspw.	beispielsweise
BT-Drs.	Bundestagsdrucksache
BVerfG	Bundesverfassungsgericht
BVerfGE	Entscheidungen des Bundesverfassungsgerichts
bzw.	beziehungsweise

- C -

CD-ROM	Compact Disk – Read Only Memory
Chap.	Chapter
CMMV	Clearingstelle Multimedia für Verwertungsgesellschaften

	von Urheber- und Leistungsschutzrechten
CR	Computer und Recht
CRi	Computer und Recht international

- D -

ders.	derselbe
d. h.	das heißt
dies.	dieselbe
dig.	digital
Diss.	Dissertation
Dok.	Dokument
dt.	deutsch
Dtl.	Deutschland
DVD	Digital Versatile Disc

- E -

EG	Europäische Gemeinschaft (en)
EG	Vertrag zur Gründung der Europäischen Gemeinschaft geändert durch den Amsterdamer Vertrag vom 2. September 1997 (BGBl. 1998 II S. 387)
EGBGB	Einführungsgesetz zum Bürgerlichen Gesetzbuch vom 18. August 1896 (RGBl. S. 604)
EGV	Vertrag zur Gründung der Europäischen Gemeinschaft vom 25. März 1957 (BGBl. II S. 766)
EU-/EGV-K	Das Recht der Europäischen Union, Kommentar
EU-/EGV-K	Kommentar des Vertrages über die Europäische Union und des Vertrages zur Gründung der Europäischen Gemeinschaft
E.I.P.R.	European Intellectual Property
Einl.	Einleitung
Einf.	Einführung
ELR	European Law Reporter
endg.	endgültig
etc.	et cetera
EU	Europäische Union
EuG	Gericht erster Instanz der Europäischen Gemeinschaften
EuGH	Gerichtshof der Europäischen Gemeinschaften
EuGVÜ	Europäisches Übereinkommen vom 27. September 1968 über die gerichtliche Zuständigkeit und die Vollstreckung gerichtlicher Entscheidungen in Zivil- und Handelssachen (BGBl. 1972 II S. 773)
EuGVVO	Verordnung des Rates vom 22. Dezember 2000 über die gerichtliche Zuständigkeit und die Anerkennung und Vollstreckung von Entscheidungen in Zivil- und Handelssachen, ABl. EG Nr. L 12 v. 16.1.2001, S. 1
EuUrhR-K	Europäisches Urheberrecht, Kommentar
EUV	Vertrag über die Europäische Union vom 7. Februar 1992 (BGBl. II S. 1253)

EuZVR	Europäisches Zivilverfahrensrecht
EuZW	Europäische Zeitschrift für Wirtschaftsrecht
EWG	Europäische Wirtschaftsgemeinschaft
EWGV	Vertrag zur Gründung der Europäischen Wirtschaftsgemeinschaft vom 25. März 1957 (BGBl. II S. 753, 766)
EWR	Europäischer Wirtschaftsraum

- F -

f.	folgende (Seite)
ff.	fortfolgende (Seiten)
FG	Festgabe
frz.	französisch
FS	Festschrift
FTP	File Transfer Protocol

- G -

GATT	General Agreement on Tariffs and Trade
GEMA	Gesellschaft für musikalische Aufführungs- und mechanische Vervielfältigungsrechte
GG	Grundgesetz für die Bundesrepublik Deutschland vom 23. Mai 1949 (BGBl. S. 1)
ggf.	gegebenenfalls
GRUR	Gewerblicher Rechtsschutz und Urheberrecht
GRUR Int.	Gewerblicher Rechtsschutz und Urheberrecht, Internationaler Teil
GVL	Gesellschaft zur Verwertung von Leistungsschutzrechten m. b. H. (Deutschland)

- H -

HdbMMR	Handbuch Multimedia-Recht
html	Hypertext Markup Language
http	Hypertext Transfer Protocol
Hrsg.	Herausgeber

- I -

i. d. F.	in der Fassung
i. d. R.	in der Regel
IGR	Immaterialgüterrecht (e)
IIC	International Review of Industrial Property and Copyright Law
Inc.	incorporated
IntUrhR	Internationales Urheberrecht
IntWirtschR	Internationales Wirtschaftsrecht
IP	Internet Protocol
IPR	Internationales Privatrecht
IPRax	Praxis des Internationalen Privat- und Verfahrensrechts
IPRG	Gesetz über das Internationale Privatrecht
ISBN	International Standard Book Number

ISSN	International Standard Serial Number
IT	Informationstechnologien
ital.	italienisch
IuKDG	Gesetzes zur Regelung der Rahmenbedingungen für Informations- und Kommunikationsdienste (Informations- und Kommunikationsdienste-Gesetz) vom 22. Juli 1997 (BGBl. I S. 1870)
i. V. m.	in Verbindung mit
IZPR	Internationales Zivilprozeßrecht
- J -	
JBl.	Juristische Blätter
J.C.S. USA	Journal of the Copyright Society of the USA
JURA	Juristische Ausbildung
Jur-PC	Internet-Zeitschrift für Rechtsinformatik
JuS	Juristische Schulung
JZ	Juristenzeitung
- K -	
Kap.	Kapitel
KB	Kilobyte
kbps	Kilobits per second
KG	Kammergericht
KollR	Kollisionsrecht
KOM	Dokumente der Kommission der Europäischen Gemeinschaften
KunstUrhG	Gesetz betreffend das Urheberrecht an Werken der bildenden Kunst und der Photographie vom 9. Januar 1907 (RGBl. S. 7)
K&R	Kommunikation und Recht
- L -	
LG	Landgericht
lit.	littera
- M -	
MB	Megabyte
MDR	Monatsschrift für Deutsches Recht
MMD-K	Recht der Multimedia-Dienste, Kommentar
MMR	Multimedia und Recht
MPEG	Moving Pictures Expert Group
MP3	MPEG-1 Audio Layer III
MüKO	Münchner Kommentar zum Bürgerlichen Gesetzbuch
m. w. N.	mit weiteren Nachweisen
- N -	
NJW	Neue Juristische Wochenzeitschrift
NJW-CoR	NJW-Computerreport

- O -

OGH	Oberster Gerichtshof der Republik Österreich
ÖSGRUM	Österreichische Schriftenreihe zum gewerblichen Rechtsschutz, Urheber- und Medienrecht
österr.	österreichisch
OLG	Oberlandesgericht

- P -

PPP	Point to Point Protocol
port.	portugiesisch

- R -

RabelsZ	Rabels Zeitschrift für ausländisches und internationales Privatrecht
RAM	Random Access Memory
RBÜ	Revidierte Berner Übereinkunft zum Schutze von Werken der Literatur und Kunst vom 9. September 1886, 1. Revision vom 13. November 1908 (RGBl. 1910 S. 965), vom 20. März 1914 (RGBl. 1920 S. 31), 2. Revision vom 2. Juni 1928 (RGBl. 1933 II S. 889), 3. Revision vom 26. Juni 1948 (BGBl. 1965 II S. 1213), 4. Revision vom 14. Juli 1967 (BGBl. 1970 I S. 293), Pariser Fassung vom 24. Juli 1971 (BGBl. 1973 II S. 1071)
Reg. - Entw.	Regierungsentwurf
RG	Reichsgericht
RGBl.	Reichsgesetzblatt
RGZ	Entscheidungen des Reichsgerichts in Zivilsachen
RIDA	Revue internationale du droit d'auteur
RIW	Recht der internationalen Wirtschaft
Rn.	Randnummer
Rs.	Rechtssache
rumän.	rumänisch

- S -

S.	Seite
Slg.	Sammlung der Rechtsprechung des EuGH (und des EuG)
sog.	sogenannt

- T -

TCP/IP	Transmission control protocol/Internet protocol
TDDSG	Gesetz über den Datenschutz bei Telediensten (Teledienstedatenschutzgesetz – TDDSG) vom 22. Juli 1997 (BGBl. I S. 1870)
TDG	Gesetz über die Nutzung von Telediensten (Teledienstegesetz - TDG) vom 22. Juli 1997 (BGBl. I S. 1870)
TDSV	Telekommunikations-Datenschutzverordnung vom 18. Dezember 2000 (BGBl. I S. 1740)
Techn.	Technologie

TRIPs	Trade-related Aspects of Intellectual Property Rights (Übereinkommen vom 15. April 1994, BGBl. II S. 1730)

- U -

u.	und
u. a.	unter anderem
UFITA	Archiv für Urheber-, Film-, Funk-, und Theaterrecht
UrhG	Gesetz über Urheberrecht und verwandte Schutzrechte (Urheberrechtsgesetz) vom 9. September 1965 (BGBl. I S. 1273)
UrhG-K	Kommentar zum Urheberrechtsgesetz
UrhQuellen	Quellen des Urheberrechts
Urh-/UrhVR	Urheber-/Urhebervertragsrecht
UrhR	Urheberrecht
UrhR-K	Kommentar zum Urheberrecht
Urh-/VerlR	Urheber-/Verlagsrecht
WahrnG	Gesetz über die Wahrnehmung von Urheberrechten und verwandten Schutzrechten (Urheberrechtswahrnehmungsgesetz) vom 9. September 1965 (BGBl. I S. 1294)
URL	Uniform Resource Locator
Urt.	Urteil
U. S.	United States
USA	United States of America
u. U.	unter Umständen

- V -

v.	versus
v.	von
VerlR	Verlagsrecht
VG	Verwertungsgesellschaft
vgl.	vergleiche
VO	Verordnung
VölkR	Völkerrecht
Vol.	Volume

- W -

WAV	
WCT	WIPO Copyright Treaty (WIPO-Urheberrechtsvertrag) vom 20. Dezember 1996
WIPO	World Intellectual Property Organization
WM	Zeitschrift für Wirtschafts- und Bankrecht, Wertpapiermitteilungen
WPPT	WIPO Performances and Phonograms Treaty (WIPO-Vertrag über Darbietungen und Tonträger) vom 20. Dezember 1996
WRP	Wettbewerb in Recht und Praxis
WTO	World Trade Organization
WUA	Welturheberrechtsabkommen vom 6. September 1952

	(BGBl. 1955 II S. 101)
WWW	World Wide Web

- Z -

z. B.	zum Beispiel
ZEuP	Zeitschrift für europäisches Privatrecht
ZfRV	Zeitschrift für Rechtsvergleichung
Ziff.	Ziffer
ZIP	Zeitschrift für Wissenschaftsrecht
zit.	zitiert
ZPR	Zivilprozeßrecht
ZRP	Zeitschrift für Rechtspolitik
z. T.	zum Teil
ZUM	Zeitschrift für Urheber- und Medienrecht
ZVglRWiss	Zeitschrift für vergleichende Rechtswissenschaft

LITERATURVERZEICHNIS

Ahrens, Claus: Napster, Gnutella, FreeNet & Co. – die immaterialgüterrechtliche Beurteilung von Internet-Musiktauschbörsen, ZUM 2000, S. 1029-1037

Ahrens, Hans-Jürgen: Das Herkunftslandprinzip in der E-Commerce-Richtlinie, CR 2000, S. 835-841

Alt, Wilfried/Sack, Jörn: Nationale Werbebeschränkungen und freier Warenverkehr, EuZW 1990, S. 311-314

Alpert, Frank: Kommerzielle Online-Nutzung von Computerprogrammen, CR 2000, S. 345-350

Apel, Jürgen/Grapperhaus, Tanja: Das Offline-Online-Chaos oder wie die Europäische Kommission den grenzüberschreitenden Werbemarkt zu harmonisieren droht, WRP 1999, S. 1247-1259

Bachmann, Birgit: Der Gerichtsstand der unerlaubten Handlung im Internet, IPRax 1998, S. 179-187

Bappert, Walter/Maunz, Theodor/Schricker, Gerhard: Verlagsrecht, Kommentar, 2. Auflage, München 1984 (zit.: *Bappert/Maunz/Schricker*, VerlR)

Bappert, Walter/Wagner, Egon: Internationales Urheberrecht, Kommentar zur Revidierten Übereinkunft und zum Welturheberrechtsabkommen, München 1956 (zit.: *Bappert/Wagner*, IntUrhR)

Bar, Christian von: Internationales Privatrecht, Erster Band, Allgemeine Lehren, München 1987 (zit.: *v. Bar*, IPR, Bd. 1)

Bar, Christian von: Internationales Privatrecht, Zweiter Band, Besonderer Teil, München 1991 (zit.: *v. Bar*, IPR, Bd. 2)

Bar, Christian von: Kollisionsrecht, Fremdenrecht und Sachrecht für internationale Sachverhalte im Internationalen Urheberrecht, UFITA 108 (1988), S. 27-49

Basedow, Jürgen: Der kollisionsrechtliche Gehalt der Produktfreiheiten im europäischen Binnenmarkt: favor offerendis, RabelsZ 59 (1995), S. 1-55

Basedow, Jürgen: Europäisches Internationales Privatrecht, NJW 1996, S. 1921-1929

Baum, Alfred: Völkerrecht, Berner Konvention und Landesgesetze, GRUR 1950, S. 437-442

Baumgarten, Jon/Meyer, Christopher: Die Bedeutung des Beitritts der USA zur Berner Übereinkunft, GRUR Int. 1989, S. 620-627

Bayreuther, Frank: Beschränkungen des Urheberrechts nach der neuen EU-Urheberrechtsrichtlinie, ZUM 2001, S. 828-839

Bechtold, Stefan: Der Schutz des Anbieters von Information – Urheberrecht und gewerblicher Rechtsschutz im Internet, ZUM 1997, S. 427-450

Bechtold, Stefan: Multimedia und Urheberrecht – einige grundsätzliche Anmerkungen, GRUR 1998, S. 18-27

Bechtold, Stefan: Vom Urheber- zum Informationsrecht, Implikationen des Digital Rights Management, Diss., München 2002 (zit.: *Bechtold*, Informationsrecht)

Becker, Jürgen: in: Becker, Jürgen/Dreier, Thomas (Hrsg.), Urheberrecht und digitale Technologie, UFITA 121 (1994), S. 45-76 (zit.: *Becker*, in: Becker/Dreier, UrhR u. dig. Techn., UFITA 121 (1994))

Becker, Jürgen: Neue Übertragungstechniken und Urheberrechtsschutz, ZUM 1995, S. 231-249

Becker, Jürgen: Bewertung der Richtlinienentwürfe der EU aus der Sicht der Urheber und der Verwertungsgesellschaften, in: Schwarze, Jürgen (Hrsg.), Rechtsschutz gegen Urheberrechtsverletzungen und Wettbewerbsverstöße in grenzüberschreitenden Medien, Ba-

den-Baden 2000, S. 29-51 (zit.: *Becker*, in: Schwarze, Medien)
Beier, Friedrich-Karl: Territorialität des Markenrechts und internationaler Wirtschaftsverkehr, GRUR Int. 1968, S. 8-13
Beier, Friedrich-Karl: Hundert Jahre Pariser Verbandsübereinkunft. Ihre Rolle in Vergangenheit, Gegenwart und Zukunft, GRUR Int. 1983, S. 339-347
Beier, Friedrich-Karl/Schricker, Gerhard/Ulmer, Eugen: Stellungnahme des Max-Planck-Instituts für ausländisches und internationales Patent-, Urheber- und Wettbewerbsrecht zum Entwurf eines Gesetzes zur Ergänzung des internationalen Privatrechts (außervertragliche Schuldverhältnisse und Sachen), GRUR Int. 1985, S. 104-108
Beining, Anke: Der Schutz ausübender Künstler im internationalen und supranationalen Recht (zit.: *Beining*, Schutz ausübender Künstler)
Bell, Daniel: Die nachindustrielle Gesellschaft, 2. Auflage, Frankfurt/Main 1985 (zit.: *Bell*, Die nachindustrielle Gesellschaft)
Berger, Christian: Urheberrechtliche Erschöpfungslehre und digitale Informationstechnologie, GRUR 2002, S. 198-203
Berger, Klaus Peter: Formalisierte oder „schleichende" Kodifizierung des transnationalen Wirtschaftsrechts – Zu den methodischen und praktischen Grundlagen der lex mercatoria, Schriften des Rechtszentrums für Europäische und Internationale Zusammenarbeit (R.I.Z.), Köln 1996, S. 29-108 (zit.: *Berger*, Lex mercatoria)
Bergström, Svante: Schutzprinzipien der Berner Übereinkunft nach der Stockholm-Pariser Fassung, GRUR Int. 1973, S. 238-244
Bernuth, Wolf von: § 46 UrhG und Multimedia-Richtlinie, GRUR Int. 2002, S. 567-571
Beseler, Hans-Friedrich: Die Harmonisierung des Urheberrechts aus europäischer Sicht, ZUM 1995, S. 437-441
Bettinger, Torsten/Thum, Dorothee: Territoriales Markenrecht im Global Village – Überlegungen zu internationaler Tatortzuständigkeit, Kollisionsrecht und materiellem Recht bei Kennzeichenkonflikten im Internet, GRUR Int. 1999, S. 659-680
Bizer, Johann: Web-Cookies – datenschutzrechtlich, DuD 1998, S. 277-281
Bleckmann, Albert: Europarecht, das Recht der Europäischen Union und der Europäischen Gemeinschaften, 6. Auflage, Köln 1997 (zit.: *Bleckmann*, Europarecht)
Bock, Matthias/Wöbke, Jörn: Selbstregulierung im Internet – Grundzüge eines neuen Medienrechts, K&R 1997, S. 11-17
Boente, Walter/Riehm, Thomas: Das BGB im Zeitalter digitaler Kommunikation – Neue Formvorschriften, JURA 2000, S. 793-798
Bornkamm, Joachim: Ungeschriebener Schranken des Urheberrechts? Anmerkungen zu Botho Strauß/Theater Heute, in: Festschrift für Henning Piper, München 1996, S. 641-653 (zit.: *Bornkamm*, in: FS für Piper)
Bortloff, Nils: Erfahrungen mit der Bekämpfung der elektronischen Musikpiraterie im Internet, GRUR Int. 2000, S. 665-672
Bosak, Jan Michael: Urheberrechtliche Zulässigkeit privaten Downloadings von Musikdateien, CR 2001, S. 176-181
Bothe, Michael/Kilian, Wolfgang: Rechtsfragen grenzüberschreitender Datenflüsse, Heidelberg 1996 (zit.: *Bothe/Kilian*, Rechtsfragen)
Boytha, György: Whose Right is Copyright?, GRUR Int. 1983, S. 379-385
Braun, Alfons M.: Die internationale Coproduktion von Filmen im internationalen Privatrecht, München 1996 (zit.: *Braun*, Coproduktion)
Braun, Thorsten: Das Diskriminierungsverbot des Art. 7 Abs. 1 EWGV und das internationale Urheber- und Leistungsschutzrecht, IPRax 1994, S. 263-266

Braun, Thorsten: Die Schutzlücken-Piraterie nach dem Urheberrechtsänderungsgesetz vom 23. Juni 1995, GRUR Int. 1996, S. 790-773

Bröcker, Walter: Möglichkeiten der differenzierten Regelbildung im internationalen Deliktsrecht, Diss., München 1967 (zit.: *Bröcker*, Regelbildung)

Burnstein, Matthew R.: A Global Network in a Compartmentalised Legal Environment, in: Katharina Boele-Woelki/Catherine Kessedjian: Internet – Which Court Decides? Which Law Applies? Quel tribunal décide? Quel droit s'applique?, Den Haag, London, Boston 1998, S. 23-30 (zit.: *Burnstein*, in: Boele-Woelki/Kessedjian, Internet)

Callies, Christian/Ruffert, Matthias: Kommentar des Vertrages über die Europäische Union und des Vertrages zur Gründung der Europäischen Gemeinschaft, 1. Auflage, Neuwied, Kriftel 1999 (zit.: *Bearbeiter*, in: Callies/Ruffert, EU-/EGV-K)

Caemmerer, Ernst von: Rechtsvereinheitlichung und internationales Privatrecht, in: Probleme des europäischen Rechts – Festschrift für Walter Hallstein zum 65. Geburtstag, Frankfurt/Main 1966, S. 63-72 (zit.: *v. Caemmerer*, in: FS für Hallstein)

Castendyk, Oliver/Albrecht, Martin von: Der Richtlinienvorschlag der EG-Kommission zum Satellitenfernsehen, Eine Stellungnahme aus der Sicht der Praxis, GRUR Int. 1992, S. 734-739

Castendyk, Oliver/Albrecht, Martin von: Satellitenfernsehen und Urheberrecht – eine Replik, GRUR Int. 1993, S. 300-301

Cichon, Caroline: Urheberrechte an Webseiten, ZUM 1998, S. 897-902

Cichon, Caroline: Musikpiraterie im Internet, K&R 1999, S. 547-548

Cigoj, Stojan: Internationalprivatrechtliche Aspekte der Urheberrechte, in: Festschrift für Karl Firsching, München 1985, S. 53-76 (zit.: *Cigoj*, in: FS für Firsching)

Czempiel, Benedict: Das bestimmbare Deliktsstatut – Zurechnung im internationalen Deliktsrecht, Diss., Berlin 1991 (zit.: *Czempiel*, Deliktsstatut)

Davies, Gillian: Pixel Piracy, Digital Sampling & Moral Rights, GRUR Int. 1996, S. 888-896

Davies, Gillian: Copyright in the Information Society – Technical Devices to Control Private Copying, in: Festschrift für Adolf Dietz zum 65. Geburtstag, München 2001 S. 307-319 (zit.: *Davies*, in FS für Dietz)

Davies, Gillian: Urheberrecht in der Informationsgesellschaft: Technische Mechanismen zur Kontrolle privater Vervielfältigung, GRUR Int. 2001, S. 915-919

Degenhardt, Christoph: Rundfunkordnung im europäischen Rahmen, ZUM 1992, S. 449-541

Deringer, Arved: Wandlungen des Urheberrechts unter dem Einfluß des Europäischen Gemeinschaftsrechts, NJW 1985, S. 513-517

Diemar, Undine von: Kein Recht auf Privatkopien – Zur Rechtsnatur der gesetzlichen Lizenz zu Gunsten der Privatvervielfältigung, GRUR 2002, S. 587-593

Dieselhorst, Jochen: Anwendbares Recht bei Internationalen Online-Diensten, ZUM 1998, S. 293-300

Dietz, Adolf: A Common European Copyright – Is it an Illusion?, E.I.P.R. 1985, S. 215-221

Dietz, Adolf: Urheberrecht und Satellitensendungen, UFITA 108 (1988), S. 73-85

Dietz, Adolf: Die USA und das „droit moral": Idiosynkrasie oder Annäherung? Anmerkungen zu einem Problemverhältnis anläßlich des Beitritts der Vereinigten Staaten zur Berner Konvention, GRUR Int. 1989, S. 627-634

Dietz, Adolf: Die EU-Richtlinie zum Urheberrecht und zu den Leistungsschutzrechten in der Informationsgesellschaft, Vorstoß in den Kernbereich des Urheberrechts- und Leistungsschutzes und seine Folgen, ZUM 1998, S. 438-451

Dietz, Adolf: Term of Protection in Copyright Law and Paying Public Domain: A New German Initiative, E.I.P.R. 2000, S. 506-511

Dillenz, Walter: Internationales Urheberrecht in Zeiten der Europäischen Union, JBl. 1995, S. 351-364
Dittrich, Robert: Urheberrechtliche Probleme des Satellitenfernsehens, ZUM 1988, S. 359-362
Dixon, Allen N./Hansen, Martin F.: The Berne Convention Enters the Digital Age, E.I.P.R. 1996, S. 604-612
Dreier, Thomas: Rechtsschutz von Computerprogrammen, Die Richtlinie des Rates der EG vom 14. Mai 1991, CR 1991, S. 577-584
Dreier, Thomas: Rundfunk und Urheberrechte im Binnenmarkt, Das Grundsatzpapier der EG-Kommission zu den urheberrechtlichen Fragen im Bereich der Satellitensendungen und Kabelweiterverbreitung, GRUR Int. 1991, S. 13-19
Dreier, Thomas: Die Harmonisierung des Rechtsschutzes von Datenbanken in der EG, GRUR Int. 1992, S. 739-749
Dreier, Thomas: Verletzung urheberrechtlich geschützter Software nach der EG-Richtlinie, GRUR 1993, S. 781-793
Dreier, Thomas: Perspektiven einer Entwicklung des Urheberrechts, in: Becker, Jürgen/Dreier, Thomas (Hrsg.), Urheberrecht und digitale Technologie, UFITA 121 (1994), S. 123-154 (zit.: *Dreier*, in: Becker/Dreier, UrhR u. dig. Techn., UFITA 121 (1994))
Dreier, Thomas: Developments and Perspectives of Copyright: From Gutenberg to Data Highways, in: Brunnstein, Klaus/Sint, Peter Paul, Intellectual property rights and new technologies, S. 31-50, Wien 1995 (zit.: *Dreier*, in: Brunnstein/Sint, Intellectual Property)
Dreier, Thomas: „Highways to Change" – Der Bericht der australischen Copyright Convergence Group zum Urheberrecht im neuen Kommunikationsumfeld, GRUR Int. 1995, S. 837-839
Dreier, Thomas: Der französische „Rapport Sirinelli" zum Urheberrecht und den neuen Technologien, GRUR Int. 1995, S. 840-843
Dreier, Thomas: Authorship and New Technologies from the Viewpoint of Civil Law Traditions, IIC Vol. 26 (1995), S. 989-999
Dreier, Thomas: Die Umsetzung der Richtlinie um Satellitenrundfunk und zur Kabelweiterleitung, ZUM 1995, S. 458-463
Dreier, Thomas: The Cable and Satellite Analogy, in: The Future of Copyright in a Digital Environment, in: Hugenholtz (Hrsg.), The Future of Copyright in a Digital Environment, Den Haag 1996, S. 57-65 (zit.: *Dreier*, in: Hugenholtz, Copyright)
Dreier, Thomas: Harmonisierung des Urheberrechts in der Informationsgesellschaft – Zum WIPO World Forum on the Protection of Intellectual Creations in the Information Society, Neapel, 18.-20. Oktober 1995, ZUM 1996, S. 69-72
Dreier, Thomas: TRIPS und die Durchsetzung von Rechten des geistigen Eigentums, GRUR Int. 1996, S. 205-218
Dreier, Thomas: Private International Law Aspects – Germany, in: Dellebeke (Hrsg.), Copyright in Cyberspace, Amsterdam 1997, S. 300-306 (zit.: *Dreier*, in: Dellebeke, Copyright)
Dreier, Thomas: Bildwerke und Multimedia, in: Lehmann, Michael (Hrsg.), Internet- und Multimediarecht (Cyberlaw), Stuttgart 1997, S. 119-147 (zit.: *Dreier*, in: Lehmann, Cyberlaw)
Dreier, Thomas: Urheberrecht auf dem Weg in die Informationsgesellschaft, GRUR 1997, S. 859-866
Dreier, Thomas: Urheberrecht an der Schwelle des 3. Jahrtausends, Einige Gedanken zur Zukunft des Urheberrechts, CR 2000, S. 45-49

Dreier, Thomas: Die Umsetzung der Urheberrechtsrichtlinie 2001/29/EG in deutsches Recht, ZUM 2002, S. 28-43
Drexl, Josef: Zur Dauer des US-amerikanischen Urhebern gewährten Schutzes in der Bundesrepublik Deutschland, GRUR Int. 1990, S. 35-50
Drexl, Josef: Europarecht und Urheberkollisionsrecht, in: Festschrift für Adolf Dietz zum 65. Geburtstag, München 2001, S. 461-479 (zit.: *Drexl*, in FS für Dietz)
Drexl, Josef: Nach „GATT und WIPO": Das TRIPS-Abkommen und seine Anwendung in der Europäischen Gemeinschaft, GRUR Int. 1994, S. 777-798
Drexl, Manfred: Entwicklungsmöglichkeiten des Urheberrechts im Rahmen des GATT, München 1993 (zit.: *Drexl*, GATT)
Drobnig, Ulrich: Originärer Erwerb und Übertragung von Immaterialgüterrechten im Kollisionsrecht, RabelsZ 40 (1976), S. 195-208
Dubsky, Phillip Thomas: Das TRIPS-Abkommen aus der Sicht des Internationalen Urheberrechts, Wien 1996 (zit.: *Dubsky*, TRIPS-Abkommen)
Duggal, Raoul: Die unmittelbare Anwendbarkeit der Konventionen des internationalen Urheberrechts am Beispiel des TRIPs-Übereinkommens, IPRax 2002, S. 101-107
Endter, Stefan: Internet – (k)ein urheberrechtlich ungeschützter Raum, NJW 1996, S. 975-981
Engel, Christoph: Inhaltskontrolle im Internet, AfP 1996, S. 220-227
Erdmann, Willi/Bornkamm, Joachim: Schutz von Computerprogrammen – Rechtslage nach der EG-Richtlinie, GRUR 1991, S. 877-880
Ernst, Stefan: Urheberrechtliche Probleme bei der Veranstaltung von On-demand-Diensten, GRUR 1997, S. 592-597
Ernst, Stefan: Internet und Recht, JuS 1997, S. 776-782
Ertl, Gunter: Zivilrechtliche Haftung im Internet, CR 1998, S. 179-184
Fawcett, James J./Torremans, Paul: Intellectual Property and Private International Law, Oxford 1998 (zit.: *Fawcett/Torremans*, Intellectual Property)
Federrath, Hannes: Multimediale Inhalte und technischer Urheberrechtsschutz im Internet, ZUM 2000, S. 804-815
Fezer, Karl-Heinz/Koos, Stefan: Das gemeinschaftsrechtliche Herkunftslandprinzip und die e-commerce-Richtlinie, Zur dringenden Notwendigkeit einer Harmonisierung des Wettbewerbsrechts in den Mitgliedstaaten der Europäischen Union als einer gemeinschaftsrechtlichen Aufgabe, IPRax 2000, S. 349-354
Ficker, Hans G.: Verknüpfung von Anknüpfungen, in: Festschrift für Hans Carl Nipperdey zum 70. Geburtstag, 21. Januar 1965, Band I, München, Berlin 1965, S. 297-322 (zit.: *Ficker*, in: FS für Nipperdey, Bd. 1)
Fiscor, Mihály: Direct Broadcasting by Satellite and the „Bogsch Theory", International Business Lawyer 1990, S. 258-263
Flechsig, Norbert P.: Die Auswirkungen der digitalen Signalverarbeitung auf Anbieter, in: Becker, Jürgen/Dreier, Thomas (Hrsg.), Urheberrecht und digitale Technologie, UFITA 121 (1994), S. 27-44 (zit.: *Flechsig*, in: Becker/Dreier, UrhR u. dig. Techn., UFITA 121 (1994))
Flechsig, Norbert P.: Haftung von Online-Diensteanbietern im Internet, AfP 1996, S. 333-346
Flechsig, Norbert P.: Der rechtliche Rahmen der europäischen Richtlinie zum Schutz von Datenbanken, ZUM 1997, S. 577-592
Flechsig, Norbert P.: Urheberrecht und verwandte Schutzrechte in der Informationsgesellschaft, Der Richtlinienvorschlag der EG-Kommission zur Harmonisierung bestimmter Aspekte dieser Rechte, CR 1998, S. 225-232
Flechsig, Norbert P.: EU-Harmonisierung des Urheberrechts und der verwandten Schutzrechte

in der Informationsgesellschaft – Der Richtlinienvorschlag der EG-Kommission zur Harmonisierung bestimmter Aspekte des Urheberrechts und verwandter Schutzrechte in der Informationsgesellschaft vom 10.12.1997, ZUM 1998, S. 139-154

Flechsig, Norbert P.: Grundlagen des Europäischen Urheberrechts, Die Richtlinie zur Harmonisierung des Urheberrechtsschutzes in Europa und die Anforderungen an ihre Umsetzung in deutsches Recht, ZUM 2002, S. 1-21

Flechsig, Norbert P./Fischer, Martin: Speicherung von Printmedien in betriebseigene Datenbankarchive und die Grenzen der betrieblichen Nutzung, ZUM 1996, S. 833-846

Flechsig, Norbert P./Klett, Alexander: Europäische Union und europäischer Urheberschutz, ZUM 1994, S. 685-691

Flechsig, Norbert P./Klett, Alexander: Die Richtlinie des Europäischen Urheberrechts, ZUM 2002, S. 732-738

Françon, André: Les droits sur le film en droit privé, RIDA 1972, S. 3-29

Frey, Dieter: Peer-To-Peer File-Sharing, das Urheberrecht und die Verantwortlichkeit von Diensteanbietern am Beispiel Napster, Inc. Im Lichte des US-amerikanischen und des EG-Rechts, ZUM 2001, S. 466-477

Freytag, Stefan: Digital Millennium Copyright Act und europäisches Urheberrecht für die Informationsgesellschaft, MMR 1999, S. 207-213

Freytag, Stefan: Urheberrechtliche Haftung im Netz, Zur dogmatischen Einordnung und praktischen Umsetzung von § 5 TDG und § 5 MDStV bei Urheberrechtsverletzungen im Internet, ZUM 1999, S. 185-195

Fröhlich, Michael: Zentrale Institutionen des deutschen Urheberrechts und des französischen Droit d'auteur auf dem Prüfstand der elektronischen Netzwerke, Diss., Frankfurt/Main 2001 (zit.: *Fröhlich*, Institutionen des dt. UrhR)

Fromm, Karl/Nordemann, Wilhelm: Kommentar zum Urheberrechtsgesetz und zum Urheberrechtswahrnehmungsgesetz, 9. Auflage, Stuttgart 1998 (zit.: *Bearbeiter*, in: Fromm/Nordemann, UrhG-K)

Fuchs, Andreas: Das Fernabsatzgesetz im neuen System des Verbraucherschutzrechts, ZIP 2000, S. 1273-1287

Gamm, Otto-Friedrich Frhr. von: Kommentar zum Urheberrechtsgesetz, 2. Auflage, München 1968 (zit.: *v. Gamm*, UrhG-K)

Gamm, Otto-Friedrich Frhr. von: Urheber- und urhebervertragsrechtliche Probleme des „digitalen Fernsehens", ZUM 1994, S. 591-596

Gaster, Jens-L.: Urheberrecht und verwandte Schutzrechte in der Informationsgesellschaft, Anmerkung zum Grünbuch der Europäischen Kommission, ZUM 1995, S. 740-752

Gaster, Jens-L.: Anmerkungen zum Arbeitsdokument der Kommissionsdienststellen über die Folgen des Phil-Collins Urteils des EuGH für den Bereich des Urheberrechts und der Leistungsschutzrechte, ZUM 1996, S. 261-274

Gaster, Jens-L.: Der Erfahrungsbericht zur EG-Computerprogramm-RL, Zwei Jahre Suigeneris-Recht: Europäischer Datenbankschutz in der Praxis der EG-Mitgliedstaaten, CRi 2000, S. 11-16

Gaster, Jens-L.: Die Erschöpfungsproblematik aus der Sicht des Gemeinschaftsrechts, GRUR Int. 2000, S. 571-596

Geimer, Reinhold: Internationales Zivilprozeßrecht, 4. Auflage, Köln 2001 (zit.: *Geimer*, IZPR)

Geimer, Reinhold/Schütze, Rolf A.: Europäisches Zivilverfahrensrecht, Kommentar zum EuGVÜ und zum Lugano-Übereinkommen, München 1997 (zit.: *Geimer/Schütze*, EuZVR)

Geller, Paul E.: Neue Triebkräfte im internationalen Urheberrecht, GRUR Int. 1993, S. 526-

Geller, Paul E.: Geistiges Eigentum auf dem Weltmarkt: Welche Bedeutung hat die Streitbeilegung nach TRIPS?, GRUR Int. 1995, S. 935-944

Geller, Paul E.: Conflicts of Law in Cyberspace: International Copyright in a Digitally Networked World, in: Hugenholtz (Hrsg.), The Future of Copyright in a Digital Environment, Den Haag 1996, S. 27-48 (zit.: *Geller*, in: Hugenholtz, Copyright)

Geller, Paul E.: Internationales Immaterialgüterrecht, Kollisionsrecht und gerichtliche Sanktionen im Internet, GRUR Int. 2000, S. 659-665

Genton, Frédérique: Multimedia im französischen Urheberrecht: Der zweite Sirinelli-Bericht, GRUR Int. 1996, S. 693-697

Gerlach, Tilo: „Making available right" – Böhmische Dörfer?, ZUM 1999, S. 278-282

Gerlach, Tilo: Lizenzrecht und Internet – Statement aus der Sicht der GVL, ZUM 2000, S. 856-859

Gerth, Joachim: Sind wir auf dem Weg zu einem einheitlichen Urheberrecht in Europa?, in: Stern, Klaus/Prütting, Hanns, Die Entwicklung des Urheberrechts im europäischen Rahmen, München 1999, S. 99-118 (zit.: *Gerth*, in: Stern/Prütting, UrhR)

Ginsburg, Jane C.: Surveying the Borders of Copyright, J.C.S.U.S.A. 41 (1994), S. 322-341

Ginsburg, Jane C.: Global Use/Territorial Rights: Private International Questions of the Global Information Infrastructure, J.C.S.U.S.A. 42 (1995), S. 318-338

Ginsburg, Jane C.: Putting Cars on the „Information Superhighway": Authors, Exploiters and Copyright in Cyberspace, in: Hugenholtz (Hrsg.), The Future of Copyright in a Digital Environment, Den Haag 1996, S. 189-219 (zit.: *Ginsburg*, in: Hugenholtz, Copyright)

Ginsburg, Jane C.: Die Rolle des nationalen Urheberrechts im Zeitalter der internationalen Urheberrechtsnormen, GRUR Int. 2000, S. 97-110

Ginsburg, Jane C.: Private International Law Aspects of the Protection of Works and Objects of Related Rights transmitted through digital Networks, Group of Consultants on the Private International Law Aspects of the Protection of Works and Objects of related Rights transmitted through global digital Networks, Geneva, December 16 to 18, 1998, http://www.wipo.org/eng/meetings/1998/gcpic_2.pdf, (Stand 18.01.2001) (zit.: *Ginsburg*, Private International Law Aspects)

Gorščak, Robert: Lizenzrecht und Internet, Diskussionsbericht zum gleich lautenden Thema des XIV. Münchner Symposions zum Film- und Medienrecht des Instituts für Urheber- und Medienrecht im Literaturhaus München am 30. Juni 2000, ZUM 2000, S. 859-863

Gottschalk, Eckart: Digitale Musik und Urheberrecht aus US-amerikanischer Sicht, GRUR Int. 2002, S. 95-105

Grabitz, Eberhard/Hilf, Meinhard: Das Recht der Europäischen Union, Kommentar, Bd. 1: EUV/EGV (Amsterdamer Fassung), Bd. 2: Sekundärrecht, Loseblattsammlung, München, Stand Februar 2002 (zit.: *Bearbeiter*, in: Grabitz/Hilf, EU-/EGV-K)

Groeben, Hans von der/Thiesing, Jochen/Ehlermann, Claus-Dieter: Kommentar zum EU-/EG-Vertrag, 5. Auflage, Baden-Baden 1997 (zit.: *Bearbeiter*, in: Groeben/Thiesing/Ehlermann, EU-/EGV-K)

Groh, Thomas/Wündisch, Sebastian: Die Europäische Gemeinschaft und TRIPS: Hermès, Dior und die Folgen, GRUR Int. 2001, S. 497-506

Grosheide, Willem: Durchsetzung von Urheberrechten im Wege einstweiliger Maßnahmen, GRUR Int. 2000, S. 310-324

Grundmann, Stefan: Binnenmarktkollisionsrecht – vom klassischen IPR zur Integrationsordnung, RabelsZ 64 (2000), S. 457-477

Gyertyánfy, Peter: Expansion des Urheberrechts – und kein Ende?, GRUR Int. 2002, S. 557-

Haberstumpf, Helmut: Der Ablauf eines Computerprogramms im System der urheberrechtlichen Verwertungsrechte, CR 1987, S. 409-416
Haedicke, Maximilian: Einführung in das internationale Urheberrecht: Die Grundprinzipien und der institutionelle Rahmen nach Abschluß der GATT-Uruguay-Runde, JURA 1996, S. 64-74
Haedicke, Maximilian, Die Umgehung technischer Schutzmaßnahmen durch Dritte als mittelbare Urheberrechtsverletzung, in: Festschrift für Adolf Dietz zum 65. Geburtstag, München 2001, S. 349-364 (zit.: *Haedicke*, in: FS für Dietz)
Härting, Niko: Referentenentwurf für neues Fernabsatzgesetz, CR 1999, S. 507-511
Härting, Niko: Gesetzentwurf zur Umsetzung der E-Commerce-Richtlinie, CR 2001, S. 271-277
Haupt, Stefan: „E-Mail-Versand" – eine neue Nutzungsart im urheberrechtlichen Sinn?, ZUM 2002, S. 797-803
Heath, Christopher: Multimedia und Urheberrecht in Japan, GRUR Int. 1995, S. 843-851
Heermann, Peter W.: Urheberrechtliche Probleme bei der Nutzung von E-Mail, MMR 1999, S. 3-6
Hein, Jan von: Rück- und Weiterverweisung im neuen deutschen Internationalen Deliktsrecht, ZVglRWiss 99 (2000), S. 251-277
Heker, Harald G.: Rechtsfragen der elektronischen Textkommunikation, ZUM 1993, S. 400-407
Hilty, Reto M.: Der Information Highway – eine Einführung in die Problematik, in: Hilty, Reto M. (Hrsg.), Information Highway, Beiträge zu rechtlichen und tatsächlichen Fragen, Bern 1996, S. 21-42 (zit.: *Hilty*, in: Hilty, Information Highway)
Hilty, Reto M.: Die Rechtsbeziehungen rund um den Information Highway, in: Hilty, Reto M. (Hrsg.), Information Highway, Beiträge zu rechtlichen und tatsächlichen Fragen, Bern 1996, S. 21-42 (zit.: *Hilty*, in: Hilty, Information Highway)
Hilty, Reto M.: Rechtsschutz technischer Maßnahmen: Zum UrhG-Regierungsentwurf vom 31.7.2002, MMR 2002, S. 577-578
Hilty, Reto M./Peukert, Alexander: Das neue deutsche Urhebervertragsrecht im internationalen Kontext, GRUR Int. 2002, S. 643-668
Hoeren, Thomas: Die EG-Richtlinie zum Softwareschutz und die Rechtsprechung des BGH zur Urheberrechtsfähigkeit von Software, CR 1991, S. 463-465
Hoeren, Thomas: Multimedia = Multilegia, Die immaterialgüterrechtliche Stellung des Multimediaherstellers, CR 1994, S. 390-395
Hoeren, Thomas: Multimedia als noch nicht bekannte Nutzungsart, CR 1995, S. 710-714
Hoeren, Thomas: Kreditinstitute im Internet – eine digitale Odysee im juristischen Weltraum, WM 1996, S. 2006-2007
Hoeren, Thomas: Überlegungen zur urheberrechtlichen Qualifizierung des elektronischen Abrufs, CR 1996, S. 517-521
Hoeren, Thomas: Die Reichweite gesetzlicher Schranken und Lizenzen, in: Lehmann, Michael (Hrsg.), Internet- und Multimediarecht (Cyberlaw), Stuttgart 1997, S. 95-110 (zit.: *Hoeren*, in: Lehmann, Cyberlaw)
Hoeren, Thomas: Werberecht im Internet am Beispiel der ICC Guidelines on Interactive Marketing Communication, Michael (Hrsg.), Internet- und Multimediarecht (Cyberlaw), Stuttgart 1997, S. 111-118 (zit.: *Hoeren*, in: Lehmann, Cyberlaw)
Hoeren, Thomas: Cybermanners und Wettbewerbsrecht – Einige Überlegungen zum Lauterkeitsrecht im Internet, WRP 1997, S. 993-997

Hoeren, Thomas: Urheberrecht in der Informationsgesellschaft – Überlegungen zu einem Rechtsgutachten von Gerhard Schricker et al. -, GRUR 1997, S. 866-875

Hoeren, Thomas: Et in Arcadia ego – Einige Überlegungen zum Verhältnis von Zivilrecht und Internet, in: Stern, Klaus/Prütting, Hanns (Hrsg.), Die Zukunft der Medien hat schon begonnen – Rechtlicher Rahmen und neue Teledienste im Digitalzeitalter, München 1998, S. 57-74 (zit.: *Hoeren*, in: Stern/Prütting, Medien)

Hoeren, Thomas: Internet und Recht - Neue Paradigmen des Informationsrechts, NJW 1998, S. 2849-2928

Hoeren, Thomas: Rechtsoasen im Internet, MMR 1998, S. 297-298

Hoeren, Thomas: Vorschlag für eine EU-Richtlinie über E-Commerce, Eine erste kritische Analyse, MMR 1999, S. 192-199

Hoeren, Thomas: Urheberrecht 2000 – Thesen für eine Reform des Urheberrechts, MMR 2000, S. 3-7

Hoeren, Thomas: Entwurf einer EU-Richtlinie zum Urheberrecht in der Informationsgesellschaft, Überlegungen zum Zwischenstand der Diskussion, MMR 2000, S. 515-521

Hoeren, Thomas: Internetrecht, Stand März 2002, http://www.uni-muenster.de/jura.itm/hoeren (Stand 14.03.2002) (zit.: *Hoeren*, Internetrecht)

Hoeren, Thomas: Pressespiegel und das Urheberrecht, Eine Besprechung des Urteils des BGH „Elektronischer Pressespiegel", GRUR 2002, S. 1022-1028

Hoeren, Thomas/Sieber, Ulrich: Handbuch Multimedia-Recht, Rechtsfragen des elektronischen Geschäftsverkehrs, Loseblattsammlung, München, Stand Februar 2002 (zit.: *Bearbeiter*, in: Hoeren/Sieber, HdbMMR)

Hoeren, Thomas/Thum, Dorothee: Internet und IPR – Kollisionsrechtliche Anknüpfungen internationalen Datennetzen, in: Dittrich, Robert (Hrsg.), Beiträge zum Urheberrecht, ÖSGRUM, Bd. 5, Wien 1997, S. 78-97 (zit.: *Hoeren/Thum*, in: Dittrich, UrhR)

Hoffmann, Bernd von: Verträge über gewerbliche Schutzrechte im Internationalen Privatrecht, RabelsZ 40 (1976), S. 208-218

Hoffmann, Bernd von: Internationales Privatrecht einschließlich der Grundzüge des Internationalen Zivilverfahrensrechts, 7. Auflage, München 2002 (zit.: *V. Hoffmann*, IPR)

Hoffmann, Willy: Berner Übereinkunft und Landesgesetze, GRUR 1928, S. 897-903

Hohloch, Gerhard: Neue Medien und Individualrechtsschutz, ZUM 1986, S. 165-186

Hohloch, Gerhard: EG-Direktsatellitenrichtlinie versus Bogsch-Theorie – Anmerkungen zum Kollisionsrecht des Senderechts, IPRax 1994, S. 387-391

Hohloch, Gerhard: Anknüpfungsregeln des Internationalen Privatrechts bei grenzüberschreitenden Medien, in: Schwarze, Jürgen (Hrsg.), Rechtsschutz gegen Urheberrechtsverletzungen und Wettbewerbsverstöße in grenzüberschreitenden Medien, Baden-Baden 2000, S. 93-107 (zit.: *Hohloch*, in: Schwarze, Medien)

Holeweg, Annette: Europäischer und internationaler gewerblicher Rechtsschutz und Urheberrecht, Tabellarischer Überblick und aktuelle Entwicklungen, GRUR Int. 2001, S. 141-165

Hugenholtz, Bernt: Adapting Copyright To The Information Superhighway, in: Hugenholtz (Hrsg.), The Future of Copyright in a Digital Environment, Den Haag 1996, S. 81-102 (zit.: *Hugenholtz*, in: Hugenholtz, Copyright)

Hugenholtz, Bernt: Why the Copyright Directive is Unimportant, and Possibly Invalid, E.I.P.R. 2000, S. 499-505

Intveen, Carsten: Internationales Urheberrecht und Internet, Zur Frage des anzuwendenden Urheberrechts bei grenzüberschreitenden Datenübertragungen, UFITA 171 (1999) (zit.: *Intveen*, IntUrhR, UFITA 171 (1999))

Ihde, Rainer: Cookies – Datenschutz als Rahmenbedingung der Internetökonomie, CR 2000, S. 413-423

Jayme, Erik: Zur internationalen Zuständigkeit deutscher Gerichte für vormundschaftliche Genehmigungen der Paßverlängerung nach italienischem Recht, IPRax 1994, S. 354-355

Jayme, Erik/Kohler, Christian: Europäisches Kollisionsrecht 2000: Interlokales Privatrecht oder universelles Gemeinschaftsrecht?, IPRax 2000, S. 454-465

Jayme, Erik/Kohler, Christian: Europäisches Kollisionsrecht 2001: Anerkennungsprinzip statt IPR?, IPRax 2001, S. 501-513

Jayme, Erik/Kohler, Christian: Europäisches Kollisionsrecht 2002: Zur Wiederkehr des Internationalen Privatrechts, IPRax 2002, S. 461-471

Jehoram, Herman Cohen: European Copyright Law – Ever More Horizontal, IIC Vol. 32 (2001), S. 532-545

Junker, Abbo: Internationales Vertragsrecht im Internet, Im Blickpunkt: Internationale Zuständigkeit und anwendbares Recht, RIW 1999, S. 809-818

Junker, Markus: Anwendbares Recht und internationale Zuständigkeit bei Urheberrechtsverletzungen im Internet, Diss., Kassel 2002 (zit.: *Junker*, Anwendbares Recht)

Kappes, Florian: Gesetzliche Vergütungsansprüche bei der privaten Nutzung von computergestützten Informationssammlungen, GRUR 1997, S. 338-349

Katzenberger, Paul: Wechsel der Anknüpfungspunkte im deutschen und internationalen Urheberrecht, GRUR Int. 1973, S. 274-280

Katzenberger, Paul: Urheberrechtsfragen der elektronischen Textkommunikation, GRUR Int. 1983, S. 895-919

Katzenberger, Paul: Urheberrecht und Datenbanken, GRUR 1990, S. 94-100

Katzenberger, Paul: Deutsches Folgerecht und ausländische Kunstauktionen, GRUR Int. 1992, S. 567-588

Katzenberger, Paul: Internationalrechtliche Aspekte des Schutzes von Datenbanken, ZUM 1992, S. 332-337

Katzenberger, Paul: Urheberrechtsverträge im Internationalen Privatrecht und Konventionsrecht, in: Beier, Friedrich-Karl/ Götting, Horst-Peter/Lehmann, Michael/Moufang, Rainer (Hrsg.), Urhebervertragsrecht: Festgabe für Gerhard Schricker zum 60. Geburtstag, München 1995, S. 225-259 (zit.: *Katzenberger*, in: FG für Schricker)

Katzenberger, Paul: TRIPS und das Urheberrecht, GRUR Int. 1995, S. 447-468

Katzenberger, Paul: Elektronische Printmedien und Urheberrecht, Urheberrechtliche und urhebervertragsrechtliche Fragen der elektronischen Nutzung von Zeitungen und Zeitschriften, AfP 1997, S. 434-442

Kegel, Gerhard/Schurig, Klaus: Internationales Privatrecht, Ein Studienbuch, 8. Auflage, München 2000 (zit.: *Kegel/Schurig*, IPR)

Kegel, Gerhard/Seidl-Hohenveldern, Ignaz: Zum Territorialitätsprinzip im internationalen öffentlichen Recht, in: Festschrift für Murad Ferid zum 70. Geburtstag, München 1978, S. 233-277 (zit.: *Kegel/Seidl-Hohenveldern*, in: FS für Ferid)

Kimminich, Otto/Hobe, Stephan: Einführung in das Völkerrecht, 7. Auflage, Tübingen u. a. 2000 (zit.: *Kimminich/Hobe*, VölkR)

Kindermann, M.: Vertrieb und Nutzung von Computersoftware aus urheberrechtlicher Sicht, GRUR 1983, S. 150-161

Klett, Alexander: Urheberrecht im Internet aus deutscher und amerikanischer Sicht, 1. Auflage, UFITA 149 (1998) (zit.: *Klett*, UrhR im Internet, UFITA 149 (1998))

Knies, Bernhard: Erschöpfung Online? Die aktuelle Problematik beim On-Demand-Vertrieb

von Tonträgern im Lichte der Richtlinie zur Informationsgesellschaft, GRUR Int. 2002, S. 314-317
Knörzer, Thomas: Das Urheberrecht im internationalen Privatrecht, Diss., Mannheim 1992 (zit.: *Knörzer*, Das UrhR im IPR)
Koch, Frank A.: Grundlagen des Urheberrechtsschutz im Internet und in Online-Diensten, GRUR 1997, S. 417-430
Koch, Frank A.: Internet-Recht, München 1998 (zit.: *Koch*, Internet-Recht)
Koch, Frank A.: Neue Rechtsprobleme der Internetnutzung, NJW-CoR 1998, S. 45-48
Koch, Frank A.: Internationale Gerichtszuständigkeit und Internet, CR 1999, S. 121-129
Koch, Frank A.: Urheber- und kartellrechtliche Aspekte der Nutzung von Open-Source-Software (I), CR 2000, S. 273-281
Koch, Frank A.: Urheber- und kartellrechtliche Aspekte der Nutzung von Open-Source-Software (II), CR 2000, S. 333-344
Koehler, Philipp: Der Erschöpfungsgrundsatz des Urheberrechts im Online-Bereich, München 2000 (zit.: *Koehler*, Erschöpfungsgrundsatz)
Köhler, Markus R.: Der Schutz von Websites gemäß §§ 87a ff. UrhG, ZUM 1999, S. 548-555
Kort, Michael: Zur „multistate"-Problematik grenzüberschreitender Fernsehwerbung, GRUR Int. 1994, S. 594-602
Köster, Thomas: Urheberkollisionsrecht im Internet – Aufweichung des „Territorialitätsprinzips" durch das europäische „Ursprungslandprinzip"?, in: Götting, Horst-Peter (Hrsg.), Multimedia, Internet und Urheberrecht, Dresden 1998, S. 153-168 (zit.: *Köster*, in: Götting, Multimedia)
Koumantos, Georges: Private International Law and the Berne Convention, Copyright, 1988 (zit.: *Koumantos*, Copyright)
Koumantos, Georges: Les aspects de droit international privé, in: Dellebeke (Hrsg.), Copyright in Cyberspace, Amsterdam 1997, S. 257-265 (zit.: *Koumantos*, in: Dellebeke, Copyright)
Kreile, Reinhold: Bericht über die WIPO-Sitzungen zum möglichen Protokoll zur Berner Konvention und zum „Neuen Instrument" im September 1995, ZUM 1995, S. 815-824
Kreile, Reinhold/Becker, Jürgen: Neuordnung des Urheberrechts in der Europäischen Union, GRUR Int. 1994, S. 901-911
Kreile, Reinhold/Becker, Jürgen: Multimedia und die Praxis der Lizenzierung von Urheberrechten, GRUR Int. 1996, S. 677-692
Kreutzer, Till: Napster, Gnutella & Co.: Rechtsfragen zu Filesharing-Netzen aus der Sicht des deutschen Urheberrechts de lege lata und de lege ferenda – Teil 1, GRUR 2001, S. 193-204
Kreutzer, Till: Napster, Gnutella & Co.: Rechtsfragen zu Filesharing-Netzen aus der Sicht des deutschen Urheberrechts de lege lata und de lege ferenda – Teil 2, GRUR 2001, S. 307-312
Kreuzer, Karl/Klötgen, Paul: Die Shevill-Entscheidung des EuGH: Abschaffung des Deliktsortgerichtsstandes des Art. 5 EuGVÜ für ehrverletzende Streudelikte, IPRax 1997, S. 90-114
Kröger, Detlef: Die Anwendung des Diskriminierungsverbots auf das Urheberrecht und verwandte Schutzrechte, EuZW 1994, S. 85-87
Kröger, Detlef: Informationsfreiheit und Urheberrecht, Diss., München 2001 (zit.: *Kröger*, Informationsfreiheit)
Kröger, Detlef: Die Urheberrechtsrichtlinie für die Informationsgesellschaft – Bestandsaufnahme und kritische Bewertung, CR 2001, S. 316-333

Kröger, Detlef/Kuner, Christopher: Internet für Juristen, 3. Auflage, München 2001 (zit.: *Kröger, Kuner*, Internet)

Kropholler, Jan: Internationales Privatrecht, einschließlich der Grundbegriffe des Internationalen Zivilverfahrensrechts, 4. Auflage, Tübingen 2001 (zit.: *Kropholler*, IPR)

Krüger-Nieland, Gerda: Das Urheberrecht und die Entwicklung der Technik, insbesondere die private Vervielfältigung mittels Magnettonband und Fotokopie, GRUR 1957, S. 535-542

Kuner, Christopher: Internationale Zuständigkeitskonflikte im Internet, CR 1996, S. 453-458

Kur, Annette: Immaterialgüterrechte in einem weltweiten Vollstreckungs- und Gerichtsstandsübereinkommen – Auf der Suche nach dem Ausweg aus der Sackgasse, GRUR Int. 2001, S. 908-915

Ladas, Stephen P.: The international Protection of Literary and Artistic Property, New York 1938 (zit.: *Ladas*, Property)

Lehmann, Michael: Die Europäische Richtlinie über den Schutz von Computerprogrammen, GRUR Int. 1991, S. 327-337

Lehmann, Michael: Der neue Europäische Rechtsschutz von Computerprogrammen, NJW 1991, S. 2112-2117

Lehmann, Michael: Die europäische Richtlinie über den Schutz von Computerprogrammen, in: Lehmann, Michael, Rechtsschutz und Verwertung von Computerprogrammen, 2. Auflage, Köln 1993, S. 1-29 (zit.: *Lehmann*, in: Lehmann, Rechtsschutz)

Lehmann, Michael: TRIPS/WTO und der Schutz von Computerprogrammen, CR 1996, S. 2-5

Lehmann, Michael: Digitalisierung und Urheberrecht, in: Lehmann, Michael (Hrsg.), Internet- und Multimediarecht (Cyberlaw), Stuttgart 1997, S. 25-34 (zit.: *Lehmann*, in: Lehmann, Cyberlaw)

Lehmann, Michael: Digitalisierung und Urhebervertragsrecht, in: Lehmann, Michael (Hrsg.), Internet- und Multimediarecht (Cyberlaw), Stuttgart 1997, S. 57-66 (zit.: *Lehmann*, in: Lehmann, Cyberlaw)

Lehmann, Michael/Tucher, Tobias von: Urheberrechtlicher Schutz von multimedialen Webseiten, CR 1999, S. 700-706

Leistner, Matthias/Bettinger, Torsten: Creating Cyberspace, immaterialgüterrechtlicher und wettbewerbsrechtlicher Schutz des Web-Designers, CR 1999, Beilage zu Heft 12, S. 1-31

Leupold, Andreas: Auswirkungen der Multimedia-Gesetzgebung auf das Urheberrecht, CR 1998, S. 234-241

Leupold, Andreas/Demisch, Dominik: Bereithalten von Musikwerken zum Abruf in digitalen Netzen, ZUM 2000, S. 379-390

Lewinski, Silke von: Das europäische Grünbuch über das Urheberrecht und neue Technologien, GRUR Int. 1995, S. 831-837

Lewinski, Silke von: Der kanadische Bericht des „Copyright Subcommittee" über Urheberrecht und die Datenautobahn, GRUR Int. 1995, S. 851-854

Lewinski, Silke von: Das Weißbuch der USA zum geistigen Eigentum und zur „National Information Infrastructure", GRUR Int. 1995, S. 858-862

Lewinski, Silke von: Die Umsetzung der Richtlinien zum Vermiet- und Verleihrecht, ZUM 1995, S. 442-450

Lewinski, Silke von: Urheberrecht als Gegenstand des internationalen Wirtschaftsrechts, GRUR Int. 1996, S. 630-641

Lewinski, Silke von: Die diplomatische Konferenz der WIPO 1996 zum Urheberrecht und zu verwandten Schutzrechten, GRUR Int. 1997, S. 667-681

Lewinski, Silke von: Die WIPO-Verträge zum Urheberrecht und zu verwandten Schutzrechten vom Dezember 1996, CR 1997, S. 438-444

Lewinski, Silke von: Musikwerke und Multimedia, in: Lehmann, Michael (Hrsg.), Internet- und Multimediarecht (Cyberlaw), Stuttgart 1997, S. 149-167 (zit.: *Lewinski*, in: Lehmann, Cyberlaw)

Lewinski, Silke von: WIPO Diplomatic Conference Results in Two New Treaties, IIC Vol. 28 (1997), S. 203-207

Lewinski, Silke von: Der EG-Richtlinienvorschlag zum Urheberrecht und zu verwandten Schutzrechten, GRUR Int. 1998, S. 637-642

Lewinski, Silke von: Die Multimedia-Richtlinie, Der EG-Richtlinienvorschlag zum Urheberrecht in der Informationsgesellschaft, MMR 1998, S. 115-119

Lewinski, Silke von: USA gegen Europa? - Internationales Urheberrecht im Wandel, in: Festschrift für Reinhold Kreile zu seinem 65. Geburtstag, S. 394-412 (zit.: *v. Lewinski*, in: FS für Kreile)

Lewinski, Silke von/Walter, Michel/Blocher, Walter/Dreier, Thomas/Daum, Felix/Dillenz, Walter: Europäisches Urheberrecht, Kommentar, Walter, Michel M. (Hrsg.), Wien 2001 (zit.: *Bearbeiter*, in: v. Lewinski/Walter/Blocher/Dreier/Daum/Dillenz, EuUrhR-K)

Lichtenstein, Karl: Der gewerbliche Rechtsschutz im Internationalen Privatrecht, NJW 1964, S. 1208-1213

Linnenborn, Oliver: Urheberrecht goes Europe!, Der EU-Richtlinienvorschlag zum Urheberrecht und den verwandten Schutzrechten im Lichte digitaler Technologien und des E-Commerce, K&R 1999, S. 201-210

Linnenborn, Oliver: Update: Europäisches Urheberrecht in der Informationsgesellschaft, K&R 2001, S. 394-402

Loewenheim, Ulrich: Benutzung von Computerprogrammen und Vervielfältigung in Sinne des § 16 UrhG, in: Festschrift für Otto-Friedrich Frhr. von Gamm, 1990, S. 423-431

Loewenheim, Ulrich: Gemeinschaftsrechtliches Diskriminierungsverbot und nationales Urheberrecht, NJW 1994, S. 1046-1048

Loewenheim, Ulrich: Die urheber- und wettbewerbsrechtliche Beurteilung der Herstellung und Verbreitung kommerzieller elektronischer Pressespiegel, GRUR 1996, S. 636-643

Loewenheim, Ulrich: Urheberrechtliche Probleme bei Multimediaanwendungen, GRUR 1996, S. 830-836

Loewenheim, Ulrich: Harmonisierung des Urheberrechts in Europa, GRUR Int. 1997, S. 285-292

Loewenheim, Ulrich: Rechtswahl bei Filmlizenzverträgen, ZUM 1999, S. 923-927

Lüderitz, Alexander: Internationales Privatrecht, 2. Auflage, Neuwied 1992 (zit.: *Lüderitz*, IPR)

Lucas, André: Private International Law Aspects of the Protection of Works and Objects of Related Rights transmitted through digital Networks, Group of Consultants on the Private International Law Aspects of the Protection of Works and Objects of related Rights transmitted through global digital Networks, Geneva, December 16 to 18, 1998, http://www.wipo.org/eng/meetings/1998/gcpic_1.pdf (Stand 18.01.2001) (zit.: *Lucas*, Private International Law Aspects)

Lundstedt, Lydia: Gerichtliche Zuständigkeit und Territorialitätsprinzip im Immaterialgüterrecht – Geht der Pendelschlag zu weit?, GRUR Int. 2001, S. 103-111

Maier, Gunther/Wildberger, Andreas: In 8 Sekunden um die Welt: Kommunikation im Internet, 4. Auflage, Bonn 1995 (zit.: *Maier/Wildberger*, Kommunikation im Internet)

Malpricht, Marc M.: Über die rechtlichen Probleme beim Kopieren von Musik-CDs und beim Download von MP3-Dateien aus dem Internet, NJW-CoR 2000, S. 233-234

Mankowski, Peter: Das Internet im Internationalen Vertrags- und Deliktsrecht, RabelsZ 63 (1999), S. 203-294

Mankowski, Peter: Internet und internationales Wettbewerbsrecht, GRUR Int. 1999, S. 909-920

Mankowski, Peter: Wider ein transnationales Cyberlaw, AfP 1999, S. 138-143

Mankowski, Peter: Das Herkunftslandprinzip als Internationales Privatrecht der e-commerce-Richtlinie, ZVglRWiss 100 (2001), S. 137-181

Mankowski, Peter: Websites und Versandhandelsprivileg, Zugleich Anmerkung zu LG München I v. 25.5.2000 – 17 HKO 21011/99, CR 2001, S. 30-36

Mankowski, Peter: Herkunftslandprinzip und deutsches Umsetzungsgesetz zur e-commerce-Richtlinie, IPRax 2002, S. 257-266

Mansel, Heinz-Peter: Immaterialität, Ubiquität und Paradoxität der Information und das Produkthaftungsgesetz: The medium is no longer the message, in: Festschrift für Rolf A. Schütze zum 65. Geburtstag, Wege zur Globalisierung des Rechts, München 1999, S. 485-501 (zit.: *Mansel*, in: FS für Schütze)

Marly, Jochen: Rechtsschutz für technische Schutzmechanismen geistiger Leistungen, K&R 1999, S. 106-112

Martiny, Dieter: Verletzung von Immaterialgüterrechten im Internationalen Privatrecht, RabelsZ 40 (1976), S. 218-230

Mayer, Franz C.: Recht und Cyberspace, NJW 1996, S. 1782-1790

Melichar, Ferdinand: Virtuelle Bibliotheken und Urheberrecht, CR 1995, S. 756-762

Melichar, Ferdinand: Verwertungsgesellschaften und Multimedia, in: Lehmann, Michael (Hrsg.), Internet- und Multimediarecht (Cyberlaw), Stuttgart 1997, S. 205-218 (zit.: *Melichar*, in: Lehmann, Cyberlaw)

Mertens, Hans-Joachim: Das lex mercatoria-Problem, in: Festschrift für Walter Odersky zum 65. Geburtstag am 17. Juli 1996, Berlin, New York 1996, S. 857-872 (zit.: *Mertens*, in: FS für Odersky)

Mestmäcker, Ernst-Joachim: Schutz der ausübenden Künstler und EWG-Diskriminierungsverbot, GRUR Int. 1993, S. 532-536

Mestmäcker, Ernst-Joachim: Unternehmenskonzentrationen und Urheberrechte in der alten und „neuen" Musikwirtschaft, ZUM 2001, S. 185-194

Mestmäcker, Ernst-Joachim/Schulze, Erich: Kommentar zum deutschen Urheberrecht unter Berücksichtigung des internationalen Rechts und des Gemeinschaftsrechts in den Mitgliedsstaaten der EG, Loseblattsammlung, Frankfurt/Main, Stand 1996 (zit.: *Mestmäkker/Schulze*, UrhR-K)

Metzger, Axel/Kreutzer, Till: Richtlinie zum Urheberrecht in der Informationsgesellschaft, MMR 2002 , S. 139-142

Michel, Eva-Maria: Rechtsfragen von Rundfunk und Printmedien im Internet, Ein Beitrag aus Sicht der Rundfunkanstalten, ZUM 2000, S. 425-431

Möhring, Philipp/Nicolini, Käte: Urheberrechtsgesetz, 2. Auflage, Berlin 2000 (zit.: *Bearbeiter*, in: Möhring/Nicolini, UrhG)

Möhring, Philip/Schulze, Erich/Ulmer, Eugen/Zweigert, Konrad: Gesetzestexte aller Länder, Neuwied, Stand (zit.: *Bearbeiter*, in: Möhring, UrhQuellen)

Mönkemöller, Lutz: Moderne Freibeuter unter uns? – Internet, MP3 und CD-R als GAU für die Musikbranche!, GRUR 2000, S. 663-669

Müller-Hengstenberg, Claus D.: Nationale und internationale Rechtsprobleme im Internet,

NJW 1996, S. 1777-1848
Münchner Kommentar zum Bürgerlichen Gesetzbuch, Band 10, Einführungsgesetz zum Bürgerlichen Gesetzbuche (Art. 1-38), Internationales Privatrecht, 3. Auflage, München 1998 (zit.: *Bearbeiter*, in: MüKo, EGBGB)
Muth, Susanne: Die Bestimmung des anwendbaren Rechts bei Urheberrechtsverletzungen im Internet, Diss., Europäische Hochschulschriften: Reihe II, Rechtswissenschaft, Bd. 2814, Frankfurt/Main 2000 (zit.: *Muth*, Urheberrechtsverletzungen)
Nack, Ralph: Internet: Anwendbares Recht, Verwertungsrechte, Haftung, Bericht über die öffentliche Sitzung des Fachausschusses für Urheber- und Verlagsrecht auf der Jahrestagung der Deutschen Vereinigung für gewerblichen Rechtsschutz und Urheberrecht am 22. Juni 2000 in Bonn, GRUR Int. 2000, S. 893-896
Negroponte, Nicholas: Total digital – Die Welt zwischen 0 und 1 oder Die Zukunft der Kommunikation, 2. Auflage, München 1995 (zit.: *Negroponte*, Total digital)
Neuhaus, Paul Heinrich: Freiheit und Gleichheit im internationalen Immaterialgüterrecht, RabelsZ 40 (1976), S. 191-195
Neuhaus, Paul Heinrich: Die Grundbegriffe des internationalen Privatrechts, 2. Auflage, Tübingen 1976 (zit.: *Neuhaus*, IPR)
Nordemann, Wilhelm: Das Prinzip der Inländerbehandlung und der Begriff der „Werke der Literatur und Kunst", GRUR Int. 1989, S. 615-619
Nordemann, Axel/Goddar, Heinz/Tönhardt, Marion/Czychowski, Christian: Gewerblicher Rechtsschutz und Urheberrecht im Internet, CR 1996, S. 645-657
Nordemann, Wilhelm/Vinck, Kai/Hertin, Paul W.: Internationales Urheberrecht und Leistungsschutzrecht der deutschsprachigen Länder unter Berücksichtigung auch der Staaten der Europäischen Gemeinschaft, Düsseldorf 1977 (zit.: *Nordemann/Vinck/Hertin*, IntUrhR)
Novak, Meinhard: Indirekt-direkte Wirkung des TRIPs-Übereinkommens, ELR 2001, S. 19-25
Novak, Meinhard: „Indirect-direct effect II" des TRIPs-Übereinkommens, ELR 2001, S. 284-288
Nussbaum: Deutsches Internationales Privatrecht, Tübingen 1932 (zit.: *Nussbaum*, IPR)
Ohly, Ansgar: Herkunftslandprinzip und Kollisionsrecht, GRUR Int. 2001, S. 899-908
Olenhusen, Albrecht Götz von: Der Urheber- und Leistungsschutz der arbeitnehmerähnlichen Personen, GRUR 2002, S. 11-18
Oppermann, Thomas: Europarecht, 2. Auflage, München 1999 (zit.: *Oppermann*, EuR)
Osthaus, Wolf: Die Renaissance des Privatrechts im Cyberspace, Hilft das international koordinierte Privatrecht gegen Regulierungsdefizite im Internet?, AfP 2001, S. 13-23
Palandt: Bürgerliches Gesetzbuch mit Einführungsgesetz (Auszug), 61. Auflage, München 2002 (zit.: *Bearbeiter*, Palandt, BGB, EGBGB)
Paulus, Christoph: Multimedia: Herausforderung an das Wirtschaftsrecht, MMR 1999, S. 443-447
Peukert, Alexander: USA: Ende der Expansion des Copyright?, GRUR Int. 2002, S. 1012-1021
Piltz, Burghard: Anmerkung zu OLG München vom 2.3.1994, EuZW 1996, S. 32-35
Plaß, Gunda: Hyperlinks im Spannungsfeld von Urheber-, Wettbewerbs- und Haftungsrecht, WRP 2000, S. 599-610
Plaß, Gunda: Der Aufbau und die Nutzung eines Online-Volltextsystems durch öffentliche Bibliotheken aus urheberrechtlicher Sicht, WRP 2001, S. 195-206
Reber, Nikolaus: Aktuelle Fragen zu Recht und Praxis der Verwertungsgesellschaften, GRUR 2000, S. 203-211
Regelin, Frank: Das Kollisionsrecht der Immaterialgüterrechte an der Schwelle zum 21. Jahr-

hundert, Diss., Europäische Hochschulschriften: Reihe II, Rechtswissenschaft, Bd. 2809, Frankfurt/Main 2000, (zit.: *Regelin*, KollR der IGR)

Rehbinder, Manfred: Zum 60. Geburtstag von Ulrich Uchtenhagen, in: Schweizerische Vereinigung für UrhR (Hrsg.), UrhR und kulturelle Entwicklung, Festschrift zum 60. Geburtstag von Ulrich Uchtenhagen, Baden-Baden 1987, S. 9-17 (zit.: *Rehbinder*, in: FS für Uchtenhagen)

Rehbinder, Manfred: Urheberrecht, ein Studienbuch, 12. Auflage, München 2002 (zit.: *Rehbinder*, UrhR)

Rehbinder, Manfred/Staehlin, Alesch: Das Urheberrecht im TRIPS-Abkommen – Entwicklungsschub durch die New Economic World Order, UFITA 127 (1995), S. 5-34 (zit.: *Rehbinder/Staehlin*, TRIPS-Abkommen, UFITA 127 (1995))

Reinbothe, Jörg: Der EU-Richtlinienentwurf zum Urheberrecht und zu den Leistungsschutzrechten in der Informationsgesellschaft, ZUM 1998, S. 429-437

Reinbothe, Jörg: Geistiges Eigentum und die Europäische Gemeinschaft, ZEuP 2000, S. 5-28

Reinbothe, Jörg: Die EG-Richtlinie zum Urheberrecht in der Informationsgesellschaft, GRUR Int. 2001, S. 733-745

Reinbothe, Jörg: Die Umsetzung der EU-Urheberrechtsrichtlinie in deutsches Recht, ZUM 2002, S. 43-51

Riezler, Erwin: Die räumliche Begrenzung des Privatrechts, in: Sitzungsberichte der Bayerischen Akademie der Wissenschaften, Jahrgang 1948 Heft 2, München 1949 (zit.: *Riezler*, Privatrecht)

Roßnagel, Alexander, Recht der Multimediadienste, Kommentar, Teil 3: TDDSG, Loseblattsammlung, München, Stand 2000 (zit.: *Bearbeiter*, in: Roßnagel, MMD-K)

Roth, Wulf-Henning: Der Einfluß des Europäischen Gemeinschaftsrechts auf das Internationale Privatrecht, RabelsZ 56 (1991), S. 623-673

Roth, Wulf-Henning: Angleichung des IPR durch sekundäres Gemeinschaftsrecht, IPRax 1994, S. 165-174

Rumphorst, Werner: Satellitenfernsehen und Urheberrecht, GRUR Int. 1992, S. 910-912

Sack, Rolf : Die kollisions- und wettbewerbsrechtliche Beurteilung grenzüberschreitender Werbe- und Absatztätigkeit nach deutschem Recht, GRUR Int. 1988, S. 320-343

Sack, Rolf: Art. 30, 36 EG-Vertrag und das internationale Privatrecht, WRP 1994, S. 281-294

Sack, Rolf: Die Erschöpfung von gewerblichen Schutzrechten und Urheberrechten nach deutschem Recht, WRP 1999, S. 1088-1115

Sack, Rolf: Der Erschöpfungsgrundsatz im deutschen Immaterialgüterrecht, GRUR Int. 2000, S. 610-616

Sack, Rolf: Das internationale Wettbewerbs- und Immaterialgüterrecht nach der EGBGB-Novelle, WRP 2000, S. 269-289

Sack, Rolf: Herkunftslandprinzip und internationale elektronische Werbung nach der Novellierung des Teledienstegesetzes (TDG), WRP 2002, S. 271-283

Salmony, Michael: Multimedia – Chancen und Illusionen, Eine kritische Betrachtung, in: Lehmann, Michael (Hrsg.), Internet- und Multimediarecht (Cyberlaw), Stuttgart 1997, S. 1-24 (zit.: *Salmony*, in: Lehmann, Cyberlaw)

Sandrock, Otto: Die kollisionsrechtliche Behandlung der Deliktshaftung bei der Verletzung von gewerblichen Schutzrechten und Urheberrechten, in: Caemmerer, Ernst von, Vorschläge und Gutachten zur Reform des deutschen internationalen Privatrechts der außervertraglichen Schuldverhältnisse, Tübingen 1983, S. 380-439 (zit.: *Sandrock*, in: v. Caemmerer, Reform)

Sandrock, Otto: Das Kollisionsrecht des unlauteren Wettbewerbs zwischen dem internationa-

len Immaterialgüterrecht und dem internationalen Katellrecht, GRUR Int. 1985, S. 507-522
Sasse, Helge/Waldhausen, Hans: Musikverwertung im Internet und deren vertragliche Gestaltung – MP3, Streaming, Webcast, On-demand-Service etc., Anforderungen an die Vertragsgestaltung aus der Sicht des Künstlers, ZUM 2000, S. 837-848
Savigny, Friedrich Carl von: System des heutigen römischen Rechts, Band 8, 3. Buch, Berlin 1849 (zit.: *v. Savigny*, System des heutigen römischen Rechts, Bd. 8)
Schack, Haimo: Zur Anknüpfung des Urheberrechts im internationalen Privatrecht, Diss., Berlin 1979 (zit.: *Schack*, Anknüpfung des UrhR)
Schack, Haimo: Urheberrechtsverletzung im internationalen Privatrecht – Aus der Sicht des Kollisionsrechts, GRUR Int. 1985, S. 523-525
Schack, Haimo: Leistungsschutz für Tonträgeraufnahmen mit ausübenden Künstlern aus den USA, ZUM 1986, S. 69-75
Schack, Haimo: Hundert Jahre Berner Übereinkunft, JZ 1986, S. 824-830
Schack, Haimo: Die grenzüberschreitende Verletzung allgemeiner und Urheberpersönlichkeitsrechte, UFITA 108 (1988), S. 51-72
Schack, Haimo: Der Vergütungsanspruch der in- und ausländischen Filmhersteller aus § 54 I UrhG, ZUM 1989, S. 267-285
Schack, Haimo: Zur Qualifikation des Anspruchs auf Rechnungslegung im internationalen Urheberrecht, IPRax 1991, S. 347-350
Schack, Haimo: Kolorierung von Spielfilmen: Das Persönlichkeitsrecht des Filmregisseurs im IPR, IPRax 1993, S. 47-51
Schack, Haimo: Anmerkung zur Phil-Collins-Entscheidung, EuGH, Urteil v. 20.10.1993, JZ 1994, S. 144-147
Schack, Haimo: Anmerkung zu BGHZ 126, 252, JZ 1995, S. 357-359
Schack, Haimo: Neue Techniken und geistiges Eigentum, JZ 1998, S. 753-763
Schack, Haimo: Anmerkung, Urteil des US Court of Appeals, Second Circuit, vom 27. August 1998, Itar-Tass v. Russian Kurier Inc., GRUR Int. 1999, S. 645-647
Schack, Haimo: Europäisches Urheberrecht im Werden, ZEuP 2000, S. 799-819
Schack, Haimo: Internationale Urheber-, Marken- und Wettbewerbsrechtsverletzungen im Internet, Internationales Privatrecht, MMR 2000, S. 59-65
Schack, Haimo: Internationale Urheber-, Marken- und Wettbewerbsrechtsverletzungen im Internet, Internationales Zivilprozeßrecht, MMR 2000, S. 135-140
Schack, Haimo: Urheber- und Urhebervertragsrecht, 2. Auflage, Tübingen 2001 (zit.: *Schack*, Urh-/ UrhVR)
Schack, Haimo: Urheberrechtliche Gestaltung von Webseiten unter Einsatz von Links und Frames, MMR 2001, S. 9-17
Schack, Haimo: Schutz digitaler Werke vor privater Vervielfältigung – zu den Auswirkungen der Digitalisierung auf § 53 UrhG, ZUM 2002, S. 497-511
Schack, Haimo: Zum auf grenzüberschreitende Sendevorgänge anwendbaren Urheberrecht, IPRax 2003, S. 141-142
Schaefer, Mathias: Für EG-Bürger führen viele Wege nach Rom, GRUR 1992, S. 424-427
Schardt, Andreas: Musikverwertung im Internet und deren vertragliche Gestaltung, Anforderungen an die Vertragsgestaltung aus der Sicht des Musikverwerters, ZUM 2000, S. 849-856
Schaub, Renate: Die Neuregelung des Internationalen Deliktsrechts in Deutschland und das europäische Gemeinschaftsrecht, RabelsZ 66 (2002), S. 18-65
Schikora, Lienhard, Der Begehungsort im gewerblichen Rechtsschutz und Urheberrecht, Diss.,

München 1968 (zit.: *Schikora*, Begehungsort)
Schippan, Martin: Die Harmonisierung des Urheberrechts in Europa im Zeitalter von Internet und digitaler Technologie, Eine Betrachtung aus deutscher Sicht, Diss., UFITA 170 (1999) (zit.: *Schippan*, Harmonisierung des UrhR, UFITA 170 (1999))
Schneider, Jörg: Vervielfältigungsvorgänge beim Einsatz von Computerprogrammen, CR 1990, S. 503-508
Schønning, Peter: Applicable Law in Transfrontier On-line Transmissions, RIDA 170 (1996), S. 21-53
Schønning, Peter: Anwendbares Recht bei grenzüberschreitenden Direktübertragungen, ZUM 1997, S. 34-39
Schricker, Gerhard: Urheberrecht auf dem Weg zur Informationsgesellschaft, Baden-Baden 1997 (zit.: *Bearbeiter*, in: Schricker, Informationsgesellschaft)
Schricker, Gerhard: Anmerkung zu BGH, Urt. v. 2.10.1997, MMR 1998, S. 35-42
Schricker, Gerhard: Urheberrecht, Kommentar, 2. Auflage, München 1999 (zit.: *Bearbeiter*, in: Schricker, UrhR-K)
Schulze, Gernot: Rechtsfragen von Printmedien im Internet, ZUM 2000, S. 432-454
Schwarz, Mathias: Der urheberrechtliche Schutz audiovisueller Werke im Zeitalter der digitalen Medien, in: Becker, Jürgen/Dreier, Thomas (Hrsg.), Urheberrecht und digitale Technologie, UFITA 121 (1994), S. 105-122 (zit.: *Schwarz*, in: Becker/Dreier, UrhR u. dig. Techn., UFITA 121 (1994))
Schwarz, Mathias: Urheberrecht im Internet, in: Becker, Jürgen (Hrsg.), Rechtsprobleme internationaler Datennetze, UFITA 137 (1996), S. 13-34 (zit.: *Schwarz*, in: Becker, Rechtsprobleme, UFITA 137 (1996))
Schwarz, Mathias: Urheberrecht und unkörperliche Verbreitung multimedialer Werke, GRUR 1996, S. 836-842
Schwarz, Mathias: Klassische Nutzungsrechte und Lizenzvergabe bzw. Rückbehalt von „Internet-Rechten", Zur Reichweite von Lizenzvergaben und des negativen Verbietungsrechts in Bezug auf „Internet-Rechte", ZUM 2000, S. 816-837
Schwarze, Jürgen: Aktuelle Herausforderungen des Wettbewerbs- und Urheberrechts durch grenzüberschreitende Medien, in: Schwarze, Jürgen (Hrsg.), Rechtsschutz gegen Urheberrechtsverletzungen und Wettbewerbsverstöße in grenzüberschreitenden Medien, Baden-Baden 2000, S. 9-18 (zit.: *Schwarze*, in: Schwarze, Medien)
Schwarze, Jürgen: Der Schutz des geistigen Eigentums im europäischen Wettbewerbsrecht, EuZW 2002, S. 75-
Schwind, Fritz von: Entwurf für ein österreichisches internationales Privatrecht, ZfVR 1971, S. 161-167
Seignette, J.M.B.: Private International Law Aspects – The Netherlands, in: Dellebeke (Hrsg.), Copyright in Cyberspace, Amsterdam 1997, S. 309-317 (zit.: *Seignette*, in: Dellebeke, Copyright)
Siehr, Kurt: Das Urheberrecht in neueren IPR-Kodifikationen, UFITA 108 (1988), S. 9-25
Siehr, Kurt: Das urheberrechtliche Folgerecht inländischer Künstler nach Versteigerung ihrer Werke im Ausland, IPRax 1992, S. 29-33
Siehr, Kurt: Internationales Privatrecht, Deutsches und europäisches Kollisionsrecht für Studium und Praxis, Heidelberg 2001 (zit.: *Siehr*, IPR)
Soergel, Hans Th.: Bürgerliches Gesetzbuch, Bd. 10, Einführungsgesetz, 12. Auflage, Stuttgart u. a. 1996 (zit.: *Bearbeiter*, in: Soergel, EGBGB)
Sonnenberger, Hans Jürgen: Europarecht und Internationales Privatrecht, ZVglRWiss 95 (1996), S. 3-47

Sonnenberger, Hans Jürgen: Das Internationale Privatrecht im dritten Jahrtausend – Rückblick und Ausblick, ZVglRWiss 100 (2001), S. 107-136
Spickhoff, Andreas: Internationales Handelsrecht vor Schiedsgerichten und staatlichen Gerichten, RabelsZ 56 (1992), S. 116-141
Spindler, Gerald: Deliktsrechtliche Haftung im Internet – nationale und internationale Rechtsprobleme –, ZUM 1996, S. 533-563
Spindler, Gerald: E-Commerce in Europa – Die E-Commerce-Richtlinie in ihrer endgültigen Fassung, MMR 2000, Beilage zu Heft 7, S. 4-21
Spindler, Gerald: Die E-Commerce-Richtlinie und das internationale Wirtschaftsrecht, in: Baur, Jürgen F./Mansel, Heinz-Peter (Hrsg.), Systemwechsel im europäischen Kollisionsrecht, Fachtagung der Bayer-Stiftung für deutsches und internationales Arbeits- und Wirtschaftsrecht am 17. und 18. Mai 2001, S. 97-122 (zit.: *Spindler*, in: Baur/Mansel, Systemwechsel)
Spindler, Gerald: Der Entwurf zur Umsetzung der E-Commerce-Richtlinie, ZRP 2001, S. 203-207
Spindler, Gerald: Europäisches Urheberrecht in der Informationsgesellschaft, GRUR 2002, S. 105-120
Spindler, Gerald: Herkunftslandprinzip und Kollisionsrecht – Binnenmarktintegration ohne Harmonisierung? RabelsZ 66 (2002), S. 633-709
Spoendlin, Kaspar: Der internationale Schutz des Urhebers, UFITA 108 (1988), S. 11-54 (zit.: *Spoendlin*, Int. Schutz, UFITA 108 (1988))
Staudinger, J. von: Kommentar zum Bürgerlichen Gesetzbuch mit Einführungsgesetz und Nebengesetzen, Einführungsgesetz zum Bürgerlichen Gesetzbuche/IPR, Internationales Wirtschaftsrecht, 13. Bearbeitung, Berlin 2000 (zit.: *Staudinger*, BGB/IntWirtschR)
Staudinger, J. von: Kommentar zum Bürgerlichen Gesetzbuch mit Einführungsgesetz und Nebengesetzen, EGBGB/IPR, Art. 38-42, 13. Auflage, Berlin 2001 (zit.: *Staudinger*, EGBGB)
Steinmüller, Wilhelm: Informationstechnologie und Gesellschaft, Darmstadt 1993 (zit.: *Steinmüller*, IT u. Gesellschaft)
Stieper, Malte/Frank, Andreas: DVD als neue Nutzungsart, MMR 2000, S. 643-647
Stoll, Hans: Internationalprivatrechtliche Fragen bei der landesrechtlichen Ergänzung des einheitlichen Kaufrechts, in: Festschrift für Murad Ferid zum 80. Geburtstag am 11. April 1988, Frankfurt/Main 1988, S. 495-518 (zit.: *Stoll*, in: FS für Ferid)
Strömer, Tobias H.: Online-Recht: Rechtsfragen im Internet, 2. Auflage, Heidelberg 1999 (zit.: *Strömer*, Online-Recht)
Thorn, Karsten: Entwicklungen des Internationalen Privatrechts 2000-2001, IPRax 2002, S. 349-364
Thum, Dorothee: Vom Territorialitätsprinzip im Zeitalter des Internet, in: Bartsch/Lutterbeck, Neues Recht für neue Medien, 1998, S. 117-144 (zit.: *Thum*, in: Bartsch/Lutterbeck, Neue Medien)
Thum, Dorothee: Internationalprivatrechtliche Aspekte der Verwertung urheberrechtlich geschützter Werke im Internet, Zugleich Bericht über eine WIPO-Expertensitzung in Genf, GRUR Int. 2001, S. 9-28
Thünken, Alexander: Die EG-Richtlinie über den elektronischen Geschäftsverkehr und das internationale Privatrecht des unlauteren Wettbewerbs, IPRax 2001, S. 15-22
Tilmann, Winfried: Gemeinschaftsmarke und Internationales Privatrecht, GRUR Int. 2001, S. 673-677
Troller, Alois: Das internationale Privatrecht- und Zivilprozeßrecht im gewerblichen Rechts-

schutz und Urheberrecht, Basel 1952 (zit.: *Troller*, IPR/ZPR)
Troller, Alois: Das Welturheberrechtsabkommen, RabelsZ 19 (1954), S. 1-23
Troller, Alois: Immaterialgüterrecht I, 3. Auflage, 1983 (zit.: *Troller*, IGR I)
Troller, Alois: Der urheberrechtliche Schutz von Inhalt und Form der Computerprogramme (III), CR 1987, S. 352-358
Uchtenhagen, Ulrich: Die Urheberrechtssysteme der Welt und ihre Verwurzelung in den geistigen Grundlagen des Urheberrechts, in: Dittrich, Robert (Hrsg.), Woher kommt das Urheberrecht und wohin geht es?, ÖSGRUM, Bd. 4, Wien 1988, S. 29-42 (zit.: *Uchtenhagen*, in: Dittrich, UrhR)
Ulmer, Eugen: Einspeicherung und Wiedergewinnung urheberrechtlich geschützter Werke durch Computer-Anlagen, GRUR 1971, S. 297-303
Ulmer, Eugen: Die Immaterialgüterrechte im internationalen Privatrecht, Köln 1975 (zit.: *Ulmer*, IGR)
Ulmer, Eugen: Gewerbliche Schutzrechte und Urheberrechte im internationalen Privatrecht, RabelsZ 41 (1977), S. 479-514
Ulmer, Eugen: Urheber- und Verlagsrecht, 3. Auflage, Berlin, Heidelberg, New York 1980 (zit.: *Ulmer*, Urh-/VerlR)
Ulmer, Eugen/Reimer, Dietrich: Die Reform der materiellrechtlichen Bestimmungen der Berner Übereinkunft, GRUR Int. 1967, S. 431-454
Ungern-Sternberg, Joachim von: Das anwendbare Urheberrecht bei grenzüberschreitenden Rundfunksendungen, in: Schwarze, Jürgen (Hrsg.), Rechtsschutz gegen Urheberrechtsverletzungen und Wettbewerbsverstöße in grenzüberschreitenden Medien, Baden-Baden 2000, S. 109-125 (zit.: *v. Ungern-Sterberg*, in: Schwarze, Medien)
Vandoren, Paul: Copyright and Related Rights in the Information Society, in: Hugenholtz (Hrsg.), The Future of Copyright in a Digital Environment, Den Haag 1996, S. 153-168 (zit.: *Vandoren*, in: Hugenholtz, Copyright)
Verdoss, Alfred//Simma, Bruno: Universelles Völkerrecht: Theorie und Praxis, 3. Auflage, Berlin 1984 (zit.: *Verdoss/Simma*, VölkR)
Vinje, T. C.: The new WIPO Copyright Treaty: A happy Result in Geneva, E.I.P.R. 1997, S. 230-236
Vischer, Frank: Das Internationale Privatrecht des Immaterialgüterrechtes nach dem schweizerischen IPR-Gesetzentwurf, GRUR Int. 1987, S. 670-682
Vogel, Martin: Kollektives Urhebervertragsrecht unter besonderer Berücksichtigung des Wahrnehmungsrechts, in: Beier, Friedrich-Karl/ Götting, Horst-Peter/Lehmann, Michael/Moufang, Rainer (Hrsg.), Urhebervertragsrecht: Festgabe für Gerhard Schricker zum 60. Geburtstag, München 1995, S. 117-148 (zit.: *Vogel*, in: FG für Schricker)
Vorpeil, Klaus: Deutsches Folgerecht und Versteigerung eines Werkes im Ausland, Anmerkung zum Urteil des OLG Düsseldorf vom 21.1.1992 – 20 U 165/90 -, GRUR Int. 1992, S. 913-914
Wachter, Thomas: Multimedia und das Recht, GRUR Int. 1995, S. 860-874
Waldenberger, Arthur: Zur zivilrechtlichen Verantwortlichkeit für Urheberrechtsverletzungen im Internet, ZUM 1997, S. 176-188
Waldhausen, Hans: Schließt TRIPS Schutzlücken bei Bootlegs? Zur Frage, ob TRIPS ein Verbot gegen die Verbreitung von Bootlegs in der Bundesrepublik ermöglicht, ZUM 1998, S. 1015-1024
Walter, Michel M.: Die Vertragsfreiheit im Urheberrecht aus der Sicht des Internationalen Privatrechts, in: Reimer, D. (Hrsg.), Vertragsfreiheit im Urheberrecht, Weinheim, New York 1977 (zit.: *Walter*, in: Reimer, Vertragsfreiheit)

Waltl, Peter: Online-Netzwerke und Multimedia – Werbung und Vertrieb im Internet, in: Lehmann, Michael (Hrsg.), Internet- und Multimediarecht (Cyberlaw), Stuttgart 1997, S. 185-204 (zit.: *Waltl*, in: Lehmann, Cyberlaw)

Wandtke, Artur-Axel: Copyright und virtueller Markt in der Informationsgesellschaft oder das Verschwinden des Urhebers im Nebel der Postmoderne?, GRUR 2002, S. 1-11

Wandtke, Artur-Axel/Bullinger, Winfried: Praxiskommentar zum Urheberrecht, München 2002 (zit.: *Bearbeiter*, in: Wandtke/Bullinger, Urh-K)

Wandtke, Artur-Axel/Schäfer, Oliver: Music on Demand – Neue Nutzungsart im Internet?, GRUR 2000, S. 187-192

Wegner, Ralf: Rechtlicher Schutz von Internetdomains, Kollisionsrecht, CR 1998, S. 676-684

Weigel, Arnulf: Gerichtsbarkeit, internationale Zuständigkeit und Territorialitätsprinzip im deutschen gewerblichen Rechtsschutz, in: Schriften zum deutschen und europäischen Zivil-, Handels- und Prozeßrecht, Bd. 76, Diss., Frankfurt/Main 1971 (zit.: *Weigel*, Territorialitätsprinzip)

Wiebe, Andreas/Funkat, Dörte: Multimedia - Anwendungen als urheberrechtlicher Schutzgegenstand, MMR 1998, S. 69-75

Wittweiler, Bernhard: Die kollektive Verwertung im Zeitalter des Information Highway, in: Hilty, Reto M. (Hrsg.), Information Highway: Beiträge zu rechtlichen und tatsächlichen Fragen, Bern 1996, S. 281-330 (zit.: *Wittweiler*, in: Hilty, Information Highway)

Wünschmann, Christoph: Clearingstellen für Multimedia-Produkte und europäisches Wettbewerbsrecht, ZUM 2000, S. 572-580

Zahrt, Michael: Cyberbusiness, Urheber- und Wettbewerbsrecht – Bestandsaufnahme und Praxisüberblick, K&R 2001, S. 65-74

Zöller, Richard: Zivilprozeßordnung mit Gerichtsverfassungsgesetz und den Einführungsgesetzen, mit internationalem Zivilprozeßrecht, EG-Verordnungen, Kostenanmerkungen, Kommentar, 23. Auflage, Köln 2002 (zit: *Bearbeiter*, in: Zöller, ZPO)

Zscherpe, Kerstin: Urheberrechtsschutz digitalisierter Werke im Internet, MMR 1998, S. 404-411

Zweigert, Konrad/Drobnig, Ulrich: Einheitliches Kaufgesetz und internationales Privatrecht, RabelsZ 29 (1965), S. 146-161

Zweigert, Konrad/Puttfarken, Hans-Jürgen: Zum Kollisionsrecht der Leistungsschutzrechte, GRUR Int. 1973, S. 573-578

STUDIEN ZUM VERGLEICHENDEN UND INTERNATIONALEN RECHT

Herausgeber: Bernd von Hoffmann, Erik Jayme und Heinz-Peter Mansel

Band 1 Ferdinand Henke: Die Datenschutzkonvention des Europarates. 1986.

Band 2 Peter Czermak: Der express trust im internationalen Privatrecht. 1986.

Band 3 Peter Kindler: Der Ausgleichsanspruch des Handelsvertreters im deutsch-italienischen Warenverkehr. Eine rechtsvergleichende und kollisionsrechtliche Untersuchung. 1987.

Band 4 Wilhelm Denzer: Stellung und Bedeutung des Engineers in den FIDIC-Bauvertragsbedingungen. 1988.

Band 5 Marijan-Maximilian Lederer: Die internationale Enteignung von Mitgliedschaftsrechten unter besonderer Berücksichtigung der französischen Enteignungen 1982. 1989.

Band 6 Rainer Esser: Klagen gegen ausländische Staaten. 1990.

Band 7 Chang Jae-Ok: Auf dem Weg zu einer Materialisierung des Immateriellen ? Personen-, Persönlichkeitsschutz und Geldersatz des immateriellen Schadens in rechtsvergleichender Hinsicht am Beispiel des koreanischen und japanischen Zivilrechts unter besonderer Berücksichtigung des deutschen Rechts. 1990.

Band 8 Paul-Frank Weise: Lex mercatoria. Materielles Recht vor der internationalen Handelsschiedsgerichtbarkeit.1990.

Band 9 Werner Born: Der Auftrittsvertrag für Musikgruppen im Bereich der Rock- und Popmusik. 1990.

Band 10 Ralf Erich Jürgens: IPR und Verfassung in Italien und in der Bundesrepublik Deutschland. 1990.

Band 11 Rainer Gildeggen: Internationale Schieds- und Schiedsverfahrensvereinbarungen in Allgemeinen Geschäftsbedingungen vor deutschen Gerichten. 1991.

Band 12 Klaus Grabinski: Die kollisionsrechtliche Behandlung des Durchgriffs bei rechtlich verselbständigten Unternehmen in privater oder öffentlicher Hand. 1991.

Band 13 Dieter Stummel: Konkurs und Integration. Konventionsrechtliche Wege zur Bewältigung grenzüberschreitender Insolvenzverfahren. 1991.

Band 14 Joachim Güntzer: Die Rechtsstellung des Geschäftsführers im spanischen Aktienrecht. Die Neuregelung des spanischen Aktienrechts nach dem Beitritt Spaniens zur EG. 1991.

Band 15 Sabine Isenburg-Epple: Die Berücksichtigung ausländischer Rechtshängigkeit nach dem Europäischen Gerichtsstands- und Vollstreckungsübereinkommen vom 27.9.1968. Untersuchungen zum Anwendungsbereich von Art. 21 EuGVÜ unter schwerpunktmäßiger Behandlung der Frage nach der Bestimmung eines europäischen Streitgegenstandsbegriffs. 1992.

Band 16 Ulrich Nickl: Die Qualifikation der culpa in contrahendo im Internationalen Privatrecht. 1992.

Band 17 Theo Rauh: Leistungserschwerungen im Schuldvertrag. Eine rechtsvergleichende Untersuchung des englischen, US-amerikanischen, französischen und deutschen Rechts unter besonderer Berücksichtigung der gerichtlichen Praxis. 1992.

Band 18 Bernadette Chaussade-Klein: Vorvertragliche "obligation de renseignements" im französichen Recht. 1992.

Band 19 Josef Sievers: Verbraucherschutz gegen unlautere Vertragsbedingungen im französischen Recht. Vom Code civil zum "Code de la consommation" – die Entstehung eines Sonderprivatrechts für Verbraucher. 1993.

Band 20 Achim Schäfer: Grenzüberschreitende Kreditsicherung an Grundstücken, unter besonderer Berücksichtigung des deutschen und italienischen Rechts. 1993.

Band 21 Eugenio Hernández-Breton: Internationale Gerichtsstandsklauseln in Allgemeinen Geschäftsbedingungen. Unter besonderer Berücksichtigung des deutsch-südamerikanischen Rechtsverkehrs (dargestellt am Beispiel Argentinien, Brasilien und Venezuela). 1993.

Band 22 Ingo Reng: Unterhaltsansprüche aufgrund nichtehelicher Lebensgemeinschaft – Internationales Privatrecht und ausländisches materielles Recht. 1994.

Band 23 Stefanie Roloff: Die Geltendmachung ausländischer öffentlicher Ansprüche im Inland. 1994.

Band 24 Katharina Ludwig: Der Vertragsschluß nach UN-Kaufrecht im Spannungsverhältnis von Common Law und Civil Law. Dargestellt auf der Grundlage der Rechtsordnungen Englands und Deutschlands. 1994.

Band 25 Malte Diesselhorst: Mehrparteienschiedsverfahren. Internationale Schiedsverfahren unter Beteiligung von mehr als zwei Parteien. 1994.

Band 26 Manfred Kost: Konsensprobleme im internationalen Schuldvertragsrecht. 1995.

Band 27 Wolff-Heinrich Fleischer: Das italienische Wettbewerbsrecht und die Probleme des selektiven Parfümvertriebs unter Berücksichtigung der Rechtslage in Frankreich und Deutschland. 1995.

Band 28 Angelika Fuchs: Lateinamerikanische Devisenkontrollen in der internationalen Schuldenkrise und Art. VIII Abschn. 2 b) IWF-Abkommen. 1995.

Band 29 Jacques Matthias Aull: Der Geltungsanspruch des EuGVÜ: "Binnensachverhalte" und Internationales Zivilverfahrensrecht in der Europäischen Union. Zur Auslegung von Art. 17 Abs. 1 S. 1 EuGVÜ. 1996.

Band 30 Hartmut Ost: EVÜ und fact doctrine. Konflikte zwischen europäischer IPR-Vereinheitlichung und der Stellung ausländischen Rechts im angelsächsischen Zivilprozeß. 1996.

Band 31 Stefan Wagner: Die Testierfähigkeit im Internationalen Privatrecht. 1996.

Band 32 Wolfgang Jakob Hau: Positive Kompetenzkonflikte im Internationalen Zivilprozeßrecht. Überlegungen zur Bewältigung von *multi-fora disputes*. 1996.

Band 33 Markus Schütz: UN-Kaufrecht und *Culpa in contrahendo*. 1996.

Band 34 Volker Geyrhalter: Das Lösungsrecht des gutgläubigen Erwerbers. Ein "vergessener" Kompromiß und die Auswirkungen auf das heutige deutsche Recht unter besonderer Berücksichtigung des internationalen Sachenrechts. 1996.

Band 35 Andreas Kramer: Abwicklungsstörungen bei Kaufverträgen. Die Lieferung vertragswidriger Sachen im deutschen und italienischen Recht. 1996.

Band 36 Petra Krings: Erfüllungsmodalitäten im internationalen Schuldvertragsrecht. 1997.

Band 37 Tonja Gaibler: Der rechtsgeschäftliche Irrtum im französischen Recht. 1997.

Band 38 Dirk Otto: Rechtsspaltung im indischen Erbrecht. Bedeutung und Auswirkungen auf deutsch-indische Nachlaßfälle. 1997.

Band 39 Gregor W. Decku: Zwischen Vertrag und Delikt. Grenzfälle vertraglicher und deliktischer Haftung dargestellt am Beispiel der Berufs- und Expertenhaftung zum Schutze des Vermögens Dritter im deutschen und englischen Recht. 1997.

Band 40 Ulrike Höpping: Auswirkungen der Warenverkehrsfreiheit auf das IPR unter besonderer Berücksichtigung des Internationalen Produkthaftungsrechts und des Internationalen Vertragsrechts. 1997.

Band 41 Andreas Bartosch: Die vermögensrechtlichen Beziehungen der Ehegatten bei bestehender Ehe im englischen Recht – Eigentum, Besitz, Schuldvertrag. 1997.

Band 42 Helene Boriths Müller: Die Umsetzung der europäischen Übereinkommen von Rom und Brüssel in das Recht der Mitgliedstaaten. Dargestellt am Beispiel Deutschlands und Dänemarks. 1997.

Band 43 Bernd von Hoffmann / Myong-Chang Hwang (eds.): The Public Concept of Land Ownership. Reports and Discussions of a German-Korean Symposium held in Seoul on October 7-9, 1996. 1997.

Band 44 Oliver Heeder: Fraus legis. Eine rechtsvergleichende Untersuchung über den Vorbehalt der Gesetzesumgehung in Deutschland, Österreich, der Schweiz, Frankreich und Belgien unter besonderer Berücksichtigung des Internationalen Privatrechts. 1998.

Band 45 Heinrich Schütt: Deliktstyp und Internationales Privatrecht. Dargestellt an grenzüberschreitenden Problemen der Arzthaftung. 1998.

Band 46 Axel Steiner: Die stillschweigende Rechtswahl im Prozeß im System der subjektiven Anknüpfungen im deutschen Internationalen Privatrecht. 1998.

Band 47 Martina Schulz: Der Eigentumsvorbehalt in europäischen Rechtsordnungen. Rechtsvergleichende Untersuchung des deutschen, englischen und französischen Rechts unter besonderer Berücksichtigung von Erweiterungen und Verlängerungen. 1998.

Band 48 Karin Dreher: Die Rechtswahl im internationalen Erbrecht. Unter besonderer Berücksichtigung des italienischen IPR-Reformgesetzes N. 218 vom 31. Mai 1995. 1999.

Band 49 Giuliano Gabrielli: Das Verhältnis zwischen der Anfechtung wegen Eigenschaftsirrtums und den Gewährleistungsansprüchen im deutschen, österreichischen und italienischen Recht. 1999.

Band 50 Bernd von Hoffmann / Myong-Chan Hwang (eds.): Developments in Land Law. Reports and Discussions of a German-Korean Symposium held in Berlin and Trier on July 21-24, 1997. 1999.

Band 51 Volker Heidbüchel: Das UNCITRAL-Übereinkommen über unabhängige Garantien und Standby Letters of Credit. Vergleiche mit den Richtlinien der Internationalen Handelskammer, dem deutschen, englischen und US-amerikanischen Recht. 1999.

Band 52 Jan Christoph Nordmeyer: Pflichtteilsansprüche und Wiedervereinigung. Eine systematische Analyse der Ausgleichsansprüche nach BGB-Pflichtteilsrecht unter besonderer Berücksichtigung der durch den Wiedervereinigungsprozeß eingetretenen Wertveränderungen. 1999.

Band 53 Bettina Linder: Vertragsabschluß beim grenzüberschreitenden Verbraucherleasing. 1999.

Band 54 Almontasser Fetih: Die zivilrechtliche Haftung bei Vertragsverhandlungen. Eine rechtsvergleichende Studie zum deutschen, französischen, ägyptischen und islamischen Recht. 2000.

Band 55 Sona Rajani: Die Geltung und Anwendung des Gemeinschaftsrechts im Vereinigten Königreich von Großbritannien und Nordirland. Der Grundsatz der Parlamentssouveränität im Wandel. 2000.

Band 56 Joachim Kayser: Gegenmaßnahmen im Außenwirtschaftsrecht und das System des europäischen Kollisionsrechts. Eine Analyse der EU-Abwehrverordnung gegen die Auswirkungen extraterritorialer Rechtserstreckung eines Drittlandes. 2001.

Band 57 Albrecht Conrad: Qualifikationsfragen des Trust im Europäischen Zivilprozeßrecht. 2001.

Band 58 Bernd Borgmann: Die Entsendung von Arbeitnehmern in der Europäischen Gemeinschaft. Wechselwirkungen zwischen Kollisionsrecht, Grundfreiheiten und Spezialgesetzen. 2001.

Band 59 Aleksandar Jaksic: Arbitration and Human Rights. 2002.

Band 60 Islamisches und arabisches Recht als Problem der Rechtsanwendung. Symposium zu Ehren von Professor Emeritus Dr. iur. Omaia Elwan. Veranstaltet vom Institut für ausländisches und internationales Privat- und Wirtschaftsrecht der Universität Heidelberg und der Gesellschaft für Arabisches und Islamisches Recht e.V. Herausgegeben von Herbert Kronke, Gert Reinhart und Nika Witteborg. 2001.

Band 61 Patrick Fiedler: Stabilisierungsklauseln und materielle Verweisung im internationalen Vertragsrecht. 2001.

Band 62 Werner Mangold: Die Abtretung im Europäischen Kollisionsrecht. Unter besonderer Berücksichtigung des spanischen Rechts. 2001.

Band 63 Eike Dirk Eschenfelder: Beweiserhebung im Ausland und ihre Verwertung im inländischen Zivilprozess. Zur Bedeutung des US-amerikanischen discovery-Verfahrens für das deutsche Erkenntnisverfahren. 2002.

Band 64 Bernd Ehle: Wege zu einer Kohärenz der Rechtsquellen im Europäischen Kollisionsrecht der Verbraucherverträge. 2002.

Band 65 Heiko Lehmkuhl: Das Nacherfüllungsrecht des Verkäufers im UN-Kaufrecht. 2002.

Band 66 Jochen Nikolaus Schlotter: Erbrechtliche Probleme in der Société Privée Européenne. IPR-Harmonisierung im einheitlichen Europäischen Rechtsraum. 2002.

Band 67 Konrad Ost: Doppelrelevante Tatsachen im Internationalen Zivilverfahrensrecht. Zur Prüfung der internationalen Zuständigkeit bei den Gerichtsständen des Erfüllungsortes und der unerlaubten Handlung. 2002.

Band 68 Tobias Bosch: Die Durchbrechungen des Gesamtstatuts im internationalen Ehegüterrecht. Unter besonderer Berücksichtigung deutsch-französischer Rechtsfälle. 2002.

Band 69 Ursula Philipp: Form im amerikanischen Erbrecht. Zwischen Formalismus und harmless error. 2002.

Band 70 Christian Stefan Wolf: Der Begriff der wesentlich engeren Verbindung im Internationalen Sachenrecht. 2002.

Band 71 André Fomferek: Der Schutz des Vermögens Minderjähriger. Ein Vergleich des deutschen und des englischen Rechts unter Berücksichtigung des schottischen und irischen Rechts. 2002.

Band 72 nicht erschienen

Band 73 Markus Dreißigacker: Sprachenfreiheit im Verbrauchervertragsrecht. Der Verbraucher im Spannungsfeld zwischen kultureller Identität und Privatautonomie. 2002.

Band 74 Vassiliki Myller-Igknay: Auskunftsansprüche im griechischen Zivilrecht. Auswirkungen im deutsch-griechischen Rechtsverkehr sowie im deutschen internationalen Privat- und Verfahrensrecht. 2003

Band 75 Stefan Bruinier: Der Einfluss der Grundfreiheiten auf das Internationale Privatrecht. 2003.

Band 76 Nika Witteborg: Das gemeinsame Sorgerecht nichtverheirateter Eltern. Eine Untersuchung im soziologischen, rechtsgeschichtlichen, verfassungsrechtlichen, rechtsvergleichenden und internationalen Kontext. 2003.

Band 77 Peter Stankewitsch: Entscheidungsnormen im IPR als Wirksamkeitsvoraussetzungen der Rechtswahl. 2003.

Band 78 Jan Wilhelm Ritter: Euro-Einführung und IPR unter besonderer Berücksichtigung nachehelicher Unterhaltsverträge. Eine Untersuchung mit Blick auf das deutsche, französische und schweizerische Recht. 2003.

Band 79 Wolf Richard Herkner: Die Grenzen der Rechtswahl im internationalen Deliktsrecht. 2003.

Band 80 Ira Ditandy: Internationale Zuständigkeit. Neuregelung durch die LOPJ 1985. Vergleich mit dem europäischen Vorbild und Auswirkungen auf das spanische internationale Zivilverfahrensrecht. 2003.

Band 81 Andrea Verena Schefold: Werbung im Internet und das deutsche Internationale Privatrecht. 2004.

Band 82 Klaus Herkenrath: Die Umsetzung der Richtlinie 93/13/EWG über missbräuliche Klauseln in Verbraucherverträgen in Deutschland, dem Vereinigten Königreich, Frankreich und Italien. Auswirkungen nationaler Umsetzungstechniken auf dem Harmonisierungserfolg. 2003.

Band 83 Alexander Thünken: Das kollisionsrechtliche Herkunftslandprinzip. 2003.

Band 84 Barbara v. Daumiller: Die Rechtswahl im italienischen internationalen Erbrecht: und ihre Auswirkungen im deutsch-italienischen Rechtsverkehr. 2003.

Band 85 Robert Mödl: Macht, Verantwortlichkeit und Zurechnung im Konzern. Eine rechtsvergleichende Untersuchung auf der Grundlage des deutschen, spanischen und US-amerikanischen Rechts. 2003.

Band 86 Ursula Kerpen: Das Internationale Privatrecht der Persönlichkeitsrechtsverletzungen. Eine Untersuchung auf rechtsvergleichender Grundlage. 2003.

Band 87 Barbara Ploeckl: Umgangsrechtsstreitigkeiten im deutsch-französischen Rechtsverkehr. Bestehende internationale und nationale Regelungen und der geplante *europäische Besuchstitel*. 2003.

Band 88 Katrin Wannemacher: Die Außenkompetenzen der EG im Bereich des Internationalen Zivilverfahrensrechts. Der räumliche Anwendungsbereich des Art. 65 EGV am Beispiel der EuGVO und der EheVO. 2003.

Band 89 Maren B. Eilinghoff: Das Kollisionsrecht der ungerechtfertigten Bereicherung nach dem IPR-Reformgesetz von 1999. 2004.

Band 90 Patrick Niehr: Die zivilprozessuale Dokumentenvorlegung im deutsch-englischen Rechtshilfeverkehr nach der deutschen und der englischen Prozessrechtsreform. 2004.

Band 91 Anna Christina Gördes: Internationale Zuständigkeit, Anerkennung und Vollstreckung von Entscheidungen über die elterliche Verantwortung. Die VO(EG) Nr. 1347/2000, ihre geplanten Änderungen und das Verhältnis beider zum Minderjährigen- und Kinderschutzabkommen. 2004.

Band 92 Martin Rädler: Rechtsbehelfe des Käufers eines Unternehmens oder einer unternehmerischen Beteiligung gegen den Verkäufer im deutschen und französischen Recht. 2004.

Band 93 Marc-Yngve Dietrich: Rechtsstellung und Beteiligung der Gläubiger im französischen Insolvenzverfahren. 2004.

Band 94 Katia Niemann: Die rechtsgeschäftliche und organschaftliche Stellvertretung und deren kollisionsrechtliche Einordnung. Deutschland und England im Vergleich. 2004.

Band 95 Daniel Ludwig: Neuregelungen des deutschen Internationalen Insolvenzverfahrensrechts. Eine Untersuchung unter vergleichender Heranziehung der Europäischen Insolvenzverordnung. 2004.

Band 96 Cordelia Faulenbach: Der gemeinschaftsrechtliche Vorbehalt im europäischen Wettbewerbsrecht. Die Herkunftslandanknüpfung der E-Commerce-Richtlinie unter dem Einfluss der Grundfreiheiten. 2004.

Band 97 Ulf Dörner: Der Vertragsgerichtsstand nach dem Protokoll von Buenos Aires. 2004.

Band 98 Martin Schmidhuber: Verhaltenskodizes im nationalen und grenzüberschreitenden elektronischen Geschäftsverkehr. Zur Frage der Integration der Selbstregulierung durch Private in die staatliche Rechtsordnung. 2004.

Band 99 Florian Kienle: Die fehlerhafte Banküberweisung im internationalen Rechtsverkehr. Unter besonderer Berücksichtigung des Artikels 4A US Uniform Commercial Code. 2004.

Band 100 Thomas Alexander Brandt: Die Adoption durch eingetragene Lebenspartner im internationalen Privat- und Verfahrensrecht. 2004.

Band 101 Florian Pulkowski: Subunternehmer und Internationales Privatrecht. Der Subunternehmer als Quasi-Verbraucher im Europäischen Kollisionsrecht. 2004.

Band 102 Ulrich Becker: Grundrechtsschutz bei der Anerkennung und Vollstreckbarerklärung im europäischen Zivilverfahrensrecht. Bestimmung der Grenzen für die Einführung eines europäischen Vollstreckungstitels. 2004.

Band 103 Thomas Badelt: Aufrechnung und internationale Zuständigkeit unter besonderer Berücksichtigung des deutsch-spanischen Rechtsverkehrs. 2005.

Band 104 Florian D. Wagner: Vorvertragliche Aufklärungspflichten im internationalen Franchising. Zur Harmonisierung von Delikts- und Vertragsstatut im internationalen Privatrecht unter besonderer Berücksichtigung der Franchise-Gesetzgebung des US-Bundesstaates Kalifornien. 2005.

Band 105 Vera Heine: Die Umsetzung der *EG-Richtlinie über missbräuchliche Klauseln in Verbraucherverträgen* im englischen und deutschen Recht. 2005.

Band 106 Alexander Franz: Überregionale Effektentransaktionen und anwendbares Recht. Eine kollisionsrechtliche Untersuchung unter besonderer Berücksichtigung der Vorschrift des § 17 a DepotG. 2005.

Band 107 Hanna-Maria Uhlenbrock: Gesetzliche Regelungen für nichteheliche Lebensgemeinschaften in Deutschland und Frankreich. Ein Vergleich des Unterhaltsrechts bei der eingetragenen Lebenspartnerschaft und beim Pacte civil de Solidarité. 2005.

Band 108 Katrin Stieß: Anknüpfungen im internationalen Urheberrecht unter Berücksichtigung der neuen Informationstechnologien. 2005.

www.peterlang.de

Kolibri 360 GmbH
Ferdinand-Jühlke-Straße 7
99095 Erfurt, Deutschland
produktsicherheit@kolibri360.de

Druck:
CPI Druckdienstleistungen GmbH
im Auftrag der
Kolibri 360 GmbH
Ferdinand-Jühlke-Str. 7
99095 Erfurt